全国高等院校公共基础课通用教材

新编大学实用写作

主　编　江少川
撰稿人　（按姓氏笔画为序）
王文捷　江少川　毕　耕　汪义晓
卓朝君　赵广平　曾庆江　潘　峰

北京大学出版社
北　京

图书在版编目(CIP)数据

新编大学实用写作/江少川主编．—北京：北京大学出版社，2002.8

ISBN 978-7-301-05672-1

Ⅰ．新… Ⅱ．江… Ⅲ．汉语-应用文-写作-高等学校-教材 Ⅳ．H152.3

中国版本图书馆 CIP 数据核字(2002)第 047814 号

书　　名：新编大学实用写作
著作责任者：江少川　主编
选 题 策 划：卫东工作室
责 任 编 辑：胡利国
标 准 书 号：ISBN 978-7-301-05672-1/G·0734
出 版 发 行：北京大学出版社
地　　址：北京市海淀区成府路 205 号　100871
网　　址：http://www.pup.cn　电子邮箱：hlgws0380@sina.com
电　　话：邮购部 62752015　发行部 62750672　出版部 62754962
编辑部 62765016
印　刷　者：北京大学印刷厂
经　销　者：湖北知识图书发行公司
890mm×1240mm　A5 开本　15.625 印张　450 千字
2002 年 8 月第 1 版　2012 年 5 月第 11 次印刷
定　　价：23.50 元

内容简介

本教材共十四章，涉及到现代社会生活的各个领域，具有鲜明特色：第一，时代性。适应新世纪经济转型、高科技发展的需要，本教材新增写了“涉外经济文书”、“股份制企业文书”、“电视网络新闻”等文体。第二，实用性。各种文体的讲述力求简明、精要，重点在讲清格式、写法，以便读者懂得“该怎么写”。第三，示范性。讲述各种文体时，都精选了规范、典型而又新颖的例文作为“样本”，使读者一目了然，有“文”可“依”。每章末设计有思考与练习。

本书是供高等院校使用的公共基础课教材，适用于文、理工、农医、师范以及高职、高专等各类院校。

目　录

第一章　实用写作概述 …………………………（1）
第一节　实用写作的特性 …………………………（1）
第二节　实用写作的功用 …………………………（3）
第三节　作者的素养和能力 ………………………（5）
第四节　实用文的构成要素 ………………………（7）
第五节　实用写作的发展趋势 ……………………（20）
第二章　行政公文 ………………………………（23）
第一节　公文概述 …………………………………（23）
第二节　指令性公文 ………………………………（36）
第三节　知照性公文 ………………………………（50）
第四节　报请性公文 ………………………………（63）
第三章　机关事务文体 …………………………（73）
第一节　计划 ………………………………………（73）
第二节　总结 ………………………………………（77）
第三节　调查报告 …………………………………（80）
第四节　简报 ………………………………………（89）
第五节　工作研究 …………………………………（93）
第六节　会议记录 …………………………………（101）
第四章　商务文书 ………………………………（107）
第一节　商务信息汇编 ……………………………（107）
第二节　市场预测报告 ……………………………（116）
第三节　商业广告 …………………………………（125）
第四节　招标书、投标书 …………………………（134）
第五节　经济合同 …………………………………（144）
第五章　股份制企业文书 ………………………（153）
第一节　发起人协议书 ……………………………（154）

第二节 资产评估报告……………………………………………（159）
第三节 招股说明书……………………………………………（165）
第四节 股票上市公告书………………………………………（180）
第五节 上市公司年度报告……………………………………（187）
第六章 涉外经济文书………………………………………（198）
第一节 涉外意向书……………………………………………（198）
第二节 合资项目建议书………………………………………（202）
第三节 合资项目可行性研究报告……………………………（208）
第四节 合资项目合同…………………………………………（216）
第七章 科技文体……………………………………………（226）
第一节 科技报告………………………………………………（227）
第二节 科技情报………………………………………………（234）
第三节 科技应用文……………………………………………（245）
第八章 法律文书……………………………………………（253）
第一节 起诉意见书……………………………………………（254）
第二节 起诉书…………………………………………………（259）
第三节 一审刑事判决书………………………………………（265）
第四节 一审民事判决书………………………………………（275）
第五节 诉状类文书……………………………………………（282）
第九章 法规文书……………………………………………（291）
第一节 章程……………………………………………………（291）
第二节 条例……………………………………………………（298）
第三节 规定……………………………………………………（303）
第四节 办法……………………………………………………（306）
第十章 广告文案……………………………………………（313）
第一节 广告的种类、结构及语言 ……………………………（313）
第二节 广告文案的写作方法…………………………………（323）
第十一章 新闻文体…………………………………………（338）
第一节 消息……………………………………………………（338）
第二节 通讯……………………………………………………（351）

第三节　电视新闻……………………………………………………（361）
第四节　广播新闻……………………………………………………（369）
第五节　网络新闻……………………………………………………（371）
第六节　采访技巧……………………………………………………（377）
第十二章　演说论辩文体………………………………………………（381）
第一节　概述…………………………………………………………（381）
第二节　演说词………………………………………………………（389）
第三节　论辩文体……………………………………………………（401）
第十三章　礼仪、信函文体……………………………………………（413）
第一节　祝辞、贺辞…………………………………………………（414）
第二节　祭悼文………………………………………………………（422）
第三节　请柬、邀请书、一般书信…………………………………（434）
第四节　求职信………………………………………………………（442）
第五节　商函…………………………………………………………（449）
第六节　电子函件……………………………………………………（458）
第十四章　论述文体……………………………………………………（465）
第一节　社会评论……………………………………………………（465）
第二节　文艺评论……………………………………………………（472）
第三节　学术论文……………………………………………………（482）
后　记…………………………………………………………………（492）

第一章　实用写作概述

第一节　实用写作的特性

实用写作是指为处理实际工作、日常生活中的具体问题或传递某种信息而制作文章的一种写作活动。实用写作是相对于非实用写作,即文学写作而言的。实用写作就广义而言,概括了文学写作以外的其他写作活动。

实用文是指用书面语言符号(包括图表)制作的,如实反映生活,直接为实际工作、社会生活服务的各类文章的总称。

实用写作相对非实用写作而言,就广义来说,它概括了文学写作以外的各类文章的写作。或者说,不属于文学写作范围的其他写作,我们都把它归入实用写作,比如新闻写作、理论写作等。但这些文章的写作用"实用写作"来概括,也难以涵盖。

实用文写作有那些特点呢?

一、实用性

实用写作直接为实际工作和人们的日常生活服务,直接用于处理公务和私事中的具体问题,或传递某种信息,其社会功用在于实用。例如行政公文,用以传达党和国家的方针政策,沟通上下左右各种单位之间的公共关系,使党和国家的各项方针、指示得以贯彻执行。《国家行政机关公文处理办法》第一章第二条就指出:"行政机关的公文……是传达贯彻党和国家的方针、政策,发布行政法规和规章,施行行政措施,请示和答复问题,指导、布置和商洽工作,报告情况,交流经验的重要工具。"这里特别指出它是"一种重要工具",强调了它的实用性。又如经济合同的作用就在于促使、监督签订合同的各方共同履行某种经济行为。而计划、总结都是为完成某一具体工作而制作的。而文学作品则是审美文体,它通过塑造艺术形象给人们以精神愉悦,满足人们的审美需求,审美是文学作品的根本特征。这是它与实用文的根本区别。

二、真实性

凡文章都讲究真实性,然而实用文的真实性与文学作品的真实性有所不同。文学写作讲究的是艺术真实,作家可以运用形象思维,通过虚构和想象塑造艺术形象。如鲁迅在谈到小说创作的人物塑造时所说的:"人物的模特儿也一样,没有专用一个人,往往嘴在浙江,脸在北京,衣服在山西,是一个拼凑起来的角色。"[①] 鲁迅笔下的阿Q、祥林嫂都是虚构的人物,现实生活中不必实有其人,文学创作讲究的是艺术真实。而在实用写作中则不允许虚构与想象。实用写作要求事实的真实,即现实生活中真实存在的事实,包括时间、地点、人物、事件、数字、数据等等都必须有根有据、确凿可靠。例如调查报告、总结中的内容都必须是现实生活中确实存在的,新闻所反映的内容也必须符合真实性的原则,它所报道的内容不允许半点虚假,必须绝对真实。学术论文、科研报告中所引证的事实、数字或数据都要求精确无误,真实可信。

三、模式性

实用写作讲究模式、规范。从实用目的出发,许多实用文有大体相同的规范。这种规范由有关行政机关制定,如国务院办公厅对行政机关公文就有统一的要求与规范。《国家行政机关公文处理办法》第三章就对公文的格式作了明确的规定,任何部门、单位或个人都不能更改。法规性文体如章程、规定、办法等也都有比较固定的写作模式。有的实用文,长期以来,人们约定俗成,如书信一般由称谓、问候、正文、落款、日期五个部分组成,大家都习惯这样写,很难改变。

---

① 见《鲁迅论文学与艺术》下册,人民文学出版社 1980 年版,第 517 – 518 页。

消息的写作一般多采用“倒金字塔结构”。

四、时效性

实用文因直接为工作和生活服务，具有实用价值的特点，所以一般都受到时间的限制。这里的时效有两层意思，一是实用文的写作要讲究时效，如公文写作、新闻写作都要求迅速及时，而不能延误写作时间；二是指实用文本身的功用或者效力要受到时间的限制，比如合同只在有效时间里才有效力，超出规定时间就失效了。通告的时间效力也很强，计划、总结也都受到时间的制约。不同类型的实用文对时效的要求不完全一样，有的实用文，如消息要求迅速及时报道现实生活中新近发生的有意义的事，有些文体则要求不那么很严格。

第二节　实用写作的功用

实用写作的功用可以概括为以下几点：

一、联系沟通作用

社会生活中存在多种多样的公共关系，人类社会就是人际关系的联络网，如政府与公众、单位与个人、单位与单位、个人与个人等等，其间都需要运用各种方式进行交往与联系，而沟通诸多关系的重要的文字媒体便是实用文。例如社会生活中的上下级关系、平行关系、不相隶属的关系需要行政公文来沟通联系，制定政策、发布规章、商洽工作、交流经验或请示汇报、答复事项，或向有关团体、组织、个人发出邀请，或传递信息、情况等等都需要运用实用文。实用写作的联系沟通作用一般表现为两种形式，即专门联系与公众传播。前者如报告、请示、批复、函以及合同协议等有特定的联系对象、联系范围，具有一种固定的联系功用。后者如公告、通告、广告、启事、消息报道等具有一种公众传播作用，目的在于让广大人民群众知晓、了解。

二、宣传教育作用

实用文的宣传教育作用主要体现在以下几方面：

第一，宣传党和国家的方针政策。国家的重大决策、立法都要通过实用文颁布，以便让社会团体、人民群众知晓。如党的十五大文件，《九届全国人大五次会议》的文件，国家颁布的《教育法》、《建筑法》、《野生动物保护法》、《医疗事故处理条例》等等，它不仅传达有关的政策、法律，而且还指导人们应当如何做，如何执行，其宣传教育作用是非常明显的。

第二，传播科技文化知识。知识是人类进步的阶梯，正是由于知识的积累和传播，人类社会才不断向高度的物质文明和精神文明发展进化，而实用文正是记录和积累人类知识并使之传播的载体，科技报告、学术论文和各类专著都是对文化知识的传播。

三、领导指导作用

党和国家行政机构颁布的命令、决定和各级权力机关发布的法律、规定、规则、办法等等都是党和国家方针政策的具体体现，对下级机关、对各项事业都具有领导作用。这类实用文具有权威性、法律性强的特点，一经签发并发布后，下级部门必须遵照执行，这类实用文的领导作用是很明显的。例如，江泽民主席发布的《中国人民解放军驻香港部队进驻香港特别行政区的命令》(1997 年 6 月 30 日)，本身就是对领导人意图的传达，是一种法令。另有一类实用文如通知、办法、指示、批复等主要起一种指导作用，如九届全国人大五次会议通过的《澳门特别行政区选举第十届全国人大代表的办法》(2002 年 3 月 15 日九届全国人大五次会议通过)，对澳门特别行政区如何选举十届人大代表有重要指导意义。

四、凭据作用

有 一类实用文具有凭据作用，它表现在，其一，作为处理问题、解决问题、管理事务工作的依据凭据，如行政公文；而法规类文体，就是行政执法人员执法的依据;契约类文体,如合同、协议是双方确认、履行权利与义务的凭据;科技报告、学术论文是作为鉴定、评价其成果、价值的文字依据。其二,实用文在一定历史时期之后,文章本身虽已失去效力,但它作为档案材料保存下来,却具有重要的史料价值,是研究、考据某个历史时期的政治、军事、经济、文化、教育的重要见证和凭证。例如,1949 年 4 月 21 日毛泽东、朱德发布的《向全国进军的命令》,就是今日我们了解当年解放战争进展状况的重要历史见证。而香港回归时,有关领导人的命令、讲话及其消息报道等,都将作为历史资料保存下来而具有珍贵的史料价值。

第三节　作者的素养和能力

实用文写作是一种富有创造性的、复杂的脑力劳动,它要求作者必须具备相应的素养和能力。

一、思想理论素养

作者的思想、理论素养对实用文写作具有特殊的意义。作者思想、理论水平的高低对实用写作具有直接而决定性的影响。思想的核心部分是世界观和方法论,它影响和制约着人的信仰、观点、品德、节操等等,而理论水平则体现为对客观事物进行鉴别、分析的能力,对思想观念进行概括、抽象的能力。作者的思想、理论素养直接决定着实用文的立意,而立意是实用文的灵魂,是一篇文章的纲,所以,实用文主旨是否深刻、新颖,主要来自于作者的思想深度和理论水平。因此,作者的思想理论素养对实用文写作是至关重要的。

提高思想理论素养,必须加强学习马列主义、毛泽东思想和邓小平理论,这是一项基本建设。只有用马列主义、毛泽东思想、邓小平理论武装头脑,才能加深对党和国家方针、政策的理解,深刻认识、分析各种社会现象和社会问题,这样才能以正确的思想和科学的方法指导实用文的写作。江泽民同志在十五大报告中指出:“着眼于马克思主义理论的运用,着眼于对实际问题的理论思考,着眼于新的实践和新的发展。”这对如何提高思想理论素养有重要的指导意义。

二、专业知识结构

许多门类的实用文专业性强，常常与有关专业、有关业务有密切联系。所以，从事某个方面的实用文写作，必须懂得乃至精通那个方面的专业知识。专业知识是写好实用文的重要条件之一。例如经济类写作必须具备有关经济方面的知识，司法类写作必须具备有关法律方面的知识，而写科技报告，学术论文，更要求作者是那个领域的专家。签订合同，撰写广告词，也必须熟悉相关的业务。撰写有关股份制方面的文书，如果作者对股份制方面的专业知识缺乏研究，尽管有很高的写作水平，但要写好股份制方面的文书是非常困难的。

三、基本写作能力

实用文写作本质上是一种写作行为，它要求作者必须具备相当的写作能力。毛泽东同志早就指出：“一个革命干部必须能看，能写。”[①] 美国社会预测学家约翰·奈司比特在其《大趋势》一书中指出，在由工业社会向信息社会过渡中，有五件最重要的事，其中第三件事是：“在这个文字密集社会里，我们比以往更需要具备基本的读写技巧。”[②] 这两段话都强调了写作能力的重要性。提高写作能力可从以下三方面入手：

第一，掌握写作理论知识。实用文的作者应当比较系统地学习写作基本理论和写作知识，懂得写作基本原理，掌握写作的方法和技巧，这样在写作中，就能少走弯路，减少盲目性，增强主动性，变被动为主动，比较自觉地运用写作理论来指导写作。

第二，坚持写作实践。鲁迅说：“文章应该怎样做，我说不出来，因为自己的作文，是由于多看和练习，此外并无心得或方法的。”[③]

---

① 《文化课本序》，载《论语文学习》，人民教育出版社 1961 年版，第 25 页。

② 《大趋势》，中国社会科学出版社 1984 年版，第 18 页。

③ 见《鲁迅论文学与艺术》下册，人民文学出版社 1980 年版，第 873 页。

叶圣陶也说:“要把写作的手腕训练到熟练,必须常常去写,规规矩矩去写。”[①] 提高写作能力,掌握写作方法与技巧,一个很重要的途径,便是坚持写作实践、写作训练,只有多读、多写,持之以恒,写作能力才能得以提高。有人认为实用文写作似乎很容易,只是个格式问题,这种看法显然是不对的。写好实用文,必须要下苦功夫,训练出熟练的手腕。

此外,还要特别重视文章的修改,好文章都是改出来的,实用文也是如此,不能期望一次成功,如行政公文、法律法规类文体、契约类文体等都需要经过反复修改、字斟句酌才能定稿。

第三,提高现代化书写技术能力。随着现代科学技术的迅速发展,对实用文作者也提出了愈来愈高的要求。首先是电脑与人们的工作、生活的关系越来越密切,政府机关、企业、事业单位,乃至于家庭,电脑可以说无处不在。20世纪电脑的出现,无疑是写作活动的一次空前革命。当今,电子计算机已进入第六代,它把写作行为推向了一个崭新阶段。为实现办公的现代化、自动化,实用文作者必须要能熟练地操作电脑,适应书写技术现代化的要求。适应时代提出的要求,用电脑书写、修改、处理、储存实用文,不但加快了书写速度,而且增强了其准确性,规范性,大大提高了工作效率。另外,作者还应当掌握多功能全自动复印机、缩微机、图文传真机的操作与使用技术。

第四节　实用文的构成要素

实用文由材料、主旨、结构、表达方法和语言等要素构成,下面分别加以讲述。

---

① 见《叶圣陶论创作》,上海文艺出版社 1982 年版,第 125 页。

一、材料

(一)材料的含义

凡为写作所搜集到的一系列事实和事理,都称为材料。材料是支撑实用文的基础,是形成主旨的依据。没有材料为基础,难以形成观点,更难以产生深刻的思想或看法。所谓"言之有物",这"物"指的就是材料。

写作之前,作者要尽可能广泛地占有材料,要有一种"竭泽而渔"的功夫,这种占有包括:一是材料的数量要多,搜集材料要越多越好,多多益善;二是材料的品类要全,这里的"全"指材料应当包括各种各样的材料,包括历史的、现实的,正面的、反面的,点上的、面上的等等。

(二)怎样选材

鲁迅说:选材要严,开掘要深。选材有哪些要求呢?

1. 紧扣主旨

选材的第一条标准,就是突出主旨,表现主旨。主旨确立以后,就成为选材的依据,用哪些材料,舍哪些材料,应以主旨为统帅。围绕主旨选择材料是选材的首要原则。

2. 要真实

实用文所选用的材料必须内容真实,符合实际。这种真实是一种事实的真实,包括事实、事例、数字、数据,引用的言论等都是现实生活中真实存在的。实用文写作不允许虚构、想象,不能"失真",不能对材料任意夸大或缩小。这就要求作者必须具有科学、求实的学风,同时又要具备严肃、认真的态度。

3. 要典型

典型的材料是"以一当十",有代表性而又能反映事物某些本质特征的材料。搜集到的材料并非都可以写进文章之中,要经过严格挑选,选择那些有代表性的、能说明事物特性的材料,这些材料虽然是个别的、特殊的,却能反映事物的共性,揭示某些本质的东西。

4. 要新颖

选材新颖是指要注意选择那些新近发生的,有时代特点的材料,这类材料给人以新鲜感,使人耳目一新。要避免使用陈旧的、时过境迁而又缺乏说服力的材料。

二、主旨

主旨,在实用文中是指所表达的中心观点和基本思想,是作者对客观事物和材料的总的看法和评价。写实用文,总有一定的目的和意图,这个目的和意图体现在文中,就是主旨。主旨是一篇文章的核心和灵魂所在,一篇文章的价值如何,它的成败,首先就体现在主旨上。主旨确立以后,便对材料、结构和语言起统帅作用,也就是说,文章的其他构成要素都要服从于表现主旨的需要。

实用文的主旨,不是头脑中固有的,它来自于社会实践。写好实用文,必须深入到社会实践、深入到人民群众之中去,广泛搜集材料,认真进行调查研究,听取各方面的意见,以获得对一些社会问题和社会现象的深刻的认识和了解。主旨的获取除了作者直接的生活体验以外,还可以从反映他人社会实践的书籍、报刊、材料中得到间接的体验和经验,以对直接的生活经验进行补充。

在实用文写作中,常有单位领导人或负责人"授意"的"命题"写作,这种"授意"是否"主题先行"呢？首先,这种"意",是有关领导人从他的社会实践,通过考察、思考而获得的;其次,作者在行文中,也会把自己的思考、看法融入写作之中,所以归根结底,它的主旨还是来源于社会实践。

提炼主旨有哪些要求呢?

(一)要正确

主旨正确是指实用文的观点要符合党和国家的方针、政策,符合客观实际,反映事物的内部联系和发展规律。正确的主旨,首先来自于作者先进的世界观和科学的方法论,同时要求作者具有实事求是的态度,这样才能正确认识客观事物,揭示事物的本质规律和发展方向,使文章的观点符合客观实际,经得起时间的考验,获得好的社会效果。

(二)要集中

实用文的主旨要求单一、集中,一般要求一文一事,一篇实用文只能突出一个中心,只能有一个核心。这样才能使主旨突出。主旨不能分散,不能多,所谓"意多乱文",面面俱到,枝蔓繁复,主旨就不集中了。多主旨,实际上淹没了中心,主旨反而不突出了。所以实用文写作,常常采用"立片言而居要"或"卒章显其志"的方法,以使主旨更加鲜明、集中。

《朱元璋传》中曾记载这样一件事,洪武九年,刑部主事茹太素上书报告五件事,文件长达一万七千字,读到六千三百七十字,还不知要说什么,朱元璋发火了,命人把茹太素痛打了一顿。毛泽东同志早就提出,要反对那些"空话连篇、言之无物"的八股文章。

(三)要鲜明

实用文赞成什么,反对什么;提倡什么,批评什么;肯定什么,否定什么,要旗帜鲜明,一目了然,而不能含糊其词。所以,在实用文中常常用肯定的判断句将主旨简明、扼要地揭示出来。而文学作品却不然,文学作品的主题如恩格斯在《致敏·考茨基》一文中所说的:"倾向性愈隐蔽愈好","倾向性应当从场面和情节中自然而然地流露出来,而不应当特别把它指出来。"

例如,邓小平在《科学技术是第一生产力》一文的开篇就指出:"马克思说过,科学技术是生产力,事实证明这话很对。依我看,科学技术是第一生产力。我们的根本问题就是要坚持社会主义的信念和原则,发展生产力,改善人民生活,为此必须开放。"① 这段话的主旨非常鲜明,文中开宗明义地提出,科学技术是第一生产力,而且强调指出,发展生产力,改善人民生活,就是坚持社会主义的原则和信念。

三、结构

结构是指文章内部的组织和构造。组织和材料是实用文内容的构成要素,而结构、语言、表达方法则是形式的构成要素。如何根据

---

① 《邓小平文选》第3卷,人民出版社1993年版,第274页。

主旨的需要,精心而合理有序地安排材料,这就需要谋划结构。刘勰早在《文心雕龙·附会篇》中就指出“总文理,统首尾,定与夺,弥纶一篇。”讲的就是谋划文章的结构。安排实用文的结构,第一要反映客观事物的内部规律,第二要服从表现主旨的需要,第三要考虑文体的特点。

结构的要素主要有:

(一)设计开头结尾

实用文的开头要开宗明义,结尾收束有力。

实用文的开头应当开门见山,不拐弯抹角,不拖泥带水。开头的主要方式有:

1. 概述式

开头反映基本情况,基本问题,交代有关背景、缘由,例如有些行政公文、调查报告就用这种方式开头。

2. 结论式

把结论,把主要问题放在文章的前面,然后再展开论述,如报告、总结常用这种方式开头。

3. 目的式

说明写作本文的缘由与目的,行政公文如通知、通告,法规类文体如章程、规定以及契约一类的文体,常常用这种方式开头。

4. 引叙式

引用上级有关指示或精神,或引叙下级来文反映的情况、问题作为开头,如报告、批复、通知、办法、细则等常用这种方式开头。

5. 提问式

有的实用文,如调查报告等文体用提问或设问等方式开头,以引起下文。

实用文的结尾应当“言止而意尽”,干净有力。

常用的结尾方式有:

1. 总结式

结尾对全文进行归纳,点明主旨。

2. 请求式

结尾表明行文的具体请求,强调目的意图,如请示、报告一类文体。

3.说明式

在文章末尾交代或者说明与文章有关的内容,以引起注意。

4.强调式

结尾强调说明本文的主旨,以引起有关部门的重视。

5.照应式

结尾与开头呼应,使主旨更加鲜明突出。

(二)安排层次段落

层次即实用文思想内容的表现次序,或称结构段、意义段。实用文的层次实际上是作者的思路在文章中的体现,文章中先写什么,后写什么,按什么顺序安排内容,才能突出主旨的表达,使文气贯通,在安排层次时要有周密考虑。

实用文中的行政公文一类的层次,通常以目的、说明和意见这三者的构成为标志,分别有一层式、两层式和三层式。

一层式,即文件中只叙述行为的目的和意图,内容单一,正文只有一段,层次和段落合一,如有的命令(令)、通知、决定等常采用一层式。例如:

武汉市人民代表大会常务委员会公告

(第三十号)

武汉市第十届人民代表大会常务委员会第二十八次会议通过的《武汉市水上治安管理条例》,已经湖北省第九届人民代表大会常务委员会第二十八次会议批准,现予公布,自2002年1月1日起施行。

武汉市第十届人民代表大会常务委员会

2001年12月6日

两层式,指一篇文件中只有目的和意见或说明和意见,这种两层式结构,往往层次大于段落,即一个层次中不只一段。许多通知、请示和报告都采用两层式。例如:

关于第十届全国人大代表名额和选举问题的决定

(2002年3月15日九届全国人大五次会议通过)

根据《中华人民共和国宪法》和《中华人民共和国全国人民代表大会和地方各级人民代表大会选举法》的有关规定，第九届全国人民代表大会第五次会议关于第十届全国人民代表大会代表名额和选举问题决定如下：

一、第十届全国人民代表大会代表的名额不超过3000人。

二、各省、自治区、直辖市应选的第十届全国人民代表大会代表的名额，农村按人口每96万人选代表1人，城市按人口每24万人选代表1人。

人口特少的省、自治区，代表名额不得少于15人。

三、香港特别行政区应选全国人民代表大会代表36人，澳门特别行政区应选全国人民代表大会代表12人。根据选举法的规定，代表产生办法由全国人民代表大会另行规定。

四、台湾省暂时选举代表13人，由在各省、自治区、直辖市和中国人民解放军的台湾省籍同胞中选出，其余依法应选的名额予以保留。

五、中国人民解放军应选全国人民代表大会代表265人。

六、全国人民代表大会代表中，少数民族代表的名额，应占全国人民代表大会代表总名额的12%左右。

人口特少的民族，至少应有全国人民代表大会代表1人。

七、全国人民代表大会代表中，应选归国华侨代表35人。

八、全国人民代表大会代表中，妇女代表的比例应高于九届的比例。

九、为了保证人口特少的地区、人口特少的民族和各方面代表人士比较集中的地区都有适当的代表名额，在全国人民代表大会代表总名额中，应有一定的名额由全国人民代表大会常务委员会根据情况分配给有关的省、自治区、直辖市进行选举。

十、第十届全国人民代表大会代表，应在2003年1月底以前选出。

（新华社北京3月15日电）

三层式，即在一篇文件中包含有目的、说明和意见三个层次。许多报告、通知、请示都采用三层次方式。

论说类的实用文,如汇报工作、反映情况、总结经验、学术研究等,其层次安排一般有以下几种方式:

1. 总分式

这是指按照事物的种属关系来安排材料,或先总后分,或先分后总,或用"总—分—总",一般用先总后分式者较多。总结、调查报告、报告多用这种方式。

2. 递进式

这种层次关系是一种层层递进、逐层深入的关系,或由点到面,或由浅到深,各层次之间按一种顺序递进展开。

3. 并列式,这种层次关系,是将材料按性质或问题归类,各层次之间表现为一种平列关系。

段落是构成文章的基本单位,即通常所说的自然段,它具有"换行"的标志,分段要注意"单一性"、"完整性",要注意段落之间的内在联系。

此外,还要注意文章的过渡与照应,上下文之间的衔接。

四、表达方法

实用文常用的表达方法有叙述、议论和说明,下面分别加以讲述:

(一)叙述

叙述是记述人物的经历行为、陈述事件的来龙去脉的一种表达方式。

实用文中的叙述可以介绍人物的事迹,记述事件的发生、发展变化过程,还可以为议论说理提供事实论据。叙述要求交代明白、线索清楚、详略得当。

叙述的方法有顺述、倒叙、插叙和平叙。顺述是按照事物发生、发展到结束的时间顺序进行叙述的方法。倒叙是把结局或后来发生的某一片断提到前面来叙述。插叙是在叙述主要事件的过程中,中断主线而插入与中心事件相关的叙述。平叙是平行叙述,即叙述同一时间内不同空间所发生的两件或两件以上的事。

叙述的人称有第一人称和第三人称。第一人称的叙述者是“我”或“我们”,即从“我”或“我们”的角度来叙述有关的事件。实用文中的“我”或“我们”,应当是作者本人,是真实的“我”,不能虚拟,它不同于文学作品中的“我”,文学作品中的第一人称是可以虚拟、虚构的。第三人称是以旁观者的角度来叙述,作者站在事件之外,充当无所不知的叙述者,叙述比较自由,不受时间、空间的限制。

(二)议论

议论是对某个问题、某个事物发表看法或见解的表达方法,是一种评述、说理的方法。一段完整的议论,由论点、论据和论证三要素构成。论点又称论断,在较长篇幅的议论中,中心论点之下还有分论点,分论点由中心论点派生而出,在中心论点的统帅下,组成全文的论点系统。议论在实用写作中使用频率很高,在议论中,要求论点明确、论据充分、论证严密。

论点是作者对某个问题、某个事物所提出的主张、看法和评价。论据是证明论点的根据和依据,论据分为事实论据和理论论据两大类。论证是运用论据证明论点的过程和方法。论证分为“立论”和“驳论”两类,论证方法主要有例证法、引证法、对比法、喻证法、分析法等。

例如下面这段文字:

> 江泽民总书记在中纪委二次全会上提出,领导干部既要管住自己,还要管好自己的配偶子女,带头树立好的家风。我们党的各级领导干部,拥有一个什么样的家风,是一个不容忽视的问题。古人讲:“修身,齐家,治国,平天下”,“身修而后家齐,家齐而后国治,国治而后天下平。”可见修身、齐家之于治国、平天下关系重大。共产党人肩负这历史重任,修身、齐家更应该是各级领导干部必备的素质。①

---

① 《领导干部必须树立良好的家风》,见1998年4月8日《人民日报》。

这段议论的论点是:共产党人肩负着历史的责任,修身、齐家是各级领导干部必备的素质。并引用了江泽民总书记的讲话和古人的名言作为论据论证这一论点。

(三)说明

说明是指对客观事物进行解释、阐述的表达方法。说明的基本要求是解说清楚明白、准确无误。在实用文写作中,说明这一方法运用很广泛,如行政公文、法规类文体、司法类文体、计划类文体,说明类文体等等都要运用说明这种方法。

说明的方法很多,主要有定义说明、概括说明、数字说明、图表说明、因果说明、比喻说明等等。

例如下面这段文字中对"市场"的说明:

市场有广义和狭义之分,狭义的市场是指有形市场,即商品交换的场所。广义的市场则包括有形市场和无形市场。无形市场是指没有固定的交易场所,靠广告、中间商以及其他交易形成,寻找货源或买主,沟通买卖双方,促成交易。某些技术市场、房地产市场等都属于无形市场。

这一段说明属于定义说明,用上下定义的方式对什么是市场作了简要的说明。

四、语言

语言是思想的直接表现,是构成文章的第一要素,是表情达意的工具。实用文写作,必须要用好语言。

(一)运用语言的要求

1. 准确

准确是指选用的词语要能如实地反映客观事物,确切地表达作者的意图,概念明确,判断正确,褒贬分明,轻重适度,不产生歧义。语言准确是实用文写作最基本的要求。

如何做到语言准确呢?

第一,要字斟句酌,精心辨析词语,要力求选字用词恰到好处,这就要求精心挑选词语，特别要注意辨析同义词、近义词，辨析它们的细微差别。马克思写作时一丝不苟，运用语言常常到了“咬文嚼字的程度”。据威廉·李卜克内西回忆：“没有人具有比他更高明的明确表达自己思想的才能，语言的明确是由于思想的明确，而明确的思想必然决定明确的表达方式。”

例如江泽民同志《在中国共产党十五次全国代表大会上的报告》中的一段话：

> 把我们的事业全面推向二十一世纪，就是抓住机遇而不可丧失机遇，开拓进取而不可因循守旧，围绕经济建设这个中心，经济体制改革要有新的突破，政治体制改革要继续深入，精神文明建设要切实加强，各个方面要互相配合，实现经济发展和社会全面进步。

这段文字用语极为准确、明晰，如“事业”用“全面推向”，对于机遇，用“抓住”与“丧失”对应，提出“开拓进取”之后，紧接着用“不可因循守旧”相对举，下面对“经济体制改革”、“政治体制改革”、“精神文明建设”分别用了“新的突破”、“继续深入”、“切实加强”相搭配，整段文字选字用词恰到好处，词语组合恰当、严密。

第二，必须得体、合体。用语得体是指实用文的语言要适合现实社会中的各种公共关系，并能体现出各种人际关系，而合体是指语言要合乎特定文体的要求，合乎特定的语境，特定的场合。国家行政公文用语必须庄重、严肃，法规类文体用语必须肯定、明确。而在行政公文、法规类、契约类文体中就不能滥用文学手法，不能使用诗意的语言。

2. 简洁

简洁是指实用文的语言要简洁明快、言简意赅、要言不繁，不枝不蔓，即用尽可能少的语言表达尽可能丰富的内容。刘勰在《文心雕龙·附会篇》中指出：“随事立体，贵乎精要，意少一字则义阙，句长一言则辞伤。”这句话强调了文贵精要，同时要服从于表意的需要。

语言简洁很重要的一点是删繁就简，这就是鲁迅在《答北斗杂志问》一文中所说的："写完后至少看两遍，竭力将可有可无的字、句、段删去，毫不可惜。"其次，不必面面俱到，事无巨细，什么都写进文章中去。古代有"博士(古代学官名)买驴，书券三张，未有驴字"的故事，这个博士要买一头驴，写了一张契约，写了三张纸，还不见一个"驴"字。这个故事告诉我们，写实用文不能文词繁琐、废话连篇，一定要简明扼要、文字精炼。

3. 规范

用语规范是指实用文写作的语言必须合乎语法、合乎逻辑、合乎各种文体的书写习惯，而不能生造词语，故意标新立意。

第一，要注意使用习惯性用语。实用文，尤其是公文写作，在长期的写作实践中逐渐形成了一些习惯用语，为人们所认同，一般不能随意变换，如称谓用语，使用"本(公司)"、"你(处)"、"我(部)"、"该(县)"等。期请用语，使用"即请查照"、"希即遵照"、"请"、"拟请"等。征询用语，使用"当否"，"是否可行"、"可否"、"是否同意"。结尾用语使用"为要"、"为盼"、"为荷"、"特此"等。

第二，要注意书写规范，如正确使用简化汉字，不写繁体字、异体字和不规范的汉字。同时要注意正确使用标点符号，标点符号是书面语言的有机组成部分，要严格按规范使用。另外，实用文中的数字、数据的书写都要规范，不能滥写。

(二)提高语言素养

提高语言素养要做到以下三点：

第一，丰富语言储备。语言是写作成品的载体，是文章的构成要素。提高语言素养，首先要求掌握一定数量的词语，掌握词语数量的的多少，直接关系到文章的质量。掌握词语少，没有挑选的余地，自然会影响文章的达意。

第二，要精心炼字炼词。锤炼字词，就是根据文章表达的需要，从丰富的词汇中精心挑选最为准确恰当的字、词，把它放在最合适的位置上，以确切表情达意。我国古代有"二句三年得，一吟泪双流"，"为求一字稳，耐得半宵寒"的美谈，贾岛"推敲"的故事更是家喻户晓。有人以为,只有文学创作才讲究炼字炼词,实用文似乎不必那么讲究,这种看法显然是不对的,写实用文同样要精心锤炼词语,做到“一字千金”。

第三,要善于遣词造句。提高语言素养,还要从语法、修辞、逻辑三方面下功夫。语法使句子通顺,没有语病;修辞使句子生动而不呆板,富于表现力;而逻辑使句子通达理顺,有说服力。遣词造句的能力要从上述几方面综合努力。

(三)学习语言的途径

第一,从现实生活中学习语言。学习语言必须深入到现实生活之中,深入到人民群众之中,向人民大众学习语言,从中汲取营养。因为,广大人民群众的语言是书面语言生动、丰富的源泉。人民群众的语言是最有活力、最富有生命力的语言。

朱镕基总理有一次谈到金融工作时,告诫银行官员说:“不要轻易参加吃请,人家请客无非是想贷款。吃请只能长脂肪,希望你们少长脂肪,多长骨头。”① 朱总理这段话形象而风趣,这种语言来自于人民群众之中,通俗、明白,又为大众所接受、所理解。

第二,阅读古今优秀范文。古今优秀范文都是他人运用语言的成功范例,这些范文本身就告诉你,文章该怎么作,语言应该如何使用。自觉而认真地阅读这些名篇佳作,对提高我们的语言素养是大有裨益的。古人曰:“文选烂,秀才半”,这种说法是有道理的。我国古代留下许多著名的实用文,如李斯的《谏逐客书》、李密的《陈情表》、魏征的《谏太宗十思疏》、欧阳修的《朋党论》等都堪称千古名篇,值得认真学习。现代革命导师如马克思、恩格斯、列宁、毛泽东等人的论著,以及一些杰出的科学家、作家的有关论著都值得我们认真研究,从中汲取营养。

第三,多练多写。写作是一门行为科学,离不开实践。学习写作理论无疑是必须的,除此之外还必须坚持写作实践,勤于练笔。俄国作家列夫·托尔斯泰说过:天才的十分之一是灵感,十分之九是血汗。

---

① 见1998年3月2日《解放日报》。

在平时的工作和生活中要从多方面锻炼自己的文字表达能力，如写日记、读书笔记、书评影评、调查报告、总结、简报、报告等等，写得多了，驾驭语言文字的能力也就提高了。

第五节　实用写作的发展趋势

一、现代人学习实用写作的必要性

现代社会已从工业社会向信息社会过渡，科技文化知识迅猛发展，经济增长的速度也日益加快，国际间的社会交往、人际交往日趋多样化、复杂化，人们对这种作为交际和传播信息媒体的实用文的需求也越来越多，对它的要求也越来越高了。实用写作能力是现代人文化素质的重要构成部分。但现代人的实用写作能力是否跟得上时代的步伐呢？美国克力夫兰国际写作学院院长艾伯特·约瑟夫曾经给数万政府工作人员、经理、科研人员讲过课，他的评价是："这些人实际上都是大学毕业生，一多半还获得了高级学位。但是至少有三分之二的人，尽管学历完满，却连一封简单的书信、一份简单的报告也写不通。"① 这种情况在我国也同样存在。据我国对一些高校的本科、硕士、博士生的语文水平测试调查，许多大学生的实用写作水平令人担忧，有的大学毕业生参加工作以后，怕的就是写工作总结。一些干部，管理、科技人员尽管学历不浅，却缺乏必要的实用写作能力，对工作、科研造成影响。这种状况与时代的发展是不相适应的，应引起社会尤其是教育部门的高度重视。一位大学毕业生，可以不写小说、不写诗歌，但却不能不会写实用文。有人认为，现在已进入电脑时代了，实用写作可以由电脑代劳了。这种看法显然是步入了认识的误区。再先进的电脑也是人发明的，也要由人来操纵，电脑程序的编制、软件的开发都要依靠人。我们要求掌握电脑操作技术，并非意味着它可以代替人的智力、人的能力。尽管电子计算机已发展

① 转引自《现代应用文》，复旦大学出版社 1996 年版，第 5 页。

到了第六代，但它仍然属于第二文化，它的第一位载体是语言和文字，语言和文字是第一文化，第一文化是第二文化的基础，没有第一文化就没有第二文化。可见，人的能力仍然是起决定作用的。

二、实用写作的现代发展趋势

随着现代社会科技和经济的高速发展，随着我国加入世界贸易组织，实用写作也发展到一个新阶段，现代实用写作的发展趋势如何呢？

（一）文章内容完备化

实用写作经历了一个漫长的发展历程。进入现代社会，由于物质文明、精神文明愈来愈发达，社会分工越来越细，人们对客观事物的认识也愈来愈深化，所以当代人在实用写作中，在内容方面的思考更趋全面、细致、具体，而且要增加许多新项目，特别是由于社会的法律意识增强，许多实用文的经济化趋向增强，实用文的内容也就更加完备了。例如各种法律文书，如新近出台的《中华人民共和国建筑法》、《中华人民共和国防洪法》涉及到有关内容的方方面面；又如现代的股份制企业文书，不但文种涉及许多方面，而且内容相当周全、细致，有些大型股份制企业的文书长达数十页。实用写作内容日趋完备，是时代发展的必然趋势。

（二）文体分工精细化

随着社会实践生活的丰富、发展，随着国际交往日益频繁，社会公共关系、人际交往的多样化，随着市场经济的繁荣，实用文的文体分工更加精细，而且在不断出现新品种，实用文专业性、专门化趋势不断加强。例如现代的涉外经济文书、股份制企业文书、投标招标书、房地产文书、资产评估抵押文书、专利申请等等，都是过去没有或很少用到的。再如各种各样的法律文书、法规文书、契约文书的划分也都越来越细。

（三）书写技术现代化

随着现代社会科学技术的迅猛发展，实用文的书写技术也日趋现代化。20世纪电脑、电子函件、电子信箱、图文传真、多功能复印机的出现,使实用文的书写、复制、传递都发生了空前的变化。如今,电脑的世界性联网,每个人都可以坐在自己的电脑前,运用计算机的资源优势,实现数据、资源共享。现代化的科学技术、通讯设备,大大缩短了国与国以及人与人的空间距离,人们在顷刻或者瞬息之间,可以收到或者传递出文件。书写技术现代化是实用写作的又一发展趋势。

此外,实用写作使用范围向国际化发展,使用语言向双语或多语化发展,也是一种发展新趋势。

【思考与练习】

1. 实用写作与文学作品相比,有哪些特点?谈谈学习实用写作的意义。

2. 联系实际,说说实用写作在社会工作和现实生活中的作用。

3. 结合自己的体会和经验,谈一谈为提高实用写作能力,作者应具备哪些素养?

4. 实用文由哪些要素构成?分别说明它们在实用文中的作用。

5. 根据现实生活中的社会现象,选择合适的角度,写两篇思想评论。

6. 选两篇优秀的实用文,分析它的主旨、材料、结构和语言,写成读后感。

7. 联系现代社会的发展实际,谈谈实用写作的发展趋势。

第二章　行政公文

公文是党政机关、企事业单位或其他社会组织为处理行政公务，沟通信息，实施管理而撰写的书面文字材料。

公文有广义和狭义两种理解。广义的公文涵盖包括行政公文和各种专用公文，包括司法、税务、财经、军事、外交等方面的公文，如规章、计划、总结、简报等。狭义的公文，专指国务院办公厅规定的十三类十三种公文，本章所讲述的公文仅为狭义的公文，即行政公文。

第一节　公文概述

一、公文的涵义

公文，即公务文书，是国家机关、社会团体和企事业单位在行使职权和办理公务时所使用的文书。公文通常有广义和狭义之分。广义的公文包括所有反映公务活动的文书，狭义的公文则专指国家行政机关制发的公务文书。国务院在2000年8月24日发布的《国家行政机关公文处理办法》（以下简称《办法》）中，给行政公文下了一个明确的定义："行政机关的公文（包括电报、下同），是行政机关在行政管理过程中形成的具有法定效力和规范体式的文书，是依法行政和进行公务活动的重要工具。"这一明确的定义，从概念范畴深刻地揭示出了公文的本质特征。公文的基本内涵包括以下几个方面：

1. 公文有特定的制发者。制发者一般称为作者，指法定的机关、单位或团体等一切合法存在的组织，包括各类企事业部门，如"三资"企业、私营企业、私立学校和医院等。随着时代的变化，现已不宜像过去那样把"公文"仅仅理解为公有制单位的专用品了。此外，国家领导人和一些机关首长有时也可以制发公文，但必须是在代表国家机关行使职权的情况下才能施行。

2. 公文是公共事务活动的重要工具。公共事务活动,大到中央政府召开会议制定方针政策,小到某个村民委员会研究生产计划等,凡是处理公共事务,都要借助于公文办理。公文是在公共事务管理活动中形成的,是用来发布指令、指导工作、协商事务和传递信息的最重要的工具。

3. 公文具有规范的程式。包括制发程序、行文规则、特定格式和管理制度等。从标题到署名,从正文到各种附加标记,从文面到用纸,从签发到归档,以及文本的结构和语言的运用等,都有严格的规范,必须遵照执行。

二、公文的特点

公文作为一种特殊的应用性文体,它的特点是和一般文章相比较而言的,也是区别于其他文体的标志。公文的内涵、性质和功能,决定了公文的特点如下:

1. 强烈的政治性。公文是人类历史发展到一定阶段的产物。自产生之日起,其内容就与国家的政治、政策密切相关,总是体现着统治阶级的意志,并为统治阶级服务,因而带有极为鲜明的政治色彩。我国现行的公文,是人民大众管理国家的工具,是贯彻党和国家的路线、方针、政策的工具,是为社会主义现代化建设服务的。党和国家公务活动的强烈的政治性,决定了公文也具有强烈的政治性。

2. 法定的权威性。公文的法定权威性,是指公文在法定的时间与空间范围内,能对受文者的行为产生强制性的影响,具有约束力。公文之所以具有权威性,首先是由于公文作者的法定性。所谓法定性的作者,是指根据法律成立并能以自己的名义行使法定的职权和承担法定义务的组织和个人。法定作者制定的公文,是代表制发机关的职能权限发言的。其次,是由于公文作者的权威性。公文的作者是国家机关和企事业单位,具有法定的社会管理的权力与职能,它所制发的公文,就是其权力和意志的体现。因此,国家各级行政机关和企事业单位依据各自的职权范围所发布的公文,都在法定的时空范围内，对受文者产生约束力，具有法定的权威性。

3. 明确的实用性。公文的实用性，是指公文以完成特定的公务活动为目的，承担着某种具体而明确的公务职能。它以公务活动的实际需要为出发点，以解决工作事务中出现的问题为目的。例如，报告是为了向上级反映工作进程的具体情况或困难，以求上级了解或支持；指示是为了完成某项工作而要求下级知晓、执行或办理等。总之，公文是以满足公务活动的需要为存在的前提，是为了解决现实中的具体问题而写作的。

4. 严格的程序性。程序性是指公文从制作、审核、签发直到生效，必须经历一个严格的程序化的过程。一般性的公文，须经机关负责人对此进行全面审核后再签发。联合制发的公文，由各联合机关的负责人逐一全部审核后再签发。法规性公文，一定要经过正式会议审核通过，才能由主管领导签署发布。为了加强责任感，避免公文的遗失，或者接而不办，公文的收发还规定了严格的处理程序，包括登记、分办、拟办、批办、承办和催办等，从而保证了公文的运作通畅与贯彻执行。

5. 格式的规范性。公文必须具备国家统一规定的规范性的格式，这是它与其他文章显著的区别之一。为了使公文规范化、制度化，维护公文的权威性，保持公文的严肃性，提高公文处理工作的效率和质量，国务院办公厅先后在 1987 年发布，并于 1993 年和 2002 年两次修订了《国家行政机关公文处理办法》，国家质量技术监督局在 1999 年发布了《国家行政机关公文格式》国家标准，对公文格式进行了明确的规定。这个格式，是通过长期实践并且吸收了历史上和现实中正反两方面的经验教训而总结出来的基本形式。任何机关制发公文，均不能违背这个特定的格式。

三、公文的作用

公文的作用，可以用一句话加以概括，就是起行政工具的作用。具体而言，可归纳为以下五个方面：

1. 领导和管理作用。党和国家的领导，主要是通过路线、方针和政策的制定传达与贯彻执行来实现的。公文是传达贯彻党和国家方针、政策和各项指令的有效形式。各级党政领导机关经常通过公文来传达决定和意见，部署工作和任务，提出具体措施与要求，对下属机关的各项工作实施有效的领导与管理。

2. 规范和准绳作用。国家机关制定的各种法律条文，有关部门制定的各类条例、规定等，都是通过公文的形式来发布、宣传和贯彻执行的。这些法规一经发布，便成为了规范全体公民行为的准则，并以强制力来保证贯彻实施。如果有人违反了这些法规，就会遭受相应的惩罚。这些法规性公文，对于维护社会公德，保障人民合法权益，以及规范管理秩序等，发挥着十分重要的作用。

3. 宣传和教育作用。宣传和传达党和国家的方针政策，是公文所负载的重要任务。由于公文是以文字材料为原本，比口头传达和会议报告形式更具精确性和凭据性，能够使广大干部群众从中了解信息，明白道理，思想获启发，行动受鼓舞，从而起到了更好的宣传与教育作用。

4. 联系和沟通作用。公文公务活动是联系社会的桥梁和纽带。公文的使用过程，就是单位与单位之间、单位与个人之间相互沟通联系的过程。借助于公文的传递，可以有效地帮助彼此之间相互协商工作，及时解决问题，增进了解，沟通信息，交流经验，从而保证机关工作正常开展和顺利进行。

5. 依据和凭证作用。各种公文都反映了制发机关的意图，都具有法定的效力，收文机关则以此作为处理工作、解决问题的依据和凭证。即便是平级或互不隶属单位往来的公文，同样也可作为交流情况，协商工作的依据和凭证。至于公文在处理完毕后，经整理、立卷、归档，作历史资料保存，则更具有依据和凭证的性质，从而保证公文活动有条不紊地开展。

四、公文的分类

国务院颁布的新《办法》规定，我国行政机关现行公文的种类主要有：命令（令）、决定、公告、通告、通知、通报、议案、报告、请示、批

复、意见、函和会议纪要等十三类十三种。这些公文,从不同的角度可以划分为不同的类型:

1. 按承载职能划分。公文所承载的职能,是指公文在实施社会管理过程中所具备的功能、作用与法定效力。据此可以将公文划分为指令性公文、知照性公文、报请性公文等三大类。指令性公文是上级机关表达决策意图,指挥下属机关行动的公文,包括命令(令)、决定、批复、意见和会议记录等。知照性公文是向有关对象通报具体情况、关照某种事项的公文,包括公告、通告、通知、通报和函等。报请性公文是指向上级主管机关汇报工作,请示问题和提出建议的公文,包括议案、报告、请示等。

2. 按行文方向划分。行文方向是指公文的发放与接收单位之间的关系。据此可将公文分为上行文、下行文和平行文。上行文是指下级机关呈给它所属的上级机关的公文,如报告、请示等。下行文是指上级机关发给具有隶属关系的下级机关的公文,如命令(令)、决定、意见、批复、通知、通告、通报等。平行文是指平级机关或不相隶属机关商请工作的公文,如公函等。

3. 按缓急程度划分。通常分为特急、急件和一般公文三类。前两类通常在文面上注明"特急件"或"急件"字样,有时还可以"特急电报"或"急电"形式出现。特急件应当在接到来文后一天之内办理完毕,急件应当在3天内办理完毕。

4. 按保密级别划分。可依次分为绝密、机密、秘密和普通公文四个等级。公文的保密一般都有时间限制,经过一段时间后,可以按规定进行降低和解除密级处理。

五、公文的格式

公文的格式,是指公文的项目构成以及各个项目在载体上排列次序的规定。公文的格式规定,既是公文规范性和权威性的具体体现,又能为公文的处理和归档提供方便,有利于提高工作效率。我国行政机关的公文格式,经过多年的长期演化,至今完全定型。《国家行政机关公文格式》国家标准(GB/T9704 - 1999),已由国家质量技术监督局正式发布,并于 2000 年 1 月 1 日在全国范围内实施。新规定的公文格式,主要由外观形式和书面格式两部分组成。外观形式包括用纸、排版、印刷和装订格式等,书面格式包括一般格式和特定格式等两项,现具体分述如下:

(一)公文的外观形式

新《办法》规定:“公文用纸一般采用国际标准 A_4 型(210mm×297mm),左侧装订。张贴的公文用纸大小,根据实际需要确定。”公文的用纸可分为两部分:一是用于书写或印刷文字、图形等符号的图文区,二是不允许出现任何符号的白边区。公文用纸页边及图文区尺寸,国家标准已做了明确规定。页边尺码为:上白边(天头)37mm±1mm;公文用纸订口(左白边)为:28mm±1mm;版心尺寸为:156mm×225mm(不含页码)。

根据公文格式的国家标准规定,公文的用字主要是汉字。在少数民族自治的地方,可并用汉字和通用的少数民族文字。公文的书写、排印,一律从左到右横写横排。排版规定正文用 3 号仿宋字,一般每页排 22 行,每行排 28 个字。制版要求版面干净无底灰,字迹清楚无断划,尺寸标准,版心不斜,误差不超过 1 mm。双面印刷,页码套正,两面误差不得超过 2mm。黑色油墨应达到色谱所标 BI.100%,红色油墨应达到色谱所标 Y80%、M80%。印品着墨实、均匀,字面不花、不白,无断划。公文应左侧装订,不掉页,封面与书心不脱离,后背平整、不空,两页页码之间误差不超过 4mm。

(二)公文的一般格式

新《办法》规定:“公文一般由秘密等级和紧急程度、发文机关标识、发文字号、签发人、标题、主送机关、正文、附件说明、成文日期、印章、附注、主题词、抄送机关、印发机关和印发时间等部分组成。”根据以上规定,我们可以将公文的各个构成要素,根据其所处位置划分为眉首、主体和版记三个部分,现具体分述如下:

1. 眉首部分

眉首部分由代码、份号、秘密等级、紧急程度、收文处理标识、发文机关标识、发文字号和界栏线等组成,约占第一页的 1/3 位置。

(1) 代码。即文件楷式代码,按公文注册顺序将其分为某类某种,并编上9位阿拉伯数字代码,位于文头的左上方。

(2) 份号。即印刷顺序号,是依据同一文稿印刷若干份时每份的顺序编号,至少应有2位阿拉伯数字,如"1"编为"01",位于代码下边。凡带密级的公文必须要编制份号。

(3)秘密等级。按国家现行规定,保密文件分绝密、机密、秘密3级。保密等级不同,保密期限也不同。保密期限通常在秘密等级之后标出,中间用★隔开,如"绝密★3个月"。密级除了在公文左上角标明之外,还要在信封上加盖戳记。

(4)紧急程度。这是对公文处理的时限要求,分"特急"和"急件"两种。其中电报又分为"特提"、"特急"、"加急"和"平急"等四种。公文的紧急程度除了写在密级下方位置之外,还要在信封上标明。有的还可以在标题中体现出来,如《关于××××的紧急通报》。紧急程度的划分要恰当,以保证真正的急件得到迅速处理。

(5)收文处理标识。包括收文机关名称、收文编号、收文时间、存档号等项目。由收文部门在文头右上角加盖公文处理专用章,并逐项填写。

(6)发文机关标识。即公文名称,通常由发文机关全称或规范化简称加"文件"二字构成,但有些特定格式的公文可以不加"文件"二字,如"国务院任免通知"等。发文机关的标识,一般用红色或黑色小标宋体字印刷,居中排列,以醒目美观为原则。联合行文时,主办机关与协办机关按顺序下排于左侧,"文件"二字置于右侧,上下居中排布。联合行文机关较多时,必须保证首页显示正文。

(7)发文字号。俗称"文号",是由发文机关编排的文件的代码。按机关代字、年份(用方括弧括入)、序号的次序居中标注于文件名称下方。序号为统一编排的流水号。无版头的,标注于标题的右上方。联合行文,只注明主办机关发文字号即可。如"国发[1992]2号",指国务院1992年发的第2号文件。

(8)签发人。指代表机关最后审核并签发的领导人的姓名,以此来强调对其内容负责。签发的定稿并不对外发出,只由本单位保存,但上报的公文需标明签发人姓名,平行排列于发文字号右侧,并用仿宋体印刷。如有多名签发人,则与主签人在发文字号处一同平行排列。

(9)界线栏。指文头与行文之间的间隔线,通常用一根黑线隔开即可。

2. 主体部分

主体部分是指公文的主要内容部分,包括标题、主送机关、正文、附件及说明、发文机关与印章、成文时间、附注等。

(1)标题。新《办法》规定:公文标题应当准确简要地概括公文的主要内容并标明公文种类,一般应当标明发文机关。标题中除法规、规章名称加书名号外,一般不用标点符号。标题应由发文机关、主要内容(事由)和公文种类(文种)等三项组成。一般称这种完整的标题为"标准式"标题。如《国务院关于中国人民银行地位问题的通知》,发文机关是"国务院",事由是"关于中国银行地位问题",文种是"通知"。中间用介词"关于"把发文机关与事由连接起来,用结构助词"的"把事由与文种连接起来,这样便简明确切,使人一目了然。

除标准式标题外,通常还有以下三种特殊形式的标题:一是由发文机关加文种(省事由),或由事由加文种(省发文机关)两部分组成的标题,一般称它为"双项式"标题,如《中华人民共和国主席令》、《关于筹建×××炼油厂的请示》。二是由发文机关、被批转或转发文件的标题加文种组成的标题,一般称它为"转发式"标题。如《国务院批转进出口委、国家经委〈关于建立中国工艺美术行业协会的报告〉的通知》。此种标题"批转"等动词前不加介词"关于",批转的文件除法规类公文外,一般不用括号标明。三是同时省略发文机关和事由的标题,多用于知照性文件,但文种在任何情况下不得省略。

标题的制作对公文十分重要。制作标题要求准确、简明、清楚、醒目。拟好公文标题的关键在于准确简要地概括出公文的主要内容和正确地使用文种。标题除法规、规章名称加书名号外,一般不使用标点符号,结尾处也不用标点符号。标题写在正文前居中的位置,文字过长的标题可分行,但不能将同一词语拆开。

标题写作常见的不规范现象主要有如下几种:一是事由表达不准确。如《关于干部岗位培训的报告》,“关于”后缺动词“加强”。《关于工业发展生产情况的报告》,事由的词序不当,应改为《关于发展工业生产的情况报告》。《关于邮电××厂申请纳入××省扩大企业自主权试点的函》,事由中“纳入……试点”动宾搭配不当,应在“试点”后加上“范围”二字。《整顿社会治安的通知》,事由前缺少介词“关于”等。二是事由表达不简要。如《转发〈“质量月”各项规定的通知〉的通知》,转发性公文的标题尤应注意简要,可在“转发”二字后直接用第一发文机关的标题名称。此题应删去前后两个单书名号与末尾“的通知”三个字。三是文种使用不正确。如《关于妥善处理高等学校学生退学后有关问题》缺文种,应加上“的请示”三字。《关于扩建冷库的请示报告》,混淆文种,应删掉“报告”二字。《关于申请组建××学校的报告》,把“请示”写成“申请……报告”,改换了文种,应把“申请”去掉,把“报告”改为“请示”。《关于××同志工作安排问题请示的通知》,错用文种,应改“通知”为“批复”。

(2)主送机关。指承办或处理公文的机关。确定主送机关通常要注意以下几点:一是凡下级机关向上级机关发出的请示或报告等,一般只写一个主送机关,不要多头主送,以免责任不明,费时误事。如确需同时送达其他机关,可用抄送形式在文尾注明。二是上级机关对下级机关的普发性公文,主送机关应按惯例排列。如深圳市政府的普发性公文,主送机关全称排列为“各区、市属各企业、市属和驻深各局级以上单位”。三是凡直接向社会或群众发布的公文,如通告、公告等告知性公文和条例、章程等法规性公文,不必写主送机关。主送机关应写全称、规范化简称或同类型机关的统称,顶格写在标题之下、正文之前,后加冒号。

(3)正文。这是公文的主体,用来表达公文的具体内容。正文的结构,一般由开头语、主体和结束语等三部分构成,多采用因由式、溯源式、并列式、递进式和总分式等结构方式安排结构。通常的写法是:先叙述发文工作的依据,然后根据发文的目的,说明有关事项,或提出某项主张,最后写上得体的结束语。正文中若需要用数字表达层次结构时，通常的标识方法为：第一层用一、二、三、……；第二层用(一)(二)(三)……；第三层用1、2、3、……；第四层用(1)(2)(3)……依此类推。正文的写作要观点明确，逻辑严密，文理通顺，文字简练，标点正确。

(4)附件及附件说明。附件是指附属于主件的有关文字、图表资料等。并不是每份公文都有，只有内容需要，又不便于写入正文的材料才用附件来处理。常见的附件有两类：一是对正文的补充说明或参考材料。如在正文之后附上有关照片、图像、统计表及其他文字材料等。这种附件应在正文之后、发文机关之前注明附件的件数序号和附件的标题名称，然后，另起一页附上附件的图文材料。二是主体所转发、颁布的文件。这种主件的正文很简短，只起说明、介绍的作用。整个文件的核心是附件，附件起主要作用。如《中共中央转发〈中央组织部关于在部分单位进行党员重新登记工作的意见〉的通知》，通知正文只有几句话，其核心是附件《中央组织部关于在部分单位进行党员重新登记工作的意见》。由于这种附件的内容和名称已作为事由列入主件标题，所以附件名称一般就不在正文之后标出，可直接附在主件之后。

附件说明是指在公文正文之后作出的附件标志，用以注明附件的序号、标题、份数等，以便查阅和保护附件。附件说明一般标于正文之后，落款之前的左侧，并与正文、落款各隔相应的距离，然后在落款与年、月、日之后另起一页附上附件的材料。

(5)发文机关与印章。发文机关即公文的作者，印章是发文机关对文件生效的标识与凭证。发文机关通常写在离正文3－4行的右下方，一般是头一个字放在公文用纸的1/2处，末一个字最好靠右空1－2个字格，以求错落美观。发文机关应写全称或规范化简称，联合行文主办机关应当排列在前。若在文头或标题中标明了发文机关的，落款可省去，盖上印章即可。公文除会议纪要外，均应加盖印章。联合上报的非法规性文件，由主办机关加盖印章。联合下发的公文，联合发文机关都应加盖印章。用印位置在成文时间上侧，要求上不压正文，下要骑年盖月。

(6)成文时间。任何一份公文都要标明成文时间,成文时间以领导人签发的时间为准,联合行文以最后签发机关领导人的签发日期为准。会议通过的决定以会议通过日期为准,法规性文件以文件批准日期为准,电报以发出日期为准。成文时间必须用汉字书写,年月日要写全。成文时间在文件上的位置有两种安排:一是安排在标题下边,年月日用圆括号括起来,多用于会议通过的公文。二是安排在文件末尾,落款之下。没有落款的文件,成文时间直接写在正文右下方。成文时间与落款要上下对称,年月日的头一个字一般不宜超越落款头一个字,日字靠右以空两个字为宜。如果公文正好满一页,落款、年月日和加盖印章需转到下一页时,下页上部一定要以圆括号注明"此页无正文"字样。

3. 版记部分

版记部分包括附注、主题词、抄送机关、印发机关、印发日期及印发份数等。

(1)附注。附注是指对文件发送范围和阅读对象的限定。这是从工作需要和保守机密两个方面考虑而设置的。一般在文件左下方写上"此件发至县、团级"或"此件发至省、军级"等字样,并用圆括号标明。上行公文中不涉及此类问题。

(2)主题词。主题词是公文主要内容的标准化概括,由反映公文主要内容的标准化名词或名词性词组组成。其作用是提高文件检索、查询速度,提高机关办事效率,并为办公自动化、标准化奠定为基础。国务院办公厅已制定了全国统一使用的《公文主题词表》,共 14 类 768 个主题词。各省、市、自治区地方政府办公厅以此为基本模式,扩充编制了当地的《公文主题词表》。使用主题词必须以此为准,不得超过其范围。标引主题词时,顺序是先标类别词,再标类属词。在标类属词时,先标反映文件内容的词,后标反映文件形式的词。每份文件的主题词,最多不超过 5 个词组。主题词顶格写在文件的抄送栏之上,每个词之间空 1 字格。如《关于举办文秘人员岗位培训班的通知》,其主题词为:文秘、干部、培训、通知。

(3)抄送机关。抄送机关是指公文涉及的机关,或需要协助承办,或需要了解、掌握其内容的机关。抄送机关的选择十分重要。既要防止对有关的机关漏抄漏送,以免造成工作脱节与被动,不利于协调一致,同时又要防止对文件的滥抄滥送,造成人财物的浪费,影响机关的工作效率。抄送机关写在主题词下方位置,低一个字书写。

(4)印发机关和印发时间。印发机关不是指公文的发文机关,而是指公文的印制主管部门,一般应是各机关的办公厅(室)或文秘部门。有的发文机关没有专门的办公厅(室)或文秘部门,也可标识发文机关。标识印发时间是为了准确反映公文的生成时效。印发时间以公文付印的时间为准。

以上所述的各部分的项目,构成了一份文件最完备的格式。使用时可以根据具体情况对部分项目加以省略。

(三)公文的特定格式

在制发公文的实践中,除了使用较为规范的书面格式之外,还经常用到一些特殊的简便的特定格式。由于这种特定格式相对比较简便,容易制作,所以使用率较高。现将下列三种公文的特定格式分述如下:

1. 信函式格式。这种格式的公文,除了只标识发文机关的全称而不标识“文件”二字之外,其他要素与完整的公文相同,常用于处理日常事务的平行文和下行文。其制作格式为:发文机关标识的上边缘距上页边30mm,在发文机关标识4mm下印一条上粗下细的武文线,再在距下页边20mm处印一条上细下粗的文武线,线长170mm。其份数序号、密级、紧急程度可以放在武文线左上角顶格,发文字号放在武文线右上角顶格。发文机关名称和双线均印红色。

2. 命令格式。命令标识由发文机关全称加“命令”或“令”组成,位于上白边57mm下方。联合发布命令(令),首发单位于此标识,其他单位下移,“命令(令)”字右侧上下居中。发文机关名称下空2行居中标识令号“第×号”,令号编制从第1号令开始,不受年度限制。令号空2行标识令文,令文大多较简短,一般只有一自然段。令文后标识签发人的职务和姓名。下行标识成文时间。命令(令)不主送、抄送,而用“分发”这一特定形式。

附：国家机关公文格式图

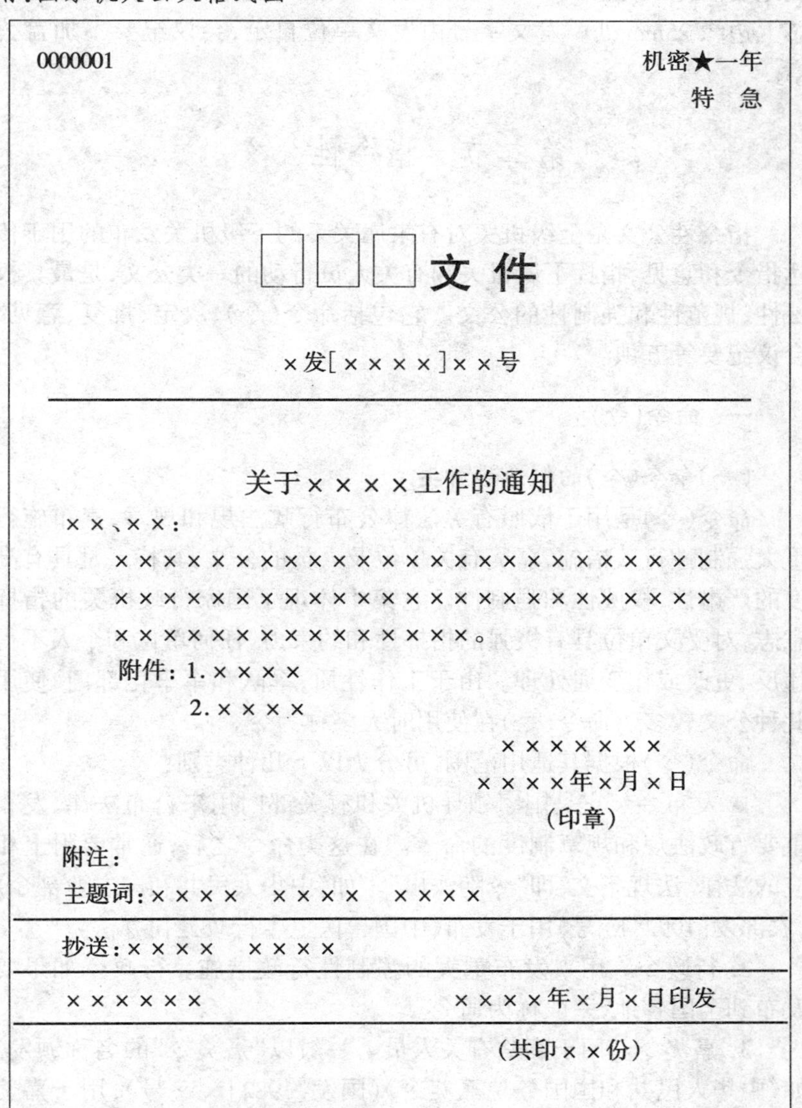
0000001　　机密★一年
特　急

□□□文件

×发[××××]××号

关于××××工作的通知

××、××：

××。

附件：1. ××××
2. ××××

×××××××
××××年×月×日
（印章）

附注：
主题词：××××　××××　××××

抄送：××××　××××

××××××　　××××年×月×日印发

（共印××份）

3. 会议纪要格式。这种格式主要用于国家行政机关的办公会议纪要。标识为“××××会议纪要”，用红色小标宋体字，位置距版芯上边缘25mm处。发文字号由发文单位自定，会议纪要不加盖公章。

第二节 指令性公文

指令性公文是上级机关对有隶属关系的下级机关发布的用于传达指令和意见，指挥下属机关和有关人员行动的一类公文，是最具权威性、规范性和强制性的公文。它包括命令(令)、决定、批复、意见、会议纪要等五项。

一、命令(令)

(一)命令(令)的概念和种类

命令(令)是用于依照有关法律公布行政法规和规章，宣布施行重大强制性行政措施，嘉奖有关单位及人员的公文，其特点是具有高度的严肃性、权威性和强制性。它集中体现了国家行政机关的指挥意志，对受文单位具有极强的指挥性和约束力，任何单位和个人不得违反、更改或作变通处理。由于工作性质，军队和军事化部门，使用此种公文较多。命令(令)在使用时大多称为令。

命令(令)根据其适用范围，可分为以下几种类别：

1. 发布令。它是国家领导机关和有关部门用来公布法律、发布重要行政法规和规章制度的命令。在这类命令之后，通常要附上相应的法律、法规条文，即“令随法出”。如《中华人民共和国农业部令》(农部发[1992]13号)用于发布《中国兽医卫生行政处罚办法》。

2. 行政令。用来发布重大的强制性行政措施。行政令如果要发布到全国各地，一般称为通令。

3. 嘉奖令。用于嘉奖有关人员。一般以“嘉奖令”的名称颁发。如《中华人民共和国国务院嘉奖令》(国发[1982]××号)，用于嘉奖粉碎劫机事件的民航杨继海机组。

4. 任免令。用于发布任免事项。一般以“令”的名称颁布，在正文中写明任免的机关名称和任免事项,即被任免人员的姓名和任免职务等。

除此之外,还有动员令、特赦令和戒严令等。这类命令极具特殊性,很少使用。

(二)命令的文体结构

命令(令)一般由标题、编号、正文、署名与时间等五个部分构成。

1. 标题。命令(令)的标题通常由制发机关、事由、文种三部分组成,其类型主要有以下几种:

(1)制发机关加文种。如:《北京市人民政府令》、《中华人民共和国财政部令》。

(2)制发机关、事由、文种齐全。如:《国务院关于在我国统一法定计量单位的命令》。

(3)直接以某种令作标题。如嘉奖令、通缉令和特赦令等。

2. 发文字号。命令的发文字号一般使用完全式写法,即机关代字、年号、序号都应齐全。如国发[1980]20号。下同。

3. 主送机关。发布令、行政令,因其面向政府所辖范围内的全体成员和社会公众,故多数不用主送机关。只有面对少数特定对象的命令,如嘉奖令等才有主送机关。

4. 正文。正文是公文的主体部分,其结构有三种形式:

(1)单层次式。发布令多数采用单层次,其内容为发布什么法规和施行日期等。

(2)双层次式。行政令多采用双层次,第一层次的内容说明发布该令的目的,第二层次的内容为命令事项。

(3)三层次式。嘉奖令多数为三层次:第一层次写嘉奖的缘由,主要写明嘉奖对象的功勋和业绩,其中时间、地点、事情、原因、结果要交代清楚,最后要给功勋业绩定性。第二层次写嘉奖的目的及嘉奖的内容。嘉奖内容包括授予荣誉称号、记功、晋级、授予奖金等。第三层次写嘉奖希望,写明对受奖者的勉励与要求,或向有关方面人员提出希望。

5. 附件。颁布法规文件的命令,均以随令公布的法规文件作为附件,在正件中说明批准法规文件的机关、文件标题以及正式施行、生效日期等。在正文下方需注明附件的标题与件数。

6. 落款。在正文下方标注发文机关领导人的职务和姓名,但以机关名义发布的命令,可以不签领导人的姓名。

7. 成文时间。有两种标法:一种是写在标题之下,另一种是写在文尾署名的下方。应用汉字书写。

(三)命令(令)的写作要求

命令(令)是一种具有特殊性的文体,其写作必须注意以下几点:

1. 命令(令)是一种庄重严肃的公文,使用时必须审慎。既不能滥用职权,随意发号施令,也不能朝令夕改,使下级无所适从。

2. 注意命令(令)的适用范围和发文字号的专用性。命令(令)的发布者具有严格的限定性。发布行政法规令,只限于中央人民政府,即国务院。发布各类规章办法,除国务院及其各部门外,只限于地、市级以上人民政府。发布强制性行政措施令,只限于县级以上人民政府。一般企事业单位不用此文种。军事部门或军事化部门不受此限。命令用于任免人员,以国家主席令任免的人员必须是副部级以上干部,地方干部只能用"任免通知"或"任免决定"。命令用于嘉奖也仅限于嘉奖具有重大影响的人或事,普通表彰不用嘉奖令。此外,命令(令)的发文字号具有专用性。一般以领导人名义发布的命令不按照年度编号,而是从任职开始到卸任为止依次编号。

3. 命令(令)的写作,应力求做到条理清晰,结构严谨,层次分明。语言上要做到庄严质朴,简明扼要,不作详细的分析与解释,不得使用含糊不清和模棱两可的词语,以便使下属机关充分理解和认真贯彻执行。

例文一:

深圳市人民政府令

第 14 号

《深圳市国家公务员管理办法》已经 1993 年 4 月 29 日市人民政府第五十一次常务会议审议通过,现予发布,自发布之日起施行。

市长　×××
一九九三年九月二十八日

例文二：

中华人民共和国主席令

第一号

根据中华人民共和国第九届全国人民代表大会第一次会议的决定，任命朱镕基为中华人民共和国国务院总理。

中华人民共和国主席　江泽民
一九九八年三月十七日

二、决定

（一）决定的概念和种类

决定是对重要事项或者重大行动作出安排，奖惩有关单位及人员，变更或者撤销下级机关不适当的决定事项的公文。决定的特点具有决策性、指挥性和相对稳定性。根据其适用范围，决定可分为以下几种类别：

1. 法规性决定。用于发布权力机关制定、修订或试行的法律文件以及由政府部门制定的行政法规。如《国务院关于修改〈全民所有制工业企业承包经营责任制暂行条例〉第21条的决定》。

2. 指挥性决定。用于对某一重大问题、事项、行动作出决定性的指挥。如《中共中央关于建立社会主义市场经济体制若干问题的决定》。

3. 知照性决定。用于知照重大事项，传达具体信息。如《全国人民代表大会常务委员会关于教师节的决定》。

4. 奖惩性决定。用于表彰或处分有关人员。如《国务院关于授予赵春娥、罗健夫、蒋筑英全国劳动模范称号的决定》。

5. 变更性决定。用于变更或者撤销下级不适当的决定事项。

（二）决定的文体结构

决定一般由标题、正文、通过日期、署名与日期四部分组成。

1. 标题。决定的标题通常由制发机关、事由、文种三部分组成。如果是会议通过的决定,还要在标题下方居中以括号注明会议的名称和通过的日期。

2. 发文字号。决定的发文字号为完全式。

3. 主送机关。决定的主送机关为应知照的单位和群体。

4. 正文。正文一般由决定的原因和决定事项组成。决定的原因,也是决定的依据,既包括事实和理论依据,也包括法律依据等,它是作出决定的前提条件。决定的事项,包括具体实施的原则、方法、步骤等。决定的末尾,通常还提出号召和希望,但有的也可省略。

5. 落款。在正文右下方署明发文机关。若标题上有发文机关,签署时就可省略。

6. 成文时间。会议通过的决定,日期须用圆括号置于标题之下。属领导机关作出的决定,其日期一般放在落款之后。

(三)决定的写作要求

决定是一种具有极强的决策性和指挥性的公文,所涉及的内容都是"重要事项"或"重大行动",因此,在写作上要注意以下两点:

1. 决定的理由应明确充分。要正确贯彻执行决定所布置的工作,实现决定所提出的要求,必须以认真理解决定的精神为前提。因此,决定的理由部分必须通过讲事实,摆道理,引经据典,来说明作出此项决定的重要性和必要性。尤其是重大的指挥性决定,其理由更要写得具体明确,深刻透彻。

2. 决定事项详细具体。决定事项是决定的主要内容和核心部分,因此,在写作时应力求做到明确具体,详细透彻,具有可操作性,便于受文机关贯彻执行。

例文:

国务院关于调整撤并
部门所属学校管理体制的决定

国发〔1998〕21号

各省、自治区、直辖市人民政府,国务院各部委、各直属机构:

国务院机构改革中，原机械工业部、煤炭工业部、冶金工业部、化学工业部、国内贸易部、中国轻工总会、中国纺织总会、国家建筑材料工业局、中国有色金属工业总公司等九个部门改组或组建为国家经贸委管理的九个国家局。　国务院决定，对这些部门所属共211所学校，其中普通高等学校93所、成人高等学校72所、中等专业学校和技工学校46所的管理体制进行调整。

一、对原机械工业部等九部门所属学校进行调整，是国务院机构改革的重要内容，也是教育改革特别是高等教育管理体制改革的重大步骤。各地、各部门要以党的十五大精神为指导，按照有利于建立适应社会主义市场经济体制的新的教育管理体制，有利于优化高等学校布局结构，有利于这部分学校的长远发展和更好地为国家和当地经济、社会发展服务的原则，认真做好这些学校管理体制的调整与改革。

二、几年来高等教育管理体制改革试点的实践证明，通过共建、合并、合作及调整等方式，不仅有利于打破条块分割、重复办学的局面，较好地实现优势互补、资源合理配置，而且有利于调动各方面的积极性，提高教育质量和办学规模效益。原机械工业部等九部门所属学校也要通过共建、合并、合作、调整等方式，进行管理体制的调整。93所普通高校原则上都实行中央与地方共建，以地方管理为主。72所成人高等学校，除几所由中央财政负担的管理干部学院原则上就地并入普通高等学校或改制为培训教育机构外，其余由企事业单位举办的成人高等学校一律划转地方管理。46所中等专业学校和技工学校划转地方管理。

三、管理体制调整工作在国务院的领导下，由教育部会同国家经贸委、国家计委和财政部提出具体实施方案报国务院批准后组织实施。各有关省、自治区、直辖市人民政府，国务院各有关部门要高度重视，加强领导，统筹规划，精心组织，密切配合，以改革的精神和高度的政治责任感，努力做好工作。要制定优惠政策和配套措施，做好经费的划转工作。在调整期间，各有关方面要把各项工作做细做好，特别要注意深入细致地做好思想政治工作，确保学校教学和各项工作的正常秩序,维护学校的稳定。调整工作要在新学年开学前基本完成。

四、原机械工业部等部门所属学校是国家的宝贵财富,是培养21世纪高素质人才的重要基地。加大改革力度,办好这些学校,对经济和社会发展特别是对本地区经济和社会发展具有十分重要的意义。今后,国务院各部门要继续关心和支持学校的发展。各省、自治区、直辖市人民政府要加强对这些学校的领导,要给予更多的关怀、支持和帮助。要将这些学校的建设与发展纳入本地区经济和社会发展规划之中,将高等学校纳入当地高等教育管理体制改革和布局调整的整体规划之中。凡已经列入规划准备实施改革和调整的高等学校,要按规划和程序继续进行。

国务院

一九九八年七月一日

三、批复

(一)批复的概念和种类

批复是上级机关答复下级机关的请示事项以及建议报告的一种公文。批复为下行文,具有行文的被动性、回复的针对性和效用的权威性等特点。使用批复的前提条件,就是先有下级机关的请示,后有上级机关的答复,否则,就无批复可发。

批复的种类,通常分为专发性批复和普发性批复。专发性批复仅仅下发到请示机关,因为具有极强的针对性,故而这种批复的使用频率很高。普发性批复不仅下发到请示机关,而且还下发到其他相关的下级机关。由于这种批复的内容具有普遍性,所以需要其他机关周知和执行。制发时在批复的后面附上“请示”原文即可。

(二)批复的文体结构

批复通常由标题、主送机关、正文、落款与日期等部分组成。

1. 标题。批复的标题通常由制发机关、事由、文种三部分组成。

2. 发文字号。为完全式。

3. 主送机关。即上报请示的下级机关,或需要知照的其他机关的名称。

4. 正文。正文一般由事由和答复事项组成。事由即是批复的原因和根据。开头通常采用用引语的形式,引叙来文的标题和发文字号,从而点明批复对象和依据,然后再针对请示的内容,逐条予以明确的答复。常见的表达形式为:“你处《关于……的请示》(×发[19××]××号)收悉。经研究批复如下:”最后以“此复”、“特此批复”、“专此批复”等收束用语作结,有时也可省略不写。

5. 落款。批复机关的名称,写在正文之后的右下方。

6. 成文日期。写于落款之下。

(三)批复的写作要求

撰写批复的关键,就是要注意做到有针对性地答复问题,态度明确,意见具体。无论是肯定还是否定,都要直截了当,切忌含含糊糊,模棱两可。要紧紧围绕请示的事项逐一答复,有理有据,不要泛泛而谈,或另作指示。文字简明扼要,用语准确无误。此外,还要注意对象明确,批复及时。

例文:

关于《中国公民自费出国旅游管理暂行办法》的批复

国函[1997]209号

国家旅游局、公安部:

国务院原则同意《中国公民自费出国旅游管理暂行办法》,由你们发布施行。

附:中国公民自费出国旅游管理暂行办法

国务院

一九九七年三月十七日

四、意见

(一)意见的概念和种类

意见是对重要问题提出见解和处理办法的指导性的公文。原先颁布的《国家行政机关公文处理办法》并没有“意见”这一文种,但考虑到它在实际工作中早已通用,因此新《办法》将其定为行政公文。意见是一种重要的领导、指导性公文,主要是针对带普遍性倾向和亟待解决的问题,提供具体指导,阐明工作的原则、目的、要求、方法与措施等。意见具有使用广泛,内容具体,指导性、规定性和约束性强等特点。从行文上看,意见既可是上行文,也可是下行文。按照其内容,可分为政策性意见和工作性意见两种。前者一般用于贯彻重大方针、政策,并由党和国家高级领导机关制发,后者常用于布置重大工作和重要行动时提出具体意见与要求。

(二)意见的文体结构

意见主要由标题、发文字号、主送机关、正文、落款和发文时间等部分构成。

1. 标题。一般由制发机关、事由、文种三部分组成。

2. 发文字号。为完全式。

3. 主送机关。为应知照的机关和单位。

4. 正文。一般由制发意见的原因或依据、内容、要求等事项组成。意见的开头说明根据某一政策和精神,或针对某种现象和问题而制发意见,着重阐明制发意见的作用和意义。主体部分包括指导原则、工作任务、措施、方法与步骤等,按照贯通式的结构方法,逐步展开和列出。最后提出执行意见的时限要求、注意事项、希望和号召等。

5. 落款。签发意见的机关名称。

6. 发文时间。写在落款下面 。

(三)意见的写作要求

意见是一种具有宏观性与指导性相结合的公文,其写作要注意以下几点:

1. 撰写者必须认真学习和深刻领会党和国家的方针、政策和法律法规,在进行深入调查研究的基础上,提出具有前瞻性、针对性和可行性的意见和建议,用以指导工作,解决实际问题。

2. 意见的表达要紧紧围绕中心议题,可采用先叙后议,或夹叙夹议的方式,分条陈述。通常是先提出问题,再阐述解决问题的办法。所述办法要求切合实际,具体可行。

3. 文字表达要求条理清晰,层次分明,结构合理,语言流畅,通俗易懂。

例文:

关于赋予生产企业进出口经营权有关问题的意见

国务院:

为了贯彻落实中央工作会议精神,深化外贸体制改革,增强国营大中型生产企业的活力,使其直接参与国际市场竞争,扩大我国工业产品出口,促进我国工业生产技术尽快赶上国际先进水平,根据《国务院关于进一步增强国营大中型企业活力的通知》(国发[1991]25号)、《国务院批转国家体改委、国务院生产办公室关于选择一批大型企业集团进行试点请示的通知》(国发[1991]71号)和《国务院关于进一步改革和完善对外贸易体制若干问题的决定》(国发[1990]70号)的精神,应本着积极慎重的原则,对具备条件的大中型生产企业赋予自营进出口权。现就有关问题提出以下意见:

一、赋予生产企业自营进出口权的原则

(一)赋予自营进出口权的生产企业(含企业集团,以下简称自营进出口企业),主要应是符合国家规定的国营大中型生产企业。

(二)对产品技术密集、需要在境外进行售后服务的机电产品生产企业和机电产品出口基地企业,优先考虑赋予自营进出口权。

(三)对产品技术密集程度较高、市场变化快的非机电产品生产企业,视其生产产品特性及国内外市场的需求情况,赋予自营进出口权。

(四)对生产资源性、原料性、大宗初级产品的企业,以及产品受配额限制和市场单一的生产企业,赋予自营进出口权从严掌握,原则上不批准其经营一类商品。

(五)已赋予自营进出口权的企业集团,其核心企业及紧密层企业不再赋予自营进出口权。已成立全资进出口贸易子公司的国家大型试点企业集团,其核心企业及紧密层企业也不再赋予自营进出口权。已参加出口联合体、出口联营公司的企业一般也不再赋予自营进出口权。

(六)对非生产性的国家大型试点企业集团,可视其行业特点,赋予相应的自营进出口权。

二、自营进出口企业应具备的条件(略)

三、生产企业申请进出口经营权需要申报的材料(略)

四、赋予生产企业自营进出口权的审批程序(略)

五、自营进出口企业的权利(略)

六、自营进出口企业的义务(略)

七、对自营进出口企业的奖罚(略)

经贸部

国务院生产办

一九九二年三月十六日

五、会议纪要

(一)会议纪要的概念和种类

会议纪要是记载和传达会议情况和议定事项的公文。通常是根据会议记录、会议文件和会议的其他有关资料整理而成,既可上呈又可下达,但以向下属单位传达会议精神较为多见。会议记要的特点是纪实性、综合性和概括性,具有一定的约束力。会议记录按其性质和内容可划分为多种类型,常见的有办公例会纪要、座谈会专题纪要和学术研讨会纪要等。

会议纪要与会议记录的区别在于:第一,目的用途不同。会议记录是一种事务性的文体,其目的是为了用作备忘备查的原始凭证,一般不对外公开。会议纪要则是一种公文,用以传达精神,布置工作,带有“决定”、“通知”性质，供下级遵照执行。第二，形成过程不同。会议记录是当场记录的原始材料，而会议纪要则是对会议记录、文件资料以及讲话录音等加工整理的产物。第三，写作方式不同。会议记录是依据会议情况进行详细完整的现场实录，而会议纪要则必须对会议文件进行综合概括和加工提炼，从而反映出会议的精神实质。

（二）会议纪要的文体结构

会议纪要通常由标题、发文字号、主送机关、正文、落款和发文时间等组成。

1. 标题。会议纪要通常采用单行标题，一般由机关、事由、文种三部分组成。如《城市经济体制改革试点工作座谈会纪要》等。有些重要的会议纪要，其标题多用正副标题组成，正题标示会议主要内容和精神，副题则标示会议名称和文种。

2. 发文字号。为完全式。

3. 主送机关。写明与会机关以及需要知照会议情况的机关名称。

4. 正文。正文一般由会议情况的概述和会议内容即议定事项两部分组成。会议概况简单介绍会议的基本情况，包括会议的召开单位、时间、地点、主持人、参加者以及会议目的、主要议程、会议规模、会议的意义和作用等。会议内容是正文的中心部分，主要包括会议研究或讨论的问题情况和决定的事项，以及情况分析、措施与办法、希望与要求等。通常使用“会议认为”、“会议同意”等词语，引出会议决定的事项。凡重要的大中型的工作会议或比较复杂的会议，不仅要把会议讨论的结果公布出来，而且还要把会议的与会者所反映的有关问题，用分条、分层叙述的形式综合地反映出来。学术性会议纪要，特别要注意把与会者的不同意见反映出来。

5. 落款。署上发文单位的名称。

6. 发文时间。写在落款下面。

（三）会议纪要的写作要求

会议纪要的写作应注意以下几点：首先，要抓住要点，即抓中心议题和围绕议题所作的决定来写，不要把大量的会议材料都填塞到纪要里去。要集中反映会议精神,概括最本质的观点与意见。其次,必须实事求是,忠实于会议内容。撰写者既可以对与会者的发言进行概括和提炼,也可适当删节,但决不可凭空添枝加叶或篡改原意。再次,应力求做到条理分明,层次清楚。要防止观点内容的本末倒置,张冠李戴,或喧宾夺主。此外,还要注意千万不能把不成熟或未被认可的意见写进去,以免下发后给工作造成混乱。

例文:

××省六届人大常委会第八次会议纪要

××省第六届人民代表大会常务委员会第八次会议于一九××年六月六日至九日在××举行。

会议由省人大常委会副主任×××主持,副主任××、×××、×××、×××、×××、×××和委员共四十五人出席会议。副省长×××、省高级人民法院院长×××、省人民检察院检察长×××、省直有关部门负责人列席会议。列席会议的还有市、县、区人大常委会负责人和××地委及地区人大工作联络处负责人。

会议首先听取出席六届人大二次会议的××代表团副团长×××传达了六届全国人大二次会议精神。省委书记×××到会就贯彻六届人大二次会议精神,进一步搞好经济体制改革和开放作了重要讲话。省直机关处级以上干部一起听了传达。出席会议委员和列席会议同志认真学习赵总理的《政府工作报告》,联系我省实际,围绕改革和开放问题进行了热烈讨论。

××副主任传达了彭真委员长六届全国人大二次会议期间在全国人大常委会召开的座谈会上的讲话。

会议听取和审议了省财政厅××和副厅长作的《关于××省一九八四年度财政预算的决议》;听取了省水利电力厅××厅长所作的《关于〈××省河道管理暂行条例〉执行情况的汇报和××省河道管理条例(草案)的说明》,通过了《关于〈××省河道管理条例〉的决议》;听取了省教育厅×××厅长所作的《关于学习河北农村教育管理体制改革经验的汇报》和省高教局×××局长作的《关于高等教育改革的报告》。会议还通过了省高级人民法院和省人民检察院提请的人事任免事项。

会议纪要

十二月二十日,×××局长主持召开局长会议。会议就年前的几项主要工作进行了认真的研究,现特记要于后:

一、关于××商场争取修建资金的汇报,从调查团香港之行来看,效果明显。外商资金颇丰,问题是要我地银行担保,方能贷到款。目前正通过县府领导协调银行出面担保,以解决我局修建资金的燃眉之急。

二、关于一九××年财务解决的问题。会议认为,全系统的财务解决必须按照县府召开的财政决算会议精神办理,盈利企业要保证年度计划盈利的完成,亏损大户企业要尽量多减亏,微亏企业要扭亏为盈。全系统要坚决完成县府下达的亏损不突破59.50万元的目标。

三、关于九五年度商业工作初步打算问题。会议提出九五年的目标任务:(一)销售总额完成8000万元,增长20%以上;(二)工业产值完成2650万元,增长15%以上;(三)生猪收购12万头(其中:食品公司10万头,肉制公司2万头,含内销2万头)以上;力争达到15万头,增长80%以上;(四)实现利润(按上年同口径)亏损不突破40万元,减亏30%以上;(五)项目投资500万元以上,增长10%以上;(六)略

以上各款,望局各股室及时付诸实施。

第三节　知照性公文

知照性公文是向社会公众和特定对象传达某种具体事项和要求的一类公文。其作用是要求受文范围内的所有公众和对象,对文内所述的内容全部周知并严格遵照执行。知照性公文主要有公告、通告、通知、通报和函等五种类型。

一、公告

(一)公告的概念和种类

公告是向国内外宣布重大事项或法定事项的公文。公告并非普通文告,它具有文体的庄重性、内容的严肃性、范围的广泛性和作者的限定性等特点,一般以国家和各级领导机关的名义发布,而且多通过广播、电视和报刊等传媒发出。

公告按内容和目的可划分为两种:一是行政公告,或称事项性公告,如公布国家机构选举结果,国家领导人出国访问,重要人士逝世消息,重要会议的召开及其决议等。二是法规性公告,或称祈使性公告,这类公告除告知公众某事外,还要求遵守公告的规定。如《××市招商局关于××工业区一九九九年第二期建设债券付息公告》,公布了该年度付息的办理时间、网点和方法,要求有关客户按公告要求前往办理。

(二)公告的文体结构

公告由标题、发文字号、正文、落款和发文日期等部分组成。

1. 标题。公告的标题一般是由发文机关、事由和文种组成,有时可不写事由,或只标出文种“公告”即可。有的公告在标题下方有编号,一般的写法是“第×号”,并用圆括号括住。

2. 发文字号。非完全式,有的可省略。

3. 正文。正文一般是由公告的依据或事由、公告事项和公告结语,如“现予公告”、“特此公告”等组成。

4. 落款。在正文的右下方署上发文单位名称。如果已在标题中写上了发文机关名称,即可省略。

5. 发文日期。通常写在署名下方,也可写在标题和编号之下,用括号括上。

(三)公告的写作要求

公告的发布者通常是国家领导机关以及依法授权的单位,一般行政机关和团体不得随意滥用。公告的行文应力求做到严肃庄重,具体明确,语言规范,文字简练。公告正文的结构方法主要有并列式、总分式和递进式等。凡所宣告的事项之间各自独立的,应根据其先后主次,采用并列方法依次排列,还可用数码标明。凡宣告的事项有从属关系的,可采用总分式或递进式阐述,力求做到层次清晰,条理分明。

例文一:

公 告

根据邮电部的有关规定及市府第20号令《深圳经济特区市容和环境卫生管理法》,为确保火车站广场(简称东广场)以整洁、优美的面貌迎送国内外来宾,决定对东广场内所有非永久性违章建筑及临时电话线路进行全面清理、整治。现将有关事项公告如下:

一、东广场内的非永久性违章建筑集装箱商亭,限期于11月15日前由业主自行拆除或搬离。逾期将由城管、公安部门组织人员强行拆除。

二、在东广场范围内的所有公共电话代办亭、点一律撤销。深大电话公司将于11月16日把以上范围内的电话线路全部拆除并同时停止通话。

三、为配合此次东广场的整顿工作,方便用户,深大电话公司将在下属罗湖分公司商业城机楼设立专门窗口为以上公用电话业主优先办理电话迁移手续(联系电话:2330039;服务时间:11月1日-11月15日)。

四、为方便群众,美化东广场,深大电话公司将尽快在东广场、联检大楼内、外设立永久性的磁卡、投币式公用电话亭。

特此公告

深圳城市管理监察大队　深圳市公安局罗湖口岸分局
深圳深大电话有限公司　深圳金罗湖商业城有限公司

一九九四年十月三十一日

例文二：

新华社公告

新华社授权公告：中华人民共和国进行的运载火箭发射试验已经结束，以北纬二十八度十三分，东经一百二十三度五十三分为中心，半径三十五海里圆形海域和海域上空，从×月××日×时起恢复正常航行。

二、通　告

（一）通告的概念和种类

通告是在一定范围内公布社会各有关方面应当遵守或者周知的事项的公文。公告的内容既可以涉及到国家的政策法令，也可能是社会生活中的一些具体事务。其制发单位十分广泛，各级的政法机关和企业事业单位都可发布，具有作者的广泛性、内容的专业性和法定的约束性等特点。通告一般分为两类：一是政务性通告。这类通告大多是由国家和地方行政机关发布，并要求有关单位和个人在一定范围内严格遵守，带有明显的强制性和约束力。如《深圳市国土规划局关于禁止在罗湖区大望村抢建房屋的通告》。二是事务性通告。它是国家机关、企事业单位和人民团体用于宣布各种事项的通告，具有知照的性质，强制性不强。如《深圳市建设局建筑企业进行资格年审的通告》。

通告与公告的区别：第一，发文单位不同。通告的发布不受单位级别限制，公告通常是由国家高级机关如国务院、全国人大及其授权单位制发。第二，受文对象不同。通告限于国内某一地区、系统、地段的群众和有关人员，公告面向国内外公众。第三，重要程度不同。公告宣布的是重要事项或法定事项，通告涉及的是一般事项，且事项内容有较强的专业性和业务性。

（二）通告的文体结构

通告的文体结构主要包括标题、发文字号、正文、落款和发文日期等部分。

1. 标题。通告的标题与公告的标题一样，由发文机关、事由和文种组成。发文机关与事由可以酌情有选择地省略。如《北京市人民政府通告》省略事由,《关于税收财务大检查实行持证检查的通告》省略发文机关等。

2. 发文字号。非完全式,有的省略。

3. 正文。正文一般包括目的和依据、事项和规定、要求和希望等方面的内容。通告的结尾处写明正式生效或执行起始日期,或以“特此通告”、“此告”之类的习惯语结尾。

4. 落款。署上发文机关的名称。标题中有发文机关者可省略。

5. 发文日期。写在落款下面。

(三)通告的写作要求

通告的写作应注意以下几点:第一,通告的内容要符合党和国家的方针、政策和法规,坚持一切从实际出发,实事求是地解决问题。第二,观点要鲜明,要求要具体,事项要明确,让人一目了然,便于贯彻执行。第三,文体格式正确,语言通俗易懂,行文符合规范,不得使用方言俗语和专业性强的词汇。

例文:

中华人民共和国公安部通告

为确保国际民航班机的运输安全,决定从一九××年×月×日起,在中华人民共和国境内各民用机场,对乘坐国际班机的中、外籍旅客及其携带的行李物品,实行安全技术检查。

一、严禁将武器、凶器、弹药和易爆、易燃、剧毒、放射性物品以及其他危害飞机安全的危险品带上飞机或夹在行李、货物中托运。

二、除经特别准许者外,所有旅客及其行李物品,一律进行安全检查,必要时可进行人身检查。拒绝检查者,不准登机,损失自负。

三、检查中发现旅客携带上述危险品者,由机场安全检查部门进行处理;对有劫持飞机和其他危害飞行安全嫌疑者,交公安机关审查处理。

一九××年×月×日

三、通知

(一)通知的概念和种类

通知是适用于批转下级机关的公文,转发上级机关和不相隶属机关的公文,传达要求下级机关办理和需要有关单位周知或者执行的事项,以及任免人员的公文。通知是下行文或平行文,具有内容单纯、行文简便、告知性强等特点,是适用范围最广、使用频率最高的一种文体。

根据通知的适用范围,可将其划分为以下几种类型:

1. 指示性通知。用于发布行政法规和规章,向下级机关布置工作事项,指示工作方法等。如《国务院办公厅关于禁止发放使用各种代币购物券的通知》(国办发[1991]28号)。

2. 转发性通知。用于转发上级或同级机关以及互不隶属机关的文件,或批转下级机关的上报文件等。如《国务院办公厅转发水利部关于加强嫩江松花江近期防洪建设若干意见的通知》(国办发[2000]31号)。

3. 告知性通知。用于告知某一事项,传达有关信息或发布会议通知等。如《北京市林业局关于召开会计决算编审工作会议的通知》(林字[1992]××号)。

4. 任免聘用的通知。用于任免或聘用干部。如《国务院办公厅关于调整国务院三峡工程移民试点工作领导小组组成人员的通知》(国办发[1992]5号)。

(二)通知的文体结构

通知一般由标题、发文字号、主送机关、正文、落款和日期等部分组成。

1. 标题。通知的标题一般由制发机关、事由、文种等三部分构成,有些内容简单的公文常常将前两者省略,直接署上文种“通知”即可。转发性的公文,其标题中的事由即是所转发公文的名称,如《国务院批转国家旅游局关于加强旅游行业管理若干问题请示的通知》。如果被转发的公文是法规性文件,则须在法规性文件名称上加上书名号。

2. 发文字号。为完全式。

3. 主送机关。即此通知的承办、执行和应当知晓的主要受文机关。这些受文机关一般为直属下级机关,或需要了解通知内容的不相隶属的单位。

4. 正文。一般由通知事由、主体和结尾三部分构成。事由写明制发通知的理由、目的、依据或情况。主体说明要求受文机关承办、执行和应知晓的事项。结尾部分常用"特此通知"或"专此通知"之类的习惯语作结。若前言和主体之间已用了"特作如下通知",结尾处的习惯用语可以省略。

5. 落款。即发文机关名称,署在正文末尾右下方。若在标题中已标明发文机关,落款时可以省略。

6. 成文日期。写在落款下面。

(三)通知的写作要求

通知的种类十分复杂,要求也不尽相同。因此,在写作时一定要注意不同种类通知的具体要求:指示性通知,要把任务要求、基本措施、注意事项等交代清楚,内容要明确具体,切实可行。转发性通知,要求在正文简短地说明所转发公文的制发机关、制发日期和公文标题以及转发的目的、意义与要求等。被转发的公文均作为通知的附件,须注明附件的序号、标题与件数。告知性通知,要将告知的事项和有关信息一一说明清楚。会议通知,要求写明会议的名称、议题、时间、会址、要求以及注意事项等。有的通知后面还要附上入场凭证或请柬。任免聘用通知,要求写明批准的机关、日期与被任免人员的职务、姓名等。总之,以上内容都要写得清楚明白,准确具体,无一错漏,确保顺利地贯彻执行。

例文一：

国务院办公厅转发水利部关于加强
嫩江松花江近期防洪建设若干意见的通知

国办发[2000]31号

各省、自治区、直辖市人民政府，国务院各部委、各直属机构：

水利部《关于加强嫩江松花江近期防洪建设的若干意见》已经国务院同意，现转发给你们，请认真贯彻执行。

嫩江、松花江防洪建设关系到国民经济和社会发展的大局，关系到人民生命财产安全。各有关地区和部门要以对国家和人民高度负责的精神，切实加强领导，尽快把各项任务落实下去。

防洪建设要坚持统筹规划、远近结合、突出重点、分步实施、分级负责、共同承担的原则。有关部门要结合国民经济和社会发展第十个五年计划和十年规划的制定，将水利建设纳入国民经济和社会发展总体规划。今明两年防洪建设要突出重点，确保重点工程、重点堤防的投入，争取早竣工，使之在防汛抗洪中早日发挥作用。

中华人民共和国国务院办公厅

二〇〇〇年四月五日

例文二：

《国家行政机关公文处理办法》的通知

国发[2000]23号

各省、自治区、直辖市人民政府，国务院各部委、各直属机构：

现发布《国家行政机关公文处理办法》，自2001年1月1日起施行。1993年11月21日国务院办公厅发布，1994年1月1日起施行的《国家行政机关公文处理办法》同时废止。

中华人民共和国国务院

二〇〇〇年八月二十四日

例文三：

关于颁发中等职业学校语文等课程教学大纲的通知

教职成[2000]7号

各省、自治区、直辖市教委、教育厅、新疆生产建设兵团教委，国务院有关部委教育司(局)：

为了贯彻落实《中共中央国务院关于深化教育改革、全面推进素质教育的决定》，实施“面向21世纪职业教育课程改革和教材建设规划”，进一步提高中等职业学校学生的文化和科学技术素质，培养高素质劳动者和中初级专门人才，我部组织制定了中等职业学校语文、数学、英语、体育与健康、计算机应用基础、物理、化学等7门文化基础课程教学大纲(试行)和机械工程力学、机械制图、电工基础、电子技术基础等16门部分专业技术基础课程教学大纲(试行)，现印发给你们，请认真组织实施。

这些教学大纲是规范中等职业学校文化基础课程教学和技术基础课程教学的指导性文件，是学校组织教学活动、评价教学质量的依据，也是高等职业院校对口招收中等职业学校毕业生进行文化基础和相关的技术基础课程考试的依据。各地、各行业要按照《关于制定中等职业学校教学计划的原则意见》(教职成[2000]2号)的要求安排中等职业学校文化基础课程教学工作，并结合制定中等职业学校相关专业的教学计划，统筹安排技术基础课程的教学工作，充分发挥这些课程在提高学生全面素质和综合职业能力中的作用。

各级教育行政部门和教学研究机构要组织好大纲的实施工作，及时开展师资培训和教研活动，转变教师的教育教学观念，提高广大教师运用新教学大纲的能力。

各地、各行业要认真收集新大纲试用过程中发现的问题，并及时将修改、完善大纲的意见和建议报我部职业教育与成人教育司。

附件：(略)

四、通报

(一)通报的概念和种类

通报是用于表彰先进,批评错误,传达重要精神或者情况的公文。通报在知照性公文中是比较独特的一种,它虽然是下行文,但只是用于传达精神,沟通交换信息,而不是发号施令。它有如下几个重要特点:即内容知照性、事实的典型性、问题的针对性和教育的严肃性等,是传递信息、表彰先进、惩戒落后和教育群众的有效手段和重要工具。从通报的适用范围上看,大致可以分为表扬性通报、批评性通报和情况通报三类。

(二)通报的文体结构

通报一般由标题、发文字号、主送机关、正文、落款和成文日期等部分构成。

1. 标题。一般由制发机关、事由、文种三部分组成,前两者有时也可省略。

2. 发文字号。为完全式。

3. 主送机关。一般为直属下级机关,或是需要知照的不相隶属的单位。

4. 正文。一般由四部分组成。一是导语,也就是通报缘由,简明扼要地概括出通报事项的主要事实。二是通报主体,即通报事项,具体地叙述构成事实的“时、地、人、事、因、果”等要素,通过选取具有典型性、代表性的材料加以阐述。三是简明分析。对通报事项进行分析评论,揭示问题的根源实质,并提出要求和希望。四是处理决定。对有关人员或单位进行具体的实事求是的表彰或处分。

5. 落款。署上制发机关的名称。

6. 成文日期。署在落款下面。

(三)通报的写作要求

通报的写作应力求做到:行文要及时准确,事例要真实典型,分析要具体深刻,叙述要详略得当,要注意政策性,突出教育性。此外,还应注意通报与通告、通知这两种文体在告知对象、制发时间和处理方式上的差异,真正发挥通报所具有的作用,产生相应的效果。

例文一:

关于表彰广东省实施《南粤锦绣工程》
文化先进县(市、区)的通报

各市、县、自治县人民政府,省府直属有关单位:

自199×年以来,我省各级人民政府认真实施《南粤锦绣工程——广东省文化建设发展规划》,积极开展创建文化先进县活动,加大对文化事业的投资,兴建和改建了一批标志性文化设施,艺术创作演出、群众文化、公共图书馆、电影放映、文物博物、文化市场等事业取得了长足发展,改善和活跃了全省人民群众的文化生活,为当地的经济和社会发展创造了良好的文化氛围。根据《广东省实施〈南粤锦绣工程〉文化先进县评选标准和评选办法》,经过省有关部门的验收评定,省人民政府决定对达到"广东省文化先进县"标准的海珠区等13个县(市、区)(名单附后)予以通报表彰和奖励。

希望受表彰的单位发扬成绩,戒骄戒躁,再接再厉,为促进我省文化事业的繁荣和发展作出更大的贡献;希望其他市、县认真学习先进单位的经验,争取早日加入先进单位的行列。

广东省人民政府
一九九八年四月二十三日

例文二:

关于××市超越权限批准征地问题的
通　报

《中华人民共和国土地管理法》规定,国家建设征用耕地××亩以上,其他土地××亩以上的,由国务院批准。《××省土地管理实施办法》规定,省辖市人民政府批准耕地十亩以下,其他土地二十亩以下;超过以上限额的,按审批权限报上一级人民政府审核批准。×市人民政府违反上述规定,超越权限批准征地三千九百零一亩,并推

土施工。最近,省国土厅、监察厅联合派出调查组对此事进行了查实。现通报如下:

××年×月,××市决定在×村和×街分别建设工业加工区,并于××年×月,以市政府办公室名义,超越权限批准×村电子工业加工区征地二千七百五十四亩,其中耕地一千零四十八亩,非耕地一千七百零六亩,随后推土动工。为此,省国土厅发现后曾对××市提出了批评,并要求他们按规定报批。××市不但不按规定办理这批土地的征地手续,反而在今年初又一次以市规划局名义,超越权限批准×街纺织工业加工区征地一千一百四十七亩,其中耕地五百七十九亩,非耕地五百六十八亩。

根据《××省土地管理实施办法》有关规定,省人民政府决定:对××市处以罚款六百二十一万元,责成××市人民政府作出深刻检查,并对直接责任人作出严肃处理,处理结果应专题报告省人民政府。各地要从××市的错误中吸取教训,引以为戒,增强法制观念,严格按照国家的政策、法规办事。国土部门要切实加强土地管理工作,对超越权限批准征地和乱占滥用土地的,要依法严肃处理。

××省人民政府
××××年×月×日

五、函

(一)函的概念和种类

函是用于不相隶属机关之间商洽工作,询问和答复问题,请求批准和答复审批事项的公文。函是平行文,具有简捷、灵活、方便的特点,并具有往来性,常以对应形式出现,使用范围很广。

根据其功能的不同,可将函划分为不同的类型:

1. 从函的内容上看,可分为五种:一是商洽函,用于互不相隶属或平级机关之间商洽工作。二是询问函,用于向有关机关询问情况或征求意见。三是答复函,针对询问答复问题。四是知照函,把需要知照的情况通知对方,可以不要求对方答复。五是请批函,一般是就某一方面业务向没有隶属关系的“主管”部门的行文，请求批准。

2. 从函的格式上看，可分二种：一是公函，多用于比较正式的场合，有明确的具体事项，格式比较完整。二是便函，多用于一般事务性工作，没有完整的公文格式，不存入档案。

3. 从函的发文方向上看，也可分为两种：一是发函，是主动给其他机关的去函，用以交换信息，协商工作。二是复函，是被动地答复相应商请事项的函件。

(二)函的文体结构

函的结构主要有标题、发文字号、主送机关、正文、落款和日期等。

1. 标题。通常由制发机关、事由、文种三部分组成。便函可以不写标题。

2. 发文字号。为完全式。便函也可以省略文号。

3. 主送机关。为需要商洽工作、询问情况或答复问题的有关机关。

4. 正文。由行函缘由和具体事项组成。发函用“以上意见，请予函复”、“特此函告”作结，复函用“特此回复”、“特此函复”、“此复”作结。

5. 落款。在正文之后的右下方标注发文机关名称。

6. 成文日期。写在落款之下。

(三)函的写作要求

函是公文，是各级行政机关和单位之间协商工作，传递信息的文书，它和普通书信有着本质的区别。因此，在写作上千万不能像私人函件那样随意而为，应力求做到格式规范化，内容简短化，开门见山，直陈事项。发函要求做到一事一文，便于对方尽快办理和答复。复函要针对询问作答，不能答非所问。行文的措词要谦和得体，庄重礼貌，切忌盛气凌人，或恭维逢迎。一些常用的机关书面用语，如“为盼”、“是荷”等，可选择使用，以示尊重和诚恳之意。

例文一:

关于联系教师进修的函

××大学教务处:

我校开办不久,师资水平较低。为提高教学质量,拟派××名教师到贵校物理系进修一年。

据悉,贵校招待所条件较好,望给我校××名进修教师解决一年的住宿问题。

可否,请予函复。

××市工业学校(印章)
一九××年×月×日

例文二:

国家计委关于调整化工、有色企业自备罐车租用费标准的复函

化工部、有色总公司:

化工部《关于调整化工企业自备罐车租赁费额的函》(化财发[19××]××号)收悉。鉴于近几年酸碱等罐车购置价格和维修成本上升,并考虑与《铁路货物运价规则》中的有关规定相衔接,经研究,同意调整化工、有色企业自备罐车租用费标准。调整后的租用费标准为:……

以上标准,自19××年×月×日起执行。

国家计委
一九××年×月×日

第四节 报请性公文

报请性公文是向上级领导机关汇报工作,反映情况,答复询问,请求指示,或向同级人民代表大会及其常务委员会提请审议事项的公文。根据其功能的不同,可分议案、报告和请示三大类。

一、议 案

(一)议案的概念和种类

议案是各级人民政府按照法律程序向同级人民代表大会或人民代表大会常务委员会提请审议事项的公文,是具有法定议案权的行政机关向国家权力机关提出的议事方案。议案的特点是:有特定的主送机关,即同级人民代表大会和人大常务委员会。作者的资格有严格的限制,只限于有提案权的机关和人民代表。议案的内容只限于同级人民代表大会职权范围内的重大事项,经审议通过的议案具有约束力,有关部门必须遵照执行。

议案根据其适用范围,可分为以下类别:一是法律法规提请议案。这是国务院和地方各级人民政府向全国人大、全国人大常委会和地方各级人代会及其常委会提出请求立法的议案。此议案必须是全国人大、全国人大常委会和地方各级人代会及其常委会职权范围内的事项。其结构一般由提请审议说明和审议要求两部分构成。在提请审议说明中,要求讲清立法的目的及过程,审议要求说明该议案所要达到的目的。二是重大事项提请议案。这是国家行政机关,即国务院和地方各级人民政府向全国人民代表大会及常委会和地方人民代表大会及常委会提请审议重要的工作事项,如变更行政机构和行政区划,人事变动,重大工程立项,批准条约,以及确立某节日等。三是专门工作提请议案。常用于对某项具体工作提请审议。

(二)议案的文体结构

议案通常由标题、发文字号、主送机关、正文、落款与日期等项组成。

1. 标题。标题对议案的内容具有提示作用,通常由提请审议机关的名称、内容和文种构成。

2. 发文字号。为完全式。

3. 主送机关。为中央和地方各级人民代表大会,或人民代表大会常务委员会。

4. 正文。这是议案的核心部分,其作用是陈述提出议案的根据和理由,阐明提请审议的具体事项以及要求等。这部分主要由案由、提案人、提案理由与依据、具体事项和建议等内容构成。

5. 落款。议案通常由各发文机关的行政首长签署,一般不署政府机关名称,首长姓名前应冠以职务,如“国务院总理 ×××”、“市长 ×××”等。首长职务与姓名之间留一定空格。

6. 成文时间。以首长签发时间为准,写明具体的年、月、日。

(三)议案的写作要求

议案和提案是两个极为相似的文种,但也有根本的区别。第一,适用范围不同。议案适用于人民代表大会,提案适用于各级政协会议、人民团体代表大会和企业职工代表大会等。第二,提出对象不同。议案的作者必须是有提案权的政府管理机关以及达到一定数量的人民代表,提案可由部分代表联名提出,或个人单独提出。第三,提出时限不同。议案必须在会议期间提出,过时只能作意见处理。提案可在会前、会后提出。第四,处理结果不同。议案经人民代表大会审议通过后,即产生法律约束力,承办单位必须努力组织实施并予以答复。提案没有法律约束力,由承办机关根据实际情况研究处理。因此,议案的写作必须注意以下几点:一要弄清议案写作的具体内容和格式要求,注意议案作者与受文单位的限定性和提交的时限性。二要注重调查研究,广泛收集群众意见,集中反映广大群众普遍关心的突出问题,并提出详细、具体、切实可行的解决方法。三要使议案内容符合党和国家的方针政策,符合广大群众长远的根本利益,符合事物发展的客观规律。只有以此为根本出发点,才能使议案真实可靠,理由充分,有较强的说服力。四要注意语言准确,逻辑严密,书写格式规范。

例文:

国务院关于提请审议
《中华人民共和国著作权法(草案)》的议案

全国人民代表大会常务委员会:

为了鼓励公民积极从事有益于社会主义精神文明和物质文明建

设的教育、科学、技术、文学、艺术等创造性的活动，促进优秀作品的创作与传播，提高全民族的科学文化水平，保护文学、艺术、科学作品的作者和其他著作权人的合法权益，国家出版局草拟了《中华人民共和国著作权法（草案）》。这个草案已经国务院同意，现提请审议。

国务院总理　李　鹏

一九××年×月×日

二、报告

（一）报告的概念和种类

报告是用于向上级汇报工作，反映情况，答复上级询问的公文。报告为上行文，适用范围广，使用频率高，是上级机关获取基层信息的主要渠道，对下属单位实施有效管理的重要手段。

报告根据其适用范围，可分为五类：一是工作报告，是下级机关定期或不定期向上级领导机关汇报本单位的全面工作情况的报告。二是专题报告，即情况报告，是针对某项工作或问题所写的专题报告，汇报工作的进展情况、成绩和经验、以及存在的问题等。三是答复报告，是答复上级询问的报告。四是呈文性报告，或称建议报告，其内容是下级机关向上级机关提出的工作意见或建议，可由上级批准后转发给有关部门执行。五是递送报告，或称报送报告，向上级递送文件、物件时随文随物写的报告。此外，报告按其内容的性质和特点，还可分为专题报告和综合性报告，其内容具有专一性或者综合性。

（二）报告的文体结构

报告由标题、发文字号、主送机关、正文、落款、成文日期等部分组成。

1. 标题。通常由机关、事由、文种三部分组成。

2. 发文字号。为完全式。

3. 主送机关。为直属上级机关。

4. 正文。正文由导语、事项和结束语等组成。导语简短说明报告的事由和目的,随即用“现将有关情况报告如下”之类的承启用语引入正题。主体即为报告的事项和内容。结尾部分常用“特此报告”、“专此报告”、“以上报告,请审阅”、“以上报告,如无不妥,请批转……”等语结束全文。

5. 落款。在正文右下方标注发文机关,如标题已有发文机关,则此处省略。

6. 成文日期。写在落款下方。

(三)报告的写作要求

报告的写作要注意以下几点:第一,报告应以陈述为主。报告的内容既包括情况陈述,又有事实分析,但应以陈述事实为主,有一说一,有二说二,不要有过多的议论,否则就会显得本末倒置,咄咄逼人。第二,报告的主题要鲜明,重点突出,详略得当。既要做到点面结合,又要有一定深度,尽量把那些有价值的信息反映上去。第三,报告通常只汇报一项或一方面的工作情况,不允许夹带请示事项。如有需要请示的事项,应另行行文。不同的报告,也有一些不同的写作要求:

1. 工作报告的要求:在正文中主要写明工作进程、工作成绩和经验、存在的问题与下一步工作安排。写作方法上主要运用记叙方式,按时间顺序、发展过程或逻辑关系分设若干小问题,有层次地概括叙述。写作内容要重点突出,详略得当,点面结合,要避免把工作报告写成面面俱到的流水账。既需要概括叙述整体情况,又需要适当地引用数据,举出有代表性的典型事例说明工作的深度,从而使报告收到全面、具体的表述效果。报告中所列成绩或问题都必须属实,既不夸大,也不缩小,实事求是,并能从中揭示出一定的规律。

2. 专题报告的要求:在内容上要求反映新事物、新问题、新情况,要有助于推进当前工作的开展。写作要及时,做完一项专门工作或解决某项问题之后,立即报告。

3. 答复报告的要求:要针对上级的询问,实事求是地回答问题。既不夸大成绩,也不隐瞒问题,具体真实,把握分寸。

4. 呈转报告的要求：它与一般工作报告不同，并不侧重于汇报工作情况，而是针对普遍存在的问题，提出意见或建议。其表达方式是在概括叙述事实的基础上，进行分析和说理。报告中所提出的意见或建议，要具有科学性和可行性，在表述上多用条款式。要求条理清楚，陈述简练准确。

5. 递送报告的要求：写作内容简单，将报送的材料包括文件、物件的名称、数量写清楚即可，尾部用"请收阅"、"请查收"等结束全文。

例文：

国家工商行政管理局
关于加强工商行政管理工作的报告

工商[199×]×号

国务院：

为了更好地贯彻党的××届×中全会精神，在治理整顿期间，工商行政管理机关应充分发挥监督的职能，强化完善各项监督管理措施，为深化改革，促进社会主义经济持续、稳定、协调发展创造良好的条件。根据国务院赋予工商行政管理机关的职能，应进一步拓宽监督管理的广度，增加监督管理的深度，强化监督的力度，把工商行政管理工作提高到一个新的水平，为此，今年全国工商行政管理局长会议进行了专门研究，对下一步工作提出以下意见：

一、进一步依法加强对生产资料市场的监督管理，不断提高集贸市场的管理水平。（略）

二、加强对国营和集体企业的监督管理，积极支持企业集团的建立和发展。（略）

三、切实加强对个体、私营经济的监督管理，引导它们健康发展。（略）

四、严肃查处制造、经营伪劣商品和刊登虚假广告的行为，切实维护国家和人民群众的利益。（略）

五、强化经济合同管理，维护社会经济秩序，保证国家计划的完成。（略）

六、依法保护注册商标专用权，加强商标领域中的国际合作。(略)

七、加强廉政建设，提高工商行政管理队伍的素质。(略)

以上报告如无不妥，请批转各地区、各部门执行。

国家工商行政管理局

一九××年×月×日

三、请示

(一)请示的概念和种类

请示是适用于向上级请求指示、批准的公文。其特点是主送机关明确具体，内容单一，使用范围广泛。请示和报告虽然都是上行文，但却有着根本的区别。报告是向上级机关汇报工作，反映问题，一般不需要批复。请示是向上级机关请求指示、批准，需要给予答复。

请示按内容和目的大致可分三类：一是请求指示的请示。请求上级对有关的方针、政策、规定中的一些不明确、不理解之处，或在工作中出现的新情况、新问题等，作出明确的解释与指导。二是请求批准的请示。请求上级机关批准增减或变更人员编制、机构设置、领导班子组成、干部任免等人事组织问题以及协助解决工作经费、工作任务等问题。三是请求批转的请示。对本单位无权无力解决，需要其他职权部门协助解决的问题，可以请求上级机关批转发送到相关单位协助执行。

(二)请示的文体结构

请示的组成主要有标题、发文字号、主送机关、正文、落款和成文日期等项。

1. 标题。通常由机关、事由、文种三部分组成，前两者有时也可省略。

2. 发文字号。为完全式。

3. 主送机关。为直属上级机关，一般只报送一个主管的领导机关。

4. 正文。正文由事由、请求事项和尾语组成。开头先说明请示缘由，简要而充分地说明提出请求的背景或依据。请示事项要求把需要上级机关审批的问题写清楚，并作出具体的分析，提出自己的看法或处理意见。最后以“妥否，请指示”、“妥否，请予批示”、“请予批准”等语结束。

5. 落款。署上请示单位名称。

6. 成文日期。写在落款下面。

（三）请示的写作要求

请示的写作必须遵循下列三个重要原则：一是一事一文。二是只主送一个主管的领导机关，不多处主送。除领导直接交办的事项外，不送领导者个人。三是按隶属关系逐级请示，不越级请示。若因特殊情况需要越级请示，须抄送被越过的上级机关。请示上报的同时不必抄送下级与同级机关。请示与报告不能混用，不能将请示写成报告，即“请示报告”。两个以上单位联合向上级机关请示时，要在事前确定主办单位，经过认真磋商，取得统一认识之后会签、印发。提出请示事项时，应根据本地区、本机关的实际情况，对所请示的问题提出解决的初步意见与方案，供领导批复时参考。因此，请示单位事先要经过周密的调查研究，使提出的意见与方案具体准确，切实可行。请求批准行政规章的请示，要在正文中说明制定此项规章的必要性及其主要内容，然后将拟定制发的内容作为请示的附件，一并报送。

例文一：

关于申请对外承包劳务经营权资格的请示

××建工集团：

我公司是经国家建设部核定的工业与民用建筑工程施工一级资质企业，成立于19××年×月。公司注册资本××××万元，现有职工××××多人，其中高级职称××人，中级职称×××人，机械设备1000多台，总功率2.2万KW。公司在区内外设有土建、设计、装饰、机械施工、设备水电安装、房地产、建筑工程监理、电脑软件开发等10多个分公司。在几内亚、冈比亚等国家设有经理部和全合资企业。20世纪90年代以来,公司生产经营实现跨越式发展,主要经济技术指标位居××省同行业前列,被评为我省最大经营规模建筑企业十强第一名、中国500家最大规模和最佳经济效益施工企业,连续9年被评为“省重合同守信用企业”,荣获“全国先进建筑施工企业”、“全国施工技术进步先进企业”、“全国工程质量管理先进单位”、“全国建设系统精神文明建设先进单位”等光荣称号,两次荣获中国建筑工程质量最高奖“鲁班奖”。公司现年施工能力可完成工作量××亿元,竣工面积××多万平方米。

1998年,我公司通过了ISO9002国际质量体系认证,取得了走向国内外市场质量保证的通行证,企业管理与国际接轨。为拓展经营渠道,搞活国有企业,提高国有资产增值率,我公司现申请对外承包劳务经营权资格,申请对外经营范围为:

1. 承包境外工业与民用建筑工程及境内国际招标工程。

2. 建筑材料(产品)、设备出口。

3. 对外派遣实施境外工程需要的劳务人员。

特此申请,请批复。

××建工集团第×建筑工程有限责任公司

二〇〇〇年十月二十五日

例文二:

××单位关于增拨技术改造资金的请示

××主管局:

正当我单位技术改造处于关键阶段,资金告罄。前次所拨资金原本缺口较大,加之改造过程中出了新的技术难题,需增新设备,以致资金使用超出预算。由于该项技术是我局所属大部分企业所用的核心技术,如改造不能按期完成,势必拖延全部技术更新的进程,进而影响各单位实现全年预定生产指标和利润。目前我单位全体技术人员充分认识到市场经济的机遇和挑战,正齐心合力,刻苦攻关。缺口资金如能及时到位,我们保证该项技术改造按期完成。现请求增拨技术改造资金××××万元。

特此报请核批

××单位

××××年×月×日

【思考与练习】

1. 什么是公文？它由哪些要素构成?

2. 公文有何特点？试举例说明。

3. 结合工作实例说明公文的作用。

4. 请示与报告有何异同之处?

5. 会议纪要与会议记录有何异同之处?

6. 公告与通告有何异同之处?

7. 议案与提案有何异同之处?

8. 写作练习题:

某科普学会计划今年8月上旬召开第五次年会,按有关指示精神,这样的会议需要省科协批准,并提供会议经费。现假定你是该学会的秘书长,请你以学会常务理事会讨论的基本精神为基础,向科协写一份详细的请示。

常务理事讨论的精神如下:

(1)会议的指导思想:以党的四项基本原则为指导,以实施“科教兴国”战略为目标,通过总结一年来的工作成绩和经验教训,进一步加强科普实践和理论研究,把学会的工作进一步做好。

(2)会议内容:×××会长讲话

×××秘书长作工作报告

宣读论文

讨论今后的工作

×××副会长作总结报告,提出下一年度学会的工作安排。

(3)会议拟开五天,地点在××农科院作物研究所,具体日程安排请秘书长确定。

(4)会议经费预算,由秘书长具体核定。

练习要求:先列出写作提纲,然后扩展成文,字数在600字—800字之内。

9. 以一份完整的机关公文为蓝本,试分析该文在格式和写作上有何特色。

第三章　机关事务文体

机关事务文体广泛应用于党政机关和企事业单位的日常工作中。随着社会的发展变化，机关事务文体的写作也出现了新特点和新要求。在写法上，从选材、立意、谋篇、炼字、表达方式方面都要求充分发挥撰写者的主观能动性；在功能上，随着科学管理在现实工作中扮演着越来越重要的角色，作为管理科学手段之一的机关事务文书，必然更强调可操作性和科学性；在格式上，它既不同于行政公文有严格的办文程序和执行的强制性，又要求遵循事务文体的基本写作原则，撰写者应在两者之间把握合适的“度”。

第一节　计　划

计划是在未来一定时期内，为完成某项任务，实现某项目标，开展某项工作或活动所作的部署、安排和行动计划，并用书面形式记录下来。制定计划历来受到人们的重视，《说苑》云：“谋先，事则昌。”《素书》上说：“深计远虑，所以不穷。”制定计划可以指导人们有目标、有秩序、有步骤地进行工作。计划还具有督促和推动作用，它便于统筹安排工作，调动各方面的积极性，增强自觉性。同时，计划也是检验工作效果的有效手段，便于领导者掌握工作进程。计划是一个统称，常见的名称有“部署”、“安排”、“工作纲要”、“方案”、“设想”、“打算”、“意见”等等，都属于计划范畴。

一、计划的分类和特性

(一)计划的分类

按照不同的分类标准，计划可分为不同的种类：从时间上可分为长期计划、中期计划、短期计划、年度计划、季度计划、月度计划等；按形式可分为条文式计划、表格式计划、文字计划等;按性质可分为综合性计划和专题性计划等。

长期计划也叫长远规划或长期规划,属于宏观性、纲领性和前瞻性的计划,时效一般在5年以上,如《××省国民经济发展九五计划暨2010年远景规划》;中期计划的时效一般在3年以上5年以下,常用于宏观管理和某些周期性较长的工作安排,如《××县三年扶贫攻坚计划》、《武汉市长江三桥三年施工方案》;短期计划包括年度计划、季度计划、月度计划,也是最常见的计划,有很强的规定性和操作性,如《××公司1999年营销计划》、《××市国税局1999年第三季度税收计划》。

综合性计划是某单位对各项工作作出的全面部署和安排,如《××市人民政府1998年工作计划》;专题性计划是对某项工作作出的专题性部署和安排,如《××大学1999年评定高级职称实施方案》。

(二)计划的特性

1.预见性。计划着眼于未来,是对实现目标的预定,是对工作进程、可能情况的预见,这种预见是一种科学的预测,它建立在事实和有关情报、信息的基础上,用科学的方法进行推理,尽可能地预见实施过程中的新情况、新问题,按照客观事物的发展规律,制定出工作的步骤、措施、目标。

2.可行性。计划是有关人员在执行计划、开展工作时的参考和依据,制定者必须分析主、客观条件,对各种有利、不利因素进行研究和论证,计划的措施和目标要切实可行,具有可操作性和实践性。

3.具体性。制定计划应明确工作范围和行为主体,工作步骤、措施、目标、任务要具体,尽量做到量化、细化。越是具体,就越有依据和规定性,在计划实施过程中才能方向明确、措施得力、责任分明。

当然,在实施计划的过程中,可能会有些难以预见的制约因素和客观条件的变化,要充分发挥主观能动性或者对计划作出必要调整。

二、计划的写作格式及要求

(一)计划的写作格式

计划的形式比较灵活,写法多种多样,常用的有条文式和表格式两种。表格式计划多用于生产和经营部门所作的专项性、常规性短期计划,将计划的基本项目用表格列出,便于统计和计算机处理。如《××省建筑工程总公司2002年施工总产值计划》。条文式计划是用序数分条列项,依次表达,如《××公司第一季度政治思想工作要点》。无论何种计划,都包括三要素,即目标、措施和步骤。计划的格式由标题、正文、落款三部分组成。

1.标题。计划的标题可分为全称标题和简称标题两种。全称标题包括制定机关或单位名称、实施的期限和计划种类,如《中国人民银行××市分行2000年信贷计划》。简称标题一般省略单位名称,如《1999年党委中心组学习计划》。有些计划需要讨论定稿,应在标题后加"草案"、"未定稿"、"征求意见"等。

2.正文。正文是计划的主体和核心,一般包括前言、目标和任务、措施和步骤三个部分。

(1)前言。这部分包括制定计划的指导思想、目的和依据。要求简明概括地说明制定计划的指导思想及目的,通过对历史的回顾、现状的阐述,说明制定计划的依据,并扼要地提出计划总的任务和要求。

(2)目标和任务。这部分具体写明计划的目标、任务、指标,是计划的核心。在行文上要求条理清楚、层次分明,根据计划的目标,分出轻重、主次、详略,多项任务要量化、细化,不能含混。在长期计划中,提出总目标以后,还要拟定各个时期内的具体目标。在行文中可以设小标题,也可以用序数分条列项表述。如《龙峰公司1999年第二季度的营销计划》就分为三个小标题,一是第一季度的营销完成情况及分析;二是第二季度的市场特点;三是第二季度营销计划。这份计划就是分列小标题对过去和现状进行分析。在第三点中,又使用表格对营销数量、区域分布、人员、资金投入等项目,逐一说明。

(3)措施和步骤。这部分应详细说明实现计划的具体办法、具体要求和时间要求,即如何分工配合、如何检查考核等。措施要注意可操作性、周全性,这个部分一般分项逐条表述或配图表说明。尤为重要的是明确计划责任人之间的责、权、利,明确“应该做什么”、“应该怎么做”。

3.落款。这一部分包括制定计划的单位名称或个人姓名、计划定稿日期,需要加盖单位印章。计划是对未来的设计,多数具有保密性,秘密等级要标在计划首页的左上角。

(二)计划的写作要求

1.深入实际,调查研究。从实际出发,结合本地区、本系统、本单位的具体情况来制定计划,这是计划的灵魂。必须深入到工作中去,深入到群众中去,研究与计划相关的方方面面的问题,因为制定计划者并不一定是实践者,要集思广益,分析过去和现状,分析主观和客观原因。调查研究是制定切实可行的计划的保障,凭主观判断去闭门造车是制定计划的大忌。

2.具有挑战性与灵活性。制定计划的目的在于激励、促进执行者做好工作,目标过高或过低都没有实际意义。计划的目标应当具有一定的高度,具有挑战性,是需要经过奋斗和创造才能达到的,以激发执行者的勇气和进取心。计划制定的是未来的事,存在着大量的不确定因素,要制定出有效保证计划的灵活性和适应性的措施和方法,当未能预见的因素发生时,计划应通过不断调整自身来适应它,以便更有效地指导工作。

3.运用现代管理方法。由于计划涉及范围广,而现代社会的分工越来越细,各行业之间的联系越来越紧密,因此在制定计划过程中要求运用现代科学手段和方法,科学、合理地制定计划,使计划具有更强的指导意义。如运用系统论、控制论、信息论的观点和方法,运用电子计算机、互联网络、模拟信息系统等预测未来,力求适应市场经济多变的形势,了解社会各行业之间的互动关系,将未知变成已知,将无形变成有形,使计划具有可执行性、科学性。

第二节 总 结

一、总结的性质及分类

总结,又叫工作总结,是通过对本单位或本人前阶段工作进行回顾、检查和分析,从中找出经验和教训,以改进工作,指导今后实践活动的一种应用文体。社会的进步和发展,必须依靠人们在社会实践中不断总结经验,在此基础上再进一步推动社会的前进。总结可以分为多种类型,根据时间可分为年度总结、季度总结、月度总结及各阶段性总结等;按范围可分为部门总结、地区总结、单位总结、个人总结等;按内容可分为综合总结和专题总结等。

综合总结是对本地区、部门、单位或个人在一定时间内各项工作作出的全面汇总,以全面性为主,兼有侧重性。它涉及内容广,时间跨度长,反映出一段时间内的活动全貌。政府机关或社会团体向代表大会做的工作报告,单位或个人的年度总结就属于典型的综合总结,如《××市 1999 年度政府工作总结》。专题总结是对单项和某方面工作的专门性总结,这类总结针对性强,内容比较集中。如《××大学文学院 1999 年度暑假社会实践总结》和《××市教育委员会 1998 年招生工作总结》。

年度、季度、月度的总结也叫定期总结,一些机关、企事业单位常常将这类总结编制成报表上报,如《××公司第×季度工业总产值完成情况报表》。

二、总结的写作格式

总结一般由标题、正文和落款三部分组成。

(一)标题

总结的标题一般由单位名称、期限、主题和文种组成。如《××大学关于开展科技月活动的总结》。有些总结需要在更大的范围内交流,其标题可以灵活处理,运用文章式或新闻式,如《千淘万漉始得金——广西改革开放二十年解放思想求发展的历史回顾》。标题可以是单行标题,也可以是双行标题,如《努力创造文化精品——关于实施“五个一工程”的几点体会》。

(二)正文

这是总结的主干部分,一般由前言、主体、结尾三个部分构成。

1. 前言。前言包括概述基本情况,交待与内容相关的时间、地点、背景等要素,并对所要总结的中心,如主要成绩、经验或问题,简要地加以概括,以引起下文。如《千淘万漉始得金——广西改革开放二十年解放思想求发展的历史回顾》的前言:

> 改革开放二十年来,广西的各项建设事业取得了巨大的成就。回顾和总结这段历史,对于我们搞好当前的改革开放和现代化建设,把建设有中国特色社会主义的事业全面推向新世纪,将具有极大的启示。

2. 主体。主体主要介绍成绩和经验,有理有据,分析综合,找出规律性的东西。一般写作内容包括介绍情况、工作过程与取得的成绩、不足和缺陷、今后的打算四个部分。

(1)介绍情况。这部分是概括说明有关任务和工作完成的基本情况,包括时间、地点、人员及工作完成的过程,要求简明扼要,突出重点,使人一目了然。可以逐条表述或是列数据说明等。

(2)工作过程与取得的成绩。这部分是文章的主要部分和核心,有重点地介绍工作的主要过程和取得的成绩。总结经验和成绩时,要依托具体事例、具体材料,然后上升到理性认识,围绕成绩的主要方面进行论述。如国奥队领队李晓光撰写的《收获与启迪》一文,就是国奥队成立一年多来的经验总结。全文分四部分展开:第一部分是严明战术纪律,强调团队精神。第二部分是突出整体,注意组合,提高对抗技巧。第三部分是合理安排,科学负荷,稳定发挥水平。第四部分是建立必胜信念,创造良好氛围。每个部分用翔实、具体的事例加以论述,如战术组合“是442平行站位技术打法”,训练时间“是间隔45天集训10天左右后进行一场热身赛”。对经验的总结,还要注重横向和纵向对比,使读者了解这种经验的优势和特点。

写好总结,一般有以下几种方法:第一,侧重在做法上总结经验,因为成绩的取得主要在于做法。第二,侧重从效果上总结经验,工作效果是经验的重要体现。第三,侧重从理性的高度总结经验,将有价值的经验提高到理性的高度,便于将个别经验推广和应用。运用这三种方法,能使文章条理清晰、重点突出。在论述过程中还要注意观点与材料的有机统一。

(3)找出不足和缺陷。总结工作中的问题与总结经验一样,要实事求是地找出缺点和不足,追寻出现问题的主客观原因,总结教训,明确今后的工作方向,避免再出现同类问题。

(4)今后的打算。总结的目的就是为了今后工作的提高,要从前阶段工作的成绩和不足中提出努力的方向。对今后的打算,要将近期打算和长远目标结合起来,要具体,忌空洞无物的大话、空话。

(三)落款

正文结束,写上总结的单位名称。

三、总结的写作要求

写总结时必须坚持一分为二的原则,既要看到工作的成绩,也要看到工作中存在的缺点和不足;既要全面地总结经验,又要恰当地取舍材料。在写作中,应处理好三个方面的关系。

(一)感性与理性的关系

在总结过程中,要以叙述为主,罗列、陈述感性事实,但也要找出规律性的认识,特别是专题性总结,更要确立一个有特色、有典型的主题,找到一个有力表达主题的切入点。写总结的最大流弊是记“流水账”,主次不分,详略不当,这就失去了总结的意义。要在事实中找出规律,对事实材料进行恰当的取舍。

(二)成绩与缺点的关系

在写总结过程中,要摆正成绩与缺点的关系,成绩不扩大,缺点不缩小,全面真实地反映工作全过程。不能讲成绩夸夸其谈,谈缺点转弯抹角,轻描淡写,或者避重就轻地谈几点。

(三)历史和现实的关系

总结过去的经验是为了指导今后的工作,在写总结时应立足于现实,着眼于未来,找出规律性的东西,把过去与未来衔接起来。

第三节 调查报告

调查报告是有计划、有目的地对客观事实进行实事求是的调查,经过认真分析研究后撰写的书面报告。调查报告又称"考察报告"、"调查汇报"、"××报告"。随着现代社会中分工越来越细,各行业间的联系越来越紧密,调查研究的作用显得越来越重要。要做好决策与管理工作,必须认真地进行调查研究。调查研究是现代领导科学与管理科学的一项重要内容,写好调查报告,对提高管理水平有重要的意义。

调查报告的基础是调查,调查研究的成败与好坏,是决定调查报告质量的根本。调查是报告的基础和依据,报告是调查成果的反映。"调查"和"报告"之间,是辩证统一的关系。

一、调查报告的分类

调查报告从不同角度有不同分类,按其范围可分为综合调查报告和专题调查报告;按作用可分为研究性调查报告、新闻性调查报告和事务性调查报告;按性质可分为社会情况型调查报告、问题研究型调查报告、典型经验型调查报告。

(一)社会情况型调查报告

这类调查报告反映经济、政治、文化、军事、教育、环境等社会生活各方面的情况。它着眼于分析社会发展的现状,帮助人们认识客观世界,了解事物的真相,找出社会发展的某方面规律性。如顾益康的《以改革促发展的成功探索——浙江乡镇企业改革的调查与思考》,这篇调查报告指出浙江乡镇企业近几年经济的迅猛发展,原因在于政府对企业外部环境进行了改革,给企业的发展创造了机遇,对于如何发展乡镇企业有重要的借鉴意义。又如恩格斯的《英国工人阶级状况》、毛泽东的《湖南农民运动考察报告》都属于这一类调查报告。

(二)问题研究型调查报告

这是针对现实生活中的某些问题,进行缜密而细致的调查,归纳出经验或者得出符合客观规律的结论。这种调查报告具有针对性,既可以是关系国计民生的大问题,也可以是关于某一具体事件的调查,这类问题必须是社会普遍关注和重视或事件本身具有调查价值的。如大连市委宣传部的《社会保障制度改革的有益探索》。

(三)典型经验型调查报告

这是为了推广、总结某方面的典型经验而写的调查报告。调查对象一般具有独创性和成功性,对人们有借鉴和指导作用,调查报告将这种现象进行总结、提炼,以此来推动全局工作。如《湖南电信何以成为"中部黑马"》的调查报告,从"决策:超前思维即机遇"、"改革:革故鼎新即市场"、"服务:精品意识入人心"三个方面,论述湖南电信在网络规模、技术装备、占领市场等方面取得的成就。这对国有企业如何转变经营管理意识,提高经济效益和竞争实力有重要的借鉴作用。

二、调查报告的写作格式

调查报告的写作格式,一般包括标题、前言、正文和结尾四个部分。

(一)标题

调查报告的标题一般有两种:一是公文式标题,由调查对象 + 调查内容 + 文种组成。如《1998 年度国产小汽车在国内市场地位的调查》。二是文章式标题,题目根据行文需要或者文章的主旨拟定,力求新颖、准确。如《湖南电信何以成为"中部黑马"》、《虚假广告何时休》。另外,有些调查报告也分正题和副题,如《改革带来的"广播热"——关于地方专业广播电台收听率的调查》。

(二)前言

前言部分简要地说明调查目的、调查时间、调查范围以及所要研究和报告的主要内容等。这部分是调查报告的开头,简要地介绍基本情况或提出问题,所以一般没有固定格式,写法比较灵活,可以采用概括式、提问式、议论式等。如《创新是现代企业的永恒主题——新疆屯河集团调查》的前言:

> 新疆屯河集团有限责任公司位于昌吉市的头屯河畔,其前身创建于1983年,是生产普通水泥的集体小厂。经过16年的艰苦创业,屯河集团如今已成为拥有22家经济实体,总资产达21亿元,员工5800人,国有控股的跨地区、跨行业、跨所有制经营的大型现代企业集团。新疆屯河集团的经验概括起来就是:抓住机遇,扩大规模,不失时机地进行制度创新、技术创新、市场创新,走持续快速健康发展之路。

这段话开头两句用综合材料概括介绍屯河集团由集体小厂发展成为现代集团的巨大变化,最后一句是调查报告的结论,归纳了屯河集团取得成绩的基本经验。

(三)正文

正文是全文的主干,占全文三分之二以上的篇幅,它要求在内容上事实确凿,逻辑严密,观点鲜明;在结构上条理分明,层次清晰。正文结构常见的有纵式结构、横式结构、纵横式结构三种。

1.纵式结构按事件发展的先后顺序组织材料,安排内容。要注意将事物的发展过程大致分为几个阶段,逐段叙述和交待,以使文章层次清楚。同时对重点部分通过典型事例的介绍予以突出,并进行分析、综合。这种方法多适用于一事一议的调查报告。如《关于黑龙江销售假化肥的调查》,文章从农民发现假化肥写起,接着写引起有关部门的重视,进而追索生产假化肥之源头,最后论述这一事件的严重后果和处理结果,告诫农资经销商,开放市场也要遵纪守法。

2.横式结构是按从材料研究中总结出的结论,将对象从不同角度、不同侧面分几个部分论述,各部分相对独立而又为文章主旨服务,多用小标题标示。如《湖南电信何以成为“中部黑马”》从“决策”、“改革”、“服务”三个侧面,论述湖南电信取得成就的原因。

3.纵横式结构兼有纵式和横式的特点,适用于内容丰富、涉及面较广的调查报告。如《创新是现代企业的永恒主题——新疆屯河集团调查》,正文分三部分,第一部分“建立现代企业制度”用纵式结构,按时间顺序介绍屯河集团现代企业制度由建立到完备的过程。第二部分“改革用人制度,加快技术创新”用横式结构,论述对人才的报酬体系、用人机制、创新机制的全面改革,发挥人才的积极性和创造性。第三部分“生产名优产品,加强协作联合”又用纵式结构,按时间顺序介绍屯河集团逐步开拓市场、占领市场的过程。

(四)结尾

结尾是全文的结束语,起归纳全文的作用。结尾要求简洁、明白、有力。结尾常见的方式有:一是展望未来,指明方向;二是总结全文,深化主旨;三是提出解决问题的办法和建议。也有的调查报告正文写完后就结束,没有结尾。

三、调查报告的写作要求

(一)选题定题,设计提纲

写好调查报告的前提是围绕主题,认真深入地进行调查研究,收集翔实客观的材料,找出事物内在的规律性。选题是决定调查报告是否具有价值的第一步,它与写作目的紧密相关。在选题时要抓住那些有典型意义、普遍意义、全局意义的问题,特别是现实生活的焦点、热点和难点。第一要有针对性,它必须针对社会现象或问题提出,能解决现实生活中迫切需要解决的问题;第二要有可行性和把握性,选题要范围适当,易收集资料,选择有能力把握的题目;第三要有时代感,调查报告的选题要把握时代的脉搏,站在时代前沿,反映时代精神。

调查前应先设计调查提纲,做到有目的、有条理。调查提纲的内容包括以下几个方面:一是确定调查对象,明确调查什么,解决什么问题。二是选定调查方法,调查方法有多种,要根据选题和内容确定适当的调查方法。三是确定调查问题,要求详细列出调查的问题。四是拟出调查日程表。调查方案拟出后,在调查过程中可根据实际情况修改、补充、完善。

(二)选用合适的调查方法和方式

选用适当的调查方法是写好调查报告的关键步骤之一。常见的调查方法主要有:一是普遍调查,对调查对象的所有个体进行调查,如全国人口调查、全国土地资源普查等。二是典型调查,是有意识、有目的地从许多对象中挑选少数有代表性的对象作调查。三是抽样调查,是在诸多对象中将调查对象分样本进行调查,主要运用概率论和大数定律的原理,对整体数量特征作出估量、判断。这种方法在目前社会调查中运用得较为普遍,如对某地区电视台收视率的抽样调查、全国人口素质抽样调查等。调查采用的方式主要有:问卷调查、个别访谈、开调查会、查阅资料、电话采访等。问卷调查是事先将调查问题制成卷面形式,要求调查对象填写,回收后统计分析。这种方式,覆盖面广,经济可行性高,便于计算机处理。个别访谈是对知情者个别采访、调查,获得第一手材料,增强感性认识。查阅资料是指从书籍、报刊、档案、会议记录、内部资料或录音录像资料、电子计算机储存库中获得信息和材料。这样可以使作者全面地、历史地把握调查对象。在实际调查中往往根据实际需要,选用几种调查方法和方式。

(三)分析材料,取舍材料

深入调查、收集材料后,要及时分析、鉴别,取舍材料,这是一个形成文章观点和倾向的过程。收集到的材料由于主、客观原因,会有不准确甚至虚假的信息。分析就是要依靠科学的分析方法、辩证唯物主义发展和联系的观点,提高对材料把握的能力,对收集的材料进行去伪存真、去粗取精、由此及彼、由表及里的鉴别,从材料中探求对象的本质和规律。它是由材料体系向理论体系转化,由事实向主题转化的关键,要求作者摒弃已有的成见、思维定式和思维习惯对材料作实事求是的分析和取舍。如对某建筑企业进行调查,得知 1997 年完成建筑总产值 5000 万元,1998 年完成 1 亿元,1999 年完成 2 亿元,如果由此得出该企业利润成倍增长,企业经营状况良好,这就是一个误导。因为利润和经营状况与其他许多因素有关,如建筑市场竞争加剧,企业在投标中压低标价,利润会减少;建筑材料、人力价格高低、税费增减、管理水平的高低等都极大地影响到利润的多少。所以对材料的分析、判断要考虑到各方面因素的影响。

(四)提炼观点,观点和材料统一

规律性的东西要靠明确的观点表示出来,观点是调查报告的灵魂和核心。观点是从大量的材料中分析、提炼出来的,要用观点统率材料。如《肩负起繁荣文艺的历史责任——中央电视台电视剧创作播出情况调查》就提炼了一个总观点:"中央电视台领导意识到,抓好电视剧是时代的要求、人民的需要,是历史赋予的光荣使命,他们充分调动和发挥各部门的积极性,创作和播出了一大批深受观众欢迎的优秀电视剧,走出了一条出成果、出人才、出效益的路子。"围绕这个中心观点,文章从取得成就、培养人才、优化剧目、开拓市场四个方面逐一阐述。

形成了观点,还要有丰富、翔实的材料作支撑,使观点和材料水乳交融,有机地统一起来。如《拓展新的增长空间——来自 TCL 集团有限公司的报告之一》是一篇经验型的调查报告,作者将 TCL 集团的经验归纳为三点,即"认识超前、运作超前","发现契机、抓住契机","依靠规模、发展规模",每个观点都辅以充实的材料。为了论证"发现契机、抓住契机"这个观点,文章选用了如下材料:1993 年我国彩电市场达到相对饱和的程度,作为"电话机大王"的 TCL 集团,抓往了国产大屏幕彩电空白的契机,迅速占领市场,仅三年,市场占有率就跃居全国同行业第三。文章通过记叙 TCL 集团找准市场契机,进军彩电行业并一举成功的事例,有力、有据地论证了自己的论点。如文章开头为了说明 TCL 集团取得的巨大成就,选用了如下材料:

TCL 是 1981 年在惠阳地区机械局电子科分离成立的地区电子工业公司的基础上起步的。如今,当年那个家当只有 5000 元贷款的小型国有企业,已是总资产 43.8 亿元、年销售总额 92 亿元、年利润 4.2 亿元,跻身中国电子企业十强的国有大型电子集团公司了。

这段文字用准确、具体的数据，“由5000元的贷款到总产值43.8亿元、年销售总额92亿元、年利润4.2亿元”，通过前后对比，反映TCL集团经济的高速发展。

例文：

对海尔现代物流系统的调查

陈文玲

海尔现代物流创造的奇迹

海尔在连续16年保持80%的增长速度之后，近两年来又悄然进行着一场重大的管理革命。这就是在对企业进行全方位流程再造的基础之上，建立了具有国际水平的自动化、智能化的现代物流体系，使企业的运营效益发生了奇迹般的变化，资金周转达到一年15次，实现了零库存、零运营成本和与顾客的零距离，突破了构筑现代企业核心竞争力的瓶颈。

一、海尔现代物流从根本上重塑了企业的业务流程，真正实现了市场化程度最高的定单经济

海尔现代物流的起点是定单。企业把定单作为企业运行的驱动力，作为业务流程的源头，完全按定单组织采购、生产、销售等全部经营活动。从接到定单时起，就开始了采购、配送和分拨物流的同步流程，现代物流过程也就同时开始。由于物流技术和计算机管理的支持，海尔物流通过3个JIT，即JIT采购、JIT配送、JIT分拨物流来实现同步流程。这样的运行速度为海尔赢得了源源不断的定单。目前，海尔集团平均每天接到销售定单200多个，每个月平均接到6000多个销售定单，定制产品7000多个规格品种，需要采购的物料品种达15万种。由于所有的采购基于定单，采购周期减到3天；所有的生产基于定单，生产过程降到一周之内；所有的配送基于定单，产品一下线，中心城市在8小时内、辐射区域在24小时内、全国在4天之内即能送达。总起来，海尔完成客户定单的全过程仅为10天时间，资金回笼一年15次(1999年我国工业企业流动资本周转速度年均只为1.2次)，呆滞物资降低73.8%。张瑞敏认为，定单是企业建立现代物流的基础。如果没有定单,现代物流就无物可流,现代企业就不可能运作。没有定单的采购,意味着采购回来就是库存;没有定单的生产,就等于制造库存;没有定单的销售,就不外乎是处理库存。抓住了定单,就抓住了满足即期消费需求、开发潜在消费需求、创造崭新消费需求这个牛鼻子。但如果没有现代物流保障流通的速度,有了定单也会失去。

二、海尔现代物流从根本上改变了物在企业的流通方式,基本实现了资本效率最大化的零库存

海尔改变了传统仓库的"蓄水池"功能,使之成为一条流动的"河"。海尔认为,提高物流效率的最大目的就是实现零库存,现在海尔的仓库已经不是传统意义上的仓库,它只是企业的一个配送中心,成了为下道工序配送而暂时存放物资的地方。

建立现代物流系统之前,海尔占用 50 多万平方米仓库,费用开支很大。目前,海尔建立了 2 座我国规模最大、自动化水平最高的现代化、智能化立体仓库,仓库使用面积仅有 2.54 万平方米。其中一座坐落在海尔开发区工业园中的仓库,面积 1.92 万平方米,设置了 1.8 万个货位,满足了企业全部原材料和制成品配送的需求,其仓储功能相当于一个 30 万平方米的仓库。这个立体仓库与海尔的商流、信息流、资金流、工作流联网,进行同步数据传输,采用世界上最先进的激光导引无人运输车系统、机器人技术、巷道堆垛机、通信传感技术等,整个仓库空无一人。自动堆垛机把原材料和制成品举上 7 层楼高的货位,自动穿梭车则把货位上的货物搬下来,一一放在激光导引无人驾驶运输车上,运输车井然有序地按照指令再把货送到机器人面前,机器人叉起托盘,把货物装上外运的载重运输车上,运输车开向出库大门,仓库中物的流动过程结束。整个仓库实现了对物料的统一编码,使用了条形码技术、自动扫描技术和标准化的包装,没有一道环节会使流动的过程梗塞。

海尔的流程再造使原来表现为固态的、静止的、僵硬的业务过程变成了动态的、活跃的和柔性的业务流程,未进行流程再造前的 1999 年,海尔实现销售收入 268 亿,库存资金 15 亿元,销售资金占用率为5.6%。2000年实现销售收入406亿元,比上年超了138亿元;库存资金降为7亿元,销售资金占用率为1.72%。2001年海尔的目标是把库存资金降为3个亿,销售资金占用率将降到0.5%左右,届时海尔将基本实现零库存。在海尔所谓库存物品,实际上成了在物流中流动着的、被不断配送到下一个环节的"物"。

三、海尔现代物流从根本上打破了企业自循环的封闭体系,建立了市场快速响应体系

面对日趋激烈的市场竞争,现代企业要占领市场份额,就必须以最快的速度满足终端消费者多样化的个性需求。因此,海尔建立了一整套对市场的快速响应系统。一是建立网上定单管理平台。全部采购定单均由网上发出,供货商在网上查询库存,根据定单和库存情况及时补货。二是建立网上支付系统。目前网上支付已达到总支付额的20%,支付准确率和及时率达100%,并节约近1000万元的差旅费。三是建立网上招标竞阶平台。供应商与海尔一道共同面对终端消费者,以最快的速度、最好的质量、最低的价格供应原材料,提高了产品的竞争力。四是建立信息交流平台,供应商、销售商共享网上信息,保证了商流、物流、资金流的顺畅。集成化的信息平台,形成了企业内部的信息"高速公路",架起了海尔与全球用户资源网、全球供应链资源网和计算机网络的桥梁,将用户信息同步转化为企业内部信息,以信息替代库存,强化了整个系统执行定单的能力,海尔物流成功地运用电子商务体系,大大缩短了海尔与终端消费者的距离,为海尔赢得了响应市场的速度,扩大了海尔产品的市场份额。在国内市场份额中,海尔彩电占10.4%,冰箱占33.4%,洗衣机占30.5%,空调占30.6%,冷柜占41.8%。在国际市场,海尔产品占领了美国冷柜市场的12%、200升以下冰箱市场的30%、小型酒柜市场50%的市场份额,占领了欧洲空调市场的10%,中东洗衣机市场的10%。目前海尔的出口量已经占到销售总量的30%。

四、海尔现代物流从根本上扭转了企业以单体参与市场竞争的局面,使通过全球供应链参与国际竞争成为可能

从1984年12月到现在,海尔经历了三个发展战略阶段。第一阶段是品牌战略，第二阶段是多元化战略，第三阶段是国际化战略。在第三阶段，其战略创新的核心是从海尔的国际化到国际化的海尔，是建立全球供应链网络，支撑这个网络体系的是海尔的现代物流体系。

海尔在进行流程再造时，围绕建立强有力的全球供应链网络体系，采取了一系列重大举措。一是优化供应商网络。将供应商由原有的2336家优化到978家，减少了1358家。二是扩大国际供应商的比重。目前国际供应商的比例已达67.5%，较流程再造前提高了20%。世界500强企业中已有44家成为海尔的供应商。三是就近发展供应商。海尔与已经进入和准备进入青岛海尔开发区工业园的19家国际供应商建立了供应链关系。四是请大型国际供应商以其高技术和新技术参与海尔产品的前端设计。目前参与海尔产品设计开发的供应商比例已高达32.5%。供应商与海尔共同面对终端消费者，通过创造顾客价值使定单增殖，形成了双赢的战略伙伴关系。

在抓上游供应商的同时，海尔还完善了面向消费者的配送体系，在全国建立了42个配送中心，每天按照定单向1550个专卖店、9000多个网点配送100多个品种、5万多台产品，形成了快速的产品分拨配送体系、备件配送体系和返回物流体系。与此同时，海尔与国家邮政总局、中远集团和黄天百等企业合作，在国内调配车辆可达16000辆。

海尔认为，21世纪的竞争将不是单个企业之间的竞争，而是供应链与供应链之间的竞争。谁所在的供应链总成本低、对市场响应速度快，谁就能赢得市场。一只手抓住用户的需求，一只手抓住可以满足用户需求的全球供应链，这就是海尔物流创造的核心竞争力。

（选自2001年第11期《新华文摘》的《对发展我国物流产业的调查与思考》）

第四节　简　报

简报是党政机关、企事业单位以具体的事例、简明的文字、灵活的笔法来汇报工作，反映情况，交流信息的定期和不定期的内部事务性文书。一般只在有限范围内发送，旨在交流本单位、本行业，本地区有普遍意义的情况。简报有时也称作“动态反映”、“情况反映”、“快讯”等。

一、简报的作用和分类

(一)简报的分类

简报的分类多种多样，按性质可分为动态简报、会议简报、工作简报。

1. 动态简报。主要用来准确、及时、扼要地反映当前社会或工作的新情况、新观点和新问题。动态简报又可分为综合性和专题性。综合性简报侧重于本单位、本地区某时段的各个方面的情况及动态，涉及面广，突出时效性、简要性。如武汉市政府编发的《一九九九年八月社会综合治理情况反映》。专题性简报是对某项具体工作和某方面工作的情况反映，如《武汉长江三桥建设项目经理部关于施工质量情况反映》。

2. 会议简报。主要是报道会议进展情况和有关讨论内容的简报，通常由大会秘书处(组)负责编发或主办单位协助编发。它可以作会议期间向上级机关汇报的材料，又可以供与会者之间沟通交流，反映会议情况。会议简报可以由工作人员写，也可以根据发言稿或会议记录整理。大型会议一般都编有简报，随着会议结束，简报亦终止。

3. 工作简报。主要是反映工作的开展情况、工作中出现的问题等。如总结经验教训，表扬先进，批评落后，指导工作。工作简报可以定期，也可以不定期，用法比较灵活，旨在交流本系统、本单位的工作信息。如三峡建设总公司编发的《工地快讯》，旨在反映建筑工地从质量、管理、工程进度等方方面面的工作。

(二)简报的作用

简报是传递信息的一种应用文书，具有以下作用：

1. 汇报情况。简报可以迅速、及时地将工作中的重要情况、问题和动态，向领导机关反映、汇报，使上级机关及时掌握动态、获得信息，为决策和管理提供依据。

2. 指导工作。上级机关通过简报向下级传达有关政策和决策，对下级单位有一定的指导作用，也可以通过简报处理某些问题，通报某些情况和经验，对下级机关工作起到借鉴作用。

3. 交流信息。通过简报可以在平级机关、单位之间，相关行业或企业之间，大型会议的参与者之间沟通情况、传递信息，以增进彼此之间的了解，协调工作。

二、简报的写作格式及要求

（一）简报的写作格式

简报属于机关事务性文书，主要通过公文渠道发送，一般由报头、报文、报尾三部分组成。

1. 报头。报头排在简报的第一页上方，约占全页的三分之一的面积，一般包括五个部分。

（1）简报的名称。名称要固定，不能随便变化。如《情况反映》、《动态反映》、《××简讯》等等，名称字体宜大且醒目，一般套红。

（2）期数。一般在标题正下方，如“第××期”。

（3）编制单位。一般排在报头左下方的横线上，要写编发单位全称。

（4）编印时间。在右下方横线上，写印发简报的年、月、日，如19××年×月×日。

（5）密级和编号。分别在报头的左上方和右上方。这部分可以根据需要取舍。报头与报文之间，往往用一条粗线相隔，报头的设计要严肃，醒目。

2. 报文。报文是简报的主体部分，它包括标题、正文、结尾三部分，也有在报头与标题之间加上编者按语的。按语一般表现编者对交流情况的倾向和态度，或说明编发的原因和目的。按语要简短明确，有针对性和指导性。有的简报没有按语。

（1）标题。简报的标题要抓住中心内容，画龙点睛，又要具有新闻的新颖性。有的简报也可以用多行或双行标题。标题的写法灵活多样，可以用直述式，如《××市重视科技人才开发工作》；可以用比喻式，如《股市会永远“熊”下去吗？——1998年证券研讨会简报》等。

(2)正文。正文一般都有导语、主体、结尾三个部分。

简报的开头类似于新闻导语，把文中最重要、最吸引读者的事实概括地叙述出来，可以用评论式，对所报道的事实用简洁、精辟的语言加以评论，提示其性质；也可以用结论式，阐述事情的结果；还可以用提问式，以引起读者的关注。总之，不管哪种写作方法都要求简洁、新颖。切忌用概念化的陈言来代替事实，切忌僵化呆板，千篇一律。

主体部分要紧扣导语，对导语中涉及的问题进行具体阐明，交待事件的来龙去脉，运用的材料和事实，要力求公正、客观、有说服力。在写法上，要层次分明，选材精当，逻辑严密，条理清楚。结尾用一句话或一段话收束全文，如何结尾，应视具体内容而定，可以总结全文、照应全篇；或点明实质、提出重点；或提出要求、明确方向等等，也有的简报没有结尾。

(3)报尾。正文同报尾之间要用一条横线隔开。报尾内容包括发送范围：报×××(上级机关)，送×××(指平行或不相隶属机关)，发×××(指下级机关)，当然根据需要，也可以只用其中一种或两种。最后一行写明打印人、校对人、印制份数。

(二)简报的写作要求

1. 反映的事实必须客观真实。简报的一个重要任务是向领导机关提供情况、反映问题，便于领导机关决策时参考，因此它反映的事实必须真实，必须是客观事物的本来面目。简报不允许华而不实、空洞无物，更不允许歪曲真相，编造假情况，或报喜不报忧，只写成绩，不写问题。简报要全面、具体地报道事实的全貌，包括其中的人物、事件、时间、地点、数字等都要准确无误，使简报真正发挥它应具有的作用。

2. 力求简、新、快。简报突出的特点就是短小精悍、迅速及时，一般是一事一报，抓住核心内容或事件的焦点。选材要典型，内容要集中，表达简明扼要。简报要报道新近发生的事实，反映新情况、新问题、新动态，还要追求新立意、新角度。简报要力求快，简报的目的就是迅速地交流信息和情况，对上为制定决策、解决问题提供依据，对下用来指导某方面的工作，不快就难以发挥作用。快编、快发是对简报工作的基本要求，不能贪大求全。

3.适当进行说明和评论。简报以报道客观信息为主，但为了引导读者，也往往需要说明和评论，表达编者的观点和意见，点明事实的真相，但是说明和评论都必须简明扼要，点到为止，而且要注意不能将个人观点与事实混同起来。

第五节　工作研究

工作研究是领导者或理论、实践工作者用来分析总结和研讨某方面工作而写的应用文书，广泛用于机关、企事业单位的决策层和管理层。

一、工作研究的特点和分类

(一)工作研究的特点

1.针对性。工作研究要选择现实中亟待解决的问题作为研究对象，从事实出发阐明道理、剖析问题，得出对问题的看法和结论，提出解决问题的意见和办法。因此，工作研究的对象、方法和结论都具有很强的针对性。

2.综合性。工作研究兼有工作总结、调查报告、论文等多种文体的特点。它可以对过去的工作进行回顾和总结，也可以对今后的工作进行展望和预测，它主要介绍工作的基本情况和主要经验，针对问题提出建议和对策。同时要对客观事实进行深入细致的调查研究，将实际工作中的经验和做法上升到理性认识的高度。

3.务实性。工作研究的作者常常是当事人和实践者，写作目的是从理性认识的高度总结和研究自己的工作。与调查报告相比，调查报告侧重对已发生事情的调查，既涉及现实问题，又涉及历史问题，而工作研究侧重于研究对象本身，侧重提供可供参考借鉴的经验、对策，提出建议和对策，所以工作研究更强调务实性。

(二)工作研究的分类

工作研究是一种新型文体，其分类尚未定型，从不同角度有不同的分法。从范围上可分为宏观工作研究和微观工作研究；从性质上可分为总结判断性工作研究和分析预测性工作研究；从内容上可分为理论阐释性工作研究和操作实务性工作研究。

宏观工作研究主要从宏观战略的角度，研究带有总体性、全局性的某方面工作，提出作者的建议和看法。宏观工作研究起点高，视野开阔，立论往往高屋建瓴，对决策具有指导性作用。如四川省省长宋宝瑞撰写的《优势互补，加强合作，共同发展》就是对四川省“如何加强东西合作”，从宏观上提出自己的见解。微观工作研究主要研究某一局部范围内的具体工作，研究对象具有专题性和单一性。微观工作研究立足于具体工作，视点集中，材料生动，对微观管理具有实践和启示作用。如《项目法施工与工程质量》就是通过项目法施工过程中的实践，得出项目施工有利于提高工程质量，加强现场施工管理的结论。

总结判断性工作研究旨在对单位的某项工作进行总结概括、科学判断，明确成功的经验或失败的教训，以期在今后的工作中进一步完善和提高。如《实现两个文明协调发展的重要举措——张家港市创建文明城市的实践与思考》，就是对张家港创建全国文明城市工作的经验加以剖析总结。分析预测性工作研究主要是根据事物内因和外因的变化，敏锐地发现某些征兆，预测和推断事物的发展趋势，为决策提供改进、创建性的意见。如《构筑面向新世纪的新型科技体制》，展望了21世纪高新技术发展的势态，提出了完善我国技术创新体系发展的紧迫性和必要性，陈述了自己的建议和设想。

二、工作研究的写作格式及要求

(一)工作研究的写作格式

工作研究的写作格式一般包括标题、正文、结尾三部分。

1.标题。工作研究的标题一般有文章式和新闻式两种,标题通常包括工作研究的对象和研究内容两方面。标题形式灵活多样,可用单行标题或双行标题,力求鲜明醒目,中心突出,如《思想政治的新领域——外资企业临时党支部的启示》。有的标题还使用设问句、反问句或否定句生动地表明文章的主旨。

2.正文。工作研究的正文一般可分为三个层次,即提出问题、分析问题、解决问题,这也是由工作研究的性质决定的,它是用来分析、总结和研讨某个方面问题的应用文,如《环保产业——我国新的经济增长点》一文就按照提出、分析、解决问题三个层次,即"我国环保产业的发展现状"、"制约我国环保产业发展的主要因素"、"发展壮大环保产业的根本出路"来逐层论述的。

(1)提出问题。相当于调查报告中的导言。提出问题的方式很多,一般有以下几种:第一,从工作中的焦点、难点入手提出问题。对某些人热切关注的焦点问题,开门见山地提出,造成氛围,形成悬念,吸引读者。第二,从分析形势入手提出问题。根据工作研究范围,分析与本地区、本单位、本事件有关的内容,从形势引出任务,从任务看研究此项目的紧迫性和必要性。第三,从概括的新观点人手提出问题,某些理论性较强的工作研究,可以将结论中的新观点摆在开头位置,给人以新鲜感,引人入胜。

(2)分析问题。分析问题是全文的主干部分,既是对提出问题的进一步阐释,又是解决问题的依据,它包括情况、数据、观点、意见等内容要素。主要有三种行文方式:第一,纵式结构的分析方式,常用于以趋势为对象的工作研究。按照由近及远、由过去到现在、由现在到将来的时间顺序组织材料。如《努力走可持续发展之路》是厦门市市委书记对厦门如何走可持续发展之路的论述,文章从"实现现代化的必由之路"、"促进厦门特区的全面进步"、"在厦门特区的探索和实践”三个方面，从厦门的过去到未来，分析说明厦门要发展必须走可持续发展之路。第二，横式模式常常以平行或层进的关系将材料组织起来，将研究对象分为几个方面，逐一分析。第三，纵横结合式多用于比较复杂的工作研究，是以上两种方法的结合，既可以总体是纵式而部分是横式，也可以总体是横式而部分是纵式。

(3)解决问题。针对前两个部分提出和分析的问题，提出解决问题的对策与方法。这一部分可繁可简，因工作研究侧重点不同而不同，有的是分析问题与解决问题并重，有的是以分析问题为核心。解决问题可以单独论述，也可以与分析一起论述。如《搞好灾后重建的几点思考》是一篇针对张家口市 1998 年 1 月 10 日的地震，探讨如何做好灾后重建的工作研究，它分为“凝聚重建合力，必须发挥多种优势”、“安排重建布局，必须立足长远发展”、“用好救灾物资，必须加强监督管理”三个部分，分别论述要搞好灾后重建，必须从人、财、物三个方面着手，即将分析问题与解决问题结合起来论述。

3.结尾。结尾的功能是收束全文。结尾既可以总结全文，也可以回应标题；既可以表达作者的建议或主张，也可以表达做好工作的信心和态度。结尾力求简洁、清楚明了。工作研究也可以以正文结束全文，没有结尾。

(二)工作研究的写作要求

1. 论述要新颖。工作研究可以是个人在工作中的心得体会这样的微观问题，也可以是某地区或关系到整个国家发展的宏观问题，但是要找准突破口，寻找和抓住某方面工作的关键点。撰写工作研究，要打破传统思路和常规手段，得出新经验、新方法、新认识，引起读者的关注，给读者以新的启示。在撰写工作研究时，必须抓住工作中的重点和难点，挖掘出有特色和新意的东西，见人所未见，言人所未言。

例如《环保产业——我国新的经济增长点》就突出一个“新”字。作者首先论述“产业”新。“环保产业”是一个新的概念，1996 年才被正式列入国家计划，对大多数人来说还是一个陌生的概念。其次是“产值”新。“八五”期间每年增长达 18%，总产值达 800 多亿元，而

"九五"期间总产值则达4500亿元,环保产业的发展趋势可以说是日新月异,但是与世界的2万亿元比起来,还有广阔的空间。再次是"措施"新,根据环保产业作为新兴产业的特点,作者提出了发展环保产业的新思路、新办法。全文立意新颖,从环保产业作为国家经济"新"增长点上着眼,论述了令人兴奋的发展前景,体现作者高瞻远瞩的视野。

2. 注意事实论证与理论升华。工作研究不同于学术论文,它的功能是指导实际工作。撰写工作研究必须始终坚持实践第一的思想和实事求是的态度,提出问题、分析问题、解决问题都要以事实为依托。作者的主张要具体明确,提出的建议要切实可行,办法要有可操作性。哗众取宠、虚浮空洞、陈词滥调是撰写工作研究的大忌。

工作研究不是工作总结,它是由感性认识到理性认识的升华,作者要从事实中找出一些规律性、指导性的理论认识,给读者以启示。

例文:

张家港:经济再上新台阶

陈建生 周 强 夏玉兰

以精神文明建设兴市的张家港近年来紧紧抓住经济建设这个主题,采取扎实措施,实现了经济的健康、协调增长和社会的全面进步。2000年全市实现国内生产总值270亿元,比上年增长13.1%;财政收入20.5亿元,比上年增长36.6%。整个经济运行质量不断提高,经济规模的扩张已经从粗放型步入了内涵式的集约发展,一些支柱产业发挥着龙头作用,整个经济充满了生机与活力。

加快改革,增创体制新优势,提升市场化程度。张家港的市场化改革起步较早。在市委市政府的领导下,全市普遍推行了以产权制度改革为核心的企业改革。通过整体嫁接、接受内资或外资控股、吸引法人单位购买、以资抵债、破产拍卖等各种形式进行了较为彻底的改革。到2000年底,全市先后有2800多家企业改制为股份有限公司、有限责任公司和私营企业,尤其是一些重点骨干企业,如沙钢、华昌、华芳、华润等企业的转制工作都已完成,并正向规范的股份公司迈进。此外,还有1600多家股份合作制企业完成了“二次改制”,国有资产已经从大部分竞争性行业退出,国有资产管理得到加强,全市工业经济结构和资产结构基本形成了多元化、多种经营成分共同发展的格局,从而有力地激活了全市工业经济。企业普遍由原来的“要我发展”自觉转变为“我要发展”,市场意识、效益意识和创新意识明显增强,不再盲目追求高速度,而是围绕市场科学决策,围绕市场开发产品和组织生产,降低生产成本,提高产品质量,经济运行质量不断提高。2000年全市改制企业销售收入同比增幅达24.1%,工业增加值同比增幅达30.2%,上缴税金同比增幅达44.5%,工业用电同比增幅达28%,企业资产负债率比改制初期平均下降了5个百分点,亏损额下降了65.6%,国有资产实现了保值增值。

国有企业和乡镇企业的改制,为张家港个体和私营企业发展带来了新的契机。几年来,市委市政府从实际出发,解放思想,大胆实践,充分利用本地工业基础较好,经营人才较多的条件,把发展多种经济与国有、集体经济战略性调整紧密结合起来,为个体私营经济发展造势。在思想认识上坚持“四个不论”:不论哪种形式,能搞活就行;不论归谁所有,有贡献就行;不论规模大小,能发展就行;不论业主来源,有作为就行。在工作指导上营造“三种环境”:平等的社会环境、宽松的政治环境、良好的发展环境,从而大大缩短了民间资本的原始积累过程,更为可贵的是使个体私营经济迅速成为全市经济发展中的一个重要增长点。市委市政府还对涉及个体私营经济的收费项目进行了清理,取消了31个不合理收费项目,调整了14个收费项目,并按照“小园区、大聚集,小企业、大产业”的要求,大力发展各类民营小区。目前已建工业小区20个,进区项目总数超过800个,形成了塘桥的纺织、妙桥的针织、大新的五金工具、三兴的饮料塑料机械、乐余的汽车配件、兆丰的化工、港区的木业加工、德积的氨纶纱等块状工业区。截至2000年底,全市新增个体工商户5700多户,累计达到1.85万户;私营企业3400多家,累计达到5300多家。当年个体私营企业入库税收为3.48亿元,占全市财政收入总数的16．97%。

择优扶强，造就规模效应，在发展中求大，在做大中求强。张家港市委市政府认为，经济的发展，产业的竞争，最终体现在企业的核心竞争力上，体现在企业的规模水平上。近年来，市委市政府始终把做大企业规模、做强企业实力作为推动经济增长的加速器，坚持以市场为导向，以资产为纽带，以骨干企业为依托，加速存量资产的战略性重组。对重点企业和发展前景看好的中小企业，市委采取了“一厂一策、一事一议、重点扶持”的优惠政策，较好地使各类生产要素向优势企业、优势产品、优秀企业家聚集，迅速形成了带动经济全局的10大企业集团和50家骨干企业，并使其规模效应和聚集效应不断放大。这些大集团不仅以业绩闻名全省、全国，更重要的是他们创造的销售收入、利税分别占全市经济总量的70%左右，被称为张家港经济的“航空母舰”，成为张家港参与国内外竞争的“领头羊”。据统计，2000年末全市资产超亿元的工业企业有90多家，净资产超千万元的企业150多家，年销售收入超亿元的企业已达63家，其中江苏沙钢集团超80亿，东海粮油集团超30亿，全市共有30个产品的产销量在全国同行业名列前茅。

依托深水良港，吸引一大批吞吐量大、用水量大的重点项目，向临港地区聚集，形成临港经济新优势，是市委市政府实施规模经济的又一重要战略。张家港市最大的区位优势就是拥有长江下游最佳的深水良港，其中万吨级以上的泊位有23个，同世界上40多个国家和地区的140多个港口有货运往来。现代化的港口和便利的交通，吸引了大量的商贾云集张家港，初步形成了钢铁、化工、粮油、建材等临港企业群。这里有精炼油产量居世界同行企业第二位的东海粮油工业公司，有世界著名的美国陶氏化工公司、雪佛龙公司投资兴建的30万吨聚苯乙烯等石油化工项目，有年产量为250万吨钢和钢材的全国最大的电炉钢生产基地沙钢集团等。不仅如此，临港经济还产生了强大的辐射效应，拉动了全市经济结构的调整和生产力的合理布局。现在，以港口为核心、全市形成了“三区”（张家港保税区、省级经济技术开发区、沿江开发区）、“五园”（化工工业园、钢铁工业园、粮油食品工业园、欧洲纺织工业园、汽车工业园)的经济发展圈。新近成立的扬子江国际化工工业园,更是汇聚了一批海内外化工巨头,使临港地区成为外商投资的热点和开放型经济的现代化港区,初步形成国际化区域经济的新格局。

科技创新,增创产业结构新优势,构筑经济发展新平台。如何保持张家港经济社会发展的强劲势头,市委市政府的思路是,以科技创新为动力,以技术优势加规模优势形成竞争强势,促进产业升级,使张家港经济实现新的腾飞。

传统产业与高新技术产业之间并没有天然的鸿沟,运用先进技术改造后的传统产业,同样具有巨大的发展潜力。不断加快传统产业的技术改革,通过科技创新和技术改造,使支柱性的传统产业脱胎换骨,走上发展快车道。"九五"期间,全市累计技改投入达 156 亿元。2001 年的力度更大,投入了 50 亿元技改资金,其中 90% 用于在传统产业中引进、开发技术含量高的先进设备。目前,超千万元的重大技改项目已完成 250 个,使 98% 的工业企业的技术装备得到更新,传统产品逐步向高档次、高附加值、高竞争力、低消耗转化。例如,冶金产品从窗框钢、螺纹钢等大路货向优质线材钢、合金钢等特种钢延伸;纺织业原先只能生产普通纱锭,如今"欧洲精纺城"采用了全套的法国、德国先进设备,生产的精纺呢绒已达世界一流水平。2001 年度全市竣工的 15.7 亿元技改项目,预计当年即可新增销售额 40.6 亿元,利税 3.8 亿元。

科技创新既加快了一大批企业设备的现代化,也推进了技术与管理的现代化。沙钢集团在全国冶金行业中首家实施了 CIMS—计算机集成制造系统工程,使企业管理由部门各司其职变成一个网络流程,实现了人员、物资、资金的科学配置,形成了企业高效运作的生产经营方式,同时也使企业的采购资金、库存积压得以大幅度减少,仅 2000 年一年就集资增效 3140 万元。现在,全市运用计算机辅助设计技术的企业已有 33 家,还有一大批企业采用了计算机辅助制造技术。这些企业的研发能力大大增强,开发周期由以月计缩短到以日计,产品普遍科技含量高、附加值大、市场竞争力强。目前,全市已有5家企业被科技部认定为国家"火炬计划"重点高新技术企业，23家成为省级高新技术企业，171家通过了国际质量保证体系的认证。

加快改革、提升市场化程度，择优扶强、造就规模效应，科技创新、构筑发展新平台，这三着妙棋，使张家港走出了"苏南模式"的新生之路，推动了全市经济持续快速发展。

（选自《求实》2002年第2期）

第六节 会议记录

会议记录是会议情况和内容的实录，是会议记录员把会议的基本情况，研究和讨论的问题，会议报告、讲话、发言以及形成的决议和各方面的意见如实地记录下来的书面材料。它的真实性和完整性使其具有重要文献的性质。一般来说，无论是讨论会、座谈会、工作会议等，只要是比较重要的正式会议，都要求做会议记录。它一般不对外公布，是保密性、凭证性和查考性最强的文书材料之一。

一、会议记录的作用及分类

（一）会议记录的作用

会议记录一般有两方面作用：

1. 素材作用。会议记录是整理会议纪要、讲话、简报的重要素材。同时，会议记录可以作为传达、贯彻会议精神和执行会议决议的依据，还是今后进一步分析、研究、总结工作的重要参考材料。

2. 查证作用。会议记录是最真实、最详细地记录会议参加者发言内容的材料，它作为重要会务文书存档保留，是日后查考当时会议情况的原始凭证。

（二）会议记录的分类

根据会议重要性的不同，对会议记录有不同的要求，大型的重要

会议还有两个或两个以上的会议记录员。按记录方式,会议记录主要分为以下几类:

1. 详细记录。详细记录要求全面、具体地记录会议的组织情况、内容、决议以及到会人员的发言。主要用于重要会议,它要求有言必录,对于重要讲话(发言),要尽可能记下原话,记下讲话者的语气、姿态,对关键问题、要害问题,有分歧、有争议的意见都应详细记录下来,以生动、详细地反映会议原貌。

2. 摘要记录。简要记录会议内容、发言重点、讨论问题的结论以及通过的决议等,主要用于一般会议。记录力求概括大意、突出重点、简洁明了。

3. 决议记录。只记录会议组织情况、会议议题和决议,不记录报告、发言的具体内容。

二、会议记录的写作格式及要求

(一)会议记录的写作格式

会议记录一般由标题、会议组织情况、会议内容和会议结尾四个部分组成。

1. 标题。即会议记录名称,一般由单位名称 + 会议名称 + 文种组成。如《× ×厅 19× ×年度评优工作会议记录》。

2. 会议组织情况。

(1)会议时间。要写清楚某年某月某日某时。

(2)会议地点。召开会议的具体场所名称。

(3)出席人。即按规定参加会议的人员。出席的人不多,可写清楚出席者的姓名、职务;出席的人多,可只写人数。

(4)缺席人。缺席人比较少,应写清楚姓名,并注明缺席的原因;大型会议,缺席人较多,可只写缺席人数。

(5)列席人。不属于参加本次会议的正式成员,但因工作需要参加会议的有关人员。

(6)主持人。写清楚主持人的姓名、职务。

(7)记录人。要写明记录人的姓名、职务。

以上内容,均应在开会前完成。

3. 会议内容。这是会议的主体部分。记录内容包括:与会者的发言、会议议题、会议报告、会议讨论发言、会议形成的决议。与会者的发言,按发言先后顺序记录,记录姓名和发言的主要内容。“决议”一项很重要,要详细记录,先写议案内容,后写表决结果,并注明表决实际情况。例如“全体通过”或“若干同意”、“若干反对”、“若干弃权”。对于重要讲话(发言),要尽可能记下原话。会议内容详略、记录方法,以会议的性质、重要程度为依据。

4. 结尾。会议内容记完,转行,空两格,写“散会”或“结束”。另外,会议中间休息,可在记录中断的地方,转行,空两格,写上“休息”两字,最后主持人和记录人应分别在会议记录正文后的右下方签名,重要会议的记录要由记录人念给与会人听,经核对无误后,写下共×页,然后签名。

(二)会议记录的写作要求

1. 力求准确。记录人必须忠于职责,严肃认真,真实准确地反映会议情况。对会议的主要内容、重要发言和决议等,要尽量记录原话、原意,主要数据要准确。如果没来得及记录,可暂时空着,会后找当事人补上,绝不能凭自己主观想像任意添加,切忌用记录人的认识、语言代替或修改发言人的语言,更不允许有意增删发言内容。记录的真实性、准确性是做好会议记录的前提。

2. 力求清晰。会议记录不是简单的听写活动,它要求记录人训练有素,具有与会议内容相应的思想政治水平、业务知识和文字修养等条件。记录人必须专心致志,思维敏捷,抓住发言者的重点、要点,应根据与会议主旨和议题关系的紧密程度或详或略,关系紧密的详记,非紧密的略记,与议题无关的、离题的可不记。记录力求清晰、重点突出,鲜明地反映会议内容。

3. 力求规范。会议记录是整理有关文件的依据,是日后查考的凭证,是重要的历史档案,这就要求它真实准确,同时还要易于辨识,利于保存,因此要注意记录的规范性。首先,格式要规范、完整;其次,书写要规范,字体要求清晰易认,尽量不要使用不规范的简称和草书;再次,为了加快记录,使用了速记符号、简写字等代码,会后要翻译、整理。

例文:

××市政府第×次市长办公会议记录

时间:1999年×月×日×时

地点:第一会议室

出席人:王××(市长) 汪××(副市长)

刘××(副市长) 陈××(副市长)

张××(市长办公室主任)

缺席人:李××(到省里开会)

列席人:孙××(市文明办主任)

主持人:王××(市长)

记录:张××(市长办公室主任)

议题:1.贯彻落实"三讲"教育工作的计划和步骤

2.××市文明小区的评优工作部署

发言内容:

汪××:(略)

刘××:(略)

……

决定事宜:

一、(略)

二、(略)

……

散会

主持人:王××(签名)

记录人:张××(签名)

附:记录专用纸样式

会议记录专用纸	
会议名称	
时间	
地点	
出席人	
主持人	
列席人	
记录人	
议题	
会议内容	

【思考与练习】

1. 计划按不同的标准,可分为哪几类?

2. 某电脑公司拟在××市设立销售分公司,请你按以下有关材料,撰写一份该公司年度发展计划。

总体规划:新组建销售分公司;以××品牌为核心的营销网;提高××品牌的知名度,市场占有率从××%提高到××%;建立一支精干、高效、团结的员工队伍。

工作进度:(1)×月至×月,选定公司地址,购置设备。(2)×月至×月,招聘××名管理人员、工程技术人员、营销人员,同时完成员工的业务和技术培训,健全各项制度。(3)×月至×月,全面实施营销策略,提高市场占有率。

营销策略:(1)利用传媒和参与社会公益活动提高企业形象和品牌知名度。(2)开产品展示会,实行周到的售后服务,取信于顾客。(3)制定以销定酬的工资体系和责、权、利明确的管理体系。(4)加强员工培训,提高凝聚力和战斗力。(5)及时反馈市场需求,开发新型号、新功能的适销的产品。

制定计划依据:(1)××品牌在市场上已有较好的信誉和形象。(2)××公司生产电脑的技术处于全国行业领先水平。(3)据市场调查显示,××市今后几年电脑需求量较大。(4)电脑正处于更新换代的高潮期。(5)××公司其他分公司已取得过类似成绩,经验可以借鉴。

其他资料:(略)。

3. 总结的内容主要有哪几个方面?写一份你上大学以来的学习总结。

4. 调查报告按性质可分为哪几类?确定一个你较为熟悉并感兴趣的选题,拟出调查报告提纲,进行一次调查采访,撰写一份调查报告。

5. 位于长江中游的××市防汛指挥部召开了一次防汛会议,根据下面一组无序的材料,写一篇简报。

会议地点:市政府一楼会议室。

会议时间:1999年7月20日。

会议内容:重庆、四川盆地连日来大雨不断;皖、浙、苏、沪地区雨水大大高于常年平均水位;鄱阳湖、洞庭湖流域入江汇流巨增;截至昨日晚八时,水位已达28.58米,超过危险水位;市政府发布了"全市军民一切服从防汛大局,抗击洪水,严防死守,确保安全度汛"的总动员令。

6. 会议记录分为哪几类?各类记录的要求有何不同?

第四章　商务文书

随着市场经济的蓬勃发展，各个不同企业乃至各个与经济活动相关的组织在生产销售环节、管理经营过程、业务联系往来、彼此协作交流中的各种商务活动越来越活跃，其中必然借助各种文书来表达传播相关的信息及意向，处理经办各种经济事务，因而经济活动中的各种应用性文书显示出越来越重要的作用。正确地掌握这些商务文书所提供的信息、决策、意见，能熟练地写作和使用它们，对我们搞好经济工作、促进经济的发展具有十分突出的意义。

本章选编经济活动中最常见、运用最广泛的几种商务文书，包括商务信息汇编、市场预测报告、商品广告、招标书投标书、经济合同五种。

第一节　商务信息汇编

一、商务信息的概念

商务信息是指在整个商务活动中或是与之相关的各种信息，从不同程度、侧面来反映商务活动的变化状况。它常以简报、消息、资料、情报、相关知识介绍等不同文体样式出现，借助各类媒体反映企业商务活动的当前动态、变化特征及发展趋势等方面内容，以传递与企业生产经营有关的信息文书材料。商务信息有助于沟通、平衡生产与消费、供应与需求之间的关系，协调社会各行业、各企业间的横向联系，是人们综合情况、传播信息、搞活经济、加速社会再生产过程良性循环的手段。

二、商务信息的特点

商务信息除具有信息的基本属性外，还具有以下特点：

(一)客观性

商务信息必须客观准确地反映商务活动，不能违背其发展的规律性。所涉及的时间、地点、事件、人物都不能随意虚拟，对相关环境、条件或因果制约关系、程度的分析、反映，必须科学、精确、可靠、明晰。

(二)时效性

商务信息必须注重快速多变地反映各种商务活动信息，具有高度的灵敏性、警觉性和强烈的时效性。商务信息常在高频率变化中反映商务活动的特征、发展、变化，相关结论时效性极强，如果对现时可供利用的信息不做出快速的积极有效的反应，企业的生产经营活动则会陷于盲目被动而遭受损害。

(三)社会性

企业生产经营活动的社会性及系统性决定了相关信息的社会性。商务信息反映出商品的供求、经营发展状况和特征，这些大量相关信息广泛、全面地覆盖了社会经济、生活等各个不同领域、环节和时期，还随时间、空间的变迁不断发生变化，同时在时间、空间意义上各具有深入而广泛的连续性。这些构成了商务信息的社会性意义。

(四)交流性

商务信息在企业生产经营活动中是相互交流、相互影响的，这种相互接收、发送、反馈的过程便是对企业产生作用和影响的过程。其中不仅存在一次性相互交流，而且存在不同级别和层次信息彼此的多次性传输和反馈。这种信息的对流、反馈对于企业内部管理、企业适应外部经营环境具有重要意义。

三、商务信息的分类

商务信息按不同的标准可有不同的类别。

(一)按内容不同划分，常见有商品供应信息、需求信息、价格信息、消费信息、生产信息、竞争信息、经营环境信息等。

（二）按编写形式不同划分，可分为综述式商务信息、改写式商务信息、缩写式商务信息等。

（三）按表现体式及功能不同划分，有简报型商务信息、消息型商务信息、述评型商务信息、报告型商务信息、广告型商务信息。

四、商务信息的作用

商务信息对市场经济中的企业与消费者而言，是繁荣市场经济、促进企业发展，开拓消费市场的重要资源。

（一）商务信息是企业领导制定经营发展决策的依据

企业在市场经济件下必须不断掌握市场动向，收集市场信息，在此基础上对企业自身的产业结构、投资方向、技术引进、企业管理、生产销售等做出积极有效的调整、更新，以在激烈的市场竞争中占得先机，保障生存与发展。尤其是企业领导进行重大的决策时，经营目标、方针、战略、措施的拟定、实施，都必须进行商务信息的调查研究，以信息作为依据，分析制订并综合考虑企业经营方案。

（二）商务信息是企业进行市场预测、提高效益的前提

企业进行市场预测，必须依据大量的商务信息，把握、传递、利用这些信息，使企业准确预测和把握市场的新状态、新情况，根据市场供求指导生产经营活动，最大限度利用和开发本企业的物质资源，科学有效地组织生产和流通环节，从而为企业带来更大的经济效益，增强企业的竞争能力。

（三）商务信息是企业各环节联系沟通、形成协调经营机制的向导

企业经营活动是一个复杂的、多层次的系统性工程，各层次各部门必须协调统一，相互沟通配合才能使企业得以正常运转。有关的商务信息作为引导企业各方面各环节的指令和要求，正是经营管理的各个环节相互沟通联络，形成有机网络的基础和向导。缺乏信息引导的企业经济活动必然陷于混乱，无法实现有效的经营管理。

（四）商务信息是引导市场、联系产销的指南和纽带

通过商品信息的传播，可以促进消费者分析了解各种新旧产品

的性能、价格,引导他们科学合理地选购和使用商品;同时企业还可以根据消费市场信息的变化动态来把握、确定社会消费的状况,指导和刺激生产,满足市场消费需要。商务信息有利于国家对市场进行宏观调控,成为引导联系市场产销的指南和纽带。

五、汇编商务信息的原则

可利用性是收集、编写商务信息的首要和根本的原则。编写者采写、筛选的每条商务信息都应是有用的。人们利用其指导商务活动,分析商情,知悉商品经营活动变化和发展趋势。具体而言,汇编商务信息还要遵循以下原则:

(一)差异性原则

不同事物、环境、时间等方面存在差异是信息产生可利用性的最基本的条件。不反映各种差异的信息反映不出市场的不同状况,起不到指导市场流通、宏观调剂等作用。此外,这种“差异”在信息的收集、主观编辑时也常出现减弱或丧失的现象,其利用效果大打折扣。而商务信息的差异还常随地域范围变化而变化,对此地企业无用的信息,对彼地企业则因为可能出现差异而产生利用性。因而在编写时应视野开阔,不受地域限制,广泛传播交流信息,促成其差异性产生,以开发出更多的信息资源。

(二)针对性原则

针对不同的使用对象,不同的目的,收集的商务信息便有不同的内容。即或是同一条信息,对不同单位或部门也有不同意义和利用价值而采用不同处理方式。商务信息明确的服务性决定了它具有极强的针对性。信息的汇编常围绕本企业、部门的科研、生产、经营、管理方面有目的、按计划进行,根据不同对象和目的取舍信息内容,明确突出利用重点。无针对性的收集汇编会模糊信息的利用性。

(三)条件性原则

商务信息的利用需具备一定的条件。无利用条件的信息同样是无效和无意义的。要使收集的商务信息更具实效,还要在处理商务信息时介绍相应的利用背景条件,如相关政策、交通、资金、技术、设备、收集单位、价格甚至气象资料等等。明确这些条件可以增强或削弱信息的利用性。应根据具体情况、使用对象层次的需要，确定提供利用信息的条件。

(四)时效性原则

信息的时效性决定了其价值大小与时间的推移成反比。收集商务信息的速度决定其是否新颖，能否来得及被人们利用。采编商务信息时，要敏捷捕捉，迅速传递，分析处理及时，以便人们能够及时利用。过时信息可能导致经营决策失误。而对那些虽有延误、但仍有意义的信息，可以从不同角度深入分析，寻找其新的变化和差异开掘其利用性。

(五)层次性原则

商务信息就其本身内容而言，应当根据社会经济生活中不同层次的传播内容进行多层次化，让不同层次的人们使用时各取所需与各为所用。笼统编辑的信息对不同层次的使用者来说，都会可能因杂乱模糊、混淆不清而影响利用效力。另外，因不同媒体传播方式及相关不同范围阶层接受对象也含有层次性，所以媒介在传播商务信息时，应当各自突出不同层次和特色的信息内容。不明确区分应用层次，同样会减小和弱化信息的利用性。

六、汇编商务信息的方法

随着社会经济的不断发展，收集、汇编商务信息的方法越来越多。目前常见的方法主要有：

1. 网络收集法：通过互联网或建立信息网络来收集信息。

2. 调查研究法：通过调查企业、部门内外部各种情况来收集相关信息。

3. 相互交流法：利用自己收集整理的信息同相关部门或个人进行信息交流获取所需信息。

4. 阅读收听法：通过阅读相关书报文献资料或观听有关音像节目来获取信息。

5. 购买收集法：通过向专门的信息服务单位、部门求购信息。

6. 会议收集法:通过举行各种会议、集会来收集有价值的信息。

七、商务信息的写作

商务信息的编写结构单一,一般包括标题、正文两个部分。

(一)标题

1. 单行式标题:商务信息的标题一般简明扼要地指示出信息的内容,同时也可以是信息的提要。如《新型数码电视问世》、《会计师行业面临挑战》等。有时可以双行标题或多行标题的面貌出现。

2. 专栏式或集纳式标题:如“经济快讯”、“证券动态”、“财经简报”、“供求讯息”、“信息大观(荟萃)”等。

(二)正文

商务信息的正文一般简明短小,将信息内容反映出即可。比较正式、规范的商务信息正文可按导语、主体两部分结构来安排:

1. 导语

商务信息正文的导语类似于消息中的导语。常用简练、准确的语言写出商务信息的主要事实。导语可以是一句话,也可以是一段话。

2. 主体

主体是商务信息最重要的组成部分。往往是承接导语,更为详细的叙述、说明、解释导语概述的事实;或用事实等具体回答、解决提出的问题;或综合分析与推断所提供的情况和数据,得出相关的结论;或依据现状对今后趋势做出预测。在充分占有材料的基础上准确分析,其形式包括对所反映的商业活动发展动态、状况的描述性分析、因果性分析以及未来情况的预测性分析等等。这些内容构成主体部分的内容。

八、商务信息的编写要求

商务信息收集、写作、汇编应切实有效,须达到五个方面要求:

(一)信息新颖而及时

新颖的商务信息才有实效和意义。企业和市场最近的和最新的情况、运动态势往往才具更大价值,新发展、新趋势、新感觉应及时得到关注,纵横比较,突出变化和差异。商务信息要以最快速度及时采写汇编,其利用价值才能得以发挥。

(二)观点集中而正确

商务信息的观点应集中、概括、浓缩,材料应紧紧围绕主题、观点进行组织;信息情况、结论要正确、严谨,这样才能提高信息的精密度,提高信息的使用价值。

(三)语言简洁而练达

商务信息的收集采编应力求精要、简练,语言明快、畅达、自然,增强信息感。层次、段落也要清楚、简洁。

(四)材料客观而切实

商务信息应真实、客观、确切。相关事实与材料绝对不可虚拟,议论分析也必须有理有据。选择材料和数据时认真考虑,准确运用,做到观点与事实统一,反映信息实事求是,避免虚构、夸张及偏颇倾向。

(五)分析周密而透彻

商务信息应周密而透彻地反映现实,层次清楚,分析全面、深刻,论述合理,量的比较和质的分析相结合,表象反映和实质认知相结合,从具体特殊的现象中找出一般普遍的规律。

九、例文选析

例文一:

中国零售业老大登陆羊城

上海世纪联华签约荔湾康王城;扩张范围涉及全市各区

新快报讯(记者刘奕伶 肖萍 通讯员 王铮)昨日,中国零售业的“龙头老大”上海世纪联华超市发展有限公司与广州华康地空开发有限公司签约,宣布进驻广州荔湾区。

上海世纪联华超市发展有限公司华南地区总经理吴惠强透露,春节前联华还将陆续在广州签下开店合约,目前其开店选址洽谈的范围包括了广州各区。具体开店时间尚未落实。吴惠强称,联华正式来广州选址、进行商业调查也不过才两个多月时间,开第一家店前还要兴建华南地区采购中心,需要的时间较长。但开了第一家店后,其开店的步伐肯定会加快。

连续三年零售总额及门店数全国第一的联华这次签约显得非常低调,并没有单独召开新闻发布会,而是在荔湾区政府的组织下,与其他四个荔湾区2002年度的重大招商引资项目一起进行。这与之前深圳"万佳"及家乐福进军广州时的热闹张扬形成鲜明对比。据介绍,联华将租用广州康王商业城地下二层1.1万平方米兴建超市,其形式以大卖场为主,投资总额估计在4000万元至5000万元人民币。

相对于深圳连锁零售军团及家乐福等外资零售商家,"我们已经是迟到者。"吴惠强表示,但联华对进军广州零售业显然充满自信。吴惠强透露,联华去年全年销售总额达146亿元人民币,在全国开店1300多家,去年5月联华超市确立全国发展战略,宣布将在5年内使门店数达6000家。目前华南区5省洽谈开店的事宜都在同步的进行中。荔湾店是他们在广东地区正式签约的第一家店。上海联华超市有限公司发展总监蒋晓飞曾于去年6月在广州媒体前称,联华在广东的店可能有30家,也可能有50家。吴惠强则在昨日表示,"广州和深圳都是我们发展的重点。"

(摘自《新快报》2002年2月1日B2版"产经新闻")

【简析】

这则消息型商务信息,从表面上看是大众传媒的一条较为客观的经济报道。但实际上这则信息报道一方面展示了上海世纪联华超市企业的经济实力,从广告意义上树立起企业良好的公众形象。另一方面,也预示出了广州零售业在新一时期可能产生的激烈竞争,并潜在地提醒广州零售企业应注意到市场动向和发展趋势,应不断增强自身实力和竞争力,同时,还传递出联华可能与本地更多相关企业合作的意向,为促进零售业这一商业经济领域的进一步繁荣、健康发展创造条件。这样的商务信息可谓是一石三鸟。

例文二：

建设部呼吁住宅开发应转向

本报讯　建设部副部长刘志峰日前在上海大声疾呼：各地的城镇住宅建设中，要尽快改变目前存在的面向高收入阶层、赚取高额利润的开发倾向。

刘志峰在上海召开的全国住宅与房地产工作会议上说，住宅建设必须面向百姓，面向未来，把“两个面向”作为住宅建设的出发点和立足点。面向百姓，就是面向现实的有效需求，面向各种不同层次的消费者的需要。从居民收入分配结构角度分析，从政府住房政策的关注重点看，我国住宅需求的主体是普通中低收入的居民家庭，住宅供应也必须以大众化的普通住宅为主体。否则，住宅与房地产业的发展必然是无本之木，无源之水。

当前，要通过加快推进住宅产业现代化，提高各类住宅建设特别是普通住宅的质量和功能水平，提高住宅建设的生产力，并千方百计地降低造价。刘志峰说，政府目前大力倡导的住宅产业现代化，决不是高档住宅的一个“卖点”和点缀。

（摘自 2002 年 2 月 23 日《信息时报》B21 版）

【简析】

这是一则关于房地产开发状况的商务信息。先由政府部门权威领导指出目前房地产开发中的现状，说明这一产业当前应急需改变的投资趋向，再评说相关缘由和今后努力改善现状的途径。房地产投资商参阅这一信息，可以针对国内经济发展形势和社会指导思想，仔细思考自身是否调整房地产投资方向。全文内容明确，观点清晰，述评简洁。

第二节 市场预测报告

一、市场预测报告的概念

市场预测报告是对市场商品的供求发展趋势以及与之相联系的各种因素的变化进行调查、分析，并通过科学的预测理论、方法和手段，对其做出估计和判断后写成的书面报告。它是一种反映市场预期的分析研究过程及其成果的经济文书。

一般而言，市场预测报告是在市场调查的基础和依据上进行的。准确、全面的市场调查是市场分析、预测的前奏。市场预测应通过充分、准确、可靠的客观资料，深入调查市场的过去、现状及其变化规律性，力求科学地揭示出市场未来发展状况与趋势。市场预测可以说是市场调查目的的进一步体现和深化。

市场预测是科学性的边缘应用学科。它融合运用了经济学、市场学、计量经济学、统计学、系统工程学、信息论等各门学科的专业知识，并在此基础上利用现代化的方法和手段对各种市场现象、因素进行定性和定量分析，严密运算和客观描述，得到对未来经济市场状况的把握。随着市场经济的不断发展，激烈的市场竞争使企业的市场预测显示出越来越突出的重要意义。

二、市场预测报告的特点

(一)定势性

在商品消费市场中消费者心理往往存在某种定势。消费者收入增加会促进高档商品的销售；商品供不应求会引起争购竞购心理；商品供大于求会引起消费者转向追求商品质高价廉；职业为教师的人喜欢购买庄重的服饰；少年儿童则喜欢生动活泼、新鲜奇特的打扮。不同时期、地区或不同消费群体，针对不同的商品，各自都有不同的消费倾向或习惯。市场预测报告必须根据这些市场趋向和定势做出准确的分析判断。

(二)针对性

市场预测报告往往反映市场某方面的信息,某类产品或市场活动的趋势和前景。因而在作市场预测时,常常是有针对性地对准某个目标或对象,将其放在市场经济有机整体中全面综合考察,得出准确无误的预测结论。

(三)近似性

任何市场预测都只能对未来情况做一个大致的探测。未来市场状况时时处于变化和动态中。根据市场过去的静态规律性只能近似地描述市场将来的发展状况。预测值一般和实际值存在无法避免的误差。预测的近似性要求人们准确把握市场未来趋势时,应考虑其误差和某些不确定性。

(四)及时性

市场判断及时与否决定着市场竞争的成败。各种市场信息、市场动态、商品供求趋势瞬息万变,对各种市场情况的资料要及时掌握,及时分析,及时做出经营决策。依据不够及时的信息材料写成的市场预测报告,对未来商务实践的指导意义将会丧失或大打折扣。

(五)科学性

市场预测报告是在充分广泛的市场信息和状况的调查研究基础上,用科学的方法进行分析和预测而得出的趋势和结论。在市场预测报告中,常常运用各门学科专业知识和多种预测方法,尽可能求得客观、准确、科学的预测结论。

三、市场预测报告的分类

按不同的划分角度,市场预测报告有不同的分类。

(一)按预测内容分

1. 市场需求预测报告:根据社会各种复杂因素,分析市场对各种商品的需求状况。包括对不同期限的产销趋势、某种特殊品种商品需求状况的预测。

2. 市场占有率预测报告:这种报告预测某种品牌产品需求、销售量,并分析本产品的性能价格和竞争对手及其他产品的替代能力,设计高效营销手段,预测出其市场占有率。

3. 生产情况预测报告:通过对市场商品的生产能力、布局、材料资源、能源供应、运输条件、产品数量、质量、性能等情况分析,预测商品生产情况的发展趋势。

(二)按预测范围分

1. 宏观预测报告:对国家的整个市场经济发展方向或某产品在国内外总的市场情况、发展趋势所作的预测报告。

2. 微观预测报告:对某企业、某种经济行为或它们某一(些)方面情况所作的预测报告。

(三)按预测方法分

1. 调查分析预测报告:根据对预测对象的深入细致的调查,取得经验和大量的数据资料进行分析、假设、判断、推理、估计和评价而做出的预测报告。常适用于不便或不能以定量方法描述的市场问题(常以文字表述)。

2. 数学分析预测报告:在完整、系统、充分的数据资料基础上,运用数学理论,如运用数学模型,或通过计算和图解方法,来分析市场因素函数关系,预测出其未来趋势的报告。

(四)按预测时间分

1. 长期预测报告:预测时间5年以上的战略性预测报告。不确定因素较多,会存在较大预测误差。

2. 中期预测报告:预测时间在2—5年的战术性预测报告。不确定因素减少,预测误差会较小。

3. 短期预测报告:预测时间为1—2年的预测报告。其准确性和可靠性都比较高。

4. 近期预测报告:预测时间少于1年甚至更短的预测报告。准确性和可靠性高。

四、常见市场预测的方法

(一)定性分析预测法

对有典型或代表意义的市场进行调查,根据相关数据或直观材料，结合经验加以分析，推断出市场某种未来趋势，包括典型调查法、普遍调查法、专家调查法（德尔菲法）、抽样调查法等。

（二）定量分析预测法

借用数学有关方法，如数理统计方法、建立数学或统计模型，依据充足的统计资料，预测市场未来的数量表现状况。可分为时间序列预测方法和因果分析预测方法。

这两大类预测方法在实践中互相贯穿，常常综合在一起运用。

五、市场预测报告的写作结构

（一）标题

市场预测报告的标题可以用以下几种写法：

1. 标准式。标准式由预测范围、预测对象、预测时间和文种四部分构成。文种常用"预测"、"走势"、"趋势"、"分析"、"研究"、"展望"、"前瞻"、"发展"、"前景"一类词语来标明。如《广州地区2002年大屏幕彩电需求预测》，又如《未来三年全国服装流行色预测研究》。有时全国范围市场预测，可以省略预测范围。如《2002年至2010年家庭小轿车市场趋势》预测的是近七八年全国家庭小轿车市场动态。如是反映近期或大家已明确的时间范围，标题中有时可省略预测期限，如《房地产市场的主要特点及发展前景》。

2. 结论式。结论式是在标题中直接表明预测者的主要观点，亦如发布相关的预测消息：如《中档住宅：房地产市场的新热点》，又如《生资市场：稳中有增》。

3. 复合式。复合式由主标题和副标题构成。主标题一般表明预测得出的主要观点、结论，副标题交待预测时间、范围、内容等。主标题（结论式）和副标题（标准式）分行书写，副标题前用破折号连接。如《车价面临新"雪崩"——目前国产轿车价格展望》，又如《大盘新股有潜力——近期股票市场动向预测》。复合式标题在市场预测报告中比较少见。

（二）正文

市场预测报告的正文一般分为历史现状分析、趋势发展预测、建议对策说明三部分。

1. 历史现状分析。这部分是预测的基础,一般用概括叙述方法,对市场经济活动的历史和现状作简明扼要的回顾和说明,使读者对预测对象的过去和现状有全面了解。其中运用的信息、资料、数据要精确、充分、客观、有代表性,能够显示经济活动的未来趋势。

2. 趋势发展预测。在对资料数据进行分析的基础上,探讨市场经济活动的规律和发展趋势。这是全文的重点和核心。一般要求根据现状部分叙述的基本情况,进行定量、定性的计算和分析,对预测对象在未来市场的趋势和可能发生的状况做出估计和判断。在评析客观情况、阐明观点时,尽量做到预测全面,分析准确、科学、客观;结论应大胆而严谨,表达讲究分寸感,分析层次清晰,叙述结构严谨。具体结构有两种:一为并列式,各个层次从不同角度、不同侧面进行分析预测。一为递进式,各个层次逐步推导,循序渐进。

3. 建议对策说明。企业决策机关对市场发展趋势进行分析、研究预测后,提出调整改善企业经营的切合实际的有针对性的策略、措施和具体的行动计划,新的方案、设想、方向、意见、建议等等。一般采用分条列项的说明方式,简明扼要,切实客观。如果写作者对建议与对策没把握或觉得无必要,可不写建议部分。建议对策部分有时不是市场预测报告的必备内容。

此外,市场预测报告有时还有专门的开头和结尾。开头一般都是概括全文内容、说明预测原因、目的、方法,交待预测对象、时间、地点、范围,总括预测结果;结尾与开头呼应,一般归纳、重申、强调正文观点,简略提示有关人员应注意的问题,或简要交待预测报告其他没有交待的内容。

六、市场预测报告的写作步骤

一般说来,市场预测必须在深入、全面的市场情况调查之后,并在有说服力的市场分析的基础上进行。写作市场预测报告大致遵循如下步骤:

1. 根据实际需要确定调查、预测对象、目标、任务。

2. 拟定好调查、预测计划，力争完整、详尽地调查收集到各种相关资料。

3. 选择适当正确的预测方法，建立市场预测模型。

4. 进行综合分析作出准确评价，写出相应的预测报告。

5. 对预测报告全面周密考虑研究，进一步修正预测结果。

七、例文选析

例文一：

生资市场：稳中有增

观点提供：中国物资信息中心高级经济师 陈克新

预计在新的一年里，国家将继续实行积极的财政政策，增加和促进各方面的投资与消费，进一步启动市场；我国加入世贸组织后，引进外资会有明显增加，进出口贸易更加活跃；开发大西部进入具体实施阶段，基础设施建设会有一定增加，因而总体上生产资料市场继续向好的方向发展。但由于全球经济发展的动荡，以及国内一些政策效应的减弱，经济发展的内在动力不足，各方面不确定因素增多，抑制了市场的回升幅度。

消费增长相对平稳

受到上述利好因素的支持，2001 年经济增长会保持较快增长速度，并推动生产资料消费的增加。但是，又因为经济增长还需要国家积极的财政政策，过多地依赖政策性和外部性因素，经济本身发展的内在动力不足，有效需求不足。所以，这种经济回升将是温和的，若干年内都难以出现两位数的高速增产。因此，国家决策部门正基于中长期增长潜力的变化，由前十多年均近 10%的高速增长，转为追求 7%—8%左右的适度快速增长目标。预计 2001 年的经济增长与去年大体相当，在 7.5%—8%左右，受其影响，新一年内生产资料消费增幅也会受到制约，难以出现更高水平的增长。

从固定资产投资状况来看，目前由政府实施的投资（财政拨款及国债)占社会投资总量的80%左右,民间投资十分疲软,这一局面暂时不会有很大改观。虽然国家继续实行积极的财政政策,但由于国家财政及债券投资增长空间不大,由此而支撑的固定资产投资也难有大的增长,虽然有西部大开发的增长点,外资投入也会回升,但从全局看,因为民间的投资增长缓慢,近一段时期内投资增加水平不会太高,从而对生产资料的需求拉动作用有限。

从国际贸易来看,美国经济的软着陆,有利于全球经济发展的稳定,但最近以来,国际钢材市场形势正在发生不利于我国钢材出口的变化。一是增产欲望强烈。世界经济增长加快,带动需求,使多年来处于低谷的物资市场出现恢复性上扬,并有可能达到近年最高。这使一些生产大国纷纷增产,供给大增,市场竞争加剧。二是贸易保护有所抬头。随着贸易竞争的不断加剧,各国利用反倾销诉讼阻挡别国产品进入。目前我国许多物资产品出口正处于起步阶段,由于经验不足,市场开拓手段有限,容易引发国外的反倾销诉讼。三是2000年我国一些物资出口大幅度增长后,抬高了2001年的对比基数,不太容易出现高幅度的增长,从而使得对消费的拉动力减弱。

总之,多方情况表明:今后一段较长的时期,中国生产资料消费需求的增长将逐步进入一个相对平稳的时期。

新增资源获得合理调整

2001年的全国生产资料资源情况主要有三个特点:一是国内产量增长水平回落;由于需求增长水平回落,以及限产影响,加上对比基数,虽然国内产量继续增长,但是,增长幅度不会很大,低于去年水平。二是进口量增加。加入WTO后,一些物资的进口量会有所增加,也会结转为今后的供应量。总之,总量上货源宽松。三是资源结构趋向合理。国内缺口较大的短线产品大多将实现较高的增长速度,或者是占进口量的主要部分。相反,国内市场的长线产品,继续呈现低、中速增长态势,或者是进口量很少,与国内市场需求较为吻合。

市场价格取决于企业限产

目前国内主要物资的生产都具有较大的增产潜力。今后市场价格走势如何？除了受国家宏观政策对需求的影响外，还受到限产力度的影响。在消费需求相对稳定的情况下，矛盾的主要方面在于能否保持限产。如果限产进展顺利，全年产量和进口量被限制在需求量内，比如，国内产量被控制在1.27亿吨以内，进口量被控制在1700万吨以内，就可以实现全年钢材供求关系的基本平衡，价格可以实现稳中有升。否则，已经回升的销售价格还会进一步下跌，甚至还会重新回到以前的偏低价位。但是，限产难度是很大的，一旦价格有利，只要有能力，企业就会千方百计去增产，谁也挡不住。所以2001年价格进一步上升的压力将主要来自于企业的增产。

经过一段时间的持续上扬，国际市场上许多物资产品价格已出现见顶迹象。近期，在美国持续加息的带动下，一些主要工业国家亦纷纷上调银行利息，以便挤出实体经济增长中的虚拟泡沫。这些措施，不可避免地会对国际市场价格的持续上涨产生消极影响，从而压缩2001年市场经济进一步上升的空间。

[摘自《市场周刊》2001年第1期(上)]

【简析】

这是一则对国家生资经济市场一段时期发展趋势所作的预测报告。全文结构由三个层次的预测结论构成，各由现状分析和未来预期结合探讨得出预测结论。全文先简要地从总体上介绍中国经济运行的大环境状况。在一个宏观的总评价“生资市场继续向好的方向发展”之下，分别从消费增长相对平稳、新增资源获得合理调整、市场价格取决于合理限产三个方面对新一年的生资市场进行预测，在精细周密的分析中作出结论，从宏观上显示出国家生资市场的未来走势。全文思路严谨，论据充分，结论有说服力，体现了写作者较高的思考角度及全方位的视野。

例文二：

家电利薄已没有降价空间？不！
明年家电价格还将降两成

有一观点认为，入世后关税降低的空间不大，企业的利润空间已经很小，家电今后已经没有降价空间，然而来自帕勒咨询的最新研究表明，入世后的几年内中国家电的价格仍将大幅度降低，这其中包括本土品牌与外资品牌的产品。

其实在加入 WTO 之前，中国的家电消费市场已经对家电产品价格形成走低预期，并形成了持币待购的现象。市场的现实是，中国一加入 WTO，很多在此之前关税水平基础上生产的高档机器已经变成“WTO 概念机”，这种高关税的概念机如果不及时消化，为后来的新关税水平下的产品让路的话，它们在今后将很难销售。

外资品牌高端产品的价格在中国一加入 WTO 之后，齐齐应声而下，现在外资品牌的机器降价在很大程度上是在抛售这种“WTO 概念机”，恐慌性的抛售浪潮已经形成。原本被认为是几无降价空间的中国家电产品，已经承受不起外资高端产品被动性抛售带来的极大的价格压力，从终端市场看，中国最低的家电价格再一次被压低。

10%左右的关税的减除，再加上 10%左右的现有利润空间是最起码的降价空间，也就是说品牌死亡的基本底线是降低价格的 20%，因为残酷的竞争容不下繁多的品牌，再加上技术的进步，产品自然的落价，所以说，在今后至少有 20%的价格降幅在等待着中国市场空间内所有家电产品。（中电）

（摘自 2001 年 12 月 25 日《新快报》B2 版“产经新闻”）

【简析】

这则新闻式的市场预测报告比较简要。标题由问答句式为读者明确指明了家电市场价格如何变化的新观点。正文中先介绍作者所持的不同预测结论，再较为细致地从多方现状分析说明持此看法的理由。层次清楚,结构简洁,分析有道,观点独特却包含使人信服之理。

第三节　商业广告

一、商业广告的概念

广告制作者(企业经营者或其他相关单位、部门机构等)为了加强商品或劳务的流通和销售,在支付费用的基础上,把某种商品、服务、观念的信息、知识和情报等,有计划有组织地通过传播媒介,向确定的对象进行信息传播活动。这种宣传形式、组织流通手段形成的文书材料就是商业广告。它的目的是达到沟通信息、指导消费、影响舆论、扩大商品销路和服务范围。

报纸、广播、电视、招贴等都是商业广告常用的传播媒介。在越来越现代化的社会里,广告是企业和产品树立良好形象,在市场竞争中获得主动的重要手段之一。广告活动涉及到策划、设计、制作、管理等复杂的过程,已成为重要的新兴产业,在人们的经济生活中发挥着积极的作用。

二、商业广告的特点

(一)形式上的艺术性

艺术性是广告的灵魂。广告要为人们所接受,必须运用艺术的语言和形象,去刺激人们的感观世界,以引起公众的注意。广告设计时常采用文学、戏剧、音乐、美术、电影等多种艺术形式,尽量在有限的空间(报刊版面)和有限的时间(电台、电视的播出时间)里,精心设计、精心制作,巧妙构思,形象而生动地表现商品内容,以艺术表现感染力影响人们的认识。

(二)内容上的真实性

企业和商品要获得消费者的青睐,必须通过诚实守信的广告内容的宣传,而不是通过虚假的广告内容与浮夸的形式蒙蔽消费者。

真实性作为广告的灵魂和生命,是真正取得消费者信任的基石。商业广告必须是以企业本身的良好运作和商品的优异质量为基础,广告的策划只能起到更有效地传播信息、扩大影响的作用,而不能从根本上改变商品质量和形象。内容虚假的广告并不能获得长期的生存。

(三)过程的策划性

商品广告宣传带有明确的目的,其传播活动过程一般是经过精心策划和设计的。制作者对传播的方式、手段、活动、过程的具体计划、安排等都往往事先进行了周密的考虑,将商品本身的特色,设计的独到,质量的优越,售后服务的完善等方面经过特别的加工处理后,和某种适当的传播方式结合在一起,凸显商品或企业知名度和美誉度方面的明晰形象,以引起人们产生注意、兴趣和好感。这种人为的策划通常采用把商品或企业形象同特殊事物联系一起的手段,制造出新奇美感刺激受众生发特殊心情与感受,来影响受众观念以促成购买的倾向性。

(四)传播的反复性

广告内容总是在某段时间的各种媒介上重复播出。这种重复信息无节制地刺激人们的感官,漫无限制地闯入受众的视听活动。受众头脑这些不断重复出现的广告符号、记忆、痕迹会或浅或深逐渐转变为新的想法、观念、愿望、激情,直至接受商品广告内容,产生认同的相关行动。广告内容的反复传播应力争采用多样化新鲜的手段进行,以避免机械重复而生的厌恶反感,求得更大更好的社会影响及效果。

三、商业广告的种类

1. 按广告者的不同划分,可分为总体广告和零售广告。总体广告是指生产厂家或批发商通过某一广告代理机构,在较大范围内实施对其内容长效宣传的广告。零售广告是指生产厂家或零售商借助自己拥有的广告部门,或委托传播媒介对其所经营的商品适时进行宣传的专一短效广告。

2. 按广告受众的不同划分,可分为行业广告和顾客广告。行业广告是指以行业性买主为宣传对象的广告。顾客广告是指以个人或家庭买主作为宣传对象的广告。

3. 按广告内容的不同划分,可分为公关广告和商品广告。公关广告即间接广告,即不直接针对商品,而以树立企业形象为目的的广告。商品广告是旨在直接推销商品或劳务的广告。

4. 按传播媒介的不同划分,可分为报纸广告、杂志广告、电台广告、电视广告以及互联网广告等。此外还有邮寄广告、路牌广告、车船广告、现场广告、包装广告、招贴广告、灯箱广告等形式。

5. 根据广告写作方式的不同,可分为陈述式广告、问答式广告、证明式广告、新闻式广告、描写式广告、幽默式广告等类别。

四、商业广告的表达方式

商业广告要通过制作者适当有效的表达方式及技巧,将商品及相关信息发送给消费者,以影响他们对商品、劳务及企业声誉的印象、态度及购买欲望。一般而言,商业广告的表达方式大致有以下几种:

1. 赞美法:对商品、劳务等的优点加以突出和赞美,使消费者产生良好印象。

2. 印证法:聘请名人(包括影星、歌星、著名运动员等)或有关消费者为商品做典型示范或现身说法。

3. 引证法:通过引用权威机构、人士的推荐、评价、鉴定、获奖证书、消费者来信等事实来突出商品的优点。

4. 重复法:通过反复传播使受众逐渐接受广告的劝说而激发对商品的认同。

5. 召唤法:广泛宣传,召唤消费者从速采取购买行动。

6. 分析法:在广告中分析介绍本企业商品的种种特点以取信消费者。

7. 劝说法:采用鼓励形式告诉消费者购买使用某商品将可得到的好处,或警告消费者不购买使用将带来不便、不快和危害。

8. 诱导法:采用摆事实、讲道理的理性方法或交流情感的感性方法诱导消费者。

五、商业广告的写作

商业广告种类繁多,表达方式各有不同。一些非文字类广告(如电视文告)的制作较为复杂,它是文案写作和影像摄制等多方面创意的结合。这里只介绍文字类商业广告的最一般的结构。它包括标题、正文、随文和标语四个部分。

(一)标题

标题一般直接点明主题,体现广告宣传的目的和中心。同时还应吸引受众注意,诱导其阅读广告正文。因此,标题要从技巧和艺术两方面集中表现广告主题或内容。在技术上应使广告标题醒目和形象,艺术上应使标题鲜明准确、新颖独到。

广告标题有直接标题、间接标题和复合标题三种形式。

1. 直接标题

采用直接地介绍广告商品的最重要的事实和情况。这类标题简洁,常直截了当点出商标名、商品名、企业名作标题诉求购买。例如《TCL王牌电视》、《农夫山泉有点甜》、《广州市东风路交易中心开业》,等等。

2. 间接标题

不直接介绍商品或劳务,而以含蓄、委婉、曲折且充满趣味的方式间接宣传商品信息、特点和功能,暗示广告主题。间接标题往往要通过联想才能和正文相联系。如某品牌手机的广告标题为《只要有沟通的欲望,就没有什么可以阻挡》,联想电脑公司广告《人类失去联想,世界将会怎样》,某冰鞋广告《生命在于运动》等等。

3. 复合标题

将直接标题和间接标题结合运用,构成类似消息的主副标题、双行标题或多行标题形式,其构思与想象注重巧妙和奇效。如日立公司洗衣机广告标题:《看得到的优点,听不到的好处——日立SF80"小宁静"洗衣机》;某瓜子广告标题:《阿里山瓜子——一嗑就开心》;

某白酒广告标题:《穿越历史,见证文明——水井坊,真正的酒》;某房地产广告标题:《如果卢浮宫是我的私人会客厅!(引题)——汇景新城以你的梦想为起点(副题)——天河?汇景新城,国际豪宅社区(正题)》,等等。

标题的表述方法常可见到名称式、报道式、问题式、祈使式、感叹式、效应式、情感式等不同种类。

(二)正文

正文具体体现广告标题的主题和内容。正文采用各种方式、内容和办法说服消费者,回答标题提出的问题。广告正文内容的写作应通俗易懂、趣味易记、沟通直接、陈述实在、行文简洁。正文应将商品品名与商标、产地与历史、声誉与优点、性能与质地、规格与价格、用法与供求情况、优惠办法与售后服务等方面内容告诉消费者。篇幅上的长短视商品定位、广告战略、宣传角度等方面来组织安排材料。

广告正文的写作往往没有固定的模式,但从表达的角度看,其常用的写作体式主要有:

1. 证书体

借助权威部门的证明文件、鉴定评语、商品的获奖及荣誉称号、知名人士的赞扬和美誉、权威人士的见证和好评等证据,来宣传商品优质可靠,产品形象或劳务良好有效、广告内容客观、准确、真实等。

2. 简介体

以说明性的语言直接陈述、说明某一商品的名称、种类、特点、规格、用途、效果、价目等,通过平实简洁的介绍使消费者较清楚地认识和鉴别商品。

3. 文艺体

借助丰富多彩的文艺形式,如诗歌、散文、小说、戏剧等,以生动形象的描述,辅以灵活的表达方式(如双关、对偶、幽默等)介绍商品。

4. 问答体

通过亲切活泼的对话,或条理清楚的设问方式,有针对性地巧妙说明商品的特性、用途等知识和信息,激发消费者好奇心。

(三)附文

附文即随文,传递与本企业有关的必要的备查信息,为与客户业务联系提供方便,是正文的补充说明。随文一般包括企业与经销点名称、地址、网址、注意事项、行车路线、邮政编码、电话电报、传真号码、银行账号、业务联系人与单位负责人姓名等。附文排在广告文面的底部或列标在正文一侧。

(四)标语

标语,往往是鼓动有力、优美新颖、简短易记的口号,以感染、吸引、加强受众对企业、商品的印象和信任。如长虹电器公司的广告口号为"天上彩虹,人间长虹";雀巢咖啡的广告口号为"味道好极了!";可口可乐的广告口号为"挡不住的诱惑!";丰田车的广告口号为"车到山前必有路,有路必有丰田车";诺基亚手机的广告口号是"科技以人为本"。口号在广告正文和画面上一般可自由放置,只要文面显得美观、大方、明晰即可。

六、例文分析

例文一:

专家肯定,专业好评,洛涛居南区勇夺全国性大奖

每套售价低至16万元,现场特设18间样板房,欢迎参观

缓缓流动的河流,微荡的波光,两岸是典雅的六层洋房,水月,回廊、柳色、卧桥,让人想起塞纳河畔的花都,莱茵河畔如歌的行板,蓝色迷情的爱琴海岸。洛涛居南区,将水边欧洲小城的迷人风光与风情带到您的身边。横贯小区的500米欧式风情河,紧临珠江的一线江景水岸,夏威夷式人工湖,在小区内营造了江、河、湖罕有的全方位亲水环境,为业主提供了赏心悦目的休憩场所。第二期江景保留单位春节期间全新推出,欢迎参观选购。

洛涛居南区荣获2001年度"东方园林"杯全国优秀社区环境奖。

1. 面积从$58m^2$至$192m^2$,多种款式可供选择。2. 业主子女可即时就读洛溪社区中、小学。3. 全国各地业主购房可入广州户口。4.

春节期间购房送管道煤气初装费。

■2001年度广州十大旺销楼盘　■连续三届入选广州市房地产企业综合实力30强　■物业管理已通过ISO9002国际认证　■环境管理已通过ISO14001国际环境认证

洛涛居欧洲风情，水边演绎

发展商：（略）　售楼部：（略）　售楼热线：（略）　图文传真：（略）

（摘自2002年2月18日《新快报》A8版）

【简析】

这是广州一则典型的城市房地产广告。标题直接标示出楼盘获得荣誉及相关优惠信息以吸引购房者。正文先采用文学描绘的手法说明了楼盘各种优越环境条件与人文氛围，文字优美。然后以条款式分条从不同方面详细说明楼盘的多种款式、教育设施、城市入户、促销优惠等方面的情况，再以证书法证明其各种优越性能够得到保障。最后的标语则加强购房者的记忆，强化楼盘的特色风情，给购买者以深刻突出的印象。

例文二：

多功能墙面漆全新概念——防水、耐擦洗篇

市面上的油漆越来越多，功能也越来越分散。人们不免眼花缭乱，不知如何选择。所以，人们都在盼望着一种全能型的墙面漆的诞生，都在寻找一种全城最高贵的墙面漆。

最近，世界著名涂料制造商立邦涂料公司为了迎合市场需求，推出全新产品立邦PERFECT 10高级墙面漆，一种堪称市场上最高贵的墙面漆，不但可以满足您一般装修的需求，还能给你带来诸多以外的惊喜。

PERFECT 10高级墙面漆，拥有令人惊叹的弹张性能，可以覆盖已有的或将产生的细微裂痕，漆面永远不见瑕疵；而特殊的防水配方,既能有效防止水分渗透过墙壁,确保墙身干燥,配合出色的耐擦洗功能,更能轻松清除墙面上的肮脏痕迹而不必担心破坏漆面。三者的出色搭配,不但能有效阻止墙面老化,更细心呵护墙面的光洁干净,即使长时间使用,漆面依旧光滑如新,亮丽色彩,再也无需担心岁月留痕。

另外,PERFECT 10 高级墙面漆更号称"十项全能",拥有防霉抗藻功能,容易涂刷,流平性好,耐擦洗,耐碱,抗水泥降解性,抗碳化,抗风化等过十项超乎想象的功能。即使是最刁钻的您,也无可挑剔。

该产品具备多款缤纷色彩可供选择。不管是装修新房还是重涂旧居,使用立邦 PERFECT 10 高级墙面漆都一定是您最明智的选择。

全城最高贵墙面漆即将隆重上市,请您和我们一同关注,一同感受它给您的家居带来的异同凡响的变化。立邦漆全国免费热线:8008101687。

(摘自 2001 年 11 月 23 日《南方都市报》B39 版)

【简析】

这则广告以直接标题点明了广告的内容。开头提出问题,利用悬念抓住用户的需求心理,引出该商品的名称。接着逐一介绍商品各种优越性能、用途、特性等方面内容,诱导消费者购买该商品。最后发出召唤和希望,强化消费者的购买意识。广告语言亲切自然。

例文三:

同样是名牌,我为什么选白云

现在买冰箱,你当然要选名牌。在名牌产品中,最值得您考虑的因素应该是省电、耐用、内在质量可靠。

军工技术

白云作为全国大型家电生产厂家,一直以高超的军工技术潜心研究生产省电,耐用,质量更高一档的冰箱。新改进后的白云系列电冰箱其重要特点是:内在质量好。

耗电特省

设有新型节能装置,内部温度可自动调节,低温起动性能良好,制冷快避免了不必要的用电,每日平均耗电量不超过一度。

噪音特低

白云冰箱在平稳放置、正常运转时,几乎听不到任何声响。噪音小于32分贝,大大低于国家规定的45分贝标准,达到国家先进水平。

可靠耐用

由于全部采用日本名牌松下压缩机,加工装配精良,使主机超宁静运转。在众多名牌冰箱中更显优越,深值信赖。

白云天下友·天下有白云

●荣获1990年国家A级产品

白云电器

BAIYUN

(摘自龙生庭:《经济管理写作技巧例文选析》。)

【简析】

这则广告的设问式标题明确提出问题,设置悬念来吸引广告受众阅读。正文选择产品的生产技术水平及产品的几个主要性能特点作为广告的诉求要点。军工技术意味着高质量,耗电特省适合大众消费,噪音特低说明功能稳定,进口主机耐用而且可靠。以赞美法直接说出产品优越性的方式来表达广告主题。结尾口号说明其用户众多,是值得消费者信赖的品牌产品。

第四节　招标书、投标书

招标投标活动，即是业主、招标者（个人或单位）在工程的兴建、大宗商品交易或合作经营管理等项活动中，通过一定的渠道和方法，以规定的标准和条件，对外公开招请符合条件的愿意承包、竞买者即投标者。投标者按照招标者提出的条件和要求竞标，由招标者从中选择价格与条件最优惠的对象。招标一般有公开招标和邀请招标两种形式。公开招标即通过各种新闻媒体公开发布招标信息，向社会公开招请投标者（承包商）竞标。邀请招标也叫有限招标，是经过选择，邀请若干有能力的投标者来竞标。招标投标区别于常规的各种交易之处在于竞争机制的引入。

招标投标这种有组织的市场交易、采购方式，是经济活动中商品价值规律和竞争规律在社会化生产管理中的体现。它在引入竞争机制的同时，加强了经济的横向联系，在经济领域中得到了广泛运用并大大提高了经济效益，尤其是在工程建设、商品营销、企业经营、商业租赁等方面有着突出的意义。

整个招标投标过程一般是：先由招标单位编制招标文件，发表招标公告（需要委托招标则先办理委托的相关手续）；再由有意投标的单位购买招标文件，投标；然后在预定时间内开标、评标，确定预中标单位或个人；最后调查核实，确定中标单位，双方签订合同。

学会写作招标书和投标书在现代商务活动中显得极其重要。

一、招标书的概念

招标书就是利用竞争来达到优选买主或承包者（投标者），而发布招标有关信息，公布招标标准及条件的书面文件。一般说来，招标常采用通告、公告、启事等形式来告知、吸引投标者竞标，因而把传达招标信息的招标通告、招标公告、招标启事等文书称为招标书。

二、招标书的特性

1. 明确性

招标书要将招标的有关工程和项目的主要目的、相关情况、基本要求、投标人员的素质和有关规定等方面内容，尽量实在、清楚、明白、准确、广泛地向公众公布出来，特别是有关的招标时间、招标做法和步骤、联系方式等决不能含糊不清，似是而非，抽象笼统。应使相关单位或个人在投标活动中明确方便。

2. 简要性

一般而言，招标书只要求将招标的主要事项概要地告诉公众，让投标单位和个人对招标的项目有粗略的了解。至于招标工程、业务的一些细致、具体做法，或招标项目的技术质量的具体要求，则不必在招标公告中详细告知，这些可在专门的招标章程、技术质量要求等文件中规定。

3. 竞争性

招标单位发布招标公告的目的在于同时招来众多的投标单位，可在货物采购、建筑工程等具体项目和事务中，促使投标单位之间开展中标的竞争，以达到降低投资和成本的目的，使资金得到有效的使用，确保各类项目的质量，同时也促进投标单位在竞争中提高经营管理水平和效益。

三、招标书的形式类别

(一)就主要业务内容而言，常见招标书有：

1. 招标公告

招标单位就招标事项以发布公告的形式，广泛告知信息，吸引投标单位和个人前来投标的书面文字材料。

2. 内部招标文件

主要包括相关招标章程、投标企业须知、技术质量要求、相关合同等不同种类的文书。

3. 科技项目招标书

一般由招标广告和招标任务书两部分组成。科技招标广告一般包含招标书编号、招标原则、项目、起止日期等内容。科技招标任务书的内容一般有项目名称、任务由来、研究开发目标与内容、技术指标、进度要求、成果要求、经费要求、投标承包条件与要求、投标截至时间等等。

4. 工程项目招标书

包括招标号、建设单位名称及联系人、工程项目、建设地点、工程内容、建筑面积、质量要求、建设工期、招标截至日期等内容。

(二)从招标的过程来看,由招标单位确定的主要文书有:

1. 招标委托书:一般由业主委托专门的招标机构进行招标时使用的授权文书。

2. 招标通告:公开发布招标信息的文书,即招标公告。

3. 资格预审通告:投标前对投标人和单位进行资格预审的告示文书。

4. 资格预审通知书:进行资格预审后招标机构告知备投标人或单位资格预审结果的文书。

5. 投标邀请函:招标机构向准投标人或单位发出投标邀请的文书。

6. 投标须知(说明):招标单位向准投标人或单位宣布投标的注意事项或投标规则的文书。

针对投标者所送的标书,招标单位或相关机构拟定的文书还有:

7. 评标意见书:评委会对各投标者的投标文件的评定意见和说明的文书。一般向招标机构和业主报送。

8. 预中标人方案:评委会对评出的中标者及投标文件的评价意见的文书。一般由评委会报告、呈送招标机构和业主。

9. 中标通知书:招标机构告知中标者评标决标结果的文书。

10. 落标通知书:招标机构告知未中标人评标结果的文书。

四、招标书的撰写

一般而言,不论何种内容的招标书,大致由标题、正文、结尾构成。这里以招标公告为例。

(一)标题

标题的写法有两种形式：

1. 由招标单位名称、文种构成。例如《广州宏业公司招标公告》、《中国机电设备招标中心公告(第 98 号)》等。这种标题突出招标单位名称，严肃庄重。

2. 只写文种。如“招标公告”、“招标通告”、“招标启示”、“投标须知”等等，简洁明快。

标题下方一般还标出招标号。

(二)正文

招标公告的正文内容必须将招标的项目、方式、步骤、要求等等内容写得明确清晰。其内容及顺序大致包括：

1. 前言

简明扼要地说明需要招标的产品或工程项目名称、批量或规模，或简要说明招标的缘由、依据，明确招标的目的及范围，让投标者明确投标项目的工作任务、方向。这部分要求言简意明。

2. 主体

(1)招标项目。这是招标公告正文中的主体、重点，是核心中的核心部分。招标项目要交待清楚招标的内容及要求。要用准确无误的文字，将项目中的主要内容、或各项内容与要求细致地告知前来投标的单位和个人。如针对工程建设项目的招标，应写明招标的范围、内容、质量、工程日期。若是商品交易的招标，则应写明商品的名称、数量、质量、规格、型号等。

(2)招标范围。应说明招标的范围、投标人条件、要求等方面内容。

(3)招标步骤。应写明招标的方式、程序、期限、报名的时间与地点、发售文件的日期、价格、开标日期和地点等。

(4)其他事项。正文内容一般还可有招标文件的编写、标书售价、发售方法等内容的表述。

(三)结尾

写明招标单位的名称、地址、传真、电报挂号、电话号码、制定招标公告的日期等。如是国际招标公告则还应特别注明招标范围,包括国别范围、使用货币种类、付款方式等内容。

五、投标书概述

投标书是在招标单位公布招标内容后,投标人按招标书规定的标准、条件和要求,向招标人提出承包工程项目、完成标的任务而供给招标人以备选方案所撰写的书面材料、文件报表。它也叫标书或标函。

投标书作为对招标书的对应和回答,要求投标单位了解相关信息,了解对手,突出自身优势,做好报价,避免投标盲目性并减少风险,并进一步要求投标者(或投标单位)提高企业素质、技术与管理水平,增强竞争力。同时投标书也是招标者审标、决标的主要依据,中标的投标书也是订立承包合同的基础及建议。投标书撰写得是否恰当实在,往往影响着能否成功中标。

六、投标书的种类

(一)按表达形式来分,投标书可分为:

1. 表格式

表格式即是用报表的形式。往往由招标单位拟定,随招标文件发售给投标单位,再由投标单位根据要求填写。内容大多是由数量表示的各投标单位确定的承包造价、工期等一些项目,业主在评标时便于清楚地比较以期明白无误地选出合理性强的优惠者。简洁明快是表格式的特点。

2. 文字式

根据招标文件提出的标准、条件和要求,投标单位或个人主要以文字材料拟定出明确的投标方案和说明。文字式投标书也要求叙述简明扼要,数字清楚无误,内容真实客观。

(二)在投标过程中,和投标单位相关的不同内容的投标文书种类主要有：

1. 投标函：投标人或单位参加投标时向招标单位递送的文书。

2. 投标项目方案及说明：投标者对投标项目的回答、意见和说明。如投标建筑施工方案及方案说明，采购设备方案及有关说明。

3. 投标保证金保函：相关银行为投标者向招标机构出具的保证投标者遵守规定，否则支付保证款额的文书。

七、投标书的结构

在这里我们主要介绍文字式投标书的结构、格式。投标书的内容按照有关规定，一般分为标题、前言、正文和结尾四个部分。

（一）标题

1. 由投标项目加文种构成。例如《承包广东商学院教工宿舍楼建设工程的投标书》、《关于××项目的投标申请》。

2. 只写"投标书"、"投标申请书"、"投标答辩书"、"标函"等名称即可。

（二）称呼

在标题下顶格写出招标单位名称。最好写全称。

（三）前言

这一部分一般写明投标书所对应的招标项目名称、招标号、投标个人或企业的简况、投标态度等。其中要说明企业的名称、地址、负责人姓名、企业所有制性质和隶属关系、营业执照或资格证书（复印件）、企业现有人员、固定资产、流动资金、技术力量和设备、以往主要历史成绩、所获荣誉等等情况。个人投标则要写明个人的自然状况、简历和任职情况。如果招标书中要求财产抵押，还应写明有多少财产可以抵押。在前言中还要表明投标的态度，即表示参加投标，并保证按照招标文件要求和遵守招标规定。前言是让招标单位对投标单位或个人的情况有个大概粗略的认识。

（四）正文

不同的投标项目的正文内容有些差异。但一般包括三部分：

1. 投标项目基本情况分析。即对项目质量要求、资金使用、进度计划、竣工日期等内容的分析。具体写明投标项目的指标,主要为总报价和结算币种等内容。如是商品采购投标,应表明保证按合同规定履行各项义务,如投标承包企业应写明主要的经济指标:产值、利润、税金、费用率等。如是工程建设投标书,根据要求算好工程总报价、做好价格组成分析,订好计划开工和竣工日期、施工和进度计划安排,保证达到的工程质量和要求等等。这部分是投标书正文部分的重点和核心。

2. 完成项目指标任务的措施。阐明本单位优势、指导思想、经营方针等,或写明完成指标和任务、保证质量与进度的一些技术措施、组织措施、管理措施等内容。拟定的措施要具体、有效、切合实际。

3. 对招标单位的要求。如请求招标单位或相关部门给予配合支持,遇到意外问题希望双方实事求是地妥善处理等。要写得具体明确。必要时还应写明对所交纳的投标保证金的数额和所持态度,或对招标人处理招标事务的各种结果的态度。或投标者的其他承诺内容。

(五)结尾

投标者署名,加盖印章(并由授权代表签名盖章),并注明投标日期。有时还应写明投标者的地址、电话、电报、传真、电子信箱、邮政编码等内容,便于招投标单位之间相互联系。

八、例文选析

例文一:

中国技术进出口总公司招标通告

渭河化肥厂建设项目

编号:CNTIC—J91042

根据中华人民共和国对外经济贸易部与日本海外经济协力基金会签订的渭河化肥厂建设项目(P25)的贷款协议,中国技术进出口总公司授权使用上述贷款以国际竞争性招标(ICB)方式采购上述项目所需要的下列装置,全部货款用贷款支付。

欢迎在合格货源国组成和注册并受合格货源国控制的工程公司和/或贸易公司参加投标,根据贷款协议规定,合格货源国系指包括中国在内的发展中国家和经济合作与发展组织(OECD)的所有成员国。

有兴趣的工程公司和/或贸易公司请于××××年××月××日至××月××日北京时间上午9时至11时到我公司第二业务总部洽购招标文件,招标文件一经售出,恕不退换。

装置清单

1. 合成氨装置

2. 尿素装置

3. 空气分离装置

中国技术进出口总公司第二业务总部

电挂:TECHTENDER(国际)8907(国内)

电传:22075　CTCTC　CN　　传真:8419676

电话:8416687　　8414606—501,502

地址:北京市海淀区苏州街万寿寺甲三号

邮政编码:100081

(转摘自龙生庭:《经济管理写作技巧例文选析》。)

【简析】

这则招标通告的标题醒目,招标单位、招标项目和文种构成了标题的结构,在编排上写作者将招标项目单独列出以凸显招标项目。其正文依次写出了招标的根据,招标的范围,招标的对象、招标联系的时间、商品的清单,联系办法及联系地址等。内容清晰齐备,写作规范得体。

例文二：

投 标 书

杭州市城市建设发展公司：

在认真研究了杭州环城北路地下修车库工程全部招标文件(包括图纸)，参加了招标技术说明与招标答疑，并考察了工程现场后，我公司(浙江省第七建筑工程公司)愿意以人民币肆佰陆拾陆万元的总价，按招标文件的要求，承担该工程的全部施工任务。现我公司正式授权签字人吴一强(一级项目经理)、陆相东(一级项目经理)、程再森(施工员)，代表我公司向贵方提交投标函正本壹份、副本壹份。

本投标函由下列文件组成：

一、综合说明书

二、总报价书

三、费率投标报价书

四、浙江省第七建筑工程公司建筑工程土建预算书

五、杭州环城北路地下停车库工程施工组织设计

六、杭州环城北路地下停车库施工进度网络计划表

我公司宣布并同意下列各点：

一、如果贵方接受我方投标，我方保证在接到工程师开工令后，在招标文件规定的期限内开工，在投标文件规定的壹佰伍拾日历天内完成并交付合同规定的全部工程。该日期从招标文件规定的开工期限的最后一天算起。

二、如果贵方接受我方投标，我方将按照招标文件规定的金额，在合同签订后壹拾伍日历天内提交履行合同保证金保函。

三、我方同意在从规定的递交投标函之日起壹拾日历天内遵守本投标。在该期限期满之前，本投标书对我方始终有约束力，可随时被贵方所接受。

四、如果贵方接受我方投标并将中标通知书送达我方，在正式合同签订之前，本投标函与中标通知书应成为约束贵我双方的合同。

五、我方随同本投标函缴纳投标保证金人民币玖万叁仟贰佰元正。如果我方在规定的递交投标函之日起壹拾日历天内撤回投标

函，或接到中标通知书后贰拾日历天内因我方原因贵我双方未签订合同，或贵我双方合同签订后壹拾伍日历天内我方未向贵方提交履行合同保证金保函，贵方有权没收这笔投标保证金。

六、我方理解，贵方不一定接受最低标价的投标或其他任何可能收到的投标；同时我方也理解，贵方不负担我方的任何投标费用。

七、有关本投标的所有正式通讯应致：

地址：滨江路333号

邮政编码：310009

电话：5678011，5678012

电传：33535

传真：5678099

代表：吴一强，陆向东，程在森

投标单位：浙江省第七建筑工程公司（印）

法人代表：葛双木（印）

投标日期：××××年××月××日

（转摘自程大荣、潘水根：《商务写作》）

【简析】

本投标书开头针对招标工程项目，郑重地表明了投标的诚意态度，交待清楚投标的总标价和提交文本份数。接下来在主体部分讲清相关投标文件组成并详细介绍本方的投标承诺。投标文件展示本方的工程建设能力，工作组织能力，而其详尽的投标承诺则强调了本方采取的积极、严谨而正确的态度，显示出本方投标的良好形象。当然，投标承诺的写作可根据投标项目的实际情况而定，可详可略。

第五节　经济合同

一、经济合同的含义和功能

合同是当事人之间确立、变更和终止民事权利义务法律关系、表示一致意见的协议。合同也叫契约，是社会生活中当事人之间，即法人与法人、法人与公民、公民与公民个人之间，为实现各自的目的，按照法律规定，彼此确定一定权利与义务的契约。这种协议、契约使用于经济领域，便是经济合同。

经济合同是平等民事主体的法人、其他民事组织、个体工商户、农村承包经营户相互之间，为实现一定的经济目的，明确相互权利和义务关系的协议。合同的根本属性是为实现特定的经济目的和任务服务。

在经济工作和生活中，经济合同的功能主要表现在督促、保证合同当事人各方承担自己的义务，完成经济工作计划和任务、实现各自经济目的的有效措施，同时也是管理经济的有效手段。它能对国家计划和国民经济发展起促进作用，有利于实现社会生产的专业化和协作化，促进企业提高管理水平，加强企业监督，促进企业经营效益，维护、保障和稳定社会经济秩序，推动我国的经济发展。

二、经济合同的特性

合同的含义决定了它具有如下特性：

（一）经济合同是平等的民事主体法人、其他民事组织、个体工商户、农村经营承包户等当事人之间的协议。

经济合同是法人之间为实现经济目的而明确相互权利义务关系的协议。法人是指具有民事权利和民事行为能力，按法律规定独立享有民事权利和承担民事义务的组织。成为法人的条件是必须经过法律程序登记确认，具有一定的独立的财产，有自己独立的名称、机构、场所，能够独立承担民事责任、享受权利和承担义务。当事人一般应是法人。《合同法》同时将其他民事组织、个体工商户、农村经营承包户等也归为合同的当事人,他们彼此之间在平等基础上都可以签订合同。

(二)经济合同一经签订,便成为合法民事行为,具有法律效力。

经济合同必须经双方或多方当事人达成一致意见和目的后签订,而合同一经签订便具有了法律的效力,成为一种合法的民事行为。这种法律效力具有如下意义:

1. 行使合同权利和承担合同义务,二者相辅相成。合同当事人在正确行使自己权利的同时,必须全面履行自己的义务。当事人拒绝履行或不认真履行合同义务被视为违法,须承担引起的相关法律责任。

2. 合同一旦签订,便产生法律效力,不得随意变更和解除。只有在法律规定的一些特殊情况下,才可能被视为无效,才被允许变更或解除。

3. 合同关系一经确定,当事人之外的任何单位、部门或个人都不得进行干预和侵害。任何干预和侵害合同关系的行为都被视为非法行为。

《合同法》中已对这些相关的条款作了详细、清楚的规定,因而经济合同的拟定及签订都必须严肃慎重。

(三)签订经济合同的双方或多方当事人的法律地位平等,遵循平等互利、协商一致、等价有偿的原则。

地位的平等关系是双方当事人权利、义务对等的基础。平等协商,自愿互利的原则也是签订合同的前提和基础。尽管不同法人、经济组织在地位、职能、规模和经营能力等方面会各有差别,在实际生活中可能存在从属、不平等关系,但它们在合同关系上彼此的地位是完全平等的。合同中任何一方当事人都不得对其他方加以限制或强迫命令,非法干预,将自己的意志强加给对方。

经济合同的签订是在互利的基础上进行,当事人双方享有的权利和承担的义务是在等价有偿的原则下产生的,这是经济合同关系与主体地位不平等的行政关系,以及与以无偿性为特点的税收关系区别的根本所在。

三、经济合同的种类

(一)经济合同按内容和性质分,主要有以下种类:

1. 生产协作和承包类合同

(1)建设工程承包合同

建设单位(发包方,建设方)与建筑施工单位(承包方,承建方)为完成某项建筑工程签订的合同。主要包括建设工程勘察设计合同、建筑安装工程承包合同。在建设工程四个环节(勘察、设计、建筑、安装)上,可由一个单位与建设单位签订总承包合同,也可由几个承包单位与建设单位签订各环节的分合同。

(2)加工承揽合同

它是定做方根据自己所需工作、项目、质量及要求,委托承揽方给予加工、订做、修缮、修理、印染、广告、测绘、测试、装配、出版、装潢、复制、化验、翻译等而签订的合同。

(3)科技协作合同

受托方(或技术受让方)在约定的期限内,完成委托方(或技术转让方)委托的科研协作项目,并按约定获取相关报酬的协议。一般包括科研和试制合同、成果推广与技术转让合同、技术咨询服务合同等。

2. 提供劳务类合同

(1)货物运输合同

承运方将货物运到托运方指定的地点,将货物交付收货人,托运方按约定给付运费而签订的合同。根据运输方式和工具不同可分为航空、铁路、公路、水运等不同类别运输合同。

(2)仓储保管合同

为方便、促进、加速货物流通,存货方和保管方为妥善储存、保管货物,而明确保管方的责任义务、存货方所付的相关酬金等相关权利义务关系的合同。

3. 转移财产类合同

(1)购销合同

供方把产品、商品按期货形式出售或调拨给需方，以此为内容而明确双方权利义务关系的合同。一般包括供应、采购、预购、购销、包销、选购、推销、代购代销以及协作、调剂等不同内容的合同。

(2)借款合同

贷款方(多为银行部门)与借款方(一般为企事业单位或个体)之间，为借贷一定数量的货币而明确相互权利义务关系而签订的合同。

(3)财产租赁合同

出租方按规定时间和标准，将财产出让给承租方使用，承租方支付租金并在期限结束时返还财产的协议。包括服务租赁、融资租赁、房屋租赁等合同。

4. 补偿财产损失类合同

财产保险合同

投保方承担给付保险金，保险方针对投保方的财产或利益，在保险责任和期限范围内，承担保险事故所造成的财产和利益损失的赔偿责任，双方以此签订的协议。

5. 其他合同

(1)供用电合同

供电方向用电方输送电力，用电方按用电量多少向供电方交纳电费而签订的合同。一般根据用电方电力需求、供电方可供电量双方协商签订。

(2)联合经营合同

两个或两个以上经济组织商议或约定联合投资、联合经营所签订的合同。

(3)承包责任制合同

为完善经营责任制，基层经营管理部门同上一级主管部门签订的明确相关责、权、利的合同。

(二)合同按其表现形式又可分为：

1. 表格式合同：双方把商定的内容填入事先制定、印出的表格，一般不再另外拟定文字表述的合同。

2. 条文式合同:指双方当事人把商定的内容分项逐条写出来的合同。

在合同拟定实践中条文式与表格式常结合在一起使用。

四、经济合同的写作结构

经济合同从整体来说包括如下组成部分:

(一)标题

写明是什么内容和性质的合同,即合同事由加合同。如"农产品供销合同"、"建筑安装合同"、"供用电合同"等。

(二)双方当事人名称

写明签订合同的双方单位、当事人名称(有代表人的写出姓名)。可规定双方名称为甲方、乙方,供方、需方,出租方、承租方等相关简称,以便在叙述合同内容条款时行文方便。

有时还在双方当事人名称上面或右面注明合同编号、签订时间、签订地点等。

(三)正文

这是合同的主干与核心部分。表格式合同按表格中所列项目,双方协商填写。条款式合同正文一般有如下内容:

1. 引言:简要概括说明签订合同的依据、目的等。比如"根据……等有关法律(规),为达到……的目的,经双方协商一致,签订本合同。"

2. 主体:即合同的主要条款。写明双方议定、协商一致达成的权利义务主要条款。根据《合同法》规定,经济合同在写明当事人的名称、住所之外必须具备以下五项主要条款:

(1)标的

即合同当事人双方权利义务所指向的对象。这是合同必备的、首要的基础性条款。标的有实物和非实物两大类,主要有三种形式:货物、劳务、工程项目。例如借款合同的标的是货币,货物运输合同的标的是某种劳务,建筑工程承包合同的标的是应完成的工程项目,购销合同的标的是所购销产品等等。

(2)数量和质量

即标的的具体量化指标。数量是标的在量的方面的限度,以度、量、衡为计算单位,需明确、具体。质量是标的内在特征和品质,即标的的成分、效用、大小、名称、品种、规格、型号、等级、包装等物理性、化学性、生物性品质和外观形态的综合表征。工业产品、大多数农副产品的质量按国家、部委、行业规定标准确定,没有法定标准的可由双方协商确定。

(3)价款或酬金

即价金。合同中一方用货币数量形式付给另一方的标的的代价。以货物和工程为标的的经济合同,这种代价表示为价款;以劳务为标的的经济合同中,这种代价称为酬金。

(4)履行期限、地点和方式

履行期限是指合同当事人实现权利和履行义务的时间界限。一般是以具体的年、季、月、日来标定,是确定合同是否按期履行的标准。

履行地点是指完成经济合同内容、履行义务的地点,如交货地点、施工地点、付款地点等。

履行方式是指当事人履行合同义务的方式,有时间方式和行为方式两方面内容。如一次性全面履行、分期履行,送货、自提、代运等不同时间、行为履行方式。

(5)违约责任

即合同当事人违反约定,不愿或不能履行或不能完全履行合同规定的义务时,按法律、约定必须承担的经济责任和法律责任。这是对不履行合同义务的当事人的制裁,是避免经济损失、维护合同严肃性的重要措施。

(6)特殊条款和其他约定事项

即根据法律规定或按合同性质必须具备的条款,或当事人一方要求必须规定且合情合理的条款(常以“其他约定事项”形式出现),也是合同法的主要条款。

3. 合同附则:即合同相关的生效时间、有效期限、合同份数与保存方式等内容。如有表格、图纸等附件,应在上述内容后另起一行写上“附件”二字,并注明附件的名称和件数。

4. 生效标识:包括署名、日期两项。

署名,写于正文下方,包括双方单位名称、法定代表人及委托代理人签名,双方当事人加盖印章,双方当事人地址、电话、电挂、邮政编码、传真号码、开户银行名称、账号等,若有鉴证或公证单位,写明鉴证、公证单位的名称、代表人姓名,并加盖公章和私章。

日期,在署名下写明签订合同的日期。有时将其写在生效标识下靠右的位置。

五、经济合同写作的要求

经济合同的写作和签订必须严肃、慎重。合同内容必须依据国家相关的法律、法规、政策和具体经济活动的要求,科学构思。合同条款必须明确、具体、周密和完备,对双方权利、义务的叙述应当清晰、准确、规范、实在,并根据实际需要灵活选择表格式、条款式或二者结合的适当表达形式。

六、合同例文分析

例文:订货合同参考范本

GF—90—0102　　　　**工矿产品订货合同**

供方:　　　　　　　　合同编号:

需方:　　　　　　　　签订地点:

签订时间:　　　年　　月　　日

订货会组织单位名称及法定代表人:

一、产品名称、商标、型号、厂家、数量、金额、提货时间及数量

产品名称	牌号商标	规格型号	生产厂家	计量单位	数量	单价	总金额	交(提)货时间及数量									
								合计									
合计人民币金额(大写)																	

(注:空格如不够用,可以另接)

二、质量要求、技术标准、供方对质量负责的条件和期限

三、交(提)货地点、方式

四、运输方式及到达站港和费用负担

五、合理损耗及计算方法

六、包装标准、包装物的供应与回收

七、验收标准、方法及提出异议期限

八、随机备品、配件工具数量及供应办法

九、结算方式及期限

十、如需要提供担保,另立合同担保书,作为本合同附件。

十一、违约责任

十二、解决合同纠纷的方式

十三、其他约定事项

<table>
<tr><td colspan="2">对供方资格的认证意见:
经办人:认证部门(章)
年　月　日</td><td>对需方资格的认证意见:
经办人:认证部门(章)
年　月　日</td></tr>
<tr><td>供　方:
单位名称:(章)
单位地址:
法定代表人:
委托代理人:
电　　话:
电报挂号:
开户银行:
账　　号:
邮政编码:</td><td>需　方:
单位名称:(章)
单位地址:
法定代表人:
委托代理人:
电　　话:
电报挂号:
开户银行:
账　　号:
邮政编码:</td><td>鉴(公)证意见:
经办人:
鉴(公)证机关(章)
年　月　日
注:除国家另有规定外。鉴(公)证实行自愿原则</td></tr>
</table>

【简析】

产品订购合同为买卖合同的一种。订购是产品购销中的重要环节,往往是供货方或需求方精心组织进行的。在合同的内容、条款的设计上,尤其是在明确标的、数量与质量,叙述其规格、相关要求时,必须写得具体、精确。

【思考与练习】

1. 从报章或杂志上选择阅读一些商务信息,思考其有哪些特点

和作用。

2. 结合实际生活或工作,请替相关单位拟定一份招标书和一份投标书。

3. 根据市场预测报告的特点,你认为写好市场预测报告应注意哪些内容和方法?

4. 商业广告的文案写作有哪些基本要求?试选择一则商业广告,分析其文案得失之处。

5. 参阅《中华人民共和国合同法》和各种合同文本样式,选定一个实例拟一份合同。

第五章　股份制企业文书

在我国,股份制企业作为一种科学的企业组织形式,是随着市场经济的发展而逐步发展和完善起来的。党的十五大报告中明确指出:"要努力寻找能够极大促进生产力发展的公有制实现形式。股份制是现代企业的一种组织形式,有利于所有权和经营权的分离,有利于提高企业和资本的运作效率,"而"目前城乡大量出现的多种多样的股份合作制经济,是改革中的新事物,要支持和引导,不断总结经验,使之逐步完善。"这一论断,不仅肯定了股份制是公有制多样化的一种实现形式,同时也充分肯定了股份制是一种能够极大地促进生产力发展的公有制实现形式。

由于股份制企业是经济体制改革中的新事物,其自身的特点和其面临的法律环境与其他形式的企业有着诸多的差异。反映在企业文书方面,与其他类型的企业文书相比,股份制企业文书无论在文书的种类,还是在文书的内容、篇幅,以及所涉及的当事人和法律权益等方面,是所有的企业文书中最为丰富也是最为复杂的。

股份制企业文书的种类,一般包括股份制企业设立登记申请书、创立大会的会议记录、发起人协议书、公司章程、验资证明书、资产评估报告、招股说明书、股票承销协议书、股票上市公告书、股票上市公司年度(中期)业绩报告书、配股说明书等。

本章仅就股份制企业发起人协议书、资产评估报告、招股说明书、股票上市公告书和上市公司年度报告给予介绍。

第一节 发起人协议书

一、发起人协议书的概念与作用

发起人协议书是设立股份有限公司之前，由各发起人共同签署的、以明确拟成立的股份公司的性质、经营范围、股本及其股权结构和各发起人的权利与义务的书面文件。《中华人民共和国公司法》规定，股份有限公司的设立方式有两种，一种是发起设立，一种是募集设立。所谓发起设立，是指由发起人分别认购公司应发行的全部股份而设立的股份有限公司。凡采用发起方式设立股份有限公司的，均须制作发起人协议书。

发起人协议书，既是拟设立股份有限公司的各发起人就企业设立的必要事项所达成的协议或合同，也是在筹备设立股份有限公司时，必须向政府授权部门提交的必备文件之一。

发起人协议书的主要特点表现在：(1) 协议书必须是各发起人意思的一致表示。各发起人只有具有共同创办同一个企业的愿望才能集合在一起，但各发起人对自己的权益都有不同的企望和要求，只有经过反复磋商、谅解，最终各方达成一致的意见后，才能拟定发起人协议书。(2) 协议书是个比较原则的文件。发起人协议书是筹建股份制企业的基础文件，一般来说，它只是对拟建的股份制企业的宗旨、经营范围、股份总额及认缴股额和发起人的权益、责任等作出原则性的表述。(3) 协议书具有法律效力。发起人协议书一经签订，就具有相应的法律效力，每个发起人均要依照协议书中的条款履行权利或承担责任。

发起人协议书的作用主要有：(1) 制约性。对发起人而言，协议书就是筹备设立股份制企业基本原则的共同意愿的书面契约，同时也是企业设立过程中的行为准则，具有法律的严肃性和效力。(2) 依据性。发起人协议书是创立股份制企业的纲领性文件，下一步的所有筹备设立工作都必须依照发起人协议书开展。(3) 参考性。对于政府有关职能部门来说,发起人协议书的内容是其作出是否同意设立股份制企业的重要参考依据。

二、发起人协议书的结构与内容

发起人协议书的结构一般包括标题、引言、正文和结尾四个部分。

1. 标题。标题可以写为"××股份有限公司发起人协议书"或"关于设立××股份有限公司的协议书"。

2. 引言。主要包括两部分,第一部分写明发起人的名称、注册地址、法定代表人及其职务。第二部分是制定该协议的指导思想和政策依据。

3. 正文。这一部分是发起人协议书的核心内容,主要包括:

(1) 公司名称、注册地址;

(2) 公司的宗旨、经营范围和经营方式、注册资本;

(3) 公司的设立方式;

(4) 所拟定股份总额,各发起人拟缴数额及其出资方式,股权设置;

(5) 发起人的权益和责任;

(6) 筹备期间的管理机构设置及负责人;

(7) 其他事项;

(8) 协议生效时间。

4. 结尾。尾部是协议书的最后部分,列明发起人的签字盖章,是整个发起人协议书中必不可少的一部分,它表明该协议的有效对象。

三、发起人协议书的写作要求

发起人协议书是一种合同或协议的文体类型,应采用章节条款式写法。撰写发起人协议书,必须做到:

1. 宗旨明确。宗旨是创建一个企业的核心指导思想,它体现了创办者的创业意图和服务社会的思想准则,也规定着企业的发展方向和宏观目标。因此,在撰写宗旨时,必须充分体现发起人的一致思想,把发起人的意愿和企业的内涵统一起来,把企业的目标和社会的利益统一起来,把创立者的意志和企业广大职工的愿望统一起来,使宗旨真正成为凝聚企业成员、鼓动企业积极性的一面鲜艳、明晰的旗帜。

2. 内容周全。发起人协议书是筹备设立企业的基本纲领式的文件,其内容涉及到发起人方方面面的权益和义务。撰写时,除了要完整表达协议书所要求的基本条款外,还要充分地反映发起人共同认可的一些特殊的权益和义务,做到兼收并蓄,周全无遗。

3. 可行性强。发起人协议书是筹备设立股份制企业的行为准则,也是今后开展工作的依据,其条款内容必须明确具体、切实可行,具有很强的可操作性。

4. 措词准确。发起人协议书是一份契约性的文书,它反映了发起人之间的法律关系、行政职责、经济权益。这些责任和权益与各发起人的切身利益息息相关。行文中,在公开、公平、公正的原则基础上,力求文意明晰、用词准确。任何模糊不清、表述不当的词语都会给当事人的合作留下潜在的危机。

例文:

关于设立南京市××股份有限公司的协议书

发起人:南京市××投资公司
注册地址:南京市××区××路×号
法定代表人:×××　　职务:××

发起人:南京市××公司
注册地址:南京市××区××路×号
法定代表人:×××　　职务:××

发起人:南京市经济技术开发区××公司
注册地址:南京经济技术开发区第×大街×号

法定代表人：×××　　职务：××

为进一步深化企业改革，积极探索地方热电开发建设的新途径，广开筹资渠道，加快南京市能源建设步伐，根据《中华人民共和国公司法》和南京市政府关于股份制试点工作的有关规定，上述各方发起人经过认真协商，就募集设立南京市××股份有限公司达成如下协议：

一、在南京市××热电厂工程的基础上组建股份制企业。

正式名称：南京市××股份有限公司

注册地址：南京市××区××路

邮政编码：××××××

二、公司宗旨：根据南京市城市建设总体规划要求，为南京市的经济发展提供电力、热力，努力提高能源资源的综合效益，为国家积累资金，为企业和股东增加合法效益。

三、经营范围：发电、供热、煤渣综合利用。

四、公司设立方式：公司采取定向募集方式，拟定股份总额为×××××万股，每股面值1元。首期发行均为记名式人民币普通股。全部股份除各发起人按已定比例认缴外，其余部分向企事业单位法人、公司内部募集，发行股票募集的资金全部用于公司热电项目的工程建设。

五、发起人投资形式：资产折股。

(一) 认缴数额和形式：

(1) 南京市××投资公司以其经国家授权经营管理的资金，投资形成的资产××××万元，折股××××万股。

(2) 南京市××公司以其自有资金投资形成的资产×××万元，折股×××万股。

(3) 南京经济技术开发区××公司以其自有资金投资的资产×××万元，折股×××万股。

发起人已投入的资本为××××万元，折股××××万股，占全部股份的50%，符合公司设立要求。

(二) 股份设置：公司股份为法人股和个人股。

其中：

法人股：×××××万股，占总股份的80%。

个人股：××××万股，占总股份的20%。

六、发起人一致同意委托南京市××投资公司主办设立公司的申请手续，在公司设立申请获得批准后，发起人依规定成立公司筹备委员会，负责公司设立的各项工作。

七、设立公司费用计算。

在公司设立过程中，预计将发生以下各项费用：

(1) 咨询费；

(2) 资产评估费；

(3) 信誉评级费；

(4) 发行费；

(5) 印刷广告费；

(6) 其他费用。

以上所列各项费用在公司设立期间由发起人依比例分别垫付，在公司设立完成后列入公司开办费。

八、各发起人一致确认。

(1) 公司发行的股份未能缴足时，应负连带认缴责任。

(2) 公司不能成立时，对设立行为所产生的债务和费用负连带责任。

(3) 在设立过程中，由于发起人的过失致使公司受到损害时负连带赔偿责任。

九、本协议未尽事宜，由发起人各方通过友好协商解决。

十、本协议自各发起人签字盖章之日起生效。

南京市××投资公司	南京市××公司	南京市经济技术开发区××公司
法定代表人：×××	法定代表人：×××	法定代表人：×××
××年××月××日	××年××月××日	××年××月××日

第二节 资产评估报告

一、资产评估报告的概念与作用

资产评估报告是受托的评估机构对委托方所指定的资产，根据规定的程序和标准，运用科学的方法和统一的价值尺度，按现时价格进行评定和估算后，向委托方提供的说明评估目的、依据和结果等基本情况的书面文书。资产评估是一种动态的、市场化的社会经济活动，其目的在于准确确定产权变动时资产的现时价值，以有效维护资产所有者、经营者、使用者的合法权益。资产评估的对象包括有形资产和无形资产。有形资产是指固定资产、流动资产等具有实体形态的资产；无形资产是指土地使用权、专有技术、专利权、商标权以及商业信誉、品牌效应等。

资产评估报告在股份制企业的运作中起着十分重要的作用，其表现主要在三个方面。首先，有效地维护了资产所有者、经营者、使用者和投资者的合法权益。当股份制改组的企业部分产权被折股或出售时，由于资金运动和物价波动，这部分产权往往出现账面价值与现实价值相背离的情况，即账面价值高于或低于现实价值。进行资产评估，准确确定产权变动时的价值量，这对投资各方都将有益。其次，提供了科学的价值依据。投资者往往以货币、实物或无形资产认购股份，这些表面看来难有可比性的形态各异的资产，通过运用科学的方法和统一价值尺度的评定和估算，就具有了明确的现时价值，为投资折股、资产置换和出售提供了公正、权威的依据。再次，它还具有法律效力。资产评估报告是评估机构履行委托合同或协议的总结，同时也确认了评估机构所承担的法律责任。换句话说，评估机构对资产评估报告的真实性和准确度负有相应的法律责任。资产评估报告是具有法律效力的文书。

二、资产评估报告的结构与内容

(一)资产评估报告的结构

资产评估报告一般采用公文形式来写,其结构一般分为文头、标题、正文、结尾等几个部分。

1. 文头部分。文头部分由发文单位的全称、代字、发文年号及该年度的发文序号和界栏线组成。如:

武汉×××会计师事务所

武×××估字[2002]第8008号

---

2. 标题。标题一般写作"资产评估报告"。也有的标题采取"关于+委托方名称+评估对象+资产评估报告"的方式拟题,但不常用。

3. 正文。资产评估报告的正文包括三方面内容,即导语部分、正文部分、附表和其他附录部分。这三个部分组成了资产评估报告的核心。

4. 结尾。结尾部分要注明报告的单位(盖章)、报告的时间,同时还必须由报告单位的法定代表、项目负责人以及评估员分别签字。

(二)主要内容

资产评估报告的主要内容由下述三个方面组成:

1. 导语。导语包括报告对象的称谓、报告的缘由。报告对象的称谓一般是委托方的全称,如"宜昌市国营林产化工厂"、"上海英雄股份有限公司"。也有的报告对象是委托方所指定的对象,如"上海英雄股份有限公司全体股东"。缘由部分主要是阐明评估的起止时间、评估的具体对象,并以"现将评估情况报告如下"作结。

2. 正文部分。资产评估报告的正文部分一般采用公文陈述形式,列明以下内容:

(1) 评估机构名称;

(2) 委托单位名称;

(3) 评估资产的范围、名称和简单说明;

(4) 评估基准日期；

(5) 评估原则；

(6) 评估所依据的法律、法规和政策；

(7) 评估的方法和计价标准；

(8) 对具体资产评估的说明；

(9) 评估结论；

(10) 附件名称；

(11) 评估起止日期和评估报告提交日期；

(12) 评估机构负责人、评估项目负责人、评估员签名，并加盖评估机构公章；

(13) 其他有关事项的说明。

3. 附表及其他有关附件部分。这一部分是对评估报告正文重要部分的具体说明和必要补充，主要集中于对评估结论的具体介绍、对评估方法和依据的具体说明、对评估对象的产权和状况的说明材料等。主要包括：

(1) 资产评估汇总表；

(2) 资产评估明细表；

(3) 评估方法说明和计算过程；

(4) 与评估基准日有关的会计报表；

(5) 资产评估机构评估资格证明文件复印件；

(6) 被评估单位占有资产的证明文件复印件；

(7) 其他与评估单位有关的资料文件，如营业执照复印件等。

三、资产评估报告写作要求

编写评估报告的过程是一个细致、艰苦、复杂的过程。一般来说，各专业小组完成评估任务后，汇集其资料，由综合组分析、整理、编写评估报告草稿，然后由项目负责人审查修改签字，经工作组长和评估机构负责人审阅签字并加盖公章，报送委托单位。编写资产评估报告，要求做到以下几点：

1. 熟悉业务。编制评估报告是一项十分复杂的系统工程。它涉及有关资产结构、性能特点等专业技术知识，涉及财务、税收、物价政策及法规，涉及国家有关法律、法规、制度、办法。编制人员要认真熟悉、掌握这些专业知识，依法办事，依程序办事，真正体现评估报告的专业性、权威性。

2. 客观真实。资产评估报告是全面、准确、客观地反映资产评估的过程、依据、目的、对象、结果的重要文件，其内容要求完整、全面、客观、具体，其结论要实事求是，依据充足，使资产评估报告真正具有真实性、可靠性。

3. 周全详尽。资产评估包括八大要素，即资产评估的主体、客体、依据、范围、原则、程序、方法、目的。这八大要素是一个相互依赖、相互联系、相互制约的有机整体。编制资产评估报告时要全面、周详地反映八大要素所代表的八个方面的内容，同时对各个方面所需的依据、报表和附件都要认真整理、核对，不能遗漏。

4. 严密准确。评估报告的分析要细致、深透，数据要准确、可靠，评估要恳切、恰当。内容的叙述要逻辑严密、行文简明，文字表达的含义应明确、肯定，不能含糊其辞、模棱两可。

评估报告还应及时。要按照委托协议书中约定的时间完成并交付委托人，以利于委托人的业务活动。

例文：

湖北×××会计师事务所

鄂×××估字[××××]第××号

资产评估报告

××县国营林产化工厂：

受贵单位委托，我所派出评估人员于××××年×月×日至×日，对贵单位准备投入湖北××林业股份有限公司的资产进行了价值评估，现将有关情况报告如下：

一、评估对象基本情况

××县国营林产化工厂拥有固定资产×××万元，流动资金××万元，占地面积××××平方米。现有年产工业单宁酸×××

吨、年产工业没食子酸×××吨二条生产线，年可实现工业产值×××万元。

本次评估的是该厂年产×××吨的工业没食子酸生产线。该生产线的全部生产设备是××××年×月到×月陆续购进的，并于××××年×月底全面安装调试，试产成功。生产的产品质量达到了GB5309－85标准。

二、评估目的

为贵单位投入湖北××林业股份有限公司的资产折股提供价值依据。

三、评估范围

贵厂的一条没食子酸生产线。

四、评估基准日

××××年×月×日。

五、评估依据

1. 国有资产评估管理办法、实施细则及操作规范；（略）

2. 中华人民共和国公司法等有关法律；（略）

3. 企业提供的原始会计凭证；（略）

4. 全国机电产品报价目录及评估人员掌握的信息；（略）

5. 评估员现场察看所掌握的材料及政策法规；（略）

6. 其他有关股份制改组的政策法规。（略）

六、评估原则

本着客观、公正、科学的原则，实事求是地对资产的价值进行评估，力求使评估结果能准确地反映被评估资产现时的公允价值。

七、评估程序

1. 听取委托单位介绍评估目的与要求的说明；

2. 确定评估范围，进行资产清查，填报有关表格；

3. 现场察看资产的实际存在情况、性能及成新率等技术经济指标，并作好现场记录；

4. 进行评估计算，得出初步结论，征求委托单位和行业主管部门的意见，在进行修改的基础上，形成评估结论，最后制作评估报告书。

八、评估计算

根据评估特定目的和评估对象的性质、特点，本次评估主要采用重置成本标准和重置成本法，具体计算公式为：评估值 = 重置成本 × 成新率

被评估机器设备的评估值详见附件1：机器设备评估明细表。

九、评估结论

到评估基准日止，贵厂拟投入湖北××林业股份有限公司的没食子酸生产线评估值为×××万元。

十、几点说明

1. 本评估报告具有特定的使用范围，专为该厂以没食子酸生产线投资入股提供价值依据，不得用作其他用途。未经本所同意，不得对外公开。

2. 本评估报告的有效使用期为自评估基准日起1年以内。

附件：

1. 机器设备评估明细表；
2. 企业简介；
3. 企业关于以没食子酸生产线投资的决定；
4. 评估立项通知书(复印件)；
5. 评估业务委托书(复印件)；
6. 评估机构资格证书(复印件)；
7. 评估机构营业执照(复印件)。

湖北×××会计师事务所　　法定代表人(签字)：

项目负责人(签字)：

××××年×月×日　　评估人员(签字)：

(有关附件略)

第三节　招股说明书

一、招股说明书的概念与作用

招股说明书是由发起人或已成立的股份公司制订的、为募集股份而向社会公众提供的有关该股份公司相关情况的说明文书。无论是股份有限公司的发起人向社会公开募集股份，还是已成立的股份有限公司发行新的股份，都必须制订招股说明书，并予以公告。

根据我国《公司法》第三章第八十三条的规定，以募集设立的股份有限公司，发起人认购的股份不得少于公司股份总额的35%，其余股份可向社会公开募集。发起人向社会公开募集股份时，必须向国务院证券管理部门递交募股申请并获得批准。

招股说明书的主要作用是，向发起人或该公司之外的公众投资者，提供其在作出是否购买该公司股份的决策时所必需的相关资料和信息。具体说来，其作用主要表现在以下几个方面。一是公告作用。招股说明书是将本公司需要募集股份的信息向社会公布，同时还要将本公司的基本情况、资产评估、募集股份的目的和用途以及购股者应承担的风险或可能的风险以及股利分配政策公告于众，让投资者在充分知悉、掌握相关信息的前提下作出自己的投资决策。二是募集作用。募集股份是招股说明书的主要目的，即通过正当合法的程序、具体真实的说明、公正公平的方式来吸引社会公众的投资，以满足公司发展的资金需要。三是提示作用。招股说明书的提示作用表现在机会和风险两个方面，即：一方面要将本公司的股资投向、发展规划、盈利预測和股利分配原则予以公开，引起公众关注；另一方面也要将投资的种种潜在风险与降低风险和避免风险的对策一一列明，提醒投资者谨慎决策。

二、招股说明书的结构与内容

《中华人民共和国公司法》第八十七条、八十八条和《股票发行与交易管理暂行条例》第十五条，对招股说明书中应载明的事项作出了明确的规定。中国证监会在公开发行股票公司信息披露的内容与格式准则第一号——《招股说明书的内容与格式》中，详尽地规定了招股说明书的基本格式与内容。

招股说明书结构包括招股说明书封面、招股说明书目录、招股说明书正文、招股说明书附录、招股说明书备查文件等五个部分，现分述如下：

（一）招股说明书封面

封面应载明以下事项："招股说明书"字样（送交证监会审核的稿件，须有"送审稿"显著字样），发行人的正式名称及注册成立地；发行股票类型；重要提示；发行量、每股面值、每股发行价、发行费用、募集资金（采用网上兑价方式发行股票的，应标明发行底价）；发行方式及发行期、拟上市证券交易场所；主承销商；推荐人和招股说明书签署日期。

（二）招股说明书目录

招股说明书的目录排印在封二上，标明每一节的标题及相应的页数。

（三）招股说明书正文

1. 主要资料

本节是以 2－3 页的较少篇幅，把招股说明书中关键内容摘要刊印在招股说明书之首，以使投资人尽快了解该说明书提供的主要信息。同时应当采用下述文字提醒投资人阅读全文，以正确了解招股说明书的完整内容："以下资料节录自本招股说明书。欲购买本次发行股票的投资者，在做出投资决策前，应该认真阅读招股说明书全文。"

本节的主要信息包括以下内容：

（1）发行人简介，包括设立情况、主营业务、资产规模、经营业绩、股权结构（以图表示意）、职工人数等。

（2）本次发行的一般情况，包括股票种类、每股发行价、每股面值，发行总市值，盈利预测（注明所得税率），每股盈利，预计市盈利,发行前每股净资产,发行后每股净资产(扣除发行费用);募股资金的运用,股利分配,风险因素,发行地区、发行对象、承销期的起止日期;拟上市证券交易所等。

(3) 主要会计数据(采用列表式),包括资产负债表数据和利润表数据。

发行人在招股说明书"财务会计资料"一节中应提供其不少于最近3年的利润表、不少于最近两年期末的资产负债表以及不少于最近1年的财务状况变动表或现金流量表数据。最近一期会计数据的有效期为6个月。因此在必要时,发行人还应提供自最后一个会计年度终止后,到编制招股说明书之前最近可行的月份终了的会计数据。会计期间的排列应当自左至右,最左侧为最近一期数据,每个期间均应予以注明。上述会计数据应选自经有资格从事证券相关业务的会计师事务所审计过的财务报表。

(4) 预计时间表

根据不同的发行方式,披露发行上市过程中各个相应的重要日期。

例如,在上网定价方式下应披露的重要日期如下:

① 申购期;

② 摇号日期;

③ 摇号结果公布日期;

④ 划款期;

⑤ 预计挂牌交易日期,等等。

2. 释义

对招股说明书中具有特定含意的词汇做出明确的定义、解释和说明。

3. 绪言

在绪言中必须声明:

本说明书的编写所依据的法规，发行人董事会成员（或股份有限公司筹备组成员）已批准该招股说明书，确信其中不存在任何重大遗漏或者误导并对其真实性、准确性、完整性负个别的和连带的责任。

下列文字必须载入绪言：

“新发行的股票是根据本说明书所载明的资料申请发行的。除本发行人和主承销商外，没有委托或授权任何其他人提供未在本说明书中列载的信息和对本说明书作任何解释或者说明。”

4. 发售新股的有关当事人

本节列出下列有关当事人的机构名称、所在地、电话、传真以及这些当事人中负责与本次发行销售有关事项的联系人姓名。包括发行人及其法定代表人，财务顾问（如果聘用了财务顾问），承销商，推荐人，发行人的律师事务所和经办律师，主承销商的律师事务所和经办律师，会计师事务所和经办注册会计师，资产评估机构和经办评估人员，资产评估确认机构，收款银行，股票登记机构等。

5. 风险因素与对策

本节介绍投资风险和股市风险。

投资风险介绍主要包括可能对发行人发展前景、产品销售、市场份额、财务状况、经营效益等方面产生不利影响的重要因素。

本节开始时应采用下列提示：

“投资者在评价本发行人此次发售的股票时，除本招股说明书提供的其他资料外，应特别认真地考虑下述各项风险因素。”

风险因素包括（但不限于）下列各项：

(1) 经营风险。指发行人在生产经营过程中可能存在的风险因素，主要包括：对重要原材料或者供货渠道的依赖，进口材料的限制；对主要客户的依赖；能源或者交通方面存在的制约；产品价格方面的限制；产品外销的限制；产品或业务结构过度集中或分散的风险；融资能力的局限性；外汇风险（包括汇率风险）；自然条件的限制等等。

(2) 行业风险。指发行人所在行业的行业特点、发展趋势中可能存在的不利因素以及行业竞争情况。

(3) 市场风险。指发行人是否会受到商业周期的影响，市场的发育情况，以及与发行人密切相关的行业的情况。

(4) 政策性风险。指国家政策、法律(包括税务法规、进出口政策等)是否对发行人不利或存在某种限制,国家政策、法律是否在可见的将来有可能发生变化,并因其变化而对发行人产生不利影响。

(5) 其他风险。指对发行人存在除上述各方面风险之外的风险，例如：本次募股资金投向新项目的风险；现有股东的控制，即公司控制股东（包括绝对控股与相对控股）通过行政干预，行使投票权或其他方式对发行人经营决策、人事等方面的控制；发行人设立或发行股票，存在哪些法律上的欠缺等等。在全部陈述完各项风险之后，还可说明发行人采取或准备采取哪些措施减少上述风险的影响。

6. 募集资金的运用

本节说明对所募集资金的运用计划,主要包括:通过发行股票所募集资金的计划用途、投资项目的立项审批;投资项目使用资金的计划时间表、项目效益的产生时间、投资回收期;如果投资项目不止一项,还应说明这些项目的轻重缓急等。

7. 股利分配政策

本节叙述发行人关于股利分配的各项政策:发行人股利分配的一般政策;不同类别股票在股利分配方面的权益;如果暂时不准备派发股利,简要说明原因;其他应说明的股利分配政策。

如果发行人的决策机构为股份有限公司筹备组,无法确定股利分配政策,需等发行之后由首届股东会选举出的董事会予以确定,则本节须将此情况如实披露。

如果发行人为业已存续的股份有限公司,还应披露历年分红派息情况。

8. 验资报告

本节是注册会计师对发起人根据法规规定投入股份有限公司筹备机构的股本及其他净资产项目进行验证后出具的验证报告。

9. 承销

本节说明与本次承销和发行有关的事项,主要包括:承销方式(包销或代销),承销期的起止日期,发行方式,发行地区,发行对象,发行股票的种类(普通股、优先股、可转换股等)、面值、数量,发行价格及其确定价格的方法,全部承销机构的名称及其承销量,发行费用。

10. 发行人情况

本节简要介绍发行人的全面情况,主要包括:发行人的名称,成立的日期,住所,发行人的历史情况简介。以方框图的形式披露发行人的组织结构和内部管理结构、关联企业以及发行人对其他企业的持股情况,并以文字简要介绍主要股东及其他关联企业的情况。发行人的职工人数,业务经营范围,实际从事的主要业务,主要产品品种、生产能力、主要市场及其市场占有情况和销售额、销售方式等(包括海外市场)。

11. 发行人公司章程或公司章程草案的摘录

12. 董事、监事、高级管理人员及重要职员

介绍发行人的董事、监事、高级管理人员及重要职员的基本情况和简单资历。

13. 经营业绩

介绍发行人在过去至少三年中的经营业绩。

14. 股本

介绍发行人股本的情况,包括:注册股份,已发行股份,超过面值缴入的资本及其用途,本次发行前的股份结构,内部职工股的情况,发起人认购股份的情况,发行后公司股份的结构和净资产总额,本次发行前后每股净资产,本次发行前持有发行人 5% 以上股权的股东及简要情况等,董事、监事、高级管理人员及重要职员持有股份情况,股票回购程序。

15. 债项

陈述发行人本身在特定日期的主要借款情况,包括银行贷款、公司债、对内部人员和关联企业负债等以及或有负债(如对外担保、票据贴现等)、主要合同承诺等资料,应列表载明:

债项类别	金　额		利率	债务期间	抵押及担保的情况	其他限制条件
	短期	长期				
银行贷款						
公司债						
对内部人员及关联企业负债						
或有负债						
主要合同承诺						
合计						

16. 主要固定资产

本节介绍发行人拥有或者占有的主要固定资产的种类、原值、用途、折旧情况和所在地。发行人还应披露其所占用的土地使用权的处置方式、经由批准的部门等。

17. 财务会计资料

应全文引用有资格从事证券相关业务的会计师事务所出具的审计报告及发行人编制的财务报表及附注。

财务报表附注参照《公开发行股票公司信息披露的内容与格式准则》第二号《年度报告的内容与格式》中的《财务报表附注指引(试行)》及其附件《对财务报表项目附注内容的要求》编制。

18. 资产评估

本节介绍发行人根据国家有关法规要求,聘请有资格从事证券相关业务的评估机构对其资产进行有效评估的情况,包括:公司各类资产(按资产负债表大类划分)评估前账面价值及固定资产净值,公司各类资产评估后净值,各类资产增(减)值幅度,各类资产增(减)值的主要原因。以及简单介绍资产评估时采用的主要评估方法,并说明是否进行相应帐务处理。另外,增资发行的公司还应简要介绍本次发行前历次法定资产评估及调账的有关情况。

19. 盈利预测

预测的数据包括会计年度净利润总额、每股盈利、高盈率、预测实现后每股净资产。盈利预测所采用的各项假设必须加以说明。注册会计师必须对盈利预测依据的假设基准的合理性、基础数据的真实性、所采用的会计政策和计算方法及其与招股说明书所载财务报表所采用的会计政策的一致性进行审核并做出报告。

20. 公司发展规划

介绍发行人已经制定的、有一定依据、比较切实可行的发展计划与安排。

21. 重要合同及重大诉讼事项

重要合同是指对发行人生产经营活动、未来发展或者财务状况具有重要影响的合同。重要合同中对发行人经营有重大影响的附带条款和限制条件应在此披露。

重大诉讼事项是指其对发行人的财务状况、经营成果、声誉、业务活动、未来前景等可能产生较大影响的诉讼或者发行人董事、监事、高级管理人员受到的刑事起诉。

凡发行人及其母公司、子公司、并行子公司、控股公司、联营公司、发行人的董事、监事、高级管理人员,持有发行人 5% 以上(含 5%)的主要股东作为重大诉讼一方当事人的,都应予以披露。

22. 其他重要事项

主要披露发行人认为对投资者作出投资判断有重大影响的其他事项。

23. 董事会成员及承销团成员签署意见。

(四) 招股说明书附录

附录至少应包括:

1. 财务报表差异调节表,如果发行人既发行境内社会公众股,又发行境内上市外资股或者境外上市外资股,由于会计准则的不同导致不同类型的股票同期财务报表数据不完全相同的,应当对其差异编制调节表,说明差异的原因;

2. 资产评估报告(如果土地单独评估,还需提供土地评估报告);

3. 盈利预测报告和注册会计师的意见;

4. 验资报告;
5. 法律意见书;
6. 发行人的公司章程和细则;
7. 发行人的营业执照;
8. 关于本次发行的股东大会公告及决议。
(五) 招股说明书备查文件
备查文件至少应当包括:
1. 审计报告、财务报表及附注;
2. 发行人成立的注册登记文件;
3. 主管部门和证券交易所批准发行上市的文件;
4. 承销协议;
5. 国有资产管理部门关于资产评估的确认报告;
6. 发行人改组的其他有关资料;
7. 重要合同;
8. 证监会要求的其他文件。

同时还应当说明备查文件的查阅期间(不应短于发行期间)和查阅地点。这些地点应当是投资公众较易达到的地点,例如发行人、承销商、证券交易所等所在地。

三、招股说明书的写作要求

1. 必须依照法律、法规编写。由于招股说明书主要作用是向潜在的投资者提供决策的参考信息,其内容的真实、准确、全面与否直接影响投资者的决策。因此,有关的法律、法规对其内容、措词等均作出了明确的规定,招股说明书的编制必须符合有关的规定。比如,《公开发行股票公司信息披露的内容与格式准则第一号》就明确规定:“招股说明书不得刊登任何个人、机构或企业的题字或任何有祝贺性、恭维性或推荐性的词句。”

在主要资料中必须写明“以下资料节录自本招股说明书。欲购买本次发行股票的投资者,在做出投资决策前,应该认真阅读招股说明书全文”。

绪言中必须载入"新发行的股票是根据本说明书所载明的资料申请发行的。除本发行人和主承销商外,没有委托或授权任何其他人提供未在本说明书中列载的信息和对本说明书作任何解释或者说明"。

风险因素与对策中应采用如下提示:"投资者在评价本发行人此次发售的股票时,除本招股说明书提供的其他资料外,应特别认真地考虑下述各项风险因素"等等。

2. 必须注意逻辑上的前后一致。招股说明书的内容繁多,其内容本身有着前后的关联性。因此,编写过程中对有内在联系的各部分内容要注意审查,保证逻辑上的前后一致,不能出现前言不符后语,或者一部分这样讲,另一部分那样讲的情形。

3. 准确可信,清楚明了。招股说明书的目的是赢得潜在的投资者购买自己发行的股票。为了获得投资者信任,招股说明书的大量数据资料必须真实、精确,所提供的附录资料或备查文件必须有案可查。另外,招股说明书的表达必须清晰,对应当说明的事项,必须表述得体,决不能含糊其辞、模棱两可。

例文:

大众交通(集团)股份有限公司增发人民币
普通股(A股)招股说明书

本公司董事会已经批准本招股说明书,全体董事承诺其中不存在任何虚假、误导性陈述或重大遗漏,并对其真实性、准确性、完整性负个别的和连带的法律责任。

证券监督管理机构及其他政府部门对本次发行所做出的任何决定,均不表明其对发行人所公开发行的股票的价值或者投资人的收益作出实质性判断或者保证,任何与之相反的声明均属虚假不实陈述。

根据《证券法》的规定,股票依法发行后,发行人经营与收益的变化,由发行人自行负责,由此变化引致的投资风险,由投资者自行负责。

特别风险提示

投资者在评价发行人此次发行的股票时,除本招股说明书提供的其他资料外,应该特别认真地考虑下述各项风险因素:

1. 市区出租车市场饱和的风险

目前上海市出租汽车总量近43000辆,平均万人车辆拥有量已超过30辆,基本达到发达国家和地区的水平,市场接近饱和。

2. 其他交通工具对出租车客运结构的影响

随着轨道交通等城市公共交通工具日趋完善,上海市出租车营运客流结构发生了明显变化。

3. 公司进入现代物流行业所面临的风险

公司全面涉足物流业仅有两年,资产规模和市场份额相对较小,从起步到成熟需要一段培育期。同时,国内现代物流市场正处于整合、成长之中,市场发育不足,也会给公司未来物流领域的经营带来一定的风险。

目前在我国,由于信息技术在物流业的运用很少,大部分国内物流配送基本上停在“只送不配”的水平上。如果本公司在物流信息技术的引进开发方面进展不顺利,将给公司在物流业的发展带来一定的风险。

随着我国加入WTO的日益临近,UPS、联邦快递等跨国物流公司纷纷进入中国物流市场,国外知名物流企业的先进物流技术和管理经验将会给公司在物流业的进一步拓展带来一定的市场竞争压力。

发行人名称:大众交通(集团)股份有限公司

英文名称:DAZHONG TRANSPORTION(GROUP)CO.,LTD.

发行人注册地址:上海市浦东新区龙阳路100号

股票简称:大众交通

股票代码:A股(600611) B股(900903)

本次发行股票种类:境内上市人民币普通股(A股)

每股面值:人民币1.00元

发行数量:不超过6000万股,根据发行人2000年度股东大会的授权,经发行人与主承销商协商,确定本次发行股票数量为3285万股

定价方式:本次发行采取市盈率定价法,发行价格为发行人2001年盈利预测全面摊薄每股收益乘以19.43倍市盈率的价格,即6.80元/股

预计募集资金总额(含发行费用):约22,338万元。

发行方式:本次发行采用向老股东上网定价配售的发行方式(具体操作同配股方式)。股权登记日收市后登记在册的大众交通流通A股股东可按其股权登记日持有股数以10:3的比例优先认购,未认购配售股份由承销团包销。

发行期间:2001年12月15日——2001年12月26日

申请上市证券交易所:上海证券交易所

主承销商兼上市推荐人:西南证券有限责任公司

副主承销商:兴业证券股份有限公司

分销商:国信证券有限责任公司
长江证券有限公司
东方证券有限责任公司
三峡证券有限责任公司
福建省闽发证券有限公司

发行人律师:上海市金茂律师事务所

财务审计机构:上海立信长江会计师事务所有限公司

招股说明书签署日期:2001年12月14日

第一节　释义

在本招股说明书中,除非上下文另有所指,下列词汇的含义是:

1. 公司、本公司或发行人:指大众交通(集团)股份有限公司;

2. 大众科创:指上海大众科技创业(集团)股份有限公司,本公司的控股股东;

3. 董事会:指本公司董事会;

4. 主承销商:指以西南证券有限责任公司;

5. 承销团:指以西南证券有限责任公司为主承销商,由各具有承销资格的承销商组建的承销团;

6. 上交所:指上海证券交易所;

7. 证监会/中国证监会:指中国证券监督管理委员会;

8. 证券法:指中华人民共和国证券法;

9. 公司法:指中华人民共和国公司法;

10. 元:指人民币元;

11. 增发:指向全体社会公众发售股票;

12. 老股东:指股权登记日收市后登记在册的大众交通(集团)股份有限公司流通A股股东

第二节　概览

本概览仅对招股说明书全文做扼要提示。投资者作出投资决策前,应认真阅读招股说明书全文。

一、发行人基本情况

发行人名称:大众交通(集团)股份有限公司

股票简称:大众交通

股票代码:A股(600611)　　B股(900903)

法定代表人:杨国平

注册地址:上海市浦东新区龙阳路100号

大众交通(集团)股份有限公司前身系上海市大众出租汽车公司,成立于1988年12月14日。1992年,经上海市建设委员会沪建经(92)第563号文批准,改制为中外合资股份有限公司。

二、公司A股和B股股票分别于1992年8月7日和1992年7月22日在上海证券交易所上市(略)

第三节　本次发行概况

一、绪言

本招股说明书是根据《中华人民共和国公司法》、《中华人民共和国证券法》、《股票发行与交易管理暂行条例》、《公开发行股票公司信息披露实施细则(试行)》、《关于做好上市公司新股发行工作的通知》、《上市公司新股发行管理办法》、《公开发行证券的公司披露内容与格式准则第11号—上市公司发行新股招股说明书》等国家有关法律、法规,并基于发行人的实际情况编制而成,旨在向投资人提供有关本公司的真实情况和本次发行的详细资料。

本次增资发行方案由本公司2001年3月9日召开的第三届董事会第三次会议形成决议,并经2001年4月10日召开的2000年度股东大会表决通过。

本次发行已经中国证券监督管理委员会证监发行字[2001]101号文核准。

二、本次增发的有关当事人(略)

三、发行方案(略)

四、承销(略)

五、新股上市前的重要日期(略)

第四节 风险因素

投资者在评价发行人此次发行的股票时,除本招股说明书提供的其他资料外,应该特别认真地考虑下述各项风险因素。

一、市场风险(略)

对策(略)

二、业务风险(略)

对策(略)

三、行业内部竞争(略)

对策(略)

四、财务风险(略)

对策(略)

五、股市风险(略)

对策(略)

六、增发资金投向风险(略)

对策(略)

七、技术风险(略)

对策(略)

八、我国加入 WTO 带来的风险(略)

对策(略)

九、外汇风险(略)

对策(略)

第五节至第十七节内容略

第十八节　董事及有关中介机构声明

本发行人董事承诺本招股说明书及其摘要不存在虚假记载、误导性陈述或重大遗漏,并对其真实性、准确性、完整性负个别和连带的法律责任。

全体董事签字:

发行人公章:

2001 年×月×日

第十九节　附录及备查文件

一、附录

发行人编制的盈利预测报告及注册会计师的盈利预测审核报告全文。

二、备查文件

除本招股说明书所披露的资料外,本公司按中国证监会的要求申报了有关文件,本招股说明书列出了有关备查文件目录(略)

(注:原文载 2001 年 12 月 15 日《上海证券报》,约 12.5 万字)

第四节 股票上市公告书

一、股票上市公告书的概念与作用

股票上市公告书是股票即将在证券交易所挂牌上市的公司向社会公众披露企业的股本构成、财务状况、经营业绩和盈利预测及其他必要资料的告示性文书。

股票上市公告书主要具有说明作用,即按照股票上市公告书所规定的基本内容和有必要公告的其他内容,向社会公众予以说明,让持股者和潜在的投资者全面了解公司的经营现状。同时,股票上市公告书还具有一定的投资导向作用。由于股票一经上市,其市场价格往往随着公司业绩的好坏和前景的盛衰而发生波动,股票上市公告书所披露的信息就成为持股者和潜在投资者在股权转让,即证券交易时决策的主要依据之一。

二、股票上市公告书的结构与内容

上市公告书一般由标题、重要提示、正文和落款等四部分组成。

(一)标题

标题的格式一般由公司全称和文种两部分组成,如"秦皇岛华联商城股份有限公司股票上市公告书"。

由于我国现行的股票种类有"A股"(人民币普通股)、"B股"(人民币特种股)和"H股"(境外上市外资股)之分,所以,上市股票为非A股即非人民币普通股时,应注明股票的种类。此类标题就由公司名称+股票种类+文种所组成。如"镇海炼油化工厂股份有限公司H股上市公告书"。

(二)重要提示

重要提示一般在标题之下、正文之上,用线条框起来,以示提醒。

重要提示的表述有专门的规定,其内容主要是公司保证上市公告书的内容没有虚假、严重误导性陈述或重大遗漏,并就其保证承担连带责任。

（三）正文。

正文部分的内容主要包括：

1. 要览或释义。要览主要起提示性作用，把上市公告书中关键内容提示性地告之于上市公告书之首，以使投资人尽快了解上市公告书的主要信息。这些主要信息包括：公司的股本构成，股票的种类、简称、证券编码，上市的地点、时间、登记机构，上市推荐人等。

释义主要是对上市公告书的重要词语、概念予以界定说明。

2. 绪言。说明编制上市公告书的法律依据和挂牌上市的批准文号；上市普通股的数量及说明。

根据规定，如果招股说明书公布的时间与上市公告书所发布的时间相隔没有超过 6 个月，后者与前者重复的内容可以省略。其省略的原因在绪言里应加以说明，并向读者提供刊载招股说明书的具体时间和报刊，以供查询。

3. 发行人概况。

(1) 发行人基本情况。发行人公司的名称、地址、法人代表、注册资本、经营范围和经营方式。

(2) 发行人的历史沿革。

① 发行人设立方式与发起人。

② 历次股本形成、股权变化及股本结构变化情况。

③ 发行人的主要经营情况，包括本公司上年度的主要产品、生产能力及其产量；主要产品的销售情况；公司具备的竞争优势与劣势；主要产品所需的主要生产设备及关键设备的先进性；主要产品的原材料和能源供应及成本构成。

④ 核心技术来源和技术水平。

⑤ 享受的税收优惠政策。

4. 股票发行及股本构成。本次股票公开发行的数量、价格、面值、日期、方式、募集资金总额，股票募股资金的验资报告，募股资金入账情况、发行后的股本构成情况介绍。

5. 股东大会。股东大会同意公司股票在证券交易所交易的决议内容。

6. 董事、监事和高级管理人员简历及持有本公司证券的情况。

7. 公司近3年经营业绩。这是上市公告书的必要内容之一,主要说明近3年公司的经营业绩和财务状况。

8. 主要财务指标分析。包括简要会计报表,利润形成和变动趋势与原因,固定资产情况,主要债务情况,重大事项说明和主要财务指标。

9. 其他重要事项。包括公司主要业务发展目标的进展情况,公司重大投资行为、重大资产(或股权)的收购、出售、重大负债变化及重大诉讼的说明。

10. 董事会承诺。承诺的内容主要有:依法经营,及时、准确地披露公司的经营业绩;重要人事变动、股本异动及重大事件等可能影响本公司股票市场价格的有关消息;不利用内幕和其他不正当手段从事股票交易活动等。

11. 上市推荐人及其意见。

12. 咨询机构。向投资者提供本公司股证业务的咨询负责人、咨询机构和咨询的方式。

13. 备查文件目录。包括有关部门同意股票上市的批准文件、股东大会决议、验资报告等。

14. 落款。落款包括公司的全称、印章、发布日期等。

三、股票上市公告书的写作要求

1. 完整严谨。上市公告书的内容较多,篇幅较大,往往在万字以上。写作前要编列提纲,并按提纲逐一表述,注意其完整性,不要遗漏。要注意表述的程序性,并将内容相关的章节编列在一起,避免零乱。还要注意全文的连贯性、逻辑性,做到结构严谨、前后一致。

2. 准确可信。上市公告书中所陈述的事实、数据必须符合有关法律、法规的规定,准确可信,不能有虚假或重大遗漏。所表述的语言和引用的事实、数据,不能产生严重的误导。

3. 简明扼要。如前所述,上市公告书内容繁多,因此在保证完整性的前提下,力求删繁就简,该告之的则告之,不该告之的则不必告之,做到层次清楚简约,文字精炼扼要。

按照有关法规,上市公告书必须刊登在至少一种由证监会指定的全国性报刊上,为此,当上市公告书篇幅较大时,应将其内容编写成上市公告书概要(一万字左右,即对开报纸一整版,或五千字左右,半个版),以便于刊载。

例文:

四川宏达化工股份有限公司股票上市公告书

【重要提示】

本公司董事会保证上市公告书的真实性、准确性、完整性,全体董事会承诺上市公告书不存在虚假记载、误导性陈述或重大遗漏,并承担个别和连带的法律责任。

根据《公司法》、《证券法》等有关法律、法规的规定,本公司董事、高级管理人员已依法履行诚信和勤勉尽责的义务和责任。

证券交易所、中国证监会、其他政府机关对本公司股票上市及有关事项的意见,均不表明对本公司的任何保证。

本公司提醒广大投资者注意,凡本上市公告书未涉及的有关内容,请投资者查阅 2001 年 12 月 4 日刊载于《中国证券报》、《上海证券报》、《证券时报》的本公司招股说明书摘要及刊载于上海证券交易所网站(http://www.sse.com.cn)的本公司招股说明书全文。

本上市公告书刊载网址是 http://www.sse.com.cn

第一节　重要声明与提示(略)

第二节　概览

1. 股票简称:宏达股份
2. 股票代码:600331
3. 总股本:130,000,000 股
4. 可流通股本:52,000,000 股
5. 本次上市流通股本:50,000,000 股

6. 对首次公开发行股票前股东所持股份的流通限制及期限：根据国家现有法律、法规规定和中国证监会发行字[2001]95号《关于核准四川宏达化工股份有限公司公开发行股票的通知》，本公司的法人股暂不上市流通，内部职工股自本次新股发行之日起，期满3年后可申请上市流通。

7. 上市地点：上海证券交易所

8. 上市时间：2001年12月20日

9. 股票登记机构：中国证券登记结算有限责任公司上海分公司

10. 上市推荐人：联合证券有限责任公司　　深圳经济特区证券公司

第三节　绪言（略）

第四节　发行人概况

一、发行人的基本情况

1. 发行人名称：四川宏达化工股份有限公司（简称：宏达股份）

英文名称：SICHUAN HONGDA CHEMICAL INDUSTRY CO.,LTD

2. 注册资本：130,000,000元

3. 法定代表人：刘沧龙

4. 注册住所：四川省什邡市民主镇　邮政编码：618418

5. 经营范围：普通过磷酸钙、复合肥、锌锭、氧化锌、硝酸钾、氯化铵、氟硅酸钠、塑料编织袋、硫酸钾、磷酸二氢钾、磷酸氢钙、磷铵的生产销售，建工建材、化工原料批发零售，饮食娱乐，矿产品（国际限制经营的除外）销售、经营本企业和本企业成员企业自产产品及相关技术的出口业务（国家组织统一联合经营的出口商品除外）；经营本企业和本企业成员企业生产所需的原辅材料、机构设备、仪器仪表、零配件及相关技术的进口业务（国家实行核定公司经营的进口商品除外）、经营本企业的进料加工和“三来一补”业务。

6. 主营业务：普通过磷酸钙、钾肥、复混肥、锌锭、氧化锌、磷酸氢钙、磷酸一铵的生产和销售。

7. 所属行业:化工、冶金行业

8. 联系电话:0838－8620006

9. 传真:0838－8620006

10. 董事会秘书:王延俊

二、发行人的历史沿革

1. 发行人设立方式与发起人

本公司是经四川省经济体制改革委员会川体改(94)263号文批准,在对原四川省宏达联合化工总厂(下文简称"化工总厂")进行股份制改造的基础上,由四川省宏达联合化工总厂、四川省工商新技术开发公司、四川化工总厂、什邡县电力公司和什邡县地方电力开发公司等五家企业共同发起,并向社会法人和内部职工定向募集股份设立的股份有限公司。

本公司的主要发起人四川省宏达联合化工总厂(以下简称"化工总厂")前身为什邡县民主磷肥厂,成立于1979年10月。1990年9月什邡县民主磷肥厂更名为什邡县民主磷肥总厂。1992年1月更名为四川省宏达联合化工总厂。1999年5月,化工总厂进行整体改制更名为什邡宏达发展有限公司(以下简称"什邡宏达")。

2. 历次股本形成、股权变化及股本结构变化情况(略)

三、发行人的主要经营情况

1. 本公司2000年的主要产品、生产能力及其产量(略)

2.2000年主要产品的销售情况(略)

3. 本公司具备的竞争优势与劣势(略)

4. 主要产品所需的主要生产设备及关键设备的先进性(略)

5. 主要产品的原材料和能源供应及成本构成(略)

四、核心技术来源和技术水平(略)

五、享受的税收优惠政策(略)

第五节　股票发行与股本结构

一、本次股票上市前首次公开发行股票的情况(略)

二、本次股票上市前首次公开发行股票的承销情况(略)

三、本次上市前首次公开发行股票所募股资金的验资报告

验资报告(略)

四、募股资金入账情况(略)

五、发行人上市前股本结构及各类股东的持股情况

1. 本次上市前股本结构(略)

2. 本公司前十名股东持股情况(略)

第六节　董事、监事、高级管理人员

一、董事、监事和高级管理人员情况(略)

二、本公司与上述人员签订的协议及拟采取的措施(略)

三、董事、监事、高级管理人员、核心技术人员持股情况(见附表)

四、董事、监事、高级管理人员和核心技术人员股份锁定及其声明(略)

第七节　同业竞争与关联交易

一、同业竞争(略)

二、关联交易

1. 本公司关联企业和关联人员(略)

2. 关联关系(略)

3. 董事、监事、高级管理人员及核心技术人员在关联方单位任职情况(略)

4. 本公司的主要关系交易事项

(1) 购货(略)

(2) 销货(略)

5. 关联方应收、应付款项余额(略)

6. 近三年关联交易对本公司财务状况和经营成果的影响(略)

7. 本公司对减少关联交易采取的措施(略)

8. 发行人律师、主承销商的意见(略)

第八节　财务会计资料

一、简要会计报表(略)

二、利润形成有关情况(略)

三、固定资产情况(略)

四、主要债项情况(略)

五、关联方关系及关联交易、期后事项、或有事项及其他重要事项(略)

六、重大事项说明(略)

第九节　其他重要事项(略)

第十节　董事会上市承诺(略)

第十一节　上市推荐人及其意见

一、上市推荐人情况(略)

二、上市推荐人意见(略)

四川宏达化工股份有限公司

2001年12月15日

(注:原文载2001年12月15日《上海证券报》,约3.5万字)

第五节　上市公司年度报告

一、上市公司年度报告的概念与作用

上市公司年度报告是上市公司向公众披露本年度公司的财务状况、股本状况和报告期内的公司治理状况、经营状况、年度利润分配方案、重要事项及其他必要资料的告示性文书。

根据《中华人民共和国证券法》、《中华人民共和国公司法》和《股票发行与交易管理暂行条例》的规定,上市公司的这种披露性报告分为中期报告和年度报告两种。中期报告应在每个会计年度的前6个月结束后60日内编制完成;年度报告则应在每个会计年度结束后的

120日内编制完成。中期报告和年度报告编制完成后,除向证监会报送备案外,还应将报告摘要公开刊登在证监会指定的报刊上(年度报告还应登载于中国证监会指定的国际互联网网站上),并将报告置于公司所在地,挂牌交易的证券交易场所、有关证券经营机构及其网点,以供投资公众查阅。

年度报告是上市公司信息披露中一项重要的内容。年度报告的主要作用,一是真实、准确、完整地披露报告期内的重要信息和必要信息,以满足所有投资者的知情权;二是通过披露信息,接受证监会、投资人和公众的监督;三是具有投资导向作用。年度报告所披露的信息,往往是投资者在证券交易中作出决策的主要依据。

二、上市公司年度报告的结构与内容

年度报告的制作一般由封面、目录和内文组成。年度报告的封面应载明公司的法定名称、"年度报告"字样和报告期年份,并可以载有公司的外文名称以及公司徽章或其他标记的图案。目录的排印应安排在显著位置。年度报告中,可以刊载宣传本公司的照片、图表等。

年度报告的内文由标题、重要提示、正文和落款等四部分组成。

(一)标题。标题的格式一般由公司全称、报告期年份和文种三个部分组成。如:

"福建实达电脑集团股份有限公司 2001年 年度报告"

①公司全称　②年份　③文种

(二)重要提示。重要提示一般在标题之下,正文之上,用线条框起来,以示提醒。

重要提示的表达有严格的规定,其内容是公司董事会的承诺:保证本年度报告所载资料不存在任何虚假记载,误导性陈述或者重大遗漏,并对其内容的真实性、准确性和完整性负个别及连带责任。

如果执行审计的会计师事务所对公司出具了有解释性说明、保留意见、拒绝表示意见或否定意见的审计报告,重要提示中应增加以下陈述:

××会计师事务所为本公司出具了有解释性说明(或保留意见、拒绝表示意见、否定意见)的审计报告,本公司董事会、监事会对相关事项亦有详细说明,请投资者注意阅读。

(三)正文。正文部分的内容主要包括:

1. 公司简介

(1) 公司的法定中、英文名称及缩写。

(2) 公司法定代表人。

(3) 公司董事会秘书及其授权代表的姓名、联系地址、电话、传真、电子信箱。

(4) 公司注册地址,公司办公地址及其邮政编码,公司国际互联网网址、电子信箱。

(5) 公司选定的信息披露报纸名称,登载公司年度报告的中国证监会指定国际互联网网址,公司年度报告备置地点。

(6) 公司股票上市交易所、股票简称和股票代码。

2. 会计数据和业务数据摘要

(1) 列示公司本年度实现的利润总额、净利润、扣除非经常性损益后的净利润、主营业务利润、其他业务利润、营业利润、投资收益、补贴收入、营业外收支净额、经营活动产生的现金流量净额、现金及现金等价物净增加额。

(2) 采用数据列表方式(可以附有图形表),提供截至报告期末公司前三年的主要会计数据和财务指标,包括以下各项:主营业务收入、净利润、总资产、股东权益(不含少数股东权益)、每股收益、每股净资产、调整后的每股净资产、每股经营活动产生的现金流量净额、净资产收益率等。

3. 股本变动及股东情况

(1) 股本变动情况

列示股份变动情况和股票发行与上市情况。

① 介绍到报告期末为止的前三年历次股票发行情况,包括股票及衍生证券的种类、发行日期、发行价格、发行数量、上市日期、获准上市交易数量、交易终止日期等。

② 对报告期内因送股、转增股本、配股、增发新股、吸收合并、可转换公司债券转股、减资、内部职工股或公司职工股上市或其他原因引起公司股份总数及结构的变动，应予以说明。

③ 介绍现存的内部职工股的发行日期、发行价格、发行数量等。

(2) 股东情况介绍

列示报告期末股东总数；持有本公司5%以上(含5%)股份的股东的名称、年度内股份增减变动的情况、年末持股数量及所持股份的质押或冻结的情况；对持股10%(含10%)以上的法人股东，应介绍股东单位的法定代表人、经营范围。

4. 股东大会简介

报告期内召开的年度股东大会和临时股东大会的有关情况。

5. 董事会报告

(1) 公司经营情况

介绍公司所处的行业以及公司在本行业中的地位，公司主营业务的范围及其经营状况，在经营中出现的问题与困难及解决方案等。

(2) 公司财务状况

① 分析公司财务状况，至少包括报告期内总资产、长期负债、股东权益、主营业务利润、净利润比上年增减变动的主要原因。

② 对会计师事务所出具的有解释性说明、保留意见、拒绝表示意见或否定意见的审计报告所涉及事项的说明。

(3) 公司投资情况

分析报告期内公司投资额比上年的增减变动数及增减幅度，被投资的公司名称、主要经营活动、占被投资公司权益的比例等。

(4) 新年度的业务发展计划，其中包括新建及在建项目的预期进度。年度报告不要求公司编制新年度的利润预测，凡公司在年度报告中提供新一年度利润预测的，该利润预测必须经过具有从事证券相关业务资格的注册会计师审核并发表意见。

(5) 董事会日常工作情况

报告期内董事会的会议情况及决议内容。董事会对股东大会决议的执行情况。

(6) 公司管理层及员工情况

(7) 本次利润分配预案或资本公积金转增股本预案

(8) 其他报告事项,如其他需要披露的业务事项,选定信息披露报纸的变更等。

6. 监事会报告

报告期内监事会的工作情况,包括召开会议的次数,各次会议的议题等。

7. 重要事项

主要说明重大诉讼、仲裁事项;报告期内公司、公司董事及高级管理人员受监管部门处罚的情况;报告期内公司控股股东变更,公司董事会换届、改选或半数以上成员变动,公司总经理变更的情况;报告期内公司收购及出售资产、吸收合并事项的简要情况及进程;重大关联交易事项。

8. 财务会计报告

列示审计报告、会计报表、会计报表附注。

9. 公司本年度资产负债表、利润及利润分配表、现金流量表。

10. 备查文件目录

包括下列文件:

(1) 载有法定代表人、主管会计工作负责人(如设置总会计师,须为总会计师)、会计机构负责人(会计主管人员)签名并盖章的会计报表。

(2) 载有会计师事务所盖章、注册会计师签名并盖章的审计报告原件。

(3) 报告期内在中国证监会指定报纸上公开披露过的所有公司文件的正本及公告的原稿。

(4) 在其他证券市场公布的年度报告。

(四)落款。落款包括公司董事会全称,消息披露日期等。有的可以在公司董事会全称前署上董事长签名。

三、上市公司年度报告的写作要求

年度报告是上市公司披露年度报告期内经营状况和业绩的告示性文书,也是上市公司定期披露消息的一项不可或缺的重要工作,故在写作上对制作人员有较为严格的要求。

1. 资料齐全,熟悉业务。年度报告是一种具有总结性的告示文书,其内容涉及报告期内有关股份公司的机构设置、经营管理、财务报表、重大事项等必要事项,因此,制作人员必须熟悉、掌握本公司的全面情况并详尽地收集、了解各方面的资料。如此,才能编制出内容完整、翔实可靠的年度报告来。

2. 诚实可信,准确无误。年度报告既代表着企业的诚信形象,又关系着投资者的切身利益,其陈述的事实、披露的数据必须符合有关的法律法规,不能有虚伪或重大遗漏;其语言的表述、照片的运用应当准确明晰,不能产生歧义和误导。

3. 结构规范,简要精炼。年度报告必须列示的事项均有十数个章节,所披露的信息丰富而繁杂,因此在保证完整性的基础上,每个章节应做到条清缕晰,语言则要简要精炼。集合性、归纳性的信息和财务各类数据则应用表格法列示,以求层次分明,一目了然。

另外,年度报告应制成文本和摘要两种形式。文本形式供证监会、网上登载和查阅地点使用;摘要形式供指定的证券报刊登载。已发行境内上市外资股及其衍生证券并在证券交易所上市的公司,应同时编制年度报告外文译本。

例文:

宁波波导股份有限公司 2001 年年度报告摘要

重要提示　本公司董事会及其董事保证本报告所载资料不存在任何虚假记载、误导性陈述或者重大遗漏,并对其内容的真实性、准确性和完整性负个别和连带的责任。本年度报告摘要摘自年度报告全文,投资者欲了解详细内容,应阅读年度报告全文。

浙江天健会计师事务所为本公司出具了带解释性说明但无保留

意见的审计报告,本公司董事会、监事会对相关事项亦有详细说明,请投资者注意阅读。

公司董事王建平先生未出席本次董事会会议。

宁波波导股份有限公司董事会

2002 年 3 月 3 日

第一章　公司基本情况简介

一、公司法定中文名称:宁波波导股份有限公司

公司法定英文名称:NINGBO　BIRD　CO.,Ltd。

二、公司法定代表人:余红艺

三、公司董事会秘书:马思甜

公司董事会证券事务代表:赵勤攻

联系地址:浙江省奉化市城山路 99 号

电话:0574 - 88918855

传真:0574 - 88929054

Email:birdaq@mail.nbptt.zj.cn

四、公司注册地址:浙江省奉化市城山路 99 号

公司办公地址:浙江省奉化市城山路 99 号

邮政编码:315500

公司国际互联网网址:http://www.chinabird.com

公司 Email:cbird@public.cnptt.zj.cn

五、公司选定的信息披露报纸:《中国证券报》、《上海证券报》

中国证监会指定国际互联网网址:http://www.sse.com.cn

公司年期报告备置地点:公司证券部

六、公司股票上市交易所:上海证券交易所

股票简称:波导股份

股票代码:600130

第二章　会计数据和业务数据摘要

一、本年度主要利润指标情况(略)

二、公司近三年财务指标(略)

第三章　股本变动及股东情况介绍

一、股本变动情况(截至到2001年12月31日)

报告期内,公司总股本没有变化。

二、股东情况

(一) 截至到2001年12月31日,公司股东总数为32868户。

(二) 截至到2001年12月31日,公司前10名股东持股情况(略)

(三) 公司控股股东情况简介

根据公司章程的有关规定,本公司持股30%以上的控股股东为宁波电子信息集团有限公司和奉化波导科技发展有限公司两家。本报告期内公司控股股东无变更情况发生。

1. 宁波电子信息集团有限公司(略)

2. 奉化波导科技发展有限公司(略)

第四章　董事、监事、高级管理人员和员工情况

一、现任董事、监事、高级管理人员的基本情况(略)

二、现任董事、监事和高级管理人员年度报酬情况(略)

三、报告期内离任的董事、监事、高级管理人员聘任及离任情况(略)

第五章　公司治理结构

一、公司治理情况

(一) 公司法人治理现状(略)

(二) 进一步完善公司治理结构的计划(略)

二、公司报告期内尚未聘请独立董事

第六章　股东大会情况简介

报告期内公司召开了2000年度股东大会和2001年第一次临时

股东大会。

1. 公司2000年度股东大会于2001年4月1日召开，决议公告刊登在2001年9月15日的《中国证券报》、《上海证券报》上。

2. 公司2001年第一次临时股东大会于2001年8月10日召开，决议公告刊登在2001年9月15日的《中国证券报》、《上海证券报》上。

第七章　董事会报告

一、公司报告期内的经营情况

(一) 公司主营业务的范围及其经营情况(略)

(二) 公司控股公司及参股公司的经营情况及业绩(略)

(三) 主要供应商、客户情况(略)

二、公司报告期内的投资情况

公司2001年度累计完成投资总额20,000.6万元，与上年同期相比减少57.68%。

(一) 募集资金使用情况(略)

(二) 其他投资情况(略)

三、报告期内公司财务状况及经营成果分析(略)

四、宏观经济环境及政策法规重大变化的影响分析

1. 中国加入世界贸易组织(WTO)对公司的影响(略)

2. 所得税税率的变化对公司的影响(略)

五、公司董事会对浙江天健会计师事务所有限公司出具的解释性说明段涉及事项的说明(略)

六、公司新年度的经营计划(略)

七、利润分配、资本公积转增股本预案及2002年利润分配政策(略)

第八章　监事会报告

一、监事会工作情况(略)

二、公司依法运作情况(略)

三、监事会对公司财务情况的意见(略)

第九章 重要事项

一、重大诉讼、仲裁事项(略)

二、重大收购兼并事项

报告期内,本公司无重大收购、出售资产事项。

三、重大关联交易事项(略)

四、重大合同及其履行情况(略)

五、公司或持股5%以上股东的承诺事项(略)

六、聘任会计师事务所情况(略)

七、巡回检查整改情况(略)

第十章 财务会计报告

一、审计报告(略)

二、会计报表附注

(一) 主要会计政策、会计估计的变更说明(略)

(二) 重大会计差错更正说明(略)

(三) 合并报表范围发生变更的内容和原因(略)

(四) 解释性说明段所涉及事项的有关附注(略)

第十一章 备查文件

一、载有法定代表人、财务负责人和会计主管人员签名并盖章的会计报表;

二、载有会计师事务所签章,注册会计师签字并盖章的审计报告原件;

三、报告期内在中国证监会指定报纸上公开披露过的所有公司文件的正本及公告的原稿。

宁波波导股份有限公司董事会

2002年3月3日

(注:原文载2002年3月5日《中国证券报》,约5.3万字)

【思考与练习】

1. 股份有限公司的设立有几种方式？发起人协议书有哪些特点和作用？

2. 什么是资产评估报告？资产评估报告在股份制企业的运作中起着哪些重要的作用？

3. 招股说明书在写作上有哪些具体的要求？

4. 股票上市公告书的主要作用是什么？

5. 上市公司年度报告的编制有哪两种形式？这两种形式分别有哪些作用？

第六章　涉外经济文书

涉外经济文书是一种比较新的实用文书。随着我国对外开放对内搞活经济方针的实行,涉外经济文书得到了广泛的普及和应用,并逐步从经济文书中独立出来,形成了自己的体系。涉外经济文书涉及的面较广,主要包括合营项目文书,对外贸易文书,技术进出口文书,涉外运输、保险文书,对外经济法律文书,涉外礼仪文书等。本章主要介绍的是合营项目文书。

合资项目文书是为成立中外合资经营企业服务的一类文书。它是涉外经济文书的一个重要组成部分。改革开放20多年来,中外合资经营企业在我国经历了一个从无到有、从少到多、从小到大、从沿海到内陆直至西部的迅速发展过程,并成为我国引进外资、先进技术和科学的经营管理的主要形式。合资经营企业的迅猛发展,对与其相关的实用文书也提出了较高的要求。

朱镕基同志在2002年3月召开的第九届全国人民代表大会上所做的《政府工作报告》中指出:“我国加入世贸组织,标志着对外开放进入一个新阶段。我们要以积极的姿态,在更大范围和更深程度上参与国际经济合作与竞争。”为了适应加入WTO的要求,为了提高对外贸易、利用外资的效益和质量,学习和掌握涉外文书的主要内容和写作技巧就显得尤为重要了。

第一节　涉外意向书

一、涉外意向书的概念、特点和作用

涉外意向书是对某个合作项目或某笔交易共同感兴趣的中外双方经过初步接触和洽谈后,表示愿意进一步合作、谈判所签署的文

件。在对外经济活动中,涉外意向书往往显示了合作双方的诚意和意愿,同时也对双方的合作起着积极的促进作用。

涉外意向书有如下几个特点:一是表示双方有合作的意愿。只有双方对某个合作项目或某笔交易具有共同的兴趣,而且通过初步接触和洽谈后,双方都有进一步合作、谈判的诚意,才会签订书面意向。二是内容比较原则。由于合作双方只是初步接触,对其合作项目的具体细节尚未来得及进行周密的思考和详尽的了解,所以涉外意向书只能是对合作的主要事项表示双方基本一致的、比较原则的初步想法,缺乏具体的、实质性的内容。虽然如此,共同签署一个书面的意向,对双方合作的进程还是有一定的必要性的。三是不具备法律效力,涉外意向书仅仅只是表示双方共同希望或拟将进行的某一行为,尤其在涉外经济贸易中,意向书的内容没有明确的要约和承诺,只能视为要约的邀请。因此,尽管双方在该文件上签了字,也仍不受法律的约束。值得注意的是,一些大陆法系国家认为,意向书对当事人也具有约束力。在与这类国家签意向书时,中文应有明确的说明,避免误解和被动。

涉外意向书对合作的双方,具有一定的作用。首先,涉外意向书具有邀约性,有助于合作双方进一步作实质性的接触和谈判。这种邀约性可使任何一方主动邀请或被邀到对方进行了解和考察,以便进行更密切和深入的谈判。其次,涉外意向书具有道义上的约束力。一般来说,在今后的谈判中,任何一方的立场不应与意向书中所明示的立场相去太远,同时,在对方拒绝之前,订立了意向书的任何一方不得就同一个项目与其他方进行谈判。再者,涉外意向书是项目合作的最初蓝本。无论从内容上还是形式上,意向书与往后的项目建议书、可行性研究报告和合同等,都有关联。

二、涉外意向书的结构和内容

涉外意向书一般由标题、前言、主体和结尾等部分组成。

1. 标题。涉外意向书的标题一般由合作内容、经济合作方式或项目名称、文种组成。如“××来料加工意向书”、“××补偿贸易购销意向书”、“合资经营××厂意向书”等,使人对合作项目及内容一目了然。也可以直接写为“意向书”。

2. 前言。前言即正文的开头部分。一般写明合作双方在何时、何地就什么项目进行洽谈。为了行文简洁,往往将中方单位居前并用括号注明“简称甲方”,将外方单位居后亦用括号注明“简称乙方”。结束语常用“现将有关意向归纳如下”或“……达成意向如下”引出主体正文。

3. 主体。主体是涉外意向书的中心内容,主要将双方商谈、认可的事项和意愿以分条归纳的方式表述出来。由于意向书只是一种意愿的表达,因此,主体的内容条文没有严格的程序要求,一般是将共同关注的条文放在前面。一般来说,其内容主要包括:

(1) 合作项目的范围。合作项目的范围包括生产经营的主要产品类别,交易货物的主要品种、规格等。

(2) 投资总额及双方出资数额。投资额的货币单位要求统一。可用双方任何一方国家的货币单位,也可用双方认可的第三国货币单位。双方匡算了投资总额后,还应写明双方出资的数额和各方所占投资总额的比例。

(3) 合资企业的名称与地址。名称与地址均写全称。选定地址的,应写明冠有国名的详细地址;尚未选定的,应注明大致区域。

(4) 产品的销售方式。产品内销和外销的比例以及双方各自负责的销售比例。

(5) 设备、原材料的来源等。

(6) 合作的期限。

(7) 进一步洽谈的打算。

4. 结尾。即签署部分,应署明甲乙双方单位的名称、双方代表的职务、姓名以及签署时的年月日。

三、涉外意向书的写作要求

1. 充分表达双方的意愿。涉外意向书是在双方经过初步洽谈、接触的基础上拟定的。双方每次的洽谈和接触都会有备忘录或会谈纪要，只有认真地了解这些文件，归纳双方的表示，才能够写出充分表达双方意愿的意向书来。

2. 态度认真负责。涉外意向书不是一个具有法律效力的文件，但它是双方愿意合作的第一个文件，也是进行谈判、实施合作的依据。这就要求在签订意向书时，态度必须认真负责、严肃对待，既不能粗心大意、轻率签订，也不宜不加斟酌、随意承诺。

例文：

合资成立××医疗机械有限公司的意向书

2002年×月×日至×月×日，上海××医疗仪器厂厂长×××先生、副厂长×××先生（以下称甲方）与德国××有限责任公司常务经理×××先生（以下称乙方），进行了多次洽谈，达成意向如下：

一、公司正式名称为"××医疗机械有限公司"。主要生产泌尿外科、耳鼻喉科、妇科、胸腹外科等各种医用硬管内窥镜。

二、××医疗机构公司的投资总额约为650万元人民币。双方投资比例初步定为：甲方投资357.5万元人民币，占投资总额55%；乙方投资292.5万元人民币（以当天外汇牌价折合为德国马克），占投资总额45%。利润按投资比例分成。

三、主要设备由乙方按照双方商定的品牌、型号、价格由乙方在国外生产厂家联系购买。

四、乙方提供生产、检验技术，并负责产品在欧洲市场的销售。

五、××医疗机械有限公司设在甲方原厂所在地。厂房的改建、扩建工程由甲方负责。

六、合营期限暂定为20年。

七、甲方应在2002年×月×日前制定项目建议书，并负责在2002年×月×日前上报有关部门立项，争取在2003年×月前正式投产。

甲方：上海××医疗仪器厂　　　　乙方：德国××责任有限公司

厂长：×××　　　　常务经理：×××

(签章)　　　　　　　　　　　(签章)
2002年×月×日　　　　　　　2002年×月×日

第二节　合资项目建议书

一、合资项目建议书的概念和作用

合资项目建议书是指在拟合作的项目通过调查研究,初步分析得出肯定的结果后,对实施该项目所具备的条件、项目的发展前景及经济效益进行概略论证的文件。合资项目建议书国外称为投资机会研究,它是在签订意向书后,在调查研究、收集资料、初步分析投资效果的基础上,中国合营者向其计划主管部门(一般是省、市对外经济贸易委员会)提出的拟举办合资企业的正式书面建议,其目的是为了获得批准立项。

合资项目建议书的作用主要表现在以下三个方面:

1. 作为立项报批的依据。立项是设立中外合资企业申办程序中的十分重要的一个环节,而编制项目建议书则是立项的一个重要内容。因此,项目建议书是中方合营者向其计划主管单位提出的需要进行项目可行性研究的建议,以供项目审批机关是否予以批准立项时的参考。

2. 提高项目选择的可靠性。可靠性表现在两个方面。一方面项目建议书的编制过程,是将项目的设想规划变成概略规划的过程。项目申办单位经过这一过程,获得了该项目可行性和必要性的有关资料。另一方面,项目审批机关也要根据国家经济发展和行业、地区的规划,结合本地资源、建设布局等条件对项目建议书进行综合评议、审核。这两个方面的结合无疑提高了项目选择的可靠性。

3. 作为下阶段工作的依据。项目建议书是进行各项准备工作和筹措资金的原始依据。当中外合资经营项目建议书经上级批准后,它也是与外商进一步洽谈、双方共同编制可行性研究报告的参照文件。

二、合资项目建议书的主要内容

合资项目建议书一般由项目的申请单位编制完成，目的是为了获得批准立项。它的内容一方面应充分地反映出立项的必要性和可能性，另一方面，它又不同于可行性研究报告，只需对拟建项目作粗略而概括的论证，对投资估算的精确度允许在±30%范围内。项目建议书主要包括四个方面的基本内容。

（一）合营双方的基本情况介绍

1. 拟办项目的名称、地址。

2. 中方举办该项目的单位名称、地址；主管单位名称；项目负责人的姓名、职务。

3. 与外商合作的必要性和可能性，包括技术和技术力量，产品品质和竞争力；国内外市场的供求、销售方式，利用国外资金以及对发展本行业、发展国民经济所起的积极作用等。

4. 外方合营者背景材料，包括外方企业名称、地址、基本情况、商业信誉、资金实力等。

（二）合资项目的主要内容

1. 拟办项目的内容。主要介绍经营范围、产品的选择、发展方向和生产规模及计划。

2. 销售渠道和国内外市场分析。

3. 主要原材料和配套件供应。

4. 合资企业的地点、周围环境及环境保护、基础设施、市政配套以及交通运输条件。

5. 合资方式和合资年限。

（三）投资及经济效益估算

1. 投资总额估算、注册成本、各方出资比例和出资方式；中方投资方式和资金来源（即中方是否以土地、厂房、机器设备作价投资；投资资金是自筹还是贷款等）。

2. 资金筹措、合资企业贷款的可行性。

3. 职工(包括管理人员、科技人员)人数估算和来源。

4. 外汇平衡估算及平衡办法。

5. 投资回收率、回收时间及合资各方经济效益的估算。

(四) 需要解决的问题

这一部分应如实地将中方目前尚存在的一些困难或需要有关部门协助解决的问题以及如何解决的建议、打算写清楚,便于上级部门掌握、协调。

三、合资项目建议书的格式和结构

(一) 一般格式

合资项目建议书作为一份正式的书面文件,除了内容有所规定外,格式上也有一定的要求。

1. 首页。项目建议书首页的内容包括标题和中方举办单位的基本情况。依次为:(1)标题,即项目名称。标题的字体可稍大一点,以示突出。(2)合资单位名称。(3)中方主办单位地址、电话。(4)中方单位项目负责人姓名、职务。(5)中方单位上级主管名称。(6)呈报日期。

2. 目录。目录单独放在第二页,依内容顺序按序码统一列出。作用是让审阅者对项目建议书的主要内容先有一个总的印象。

3. 主体。主体包括标题、正文、结尾及附件三个部分。

(二) 主体结构

合资项目建议书的主体结构一般包括三个方面:标题、正文、结尾。

1. 标题。标题采用公文标题的写法,一般包括合资单位名称、合资经营项目、文书名称等三个方面的内容,如:“武汉××厂和德国××公司合资经营××药厂的项目建议书”。

2. 正文。正文应按项目建议书内容的顺序分条列项来表述。必须运用可靠的事实和数据充分地说明项目设立的必要性和可能性。

3. 结尾。结尾需签署编制单位和日期。如有附件,应在结尾处写明附件的名称及份数。

四、合资项目建议书的写作要求

1. 熟悉业务,占有资料。项目建议书是呈送上级审批的综合性经济报告,这就要求编制者比较熟悉该项目的业务,广泛收集合资双方的有关资料,掌握双方每次会谈纪要、备忘录和意向书的内容精神以及本单位所具备的相应条件和经济状况。否则,很难编制出具有一定科学性的项目建议书。

2. 注重事实,理由充分。项目建议书的中心内容是论证项目设立的必要性和可能性。这种论证过程不同于一般的经济活动分析,不需要大量的严密的理论性的论述,而是通过确凿可靠的事实、充分有据的理由予以概括说明。比如,可以从本单位的经营现状、外资方的技术、资金优势、项目(产品)的发展前景、合资后的经济效益等方面陈述筹办合资企业的必要性和可能性,力求事实准确、理由充分。

3. 内容完整,简洁明晰。合资项目建议书条项繁多,内容复杂,在编制时要拟写提纲,逐一将条项的小标题列举出来,不要遗漏,保证内容的完整性。内容的完整性还要求做到主次分明,条理清楚。如前所述,项目建议书的内容前后分为四大部分,有较固定的表述顺序。随意颠倒、相互穿插都会破坏其内容的逻辑性和完整性。

在注重内容完整的同时,还应力求文字简洁明晰。如在介绍中外双方企业的资金、设备、生产能力和概述合营项目的发展前景时,可列举一些具体的数据,这样,既行文简洁又一目了然。至于那些概念模糊、含意空泛的词语应该摒弃,例如"该公司业绩非凡"、"设备先进"、"经营管理有方"、"产品过硬"、"发展前景良好"等。

例文:

关于申请成立湖北××置业有限公司的项目建议书

一、中外双方简介

(一)中方简介

1. 原单位名称:湖北省××房地产开发公司

隶属主管局：湖北省××公司

所有制性质：全民

地址：武汉市汉口××路××号

电话：××××××　　传真：××××××

现有职工：××人　　专业技术人员：××

固定资产：××万元　　占地面积：××m^2

建筑面积：××m^2

2. 原单位名称：武汉××实业有限公司

所有制性质：全民

地址：武汉××大楼七楼

电话：××××××　　传真：×××××

现有职工：××人　　专业技术人员：××人

固定资产：××万元　　设备：××台(套)

占地面积：××m^2　　建筑面积：××m^2

上年度生产经营情况：产值××万元　　利润××万元

税收××万元　创汇××万元

(二) 外方简介

企业名称：澳洲××有限公司

英文名称：×××

注册国家：澳大利亚

法定地址：澳大利亚墨尔本××道××号××大厦八楼

法定代表姓名：××× 职务：董事长 国籍：澳大利亚

电话：×××××× 传真：×××××

企业规模、资产、信誉概况：企业有良好的资信情况，在澳大利亚××银行开户，往来情况正常

二、申报项目的理由及利用外资方式

1. 理由

中国加入 WTO 后，国内的房地产业成为外资关注的投资方向。利用外资开发房地产业，是加速城市住宅建设的一条有效途径。外资的引入不仅可以缓解建设资金不足的矛盾，而且可以在合资的过

程中,借鉴、学习、掌握外资商家的现代经营管理经验,以适应国际房地产市场发展的要求。

2. 利用外资方式及国别

合资的外方为澳大利亚公司,其在澳洲多个城市拥有自己的房产置业。外方公司拟用现金投资。

三、产品目标

1. 产品名称、简要规格、生产能力、技术水平等

首期开发项目为武汉市高新技术开发区的命名为"××度假村"的别墅区,其建筑面积为××万平方米,占地面积为××万平方米。拟用两年时间完成。

2. 国内外需求情况以及产品销售地区预测

湖北籍分散在世界69个国家和地区的海外华侨、港澳台胞约有18万人之众,他们中有相当部分可能回国定居;港澳台及东南亚地区也有十分广阔的市场。此外,德、法、瑞典、澳洲的在汉企业高层管理人员亦是主要客户。

商品房的主要销售地区为武汉市和香港,内销约60%,外销约40%。

四、投资估算及来源

项目总投资××万元

其中:中方投资××万元,占总投资62.5%

湖北省××房地产开发公司××万元来自省××公司划拨款。

武汉××实业有限公司资金来源为其自有资金。

资金用途:主要用于流动资金投入。

外方投资:××美金,占总投资37.5%。

资金用途:主要用于流动资金投入。

五、主要进口设备清单(略)

六、主要原材料、水电、气、运输等需要量和来源

主要原材料的需求量为:

水泥:3000吨,砂:35000立方米,石子:45000立方米,红砖:15000千块,钢材:3000吨,木材:1800立方米。

用水量:400 立方米/月,用电:1600 千伏安,用气:320 立方米/小时。

运输需求量:610 万吨公里。

来源:水、电、气的需求已报有关部门。

主要原材料:自筹。

七、社会经济效益分析

社会效益:可为武汉市开发区的高级住宅和区内整体规划做出一份贡献。预计境外售房 40%,可创外汇 600 万美元。基本不发生外汇支出。

湖北省××房地产开发公司

2001 年×月×日

第三节　合资项目可行性研究报告

一、合资项目可行性研究报告的概念和特点

(一) 合资项目可行性研究报告的概念

合资项目可行性研究报告是一种运用经济理论的科学方法,对合资项目在技术上、经济上是否合理可行,进行全面分析、论证、比较,作出最终评估和决策研究的文书,亦是为合资项目最终确立和审批提供可靠依据的书面文件。在中外合资项目的审批过程中,可行性研究是一个最后的、至关重要的环节。因此,进行可行性研究时,必须严格依照程序,对合资双方的技术条件、资金状况,合资项目的遴选,项目(产品)的市场竞争力,设备和技术的先进程度以及合资项目近期和远期的经济效益进行多方案比较和详细的科学论证,为合资项目的审批提供最佳方案和决策依据。项目建议书经有关主管部门批准后,即可进行可行性研究。可行性研究报告的编制程序一般分为初步可行性研究和详细可行性研究。

初步可行性研究也称为预可行性研究。它是在合资项目建议书的基础上,由中方合资者单独对合营项目内容和方案进行粗略估算、

初步审查,以确定该项目是否可行的一种研究过程。初步可行性研究对投资额和成本的估算的精确度要求在±20%范围内。它的结论一般分为以下几种:否定项目,停止继续研究;可以投资,决定合资;还需经过详细可行性研究,经过慎重严谨的分析后再作决定。因此,初步可行性报告的作用主要是对于一些大型的、复杂的合资项目来说,可以及早得出大致的结论,避免人力、物力、财力的浪费。需要指出的是,初步可行性研究处于项目建议书与详细可行性研究之间,只是一个过渡性阶段,并非必经阶段。一些不太复杂的项目往往在立项批准后,就可以直接进入详细可行性研究。

详细可行性研究,又称为正式可行性研究、技术经济可行性研究或简称为可行性研究。它是合资双方共同对合资项目全方位、多方案进行科学的数据分析和严格的技术经济论证后,提出最终决策方案的一种研究程序。详细可行性研究报告是中外合资双方共同对合资项目的内容和方案进行周详的分析、探讨、论证,共同得出的一致结论。其投资额和成本估算的精确度要求在±10%的范围以内。所以说,详细可行性研究报告是中外合资双方是否合资的决策性书面文件,也是主管部门、计划审批部门和银行、金融机构决策的依据。合资项目可行性报告一经呈报批准,中外合资双方就可依其所确定的方案,进入合同、章程的起草、签署以及合资企业的筹备、兴建等实质性的阶段。

（二）合资项目可行性研究报告的特点

合资项目可行性研究报告是合资项目意向书、建议书的延伸、深入和发展,同时也是一项充分体现出科学性、严密性、准确性的工作成果。其特点具体表现在以下几个方面。

1. 论证的科学性。论证合资项目的可行性与合理性,是可行性研究报告的目标。这个目标要求可行性研究报告必须在大量的数据资料、分析报告及方案选择的基础上进行多方面的评估,最终作出科学的决策。可以说,编制可行性报告的过程,就是科学地进行论证的过程。

2. 分析的辩证性。辩证的分析是科学论证的基础和依据,论证的科学性又对分析的辩证性提出了更高的要求。这就要求在项目可行性研究过程中,针对不同的对象充分运用动态分析与静态分析、定量分析与定性分析、统计分析与预测分析、分阶段分析与全过程分析、宏观分析与微观分析、可行分析与风险分析等科学分析方法,防止片面性、简单化。

3. 决策的准确性。从合资项目的发展来说,可行性研究报告是一种指导未来行动的文书。决策的正确与否,决定了合资项目的兴衰成败。因此,可行性研究报告的主要写作目的就是论证合资项目是否可行,寻找最佳可行方案,从而推导出正确的结论。

二、合资项目可行性研究报告的具体内容

编制合资项目可行性研究报告是一项科学性、严密性、准确性要求极高的工作。明确并掌握可行性研究报告的内容,不仅能提高整个可行性研究的工作效率,避免和减少决策的失误,而且对研究报告的结构安排、写作方法也具有非常重要的意义。

中外合资项目的可行性研究报告通常分为总论、概况、项目设计、拟建规模和生产能力、效益分析、综合评价结论等六个部分。每个部分一般包括以下具体内容。

(一) 总论

1. 项目基本情况。包括项目名称,项目性质,项目的主办单位,项目负责人,可行性研究负责人(包括技术、经济的主要负责人),项目建议书的审批机关及审批文号、审批日期。

2. 项目背景。以项目的历史资料和现实状况的考证、认识为背景,说明投资的必要性。

3. 可行性研究的依据和范围。以该项目论证后得出的统计为依据,对该项目(产品)竞争能力、生产工艺流程的先进程度、产品销售渠道、市场分析、项目的风险预测及社会效益等重要方面予以说明。

(二) 概况

1. 项目主办单位的基本情况和现有条件。

2. 外方合资者的基本情况和具备的合资条件(包括合资者的资信、信誉、资格及经营现状、技术能力等)。

3. 同一项目(产品)国内现有工厂生产能力的估计。

4. 国内外需求情况的预测。

(三) 项目设计

1. 合资方式和期限。

2. 资本构成。包括投资总额,合资双方出资比例及出资额,出资方式,中方主办单位的资金来源,缴资的期限及欠缴的责任等。

3. 选址方案。应充分说明所选厂址的自然地理特征、运输、供电、供水、生产和生活福利条件的优缺点分析及最后结论。

4. 技术及工艺流程的选定。

5. 工程建设。包括新建、扩建、改建项目,设计方案的选定,工程费用估算,工程责任分工及厂区设计总平面图(可作为附件)。

6. 设备选用。包括设备的名称、型号、规格、数量、性能特征的说明,设备的采购(国内购买或进口),设备费用的估算。

(四) 拟建规模及生产能力

1. 拟建规模。

2. 生产能力。近期和远期的测算。

3. 销售渠道和方式。包括内、外销的销售比例,中外双方销售的分工和责任。

4. 机构的设置。

5. 职工的定员、聘用与培训。

(五) 效益分析

1. 资金概算及筹集。包括基建投资、设备投资、流动资金和其他支出。

2. 成本效率分析。包括成本构成和成本的效率分析。

3. 外汇平衡。包括外汇总支出、总收入和平衡的措施。

4. 财务评价。包括投资估算、销售预测、成本分析、风险分析及利润分析等。

(六) 综合评价结论

1. 技术方面的评价结论。

2. 经济方面的评价结论。

3. 综合评价结论。

4. 存在的问题及解决措施。

三、合资项目可行性研究报告的格式

合资项目可行性研究报告(包括初步可行性研究报告)的格式一般包括以下四个部分:

1. 标题。合资项目可行性研究报告的标题由三个方面的内容组成:①合资双方单位名称;②合资经营的项目;③文书名称。如“武汉××有限公司与法国××有限公司合资经营××轿车的可行性研究报告”。

标题下面应署明双方编制单位及编制负责人名单(包括项目负责人、技术负责人、经济负责人)、编制日期。以上内容写在研究报告的首页。

目录单独写在第二页。

2. 正文。合资项目可行性研究报告的正文主要由总论、概况、项目设计、拟建规模和生产能力、效益分析、综合评价结论等部分组成。每个部分都应分条款按顺序表述报告的具体内容。由于可行性研究报告的篇幅较长,内容复杂,列述时还要注意各部分大小标题的格式和序码使用的统一。

3. 落款。合资项目可行性研究报告的落款应包括合资双方单位的项目行政、技术、经济负责人的现行职务及签名。

4. 附件。附件是合资项目可行性研究报告的一个重要组成部分。附件包括有关重要资料、证明文件和有关表格,主要是为了说明正文中有关材料与论证的可靠性,供项目审批机关参考。

合资项目可行性研究报告的附件较多,主要有中方的资格证明、资产评估书,外商的有关资格、资信、经营状况等有关证明文件,与合资项目有关的资金、场地、基础设施配套、环境保护等内容的协议文件或上述业务主管部门的签署意见，有关合资意向书、合营项目建议书的上级机关批准文件等。

四、合资项目可行性研究报告的写作要求

合资项目可行性研究是由合资双方共同参与完成的，其整个过程除了具有明显的专业性、科学性、系统性外，还有相当的复杂性。这就给研究报告的写作提出了更高的要求。在写作的过程中，要注意以下几个方面：

1. 内容的专业性。可行性研究报告是一种专业性较强的文种。其内容不仅讲究准确、详细、完整，而且涉及工程、技术、财务、环境、法律等多方面的专业知识。因而在编制可行性报告时，一定要精心挑选那些懂工程、懂技术、懂业务的各方面人才组成专门班子，以保证可行性报告具有综合的专业性。在编制的过程中，还应充分发挥各种专业人员的作用，充分运用他们各自的专业知识，按照科学的方法和步骤，进行测算分析、论证推断，为项目的审批机关提供可靠的具有专业性的专业资料。

2. 表述的周密性。可行性研究报告是以叙述为主、议论为辅的方式，从各方面、各层次来表述对合资项目的看法和意见，这就要求在表述时，提出观点要明确，列举事实要可靠，分析问题要辩证，得出的结论要正确，使全文层次清楚，严谨周密。

3. 评估的公正性。可行性研究报告既是项目主办者的最终决策研究的文书，也是供上级主管部门决策的依据。它的公正与否，直接关系到项目投资的社会效益和经济效益的好坏。因此，在编制研究报告时，必须实事求是、科学准确，切忌浮辞夸饰、人情干扰。

例文：

关于申请成立湖北××置业有限公司的可行性研究报告

合资项目主办单位：

中方：湖北省××房地产开发公司

法定代表人：×××

公司地址:武汉市汉口××路××号

办公电话:××××××

武汉××实业有限公司

法定代表人:×××

公司地址:武汉市江岸区××路×号××大楼七楼

办公电话:××××××

外方:澳洲××有限公司

英文名称:××××××

注册国家或地区:澳大利亚

法定地址:墨尔本市××道××号××大厦××楼

法定代表人姓名:××× 职务:董事长 国籍:澳大利亚

公司电话:××××

2001年×月×日编制

目 录

一、概况

二、合资各方情况

三、市场预测

四、经营规模和经营规划

五、首期项目财务分析

六、机构设置

七、环境保护

可行性研究报告

一、概况

(一)项目名称:

湖北××置业有限公司

英文名称:××××

企业法定地址:中国武汉市汉口××路××号

法定代表人:×××

(二)项目主办单位:

湖北省××房地产开发公司(中国)(简称甲方)

××× 总经理

武汉××实业公司(简称乙方)

××× 总经理

澳洲××有限公司(简称丙方)

××× 董事长

(三)合资经营宗旨(略)

(四)经营范围(略)

(五)合资公司经营规模(略)

(六)合资公司投资总额和注册资本(略)

(七)经营期限:三十年

二、合资各方情况

(一)湖北省××房地产开发公司(略)

(二)武汉××实业公司(略)

(三)澳洲××有限公司(略)

三、市场预测(略)

四、经营规模和经营规划

本公司主要从事房地产开发和销售,城市基础设施开发建设,室内外装饰工程和物业管理。

本公司的经营发展规划分为三个阶段。

第一个阶段(略)

第二个阶段(略)

第三个阶段(略)

五、首期项目财务分析(略)

六、机构设置(略)

七、环境保护(略)

第四节 合资项目合同

一、合资项目合同的概念和特点

中外合资经营企业合同是合资项目中一个重要的内容。中外合资经营企业合同(以下简称“合资合同”),是指合资各方为设立合资企业在充分协商的基础上,就相互的权利、义务达成一致意见而订立的文件。合同是中外合资经营企业基本文件中最主要的一种文件,也是建立合资企业的一种具有法律效力的文件。合同中明确规定了合资各方具体的权利、义务,一经签订,合资双方的权利在合同规定的条款范围内受到法律保护,合资双方的义务和责任亦在合同所规定的条款范围内受到法律的约束。合资企业的合同还是有关机构对合资企业进行审批、监督、仲裁的主要依据。

合资合同的特点主要表现在:

1. 作用的特殊性。合资合同是协议书发展的最终约定,是制定合资企业章程的基本原则。在中外合资企业的三种必要文件(协议书、合同、章程)中,合同是一个承上启下的核心文件,在合资企业内部,合资合同还具有“基本法”的作用,合资双方的合资方式、管理模式及经营形式都须按照合同内容的规定去运作。

2. 内容的一致性。合资合同必须是合资双方在平等互利原则的基础上,经过充分协商,双方意见达成一致的文件。合资合同的一致性有两方面的含意:一方面是合同一经签订,合同的任何一方都不能随意更改合同的任何内容;另一方面是任何一方违背自己的意志,按不公平的条件订立合同的,其合同应被视为无效合同。

二、合资企业合同的内容

中外合资企业作为引进外资的一种主要形式,其合同所涉及的权利义务关系较多,因此其内容也比较丰富、复杂。

（一）合资企业合同的基本内容

1. 总则

2. 合资各方的名称、注册国家、法定地址和法定代表人的姓名、职务、国籍。

3. 合资企业名称、法定地址、宗旨、经营范围和规模。

4. 合资企业的投资总额、注册资本、合资各方的出资额、出资比例、出资方式、出资的缴付期限以及出资额欠缴、转让的规定。

5. 合资各方利润分配和亏损分担的比例。

6. 合资企业董事会的组成、董事名额的分配以及总经理、副总经理以及其他高级管理人员的职责、权限和聘用办法。

7. 采用的主要生产设备、生产技术及资源。

8. 原材料购买和产品销售方式，产品在中国境内和境外销售的比例。

9. 外汇资金收支安排。

10. 财务、会计、审计的处理原则。

11. 有关劳动管理、工资和福利、劳动保险等事项的规定。

12. 合资企业期限、解散及清算程序。

13. 违反合同的责任。

14. 解决合资各方之间争议的方式和程序。

15. 合同文本采用的文字和合同生效的条件。

（二）主要条款的写作内容

1. 关于总则条款。在本条款中，应指明合资各方是根据中华人民共和国中外合资经营企业法的规定，在中国成立的合资企业。

2. 关于注册资本总额条款。合资企业登记的资本总额，应为合资各方认缴的出资之和。在其合资期内不得减少其注册资本。订立本款时应注明以下内容：

(1) 注册资本数额。

(2) 资本金额的币制（以人民币表示，或以合资各方约定的外币表示)。

(3) 资本缴付时期。约定分期缴付时,应注明每期缴付的数额。资本缴付的最后期限不应超过投产、开业日期。

(4) 不按期缴付出资时,违约方应支付迟延利息或赔偿损失。

3. 关于出资方式条款。合资各方可以诸如货币、房产、设备、原料、工业产权、场地使用权等作价出资。

(1) 以有形资产作价出资时,应订明出资的项目,作价的金额。

(2) 以无形资产如工业产权、专有技术等作价出资时,通常另立单项合同,明确其具体内容。所立的单项合同作为合资合同的一个组成部分。

4. 责任条款

中国合资者的责任:

(1) 办理合营企业的设立和开业申请、登记注册等手续;

(2) 取得场地使用权;

(3) 组织厂房和基础建设的设计与施工;

(4) 在中国境内购买办公、生产、生活等物品;

(5) 联系落实水、电、路、通讯等基础设施建设;

(6) 中国籍管理人员、技术人员、工人和其他人员的招聘;

(7) 合资企业委托的其他事项。

外国合资者的责任:

(1) 对以非现金形式缴付的出资部分如实物、工业产权等,缴付前所产生的费用如运费、手续费的计算和承担方式;

(2) 为合资企业在中国境外选购设备、材料所得的佣金或回扣,应视为合资企业的收入;

(3) 提供机器设备安装、调试的技术资料和技术人员,并负责其机器设备、生产技术的质量;

(4) 培训合资企业的技术人员和工人;

(5) 负责办理合资企业委托的其他事宜。

5. 关于筹备条款。筹备处负责筹备期间的工作,审查工程设计,负责工程设备购买的招标、发包和验收,掌握筹备期间的财务预算、决算,整理、保管筹备期间的所有图纸资料、文件档案等。

合资企业建成后,筹备处应向有关部门办理交接手续,经董事会批准后方能撤销。

6. 关于技术转让条款。技术转让是指合资企业通过外方合作者或第三者获得所需的技术。订立本款时应注意以下内容:

(1) 技术转让通常另订单项合同,并作为合资合同的组成部分;

(2) 技术使用费用一般应采取提成方式支付,其提成率不得高于国际上的通常水平;

(3) 技术转让协议期满后,技术输入方有权继续使用该项技术;

(4) 技术转让合同,应经有关管理部门审查同意,并报审批机构批准,才能生效。

7. 关于产品销售条款。应注明合资企业的产品在中国境内、境外市场销售的比例;中国境外市场外方合资者直接销售的比例,合资企业委托国外机构销售的比例以及委托国内外贸公司外销的比例。

8. 关于职工条款。应注意以下内容:

(1) 不论高级管理人员还是高级技术人员,凡中方能够胜任工作的,应聘用中方人员;

(2) 董事会应按照所在地区同行业的国内企业平均工资的120%的原则来确定职工工资,并根据企业经济好坏逐步予以调整;

(3) 对模范职工、作出优异贡献职工的奖励、晋升条件和办法,对违规职工的处理原则。对职工进行奖惩时,须征求企业工会组织的意见。

9. 关于工会条款:

(1)合资企业工会的性质。合资企业的工会是按照我国的有关法律建立的群众性组织,它是我国工会的基层组织,也是合资企业职工利益的代表。

(2)合资企业工会的任务。合资企业工会的基本任务是:依法维护职工的民主权利和物质利益;协助合资企业安排、管理和使用福利、奖励基金;组织职工的各类学习,开展文体活动;教育职工遵守劳动纪律、完成企业的各项经济任务。

(3)合资企业工会的权利。主要包括有权代表职工与合资企业签订劳动合同,并监督合同的执行;工会代表有权列席董事会研究决定与职工利益有关的会议,并反映职工的意见、建议和要求;合资企业奖惩工人时,工会有权提出意见并有权向有关机构提出调解、仲裁和诉讼;工会有自己的办公场地、设备,合资企业每月应按企业职工实际工资总额的2%拨交工会经费,并由工会按有关法规使用。

三、合资项目合同的结构

合资项目合同的结构一般分为以下几个部分:

(一)标题。合同的标题的结构一般有两种形式:

1. 由企业性质、字号、行业、企业形式和文体等五个部分组成。如:

合资经营	华美	家电	有限责任公司	合同
①	②	③	④	⑤

2. 由合资双方名称、企业性质、字号、行业、企业形式和文体等六个部分组成。如:

中华人民共和国××市××制药厂	美国××有限公司合资经营
①	②

泰诺	制药	有限公司	合同
③	④	⑤	⑥

(二)正文。正文一般包括首部、主体、尾部三个部分

1. 首部。首部是表述合同基本事项的定义部分。包括:

(1) 总则。简要说明设立企业或经济组织的法律依据及订立合同的目的。

(2) 合资各方的名称、地址、法定代表人的姓名、职务、国籍以及营业执照和资产。

(3) 合同中有关名词的定义和解释。

2. 主体。主体是表述合同的主要内容和条件的部分,是合同的核心部分。

3. 尾部。有的合同尾部常用“附则”表示,其内容包括合同文字及效力,合同文本份数,合同的有效期限,合同未尽事宜的协商方法以及合同的生效条件等。

正文部分责权甚多,内容复杂,一般都采取分章写法,章以下设条、款、项、目等层次。需要说明的是,条的序数要求全文统一列序,以便引用和指称。如正文的第一章有三条,第二章则从第四条排起,依此类推;而条以下的款、项、目等层次则各自列序,不需全文统一排序。

(三)签署。正文之后署上合资双方单位的全称、双方法定代表签名、署明签订合同的年月日及地点。

此外,合同文本后面一般都有附件,或称为附项。它是合同文本不可分割的部分,包括进口设备清单、技术引进合同、土地使用证、可行性研究报告、公司章程等文件。这些文件的目录作为附件(附项)内容可列在签署之后。

四、合资项目合同的写作要求

合资项目合同是一个涉及中外合资双方甚至多方的权利、义务和责任的具有法律效力的文件,写作时应特别注意以下几点。

第一,真实、准确、完整地表述双方当事人的一致意愿。合同是双方必须遵守执行的法律文件,任何一方如不履行合同或违反合同,就要承担经济上乃至法律上的责任。这就要求制作合同的人一定要熟悉双方当事人订立合同的一致意愿和合同的详细内容。在制订书面合同时,一定要真实、准确、完整地表述出双方当事人的一致意思。任何丝毫的偏差,都会造成矛盾,甚至使一方受到不应有的损失。

第二,条款内容具体完备、前后协调一致。合同是由许多条款组成的。每个条款要求订得具体、完善,力求做到定义严谨、界定精确、责权分明,不能使用内涵不清或交叉、多义的概念。例如“不可抗力”

条款,一定要对“不可抗力”的内容予以定义,具体写明哪些因素属于该条款的范围,因为在不同的法律制度国家里,对“不可抗力”这一法律概念,各有不同的解释。对于涉外合同,还要注意认真领会和正确运用国际上有统一解释的法律术语、业务术语等,以免发生理解上的分歧。

合同是一个有机的统一的整体。在注意条款的具体完善的同时,还应保持条款前后之间的衔接性、一致性,即在不同的条款中,同一术语、同一概念的运用,其含义必须是一致的,不能前后矛盾。

第三,语句达意、用字正确、标点符号规范。语句的表达要明白易懂、意义明确,切忌含混不清、模棱两可或可作多种解释的语句。例如:“重大的财务支出,须经董事会批准后方能使用”、“总经理应定期向董事会通报经营情况”。前例中的“重大”含义不明确,比如五万元的支出,企业的大小、行业的不同,就有不同的理解,再者,由“谁”向董事会申请批准也不明确。后例中“定期”的时间概念模糊,而且汇报的对象和方式也很含混,“通报”是对董事会主要成员还是对董事会全体成员?是书面汇报还是当面汇报?上述两例对于执行者来说恐怕难以适从,而且由此所造成的工作失误和经济损失也不好分清责任。合同中的用字要正确无误,做到不漏字、不多字、不错字。标点符号的使用上也要注意规范、准确。一字之差和标点错误都会造成履行合同时的争议。因此,文字和标点也应慎之又慎。

例文:

合资经营湖北××置业有限公司

合　同

目　录

第一章　总则

第二章　合资各方

第三章　成立合资公司

第四章　经营宗旨、范围和规模

第五章　投资总额与注册资本

第六章　合资各方的责任
第七章　董事会
第八章　经营管理机构
第九章　场地使用权及设备购置
第十章　劳动管理
第十一章　税务、财会、审计
第十二章　合资期限
第十三章　合资期满财产处理
第十四章　保险
第十五章　合同的修改、变更与解除
第十六章　违约责任
第十七章　不可抗力
第十八章　适用法律
第十九章　争议的解决
第二十章　合同生效及其他

第一章　总则

湖北省××房地产开发公司(简称甲方)、武汉××实业有限公司(简称乙方)和澳洲××有限公司(简称丙方),根据《中华人民共和国中外合资经营企业法》和中国的其他有关法规,本着平等互利的原则,通过友好协商,合资组建"湖北××置业有限公司",特订立本合同。

第二章　合资各方

第一条　本合同的各方为:

湖北省××房地产开发公司,在湖北省登记注册,其法定地址在武汉市××路××号,法人代表:×××,职务:总经理;武汉××实业公司,在武汉市登记注册,其法定地址在武汉江岸区××路×号××大楼,法人代表:×××,职务:总经理;澳洲××有限公司,在澳大利亚登记注册,其法定地址在黑尔本市××道××号××大厦八楼,法人代表:×××,职务:董事长。

第三章 成立合资公司

第二条 合资公司的名称为湖北××置业有限公司

英文名称为:××××

合资公司的法定地址为:中国武汉市汉口××路××号。

第三条 合资公司的一切活动,必须遵守中华人民共和国的法律、法令和有关法规规定。

第四条 合资公司的组织形式为有限责任公司。合资各方以各认缴的出资额为合资公司承担责任。各方按其出资额在注册资本中的比例分享利润和分担风险及亏损。

第四章 经营宗旨、范围和规模

第五条 合资公司的宗旨(略)

第六条 合资公司经营范围(略)

第七条 合资公司经营规模(略)

第五章 投资总额与注册资本

第八条 合资公司投资总额为人民币×××万元

第九条 合资公司注册资本为人民币×××万元

甲方:××万元,占35%;

乙方:××万元,占40%;

丙方:××万元,占25%(以等值澳元出资)。

第十条 合资公司注册资金由甲、乙、丙方按其出资比例一次缴付。合资各方应当在营业执照副本签发之日起一个月内缴清各自认缴的注册资本。

第十一条 甲、乙、丙任何一方如转让其全部或部分出资额,须经另两方同意,并报原审批机构批准。一方或两方转让其全部或部分出资额时,另两方或一方有优先购买权。

第六章　合资各方的责任

第十二条　甲、乙、丙方应各自负责完成以下各项事宜：

甲、乙方责任(略)

丙方责任(略)

(以下内容略)

【思考与练习】

1. 涉外意向书有哪些特点和作用？

2. 合资项目建议书的作用表现在哪几个方面？

3. 编制可行性研究报告一般分为哪两个程序？每个程序编制的特点和要求分别是什么？

4. 请以本章第二节中“关于申请成立湖北××置业公司的项目建议书”的实例内容为依据，编写一份涉外意向书。

5. 本章第二节所列举的“关于申请成立湖北××置业公司的项目建议书”的例文中，缺少首页和目录，请根据实例的内容将其补齐。

第七章　科技文体

在当今经济飞速发展的时代,科学技术是第一生产力。身处其中的人们越来越清楚地认识到科技写作在传播和发展科学技术方面所起到的巨大影响(宣传与普及),以及科技写作能力对造就科技人才的重要作用(如何将既有的科技成果传承下来并转化为现实的生产力)。因此,科技写作已经成为日常实用写作的一个重要内容,掌握基本的科技文书的写作应当是人们尤其是广大科研人员的基本技能之一。

科技文书作为一种应用文体,除了具有一般应用文章的特点外,还具有自身的一些特点:

1.科学性。科技文书是反映科技领域中的研究、探讨、发现和结论的,所涉及的事物、事理本身具有客观性、严密性的特点,因而具有科学性。因此,科技文书写作必须正确反映已经存在的现象和已被验证成果,陈述、说明、论证必须严密。

2.准确性。严密的内容必须借助语言的准确才能达到效果。只有做到语言的准确,才能使科技成果最大限度地为社会所承认,才能尽快地转化为现实的生产力,为社会服务。

3.规范性。科技文书在长期的写作实践活动中,逐步形成一种外在的模式固定下来,并得到人们的认可,因而具有一定的规范性、格式化。在写作过程中,应大致遵循这种模式,以顺应人们的阅读习惯。

4.时效性。科技文书的任务是及时反映、介绍最新研究成果、传播科技信息,从而推动科学技术进步和社会发展,因此写作者应力求在最短的时间内将最新的成果、信息形成书面文字。

科技文书有不同的类别,而且随着科技的发展,不断出现新的类别。主要有科技报告、科技情报、科技应用文等。

第一节　科技报告

一、科技报告的含义和特点

(一)科技报告的含义

科技报告是报告或叙述由实验、观察、调查、研究所取得的有关某些科学技术问题新的特征、特性以及新的评价、结论的文章。它既可报告科技研制实验和评价的结果,也可叙述科技问题的现状和发展趋势,因此,它既是科技工作者研究和考察的如实记录,也是实验情况和结果的真实反映。

(二)科技报告的特点

除了具有科技文书的基本特点外,科技报告还应具有告知性的特点。科技人员常常需要将自己研究课题的过程和结果进行公布,或者需要将某一课题的实验进展、技术方法、研究结果进行阶段性或总结性的报告,或者对世界上先进的科技成果进行考察后作出总结性的评价,然后进行有目的的传播。虽然不同的科技的传播各不相同,例如有的是广泛性的,有的是定向性的,有的是有条件保密性的,但都是要达到不同程度的告知的目的。

二、科技报告的种类和格式

科技报告主要有实验报告、技术报告、考察报告等。每种不同种类的科技报告各有其自身的一些特点和格式。

(一)实验报告

1.实验报告的含义

实验报告是把某一研究课题的实验过程和结果等记录下来,经过整理,按一定的格式写成的书面汇报。它是人们从事科研活动经常用到的一种应用文体。

实验报告以如实记载实验过程和结果为目的,因此它要求具体撰写人详细具体地记录整个实验的重要过程、方法和观测的结果等细节性问题。实验报告注重客观性，因此它可以是重复前人工作的记述，不一定要追求创新的内容，而且可以是“正结果”，可以是“负结果”，也可没有明确的结论。

2.实验报告的写作格式

实验报告一般包括实验名称、实验目的、实验器材、实验装置与操作步骤、实验结果和结论等。简单的实验报告因其项目相对固定，因此可以按一定的格式印制成实验报告表，实验者按要求逐项填写即可。但是，对于比较复杂的实验报告来说，一张实验报告表的容量是远远不够的，因此要求由实验者写成实验报告文章，以便将实验过程和结论较详细地陈述出来。具体说来，实验报告应包括以下几个部分：

(1)标题（实验名称）

标题要求准确、简明、醒目、集中、完整地反映实验研究的内容。例如《三峡工程大江深水截流技术报告》。

(2)作者及其单位

实验报告一般要求署真名，表明其成果的所有权，也表明文责自负。同时，注明作者单位，以便读者与之联系。

(3)摘要

摘要是实验报告基本内容的缩写，应包含与报告等量的主要信息。篇幅以300字左右为宜，以方便读者选择阅读。

(4)前言

前言是报告主体部分的开端，需简要说明实验缘由、范围、意义以及实验研究的主要方法和方案。

(5)正文

正文是实验报告的主体。它主要包括实验原理，实验方案，实验装置，实验材料，实验器材的名称、数量和规格，实验的具体步骤等。

(6)结果（结论）

实验结果或结论是实验报告的结尾部分。它是根据实验过程得出的结果或由此推导出的结论，也可进行分析预测，往往是读者最想看到的部分。

(7)参考文献

凡在报告中参考别人的实验数据、方法、装置、材料、观点等,均应在文中按出现的先后顺序标明序号,注明出处,要求做到准确无误。

3.实验报告的写作要求

(1)实验报告的书写要有程序

在实验报告中,首先要写明实验的具体时间(有时还要写明气候和温差变化),然后写实验的项目和次数,再写实验的具体内容。要注意书写的程序和层次性。

(2)实验报告中要写明实验原理

所进行的实验是否具有可操作性,关键是看根据的何种原理、定律或操作方法。让人读后感觉到所进行的实验具有科学性。

(3)实验报告中的数据等一定要可靠

实验报告具有鲜明的科学性,因此里面所涉及的数据等一定要真实可信,切忌凭空捏造。

(4)实验结果或结论要与实验过程合拍

实验的最终会有一个结果,或由过程推导出一个结论。结果或结论一定要以实验过程为根本前提,这样结果或结论才能让人信服。

(5)力求语言的简洁生动

实验报告以科学性和客观性为根本特征,并不意味着在语言上没有要求。实验报告有时并不光是写给专业人士看的,为增强其可读性,也应在语言上多下功夫,以做到叙述生动,概括简明。

(二)技术报告

1.技术报告的含义

技术报告是科技工作者围绕某一课题进行研究所写的带有较强专业色彩的科技报告。根据报告的内容,可以分成阶段报告、成果报告和总结报告等。

技术报告是科技工作者之间进行成果交流的重要手段,也是承揽科技研究的单位或个人向技术委托者或经费提供者提交的技术研究文件。技术报告能迅速反映最新的科技成果,代表着该专业技术的最新成果，而且具有较强的使用价值，因此大多数技术报告不宜公开。

2. 技术报告的格式

技术报告除了标题、作者及其单位、摘要、结果或结论等部分需要遵守论文和实验报告的标准格式外，其主体部分的结构方式比较灵活多样，可根据表述的具体内容和内在的逻辑关联进行灵活安排。

（三）考察报告

1. 考察报告的含义和种类

考察报告是为某一目的对某一地区、某一课题进行具体了解、观察、研究、思考，并对察访过程中所收集到的资料进行整理研究，进而归纳汇报察访的主要体会、认识，提出合理的指导性建议的一种报告文体。我国历史上郦道元《水经注》、《徐霞客游记》等都是著名的考察报告，只不过行文格式与我们现在略有不同。因其文辞优美，它们又被视作典范的游记作品。

考察报告的作用主要是为科技工作者和相关领导提供国际国内最新的科技情报以及科技发展动向，从而提供进一步深入研究的情报线索，提供参照、学习的样板和进行决策的依据。它对科技的发展进步和交流起着重要的引导和促进作用。

根据内容的不同，考察报告大致有以下三种类别：其一为科技情况考察报告。多用于科技考察团考察国内国外先进科学技术所写的报告。其二为科技会议考察报告。一般在参加国内国际科技会议之后所写的报告。其三为学科研究考察报告。这种考察报告多为科学工作者个人用以汇报自己的考察研究成果。

2. 考察报告的写作格式

考察报告在行文格式上十分自由灵活，有全文不分章节浑然一体的论述，也有采用小标题形式所进行的分项叙述说明，还可以采用日记体裁等。但总体说来，它的结构一般由标题、前言、概述、考察细目、体会与建议等五个部分构成。对于不同类别的考察报告，各部分所涵括的内容有所不同，在写作时应加以区别对待。

（1）标题

考察报告的标题一般由考察地名、考察主题和文种三个要素构成。如《台湾现代研究生教育制度考察报告》、《三江源生态结构考察报告》等。

(2)前言

在前言部分里，主要介绍考察的主题、组成人员、考察的起止时间、考察地点、具体对象和考察目的等基本内容。

(3)概述

概述部分主要是综述考察的总体情况，包括主要的考察内容、主要的交流对象和基本学术思想、考察对象历史与现状的总体对比、考察主题的国内外比较以及总体感受和主要收获等，以给读者一个总体印象。

在许多考察报告中，也可将前言和概述两部分合成一个部分。

(4)考察细目

考察细目是考察报告的主体部分，它要把考察的具体内容作较为详细的叙述说明。在内容的安排上，一般不以考察的具体时间为线索，而是将考察的具体内容分门别类，围绕考察主题进行分层介绍或论述。

(5)体会和建议

体会和建议看似是闲笔，实质上是考察报告一个不可缺少的重要组成部分。在这一部分里，应将考察中所得到的材料加以归纳总结，或将其与本国、本地区的同一情况进行比较，提出总结性的考察结果。同时，考察者多为专业人士，因此还要就考察结果作出一些建议，并对建议的可行性作一简要的评价。这样，使考察报告真正起到介绍、交流、借鉴的作用。

3. 考察报告的写作要求

(1)专业性与通俗性相结合

考察报告的主题一般专业性较强，常会涉及到一些深奥的科学知识和复杂的生产技术，因此不可避免地会出现一些专业词汇和术语。但是，考察报告不能光在同行专家、学者范围内流通，它的读者还包括相关的领导、管理人员和一般意义上的社会群体，他们对该专业不一定在行,所以考察报告还要尽量做到通俗易懂,文理皆宜。

(2)全面性与系统性相结合

因考察时间、地点、领域等方面的原因,考察报告所涉及的内容往往很多。在撰写报告时,应力求将它们全面涉及。但是,不能一味追求全面而作一锅粥煮,而是要尽量做到有层次、有系统,将层次性、系统性同全面性结合起来。

例文:考察报告

河北邢台县东先贤遗址发掘简报

河北省文物研究所

1995年冬,邢台县东先贤村村民在砖场取土时发现大量陶片。河北省文物研究所随即派人对现场进行调查,采集了大量标本,并于1996年3—4月对该遗址进行了抢救性发掘。

东先贤村位于邢台市西南3.5公里,隶属于邢台县南石门镇。这里地处太行山东麓的山前丘陵与华北平原的交接地带,水资源丰富。遗址位于东先贤村西南1公里的岗上,七里河由西向东从遗址南侧流过。遗址地理坐标为东经117°20′,北纬37°1′,海拔高度为82米(图一)。20世纪50年代,考古工作者在文物普查中发现此遗址并对其进行试掘,由于当时发掘材料所限,发掘者认为遗址年代为商代晚期。本次发掘共布5米×5米探方22个,发掘面积550平方米,出土遗物450余件。

由于砖窑场历年取土,遗址遭严重破坏,耕土层以下即为部分遗迹,这些遗迹均打破生土。部分遗迹间有互相打破叠压关系,比较典型的有:H4→H6,H7、H14、MI→H3,H2→H1,H12→H10、H11,H19、H20→H18。以下按遗迹、遗物分别叙述。

一、遗迹

遗迹以灰坑为主,还有陶窑、墓葬等(图二)。

(一)灰坑

…………

(二)陶窑

…………

(三)墓葬

…………

二、遗物

以陶器为主,另有少量石器、骨角器、蚌器等。

(一)陶器

…………

(二)石器

…………

(三)骨、角、蚌器

…………

(四)其他

…………

三、结语

自20世纪50年代以来,邢台市周围地区特别是七里河以北东西一线区域发现了多处商周时期文化遗址,如曹演村、南大郭、南小汪、东董村、尹郭村、贾村、西关外等遗址,为研究邢台市历史文化,特别是西周邢国历史研究提供了丰富的实物材料。通过这次对东先贤遗址的发掘,不仅大大丰富了邢台西周历史文化的内涵,也为邢台地区邢文化分期研究提供了地层学和类型学方面的实物依据。

(一)分期及年代

根据遗迹间相互关系和典型器物的形制特征,我们可以把东先贤遗址分为早晚两期。

第一期:……

第二期:……

(二)经济类型

……

(三)关于"邢"

……

注释

……

(本文原文请见《考古》,2002年第3期)

第二节　科技情报

一、科技情报的含义

科技情报是根据客观需要,有目的、有计划、有组织地收集国内外新的科学技术知识的信息资料,经过筛选分类、整理并加以分析研究后所得出的一种可为决策和科研服务的意向性文献。

科技情报的目的是使信息资料由不确定性转化为确定性,由零散性转化为有序性,由单一性转化为丰富性,最终揭示主题事物或过程的状态、性质和发展趋势。因此,在撰写科技情报之前,首先是搜集相关的信息资料,接着进行鉴别、加工、浓缩,然后再进行归纳、分析、评价等。

二、科技情报的种类

根据科技情报内容和表达方式的不同,科技情报有着不同的类别,例如有索引、目录、文摘、动态、快报、综述报告、述评报告、专题报告、总结、年鉴、手册等多种种类。

索引和目录是为检索作引导的情报文献,一般包括文献标题、作者、出处等。文摘是对文章主要内容的概括和摘录。动态和快报是及时反映某一科研项目成果的快报。总结是对某一学科一段时间以来科研得失成败的总体性描述。手册是对某一专业问题所作的一般性描述。年鉴是一种汇集至出版年为止(着重是最近一年)的各方面或某一方面的情况、统计等资料的参考文献。

三、科技情报的写作

不同种类的科技情报会关涉不同的内容。下面我们就综述报告、述评报告、专题报告等的写作内容和特点分别加以介绍。

(一)综述报告

1. 综述报告的含义

综述报告是对一定时期内某一学科、领域或专题的研究成果或技术成就所进行的系统而全面的分析研究，进而整理出的综合叙述或介绍，是一种二次性文献。

2. 综述报告的特点

作为一种二次性文献，综述报告通过揭示科学技术发展水平、发展差异和发展动向，可以使其他研究者或一般读者花费较少的时间和精力，就能比较系统、完整地了解相关课题的内容、意义、历史、现状以及发展动向。在此基础上，综述报告体现出以下特点：

(1)综合性

综述报告是一种综合性极强的科技情报。它既可从时间上进行纵向的回顾和梳理，总结研究对象的发展历程，分析现状和预测发展趋势，也可从空间上进行横向的对比，从而标示出不同国家、不同地区、不同科研单位乃至不同科研人员的实际科研水平。在此基础上，综述报告一方面可以开阔人们的视野，另一方面也让人们对某一课题的历史、现状以及未来发展趋向有较为全面而准确的了解。

(2)客观性

综述报告只是把大量的数据、资料、信息以及别人的观点主张进行综合归纳和整理，不发表评论，也不提出具体建议，因此具有客观性的特点。当然，在材料的引用和观点的取舍上，仍然一定程度地体现了撰写者的立场和见解，因此，综述报告的客观性只是相对的。

(3)对比性

综述报告是对某一学科一定时期内研究成果的总体叙述或介绍，因此，或从横向上，或从纵向上，都体现出强烈的对比性。这种对比性在一定程度上让研究者或一般读者分析出该学科的发展前景，找出其中存在的问题,也便于将科技成果转化为现实生产力的生产部门进行择优选择。

3. 综述报告的写作格式

各种综述报告的目的和服务对象的不同,撰写综述报告的格式也不尽相同。但是,从总体上讲,其基本格式应包括以下几个方面:

(1)前言

在前言部分,要写明撰写本综述报告的原因、目的、意义、使用对象、资料搜索的范围、介绍正文的基本内容。前言在一定程度上起到引出正文的作用,因此要简短明确、重点突出。

(2)正文

正文是综述报告的主体部分。对综述报告的对象要由浅入深、广泛系统。力求详细具体、面面俱到,但同时要注意重点突出。现实和发展趋势应当是叙述的重点。

(3)结束语

一般为总结性的话语,对本研究的意义、存在的分歧以及亟待解决的问题都可在这里概括讲出。

(4)附录

作为本综述报告的依据,在附录部分,将主要参考文献的目录附上,以增加综述报告的可信度,同时也为他人进一步学习和研究提供方便。

4. 综述报告的写作过程

综述报告的基本写作过程如下:

(1)选择主题

主题选得是否适当,对写好综述报告至关重要。有的主题可以写成综述报告,有的则不宜采用这种文体。

(2)搜集资料

综述报告写得好不好,很重要一方面便是看占有的资料是否全面。在搜寻资料时,要注意将全面和重点两者结合起来。一般要使用综合性强的大型检索工具书,现在网络技术发达,也可通过网上搜集查询来达到目的。

(3)研究读者

在撰写综述报告之前,必须搞清楚读者对象,是写给专业人士看的还是写给大众读者看的,或者是两者兼顾,对于不同的读者,在行文语气、术语使用等各个方面应予以区别对待。

(4)拟定大纲

在以上三个步骤的基础上,要拟定出初步的写作大纲,将写作的大致思路整理清楚,并对搜集到的资料进行筛选。

(5)整理定稿

经过充分的准备,就可以写成书面文字。在写作过程中,应力求引文的正确无误,结论是否顺理成章,建议是否合情合理。

(二)述评报告

1. 述评报告的含义

述评报告是针对某一学科或某一课题,在全面、系统、简要地叙述其研究现状、最新动向以及发展趋势的基础上,给予分析、评价,并提出具体建议的一种文体。

2. 述评报告的特点

述评报告的特点主要体现在"述"和"评"上。

(1)综合性

述评报告很重要的一项工作便是对某一学科或课题的研究情况作动态的系统总结,必须占有较充分的材料,因此具有较强的综合性。

(2)主观性

在对某一学科或课题的研究进行总体描述后,还必须对其作出评价,指明其优点和不足。在评价过程中,会体现作者的个人主观倾向。

(3)科学性

尽管作者可以就文中所描述的观点任意发表意见,作出评价,但是,它必须建立在科学性的基础上。如果评价不能以科学性为前提,那么这种主观性便只可能是一种个人偏见了。因此,主观性是与科学性密不可分的。

由以上特点可以看出，综述报告同述评报告之间存在着共同点和不同点。其一，它们都必须对某一学科或课题的研究进行系统描述，具有综合性的特点。但是，述评报告的系统描述是为下一步评价打基础，本身已经包含了较浓的主观因素。其二，它们都可以在系统描述的基础上提出一些具体的建议或对未来发展趋势作出预测。其三，综述报告重在“述”，因此要尽力避免主观因素的渗入；而述评报告重在“评”，因此体现出强烈的个人主观倾向。其四，综述报告和述评报告对撰写者的要求不一样。述评报告撰写者只有具备相当的专业水平和研究水平，才能真正评出水准来。

3. 述评报告的写作格式

述评报告的格式主要包括以下内容：

(1)前言

在前言部分，交代述评对象的基本情况以及对其述评的意义，同时也要简单介绍本文的内容、性质和适用范围等。

(2)正文

作为述评报告主体的正文，应包括以下内容：其一，以时间为线索叙述该学科或课题研究的各阶段发展状况，并对其进行评价，指出历史上的进步和存在的缺陷。其二，对该学科或课题的研究现状进行介绍、分析，指出需要解决的问题和暂时存在的不足。其三，根据现有研究水平并结合具体情况提出应采取的措施及相关的改进意见，尤其要将可能性说清楚，以引起相关部门或领导的重视。其四，在有充分科学依据的基础上，指出该学科或课题在不久的发展趋势以及将会产生的影响，以引起决策者的注意。

(3)结束语

结束语是对正文未尽之意的一个补充，写法多种多样，可以总括正文的某些内容，也可指明应注意的事项。

(4)附录

列出主要参考文献目录，以供他人进一步学习、研究提供方便。

4. 述评报告的写作过程

述评报告的写作过程同综述报告的写作过程大致相同，这里不再详述。

(三)专题报告

专题报告是为解决某项专门或具体问题而进行专题调查,并经过分析研究,最终提出判断、预测或提出建议、方案等的一种成果报告。

专题报告大多是为了解决应用技术领域内的具体问题,具有很强的实用性,因此它与综述报告和述评报告不同,不以占有详尽资料为根本要求,而是要从中发现问题,进而解决问题。具体说来,专题报告具有这样几个特点:其一,专题报告的研究对象许多时候是非常具体的,针对性强。其二,要用大量事实、实例、数据等来说明问题、分析问题,从而指明问题的关键之所在。其三,要有明确的结论,切忌模棱两可。其四,必须提出解决问题的措施、办法、改进的意见或方案。

专题报告的写作格式同综述报告、述评报告大致相同。

例文:

SSE – CMM 模型结构特征综述

崔宝灵 鞠晓峰 王衍华 陈兵

(哈尔滨工业大学管理学院 哈尔滨 150001)

提要 随着我国国防、政府、企业、社会信息化程度的急剧提高,尤其我国面临进入 WTO,信息安全问题对我们的挑战将愈来愈严峻。系统安全工程能力成熟模型(SSE – CMM)为安全工程提供了评价标准及能力改善通道。本文主要讨论了 SSE – CMM 模型的结构特征,并对其过程域作了简要的介绍。同时,简要介绍了 SSE – CMM 的应用现状和前景。

0 引言

系统安全工程能力成熟模型(SSE – CMM)的构想是在 1993 年由美国国家安全局(NSA)提出来的。在美国国家安全局、美国国防部、加拿大通信安全局的号召和推动下,汇集了 60 多个厂家,集中了大量的人力、财力和物力对该构想进行了开发实施，并于1996年10月出版了SSE－CMM模型的第一个版本，1997年4月发布了SSE－CMM的2.0版本。

目前基于能力成熟模型的规范标准主要有：可信度能力成熟模型、软件开发能力成熟模型、系统工程能力成熟模型、系统安全工程能力成熟模型等。在这些模型当中，系统安全工程能力成熟模型是惟一的一个能够全面地评价和提高安全工程能力的模型，同时它也借鉴其他模型中的一些思想和方法来协调安全工程中的各种活动。

SSE－CMM的目的是建立和完善一套成熟的、可度量的安全工程过程。SSE－CMM描述了一个良好安全工程必须具备的特点，但是，SSE－CMM描述的并不是某一特定过程或结果，而是抓住工业中经常要遵循的实践活动的一个标准体系。它主要涵盖以下内容：整个生命周期，包含开发、运行、维护及更新活动；整个组织的各个层次，包含管理、组织及工程活动；与其他领域的并发交互处理，比如，系统、软硬件、人力因素及测试工作；系统的管理、操作及维护等活动；与其他组织活动间的相互影响，包括系统管理、认证、验收及评价各环节。

SSE－CMM中的过程域被定义为一系列安全工程过程特性的集合，这些特性将集中在一起共同实施，从而达到一个规定的目标。过程域由若干基本实施构成，这些基本实施具备某种指令性特点。也就是说，如果一个组织要宣布某个指定的过程域为安全的话，它就必须让被实施的安全工程中含有全部基本实施。基本实施是从现存的很大范围内的材料、实施活动、专家见解之中采集而来的。

SSE－CMM包含三类过程域：安全工程过程域、组织过程域和项目过程域。其中组织过程域和项目过程域是从系统工程能力成熟模型中借鉴而来的。

1　安全工程过程域

SSE－CMM将安全工程过程域分为三个基本类别的领域：风险过程域、工程过程域和担保过程域。尽管这三个域并不是互相独立的，但是我们还是将它们分别对待。对于最简单的层次而言，风险过程要识别内含于产品、系统开发过程中的危险因素，并将其按危险性的等级进行排列；工程过程则要对上述危险带来的问题采取解决措施；担保过程要确保安全性的解决措施有效，并将这种确信传递给客户。这三个域同时协作，就会达到安全工程所要达到的种种目标。图1显示了这三个领域协作的关系。（图略——引者注）

1.1 风险过程域

安全过程的一个主要目标就是降低风险。风险评估就是一个识别潜在未发生问题的过程。评估风险往往考虑两个方面：第一，考虑系统受到攻击时崩溃的可能性；第二，考虑一些意外事件对系统的潜在影响。上述的可能性是一个不确定因素，它会随环境的改变而不同。这就意味着这种可能性只能用某种极限的形式进行预测。另外，由于意外事件并不一定总如意料中的那样发生，这就决定了所考虑的特殊风险对系统的冲击也是一个不确定因素。由于这些因素都含有大量的不确定性，这致使准确估计这些因素并对其进行调整成为一件非常困难的事。

一个意外事件通常由三部分构成：威胁、脆弱性、冲击。所谓脆弱性，就是指那些被攻击方所利用，借以威胁系统的一些系统资源的属性，当然也包括系统本身的瑕疵。如果上述两种因素都不存在的话，那么就不存在意外事件，也就不存在任何风险。风险评估作为一个过程往往包括两个方面内容：一是评估风险并将其量化；二是为组织建立一个可接受的风险等级。风险管理是安全管理中的一个重要组成部分。

采取安全防范措施可以降低风险，但是这种防范措施本身也可能带来风险。通常而言，要彻底根除所有风险是不可能的，一方面是由于降低风险措施所增加的大量费用，另一方面是由于风险本身具有很强的不确定性。正因为这样，一些残余风险总是必须被接受。由于不确定性的存在，使得接受风险这一行为由于其内在的不精确性而变得很成问题。

1.2 工程过程域

与其他工程标准一样,安全工程也是一个包括概念、设计、实施、测试、部署、维护、更新等多个环节的过程。在这个工程进行的全过程中,安全工程师必须与其他工程团队紧密合作。SSE-CMM强调,安全工程师是整个大团队中的一部分,他们必须与从事其他活动的工程师紧密合作,这将有助于使安全性成为整个大过程的一部分,而不是仅作为一个孤立的活动。安全工程师在与客户一起确定安全需求时,要用到多方面的信息。其中包括上述风险过程中产生的信息,以及其他关于系统需求、相关法律、政策等多方面的信息。一旦确定了安全需求,安全工程师们将开始确定与跟踪一些特殊需求。

针对安全问题提出解决措施的过程一般包含两方面工作:首先确定可能的替代方案,然后评估替代方案已决定哪一个方案最合适。将这种过程与其余活动相集成时存在一个难点:解决措施的选择不能仅着眼于安全考虑,而应该考虑更广泛的因素,包括费用、执行情况、技术风险以及使用的便易性。通常这种决策必须要将问题再次发生的可能性降至最低,这一步骤中产生的分析结果将为以后的安全担保工作打下一个坚实的基础。

1.3 担保过程域

担保被定义为安全需求被满足的确信程度。这是安全工程的一个重要产品。担保有多种形式,SSE-CMM强调其中一个方面,那就是确保安全工程过程结果的可重现性。这种确保的基础是:一个成熟的组织比一个不成熟的组织更能重现安全工程的结果。

担保通常以文件的形式进行传递,这种文件包括对各种系统特性的声明,这些声明都要有客观依据,这些依据通常是在安全工程活动过程中以文件的形式产生的。

SSE-CMM各种活动本身就已经为安全担保提供了相关证据。例如,过程文件就可以说明所进行的开发工作是依照一个定义良好的成熟过程来进行的,并且,这个过程的目标是不断地进行改进的。

2　项目过程域

项目过程域的目标之一是确保项目的质量,这不但要考虑系统的质量,而且还要考虑用于构造系统的过程域的质量。另外,这个过程必须严格坚持并贯彻于SSE－CMM的整个生命周期。

项目过程域的另一目标是对项目的技术工作进行有效地管理,这涉及到对技术工作的计划和监控。

计划技术工作的目的是建立在系统开发、生产、应用和更新之上的,涉及到技术工作的进度安排、成本计算、控制和追踪等。计划始于定义和约束项目的目标、范围及其风险等。计划过程包括估计工作产品的大小,估计所需的资源,建立一个时间表,考虑风险和商定承诺等。

管理风险的目的是为了识别、估计、调整和减少风险。所有的系统开发工作都有固定的风险,其中的一些并不容易认识。风险的早期发现和减少可以避免在更高级的系统开发的阶段花费更多的成本。

3　组织过程域

组织过程域包括三方面的内容:为安全工程提供支持;指导产品开发方向;安全工程过程在整个组织内部的标准化。

3.1 提供安全工程支持

首先要提供开发产品和执行过程所需要的技术环境。组织的技术需求随着时间改变,当需求改变时,涉及到的技术工作必须被重新确定。技术环境包括:计算资源、通信渠道、分析方法、组织结构、设备、软件生产工具以及所有的系统安全工程工具等。

要保证项目和组织有必要的知识和技能来完成相应的目标。为了保证那些来自于人力的重要资源的有效使用,需要确定组织内部的知识和技能需求。

所需求的技能和知识可以通过组织内部的培训来获得,也可以从组织的外部资源中及时获得。外部资源包括顾客资源、临时雇员、新雇员、顾问和转包商等。另外,知识也可以从学科问题专家那里获得。

3.2 指导产品发展

一个组织必须首先决定产品的演变，然后，这个组织再决定怎么设计和开发这些产品，包括重要的部件、成本实施工具和有效的过程等。

为此，需引入服务、设备和新技术等，以便当产品线路朝它的最终目标演变时，在产品演变、成本控制、进度安排和计划执行等方面达到最优收益。

上述工作的目的是确保产品开发能够集中于达到战略性的商业目的，创造并改善在长期内使研究和产品开发具有竞争优势所需的能力。

3.3 安全工程的标准化

定义组织安全工程过程域的目的是建立和管理组织的标准安全工程过程。这些过程随后能被某个项目所剪裁来构成其独特的过程，在该项目对应的系统和产品的开发中将遵循这些过程。

定义组织的系统安全工程过程涉及到定义、收集和维护满足组织的商业目标的过程，还涉及到设计、开发和文档化系统安全工程过程的工作产品。这些工作产品包括过程的范例、过程片段与过程相关的文件、过程结构、过程剪裁规则和工具以及过程度量方法等。

定义好的标准安全工程过程并不是一成不变的，它应当随着组织的环境的变化而不断地改善。改善组织的安全工程过程的目的是通过不断地改善组织中所应用的系统安全工程过程的有效性和效率来获得竞争优势。

4 结论

SSE－CMM 提供了一种标准体系，该体系有助于将安全工程活动建立或改造成一种成熟的、可度量的规范活动。该模型清楚地描述了每一个系统安全工程过程，从而确保这些过程域可以有效地发挥作用，并可以被很好地管理、衡量和控制。

目前，SSE－CMM 已经成为西方发达国家政府、军队和要害部门组织和实施安全工程的通用方法，是系统安全工程领域里成熟的方法体系，在理论研究和实际营运方面具有举足轻重的作用。在模型的应用方面，Texas Instruments(美)和参与模型建立的一些公司采用该模型指导安全工程活动，可以在提供过程能力的同时有效地降低成本。我国国家及军队信息安全测评认证中心已准备将 SSE - CMM 作为安全产品和信息系统安全性检测和认证的标准之一。相信随着对 SSE - CMM 的更进一步研究，SSE - CMM 在我国将得到更广泛的应用。

参考文献：

[1] SSE - CMM Model Description Document Version2.0, http://www.sse - cmm.org.2000/09/10

(引自《高技术通讯》2001 年第 5 期)

第三节　科技应用文

一、科技应用文的含义和特点

(一)科技应用文的含义

科技应用文是在科技工作和活动中，用以指导科研、规范管理、加强协作以及处理日常科技事务的具有规范格式的实用文体。

(二)科技应用文的特点

作为一种应用型文体，科技应用文具有以下特点：

1. 实用性

科技应用文是为科技事务服务的，有着自身特定的目的和作用，因此反映在内容上就体现出较强的针对性和实用性。

2. 规范性

科技应用文有着相对固定的规范格式，这样便于写作，同时也便于阅读和及时处理事务。

3. 时效性

科技应用文所针对的具体科技事务总有一定的时间范围，与之相对应的科技应用文也只能在一定时间内发挥作用，因此时效性较明显。

二、科技应用文的种类

科技应用文涉及到科技工作和活动的方方面面，种类繁多，而且随着科技管理活动的增强不断发展演变，因此种类划分很难有一个统一的规则。科技工作是一个系统工程，工程的进程大致有准备阶段、研究阶段以及成果管理阶段。为了便于理解和掌握，我们以此为标准对科技应用文进行大致划分。

(一)准备阶段

在科技准备阶段的常用文体有科技建议书、科技协议书、科技合同书、可行性研究报告、实验指导书等。

(二)研究阶段

在科技研究阶段的常用文体有计划任务书、设计任务书、阶段性报告书以及各种指令性、实施性文件等。

(三)成果管理阶段

在科技成果管理阶段的常用文体有成果报告书、技术鉴定书、发明申报书、专利申请书、产品说明书等。

三、科技应用文的写作

科技应用文的种类繁多，下面介绍几种常用的科技应用文的写作知识。

(一)科技合同书

1. 科技合同书的含义

科技合同书是在科研合作、成果推广、技术转让、技术咨询服务等各类科技事务活动中由当事人双方签订的一种契约。科技合同书具有法律效力，受到法律的保护。在市场经济纵深发展的今天，科技合同书的使用越来越广泛。

2. 签订科技合同书的当事人双方所应遵循的基本原则

(1) 遵纪守法

签订科技合同必须以遵守相关的政策法令为前提，这样的合同方才受法律保护，方才具有法律的约束性。国家不允许合同当事人利用合同进行违法乱纪活动。

(2) 法人资格

合同双方必须具备法人资格，这样签订的合同才能产生法律效力。所谓法人是指依法成立并能以自己的名义行使民事权利并承担民事义务的组织。

(3) 平等互利

签订合同双方在享有权利和承担义务上是对等关系，因此必须遵循平等互利协商一致的原则。

3. 科技合同书的写作格式

科技合同书的主要内容由标题、立合同人或单位、正文、落款等四个部分构成。

(1) 标题

标题即合同名称，一般由合同性质与文种两个因素构成，如“微型扫描仪技术转让合同”等，也可直接使用“合同”二字。

(2) 立合同人或单位

签约双方的单位名称或个人姓名，一般在标题下面，上下并写，也可左右连写。单位之间签订的合同，除了写明单位名称外，还要写明签约代表的姓名。如有公证或担保单位，将其列在签约双方的名称之下。为使以下行文方便，可将签约一方简称为“甲方”，另一方称为“乙方”，公证或担保方称为“丙方”。这三种简称应分别于各方单位、代表之后，在括号内注明。

(3) 正文

正文是合同的主体，由签约缘由、协议内容、对合同的保存情况及附件说明等构成。在签约缘由中写明签订合同的根据或目的。协议内容即双方议定的条款，包括合同的主要内容和技术要求、协作的方式、各自应享有的权利和承担的义务、责任、时间期限、协调内容或事项、违约规定等具体细节性问题。合同的保存情况包括合同份数和保存单位两个方面。合同正本一般为一式两份或一式三份，签约方各执一份。合同具有法律效力，因此应妥善保存。合同副本一般送签约双方上级主管部门留存备案。附件说明应注明附件名称、份数等。

(4) 落款

在正文之后,写明签订合同双方单位全称和代表姓名,并签字盖章。如有公证或担保单位,则也要写明并签字盖章。必要时还要注明签约双方地址、电话、开户银行账号等。最后写明签订合同的具体时间,这个时间并不一定是合同生效的起始时间。

(二)技术鉴定书

1. 技术鉴定书的含义

技术鉴定书是由有关专家会同科研单位,根据国家颁布的相关标准或规定,对科研技术的实用价值、技术成熟程度等进行测量鉴定后作出具有客观性、权威性的结论性的文件。

技术鉴定采取分级负责的办法,一般分成四级:国家鉴定,由国家科学技术委员会组织鉴定,鉴定后须呈报国务院批准;部级鉴定,由国务院下属各部组织鉴定,鉴定后提交国务院留存备案;地方鉴定,由省(市、区)科技部门组织鉴定,或者委托下属市、县相关部门组织鉴定;基层鉴定,由企业、科研机构等基层单位组织鉴定。

2. 技术鉴定书的写作格式

建议密级	
批准密级及编号	

科学技术成果鉴定书

编号(　　)
成果名称:
成果完成单位:
鉴定形式:
主持鉴定单位:
组织鉴定单位:
鉴定时间:

技术鉴定书的格式已经相对固定,一般印制有专门的表格,使用时按要求填写即可。

技术鉴定书的格式主要由封面、正文以及附件等几部分构成。

(1) 封面

技术鉴定书的封面包括建议密级、批准密级及编号、文种名称(即技术鉴定书)、被鉴定项目名称、证书编号、承担研究单位、主持鉴定单位、组织鉴定单位、鉴定时间等。具体如左:

(2) 正文

正文部分包括以下内容:

成果简要介绍及主要技术指标说明。简单说明科研任务的来源、科研成果的用途、意义和性能等。在技术规格说明里,要求列出最能代表技术成果特征和品性的数据。

鉴定意见。由鉴定委员会填写,应从该技术所达到的水平、所具有的经济价值和将可能产生的影响、尚未解决的问题以及改进的意见等方面入手进行把握。鉴定技术负责人要签名并且注明时间。

主持鉴定单位签字盖章,并注明日期。

组织鉴定单位审查意见。主要说明组织者是否同意鉴定委员会的鉴定意见。

主要技术文件目录及其提供单位。在将技术文件名称写明之后,还应提供文件编号、单位全称以及文件作者等。

主管部门审查意见。由主要负责人签署意见并加盖公章。

鉴定委员会成员名单。为保证鉴定的公正性,应提供所有成员的姓名、职称、职务、性别、工作单位、本人签名等。

(3) 附件

附件部分应包括技术资料的审查报告和项目的现场抽测报告,均由鉴定委员会技术资料审查组撰写。

3. 技术鉴定书的写作要求

(1) 技术项目的名称要确切

在拟定、审核项目名称时,要注意项目名称与项目内容的吻合相称,切忌名不副实,以偏概全。

(2) 说明和叙述必须简明

进行技术鉴定时,应具备一定的专业术语和文字表达能力,以做到删繁就简,达到精确明了的效果。

(3) 结论要慎重、公正、准确

鉴定是对科技成果的技术性认定,因此必须认真对待,要公正客观,实事求是,不要估价过高,也不要压得太低,切忌使用模棱两可的词句。

(三)专利申请书

1. 专利申请书的含义

专利申请书是科技工作者向上级申报自己的发明专利并申请专利权的书面报告。所谓专利权是由专利局授予的在一定期限内对该项发明创造享有排他使用、制造、销售的个人所有权。专利可以是创造发明,也可以是文献。

获得专利权应具备以下几个条件:其一,独创性。即该项发明创造是前所未有的,是对先前的一个创新与突破。其二,实用性。该发明创造能获得较高的经济、技术和社会效益。如果某人的发明创造对社会没有任何用处的话,就不可能获得专利。

2. 专利申请书的写作格式及主要内容

专利申请书一般由封面、正文和附件等几部分构成。在封面上应写明申请主题和申请人的姓名。根据《中华人民共和国专利法实施细则》的要求,专利申请书的正文应包括以下内容:

(1) 申报名称。要尽量简洁明了地反映该发明创造的主题,同时不要超出发明创造的范围,可以适当使用专业术语。

(2) 发明的技术领域。说明本专利发明的技术领域,让人明白该专利的适用范围。一般采用短小精悍的句子,如"本专利涉及……"。

(3) 发明的背景。申请人应尽自己所知,写清与发明相关的现有技术,并引用反映该项技术的文件,以利于专利局对该发明创造的理解、检索和审查。

(4) 发明的目的。要明确而精炼地说明该发明创造的目的或用途。

(5) 发明的内容。要清楚地写出该发明创造的内容,即采用了什么样的新技术或手段,解决了别人所不能解决的问题,以所属领域的普通技术人员能看懂为标准。

(6) 发明的效果。写出该发明创造与既有同领域技术相比所显示的优势或由此将产生的积极效果和意义。

(7) 发明实施实例。在本项内容中,申请人应详细叙述自己认为最好的实现发明的方式的实例，为增强说服力，实例不能太少。

为将该表达的意思表达得更加清楚，有时需要借助图表，可以以附件的形式予以补充。同时，为了强调本发明创造的意义，也可附上一些权威人士的评价。

(四)产品说明书

1. 产品说明书的含义

产品说明书是关于产品的用途、规格、性能以及使用方法等的说明文字。

2. 产品说明书的写法

产品说明书的写法没有固定格式，只要能将该说明的内容说清楚，并且做到层次分明、言简意赅即可。

下面以一则说明书为例说明产品说明书的写法，请细细体会。

<table>
<tr>
<td>××牌多功能万年历电话

说
明
书

承蒙惠购我厂生产的××牌多功能万年历电话。本产品是将电话、计算器、万年历、时钟、闹钟等功能结合为一体的高科技产品，它的结合为您的日常工作和生活提供了最优化的组合。为使您能获得最佳的使用效果，保证您能充分应用本机的特点和功能，务请仔细阅读本说明书。

××市×××电子制品厂</td>
<td>一、安装
1. 电池的安装
……
2. 机器的安装
……
二、时间及万年历的使用
1. 时间的调整
……
2. 闹钟的调整
……
3. 万年历的使用
……
4. 12/24 小时制式的设定
……
5. 键音开关的设定
……
三、计算器的使用
……</td>
</tr>
</table>

【思考与练习】

1. 从总体上讲,科技文体与其他文体相比具有哪些基本特点?
2. 试写一篇关于自己做过的实验的科技实验报告。
3. 试比较综述报告和述评报告的异同。
4. 签订科技合同书必须遵守哪些原则?
5. 技术鉴定书应包括哪些内容?
6. 专利申请书应包括哪些内容?
7. 试为一种新产品写一则产品说明书。

第八章　法律文书

法律文书是指法律行为主体在法律规定的条件下,为实现某种权利义务而制作的具有法律效力或法律意义的文书的总称。这里所指的法律行为主体,是一个外延十分广泛的概念,包括实施法律行为的机关、团体、单位或者个人。法律行为是指符合法律规定而从事的行为。而法律意义则指可以带来的某种法律上的后果。

法律文书具有如下特点:第一,法律的约束性。法律文书是为实施某种法律行为而制作的,是法律的具体体现。第二,内容的规范性。法律文书的写作内容都有相应的要求,无论是首部还是正文或尾部都有明确、具体的写作要素。第三,形式的程式性。法律文书是一种程式化的文书,这种程式化的特点主要是由文书的实用性所决定的。程式化表现为两个方面:一是结构固定,二是特定的句式内容,且大部分文字都是事先印好的,成为一种固定的程式。第四,解释的单一性。法律文书的语言具有解释单一的特点。无论是对情况的说明,对事实的表述,对理由的阐述,或对处理意见的表达都必须只能有一种解释,不能产生歧义。

法律文书的作用十分广泛。第一,法律文书是法律实施的不可缺少的工具。法律的实施依靠的是国家机器,而国家机器保障和体现法律实施的最直接的也是最终的表现形式是法律文书。可以说,法律文书作为实施法律的工具,起着其他任何形式都不能替代的作用。第二,法律文书是执法机关履行职责,当事人之间明确权利和义务、规范各自行为的凭证。如根据《民事诉讼法》的规定,人民法院只有在当事人提交了民事起诉状,才可以此文书为凭证,开始履行审判职责。又如,经济合同的双方权利义务关系的具体化,作为双方享有权利或承担义务的凭证。第三,法律文书是法律活动的记录,具有档案功能。法律文书是法律活动的记录,既是动态的法律活动的静态反映，又起着永久的档案功能作用，是法律活动受历史检验的依据。第四，法律文书是执法工作质量的集中反映，也是国家法律水平的反映。执法表现在两个方面：一是对案件的实体处理，二是文书制作。没有较高的文书制作质量，难以表明处理案件的水平高；反过来看，办案质量又不可能不通过法律文书来体现。因此，文书质量的高低可以直接反映办案质量的高低，法律文书就成了执法工作质量的集中反映。

第一节　起诉意见书

一、起诉意见书的概念及依据

起诉意见书是公安机关对刑事案件预审终结后，认为应当追究犯罪嫌疑人的刑事责任，向同级人民检察院移送起诉时所制作的一种文书。

《中华人民共和国刑事诉讼法》第一百二十九条规定："公安机关侦查终结的案件，应当做到犯罪事实清楚，证据确实、充分，并且写出起诉意见书，连同案卷材料、证据一并移送同级人民检察院审查决定。"

公安机关不是起诉机关，因此不能直接向人民法院提出起诉，只能依法向检察院提出起诉的意见。公安机关制作起诉意见书的目的，是向人民检察院阐明案件事实，表明对犯罪嫌疑人的处理意见，提请人民检察院依法提起公诉，追究犯罪嫌疑人的刑事责任。它实际上是公安机关对犯罪嫌疑人的指控书，说明犯罪嫌疑人的行为已涉嫌犯罪，并应受到刑事处罚。

起诉意见书标志着公安机关侦查工作的结束，体现了公、检、法三机关在刑事诉讼中分工负责、互相配合和互相制约的原则，是公安机关对侦查终结案件的总结，也是人民检察院审查起诉案件的基础。起诉意见书在刑事诉讼活动中起着重要的作用。

案件移送起诉后，发现不应当起诉的或者人民检察院退回补充侦查，经过侦查，发现不应当移送起诉的，应及时撤回起诉意见书。如果发现犯罪嫌疑人有新的犯罪行为或应当追诉的同案犯，可根据案件情况，重新制作起诉意见书或制作补充起诉意见书。

二、起诉意见书的制作内容与方法

起诉意见书由首部、正文和尾部三部分组成。

（一）首部

首部包括制作文书的机关名称、文书名称、文书发文字号、犯罪嫌疑人的身份情况（依次写出姓名、性别、年龄、民族、籍贯、文化程度、单位及职业、住址）和违法犯罪经历等五个方面的内容。制作时应注意如下问题：

1. 对犯罪嫌疑人的化名、别名、乳名、笔名、艺名、绰号等曾经使用过的名字，不必全部在犯罪嫌疑人栏内列出。但是，那些利用化名、别名等名字进行犯罪的，应当在犯罪嫌疑人栏内列出。特别是有些流窜犯罪分子，大都利用化名进行犯罪活动，在犯罪嫌疑人栏内列出化名、别名是非常必要的。如有的犯罪嫌疑人进行犯罪活动时，使用了多个化名，可在犯罪嫌疑人栏内填写经常使用的化名，其他化名在叙述犯罪事实时注明。犯罪嫌疑人的姓名未查清的，按其供称的姓名填写。

2. 在填写犯罪嫌疑人违法犯罪经历时，对犯罪嫌疑人的前科情况以及受到治安处罚的情况应尽量表述清楚。对于劳改期间逃跑后又犯罪的或者刑满释放后又犯罪的以及被劳动教养的解教后3年内犯罪，逃跑后5年内犯罪的，应当写明逃跑或者劳改释放、劳教、解除劳教或逃跑的具体时间。上述情节按照全国人大常委会《关于处理逃跑或者重新犯罪的劳改犯和劳教人员的决定》的有关规定，属于从重或者加重处罚的条件。

共同犯罪的案件有几个犯罪嫌疑人应当追查刑事责任时，犯罪嫌疑人的违法犯罪经历要分别叙述，按照首犯、累犯、从犯、胁从犯的顺序排列。

3. 单位犯罪的，应当写明单位的名称、所在地址，法定代表人的姓名、性别和职务。

(二)正文

这是该文书的核心部分,包括犯罪事实和提出起诉意见的理由及法律依据两部分。

1.犯罪事实。犯罪事实部分要写出犯罪构成要件。构成犯罪的要件齐全,是认定犯罪的基本条件,也是《起诉意见书》赖以存在的基础。因此,要通过对事实部分的叙述,反映犯罪嫌疑人构成犯罪的几个要件,即犯罪嫌疑人在实施犯罪时所侵害的客体,实施犯罪的具体行为,行为人是否达到刑事责任年龄和具有刑事责任能力,主观上是否具有故意或过失。在制作文书时并不要求按照犯罪构成的几个要件进行全面具体的叙述,只要在叙述犯罪事实时,把构成犯罪要件的情节反映出来就可以了。具体来说,要反映犯罪嫌疑人出于什么动机和目的,实施了什么犯罪行为,作案的时间、地点、方式、方法、经过、危害后果等情节以及证明这些情节的重要证据。由于刑事案件错综复杂,在叙述犯罪事实时,根据案件的具体情况,因案而异,因人而异,采用不同的方法叙述,尽可能地把犯罪嫌疑人的犯罪事实叙述清楚、明白、扼要。在叙述犯罪事实时应注意:

(1) 要全面、准确地反映犯罪嫌疑人的犯罪事实。所谓全面包含三层含义:一是犯罪的全部行为,涉嫌几条罪行就写几条罪行;二是涉及到犯罪的法定从重、从轻、减轻处罚或者免除处罚情节方面的事实;三是犯罪嫌疑人在侦查过程中检举、揭发他人犯罪活动或具有悔罪表现的事实。所谓准确,是指对犯罪嫌疑的犯罪事实不夸大、不缩小、不主观臆断,真实地反映案件的本来面目。

(2) 分清罪与非罪的界限。对不构成犯罪的事实,不能在正文中叙述。如犯罪嫌疑人违反行政法规规定而受到处罚的事实,不得在正文中表述,可在犯罪嫌疑人违法犯罪的经历中注明。

(3) 写进起诉意见书中的犯罪事实必须是查证属实的事实,对于那些未经调查核实或无确凿证据证明的事实,不得写入起诉意见书。

(4) 对共同犯罪的案件,要分清每个犯罪嫌疑人在案件中所处的地位、作用、罪责。首先,把共同犯罪事实叙述清楚,然后分别叙述。主犯的行为对整个犯罪活动起着主要作用,在叙述时要作为重点;对首犯要着重叙述其组织、策划犯罪活动的事实,并阐明其在犯罪活动中处于主导的地位;对从犯、胁从犯,要叙述他们在共同犯罪活动中的直接责任,并说明他们处于从属地位。

(5) 叙述犯罪事实时,要列举一定的证据予以证明。要写证据,并不是要把证明犯罪嫌疑人犯罪的全部证据一一列举出来,而是根据不同性质的案件的不同特点,有针对性地列出部分主要证据,而且要叙述得简明扼要。

2. 提出起诉意见的理由和法律依据。提出起诉意见的理由,就要注明犯罪嫌疑人的行为触犯的刑律,涉嫌的罪名,依法应当受到刑罚处罚。移送起诉的程序法依据是刑事诉讼法第一百二十九条之规定。在制作时应注意:

(1)要全面引用法律条款。根据案件的实际需要,分清不同的犯罪性质,正确引用法律条款。有些案件不仅要引用确定罪名的条款,而且还要引用反映犯罪预备、未遂、中止、自首、累犯、教唆犯、共同犯罪以及犯罪地位的法律条款;不仅要引用刑法、刑事诉讼法的相关条款,还要注意引用全国人大常委会对刑法、刑诉法作出的补充规定的条款。

(2)定性要准。即根据犯罪嫌疑人的犯罪事实来认定其行为性质(罪名),同时注意所定的罪名应与法律条款相一致。

(3)被害人在侦查期间提出的附带民事诉讼的,一定要在结论中一并写明。

(三)尾部

这部分包括接受文书的机关名称、制作日期、公安局长盖章和公安局印章及附注事项。

附项内容应写明:(1)侦查结案时,本案犯罪嫌疑人所在的地点;(2)附送本案卷宗多少卷多少册;(3)附送本案脏物、证物情况。

三、文书实例

××县公安局起诉意见书

×公诉字(19××)93号

犯罪嫌疑人吴××,男,19××年6月7日生,汉族,安徽省××县人,初小文化程度,职业游医,捕前住址江西省××县××乡××村。

违法犯罪经历:1972年因盗窃、拐卖妇女被湖北省××县人民法院判处有期徒刑五年,1979年到江西省××县××乡××村定居,19××年8月14日被我局刑事拘留,同年8月23日经××县人民检察院批准逮捕,现押在××县看守所。

经本局侦查终结,证实犯罪嫌疑人吴××有下列犯罪事实:19××年2月,犯罪嫌疑人吴××与原籍××区××村有夫之妇汤××(33岁)非法同居半年后,汤拐走了犯罪嫌疑人吴××的1200元现金及衣物等,为此吴非常气愤。同年10月,吴××到江西九江贩卖猪肉时,因猪肉被抢,认为是汤××从中捣鬼,准备对汤进行报复。19××年2月,犯罪嫌疑人吴××在原籍××乡街上碰到了汤××,汤表现出似要和犯罪嫌疑人吴××重归于好之意,提出向吴××借400元钱还债,并言明当晚在公路桥头接犯罪嫌疑人去其娘家。吴××将计就计,随手借给汤××400元钱。当晚,犯罪嫌疑人吴××身藏洗衣用的棒槌,到预约二郎河公路桥头等候,一直等到深夜未见汤的人影,知道又上当受骗,决心进行报复。19××年8月11日,犯罪嫌疑人吴××在安徽省岳西县城自由市场碰到汤××在此卖鱼虾,便将汤骗到一起,次日到岳西县白帽区。13日二人一起从白帽沿公路向湖北××方向步行卖虾,上午10时许,当步行到湖北××境内"标蔡"公路120K+650m处时犯罪嫌疑人吴××见此地山高林密,人烟稀少,乘汤××不备之机,迅速拿起竹扁担朝汤的头部猛击一下,汤当即向石岸下滚去,幸而抓住了石岸上的芭茅草,未滚到石岸下。犯罪嫌疑人见汤没有滚下石岸又用扁担向汤的头部猛力击去,由于汤躲避并滚到岸下,扁担击在石岸的石头上,当即裂开并成两片。吴××见汤滚到石岸下，便丢下破扁担，溜到岸下，拣起石头猛力向汤的头部砸去，汤边还击边向后退，当退到离石岸15米处的石头沟一块大石头处时，倒在地上，犯罪嫌疑人吴××乘机猛扑上去，准备用双手卡住汤的脖子，汤就将吴的左手大拇指咬住，吴即用右手卡住汤的脖子，汤由于呼吸受阻，将口松开，犯罪嫌疑人随即松开右手护左手痛处，这时汤××用双手猛力抓吴××的脸及其颈部，并不断大声呼喊"救命"。犯罪嫌疑人吴××见汤呼喊，便拣起一块石头猛力砸向汤的头部，当即鲜血直流，汤奋力爬起来，将吴××抱住，吴××用力猛甩，又将汤甩倒在地，并又拣一块石头向汤的背部砸去，后见汤没有动弹，就将沾有大量血迹的白衬衣脱下，丢到离现场约7米远的树林里，然后赤膊逃离现场，次日凌晨被我局抓获归案。经法医鉴定，汤××因颅骨粉碎性骨折和严重脑损伤而死亡。

综上所述，犯罪嫌疑人吴××的行为触犯了《中华人民共和国刑法》第二百三十二条，涉嫌故意杀人罪。根据《中华人民共和国刑事诉讼法》第一百二十九条之规定，特将本案移送审查，依法起诉。

此致

××县人民检察院

局长(宋××印)

××县公安局(印)

19××年9月25日

注：

(1)犯罪嫌疑人吴××现押于××县公安局看守所

(2)附本案侦查卷宗共壹册

第二节　起诉书

一、起诉书的概念及依据

起诉书是人民检察院指控被告人的犯罪行为，决定将其交付审判，向人民法院提起公诉时，所制作的文书。

根据《中华人民共和国刑事诉讼法》第三条、第一百三十五条、第一百三十六条和第一百四十一条的规定，审查起诉是人民检察院的一项重要职权。凡需要提起公诉的案件，一律由人民检察院审查决定。人民检察院对公安机关、国家安全机关、监狱侦查终结移送起诉或者建议不起诉的案件，以及对本院自侦部门侦查终结的案件进行审查后，认为犯罪嫌疑人的犯罪事实已经查清，证据确实、充分，依法应当追究刑事责任的，应当作出起诉决定，制作起诉书，连同证据目录、证人名单和主要证据复印件或者照片，按照审判管辖的规定，提交同级人民法院审判。

人民检察院决定对被告人提起公诉的，必须制作起诉书。起诉书一经依法作出即具有法律效力。起诉书是检察机关代表国家将被告人提交人民法院审判的重要法律凭证，也是公诉人出庭支持公诉，参加法庭调查，对证据和案件情况发表意见并且进行辩论的重要基础；起诉书是人民法院审理公诉案件的合法依据；起诉书既是告知已将被告人提交人民法院审判的通知，又是公开指控被告人犯罪行为的法定文件。因此，起诉书既关系到公诉权的正确行使，也关系到人民法院的正确裁判；既关系着被告人的切身利益，也关系到国家法律的统一正确实施。它在刑事诉讼中具有十分重要的作用。

二、起诉书的制作内容与方法

起诉书的内容可分为三部分，即首部、正文、尾部。

(一)首部

首部包括制作机关的名称、文书名称、文书编号、被告人的基本情况、辩护人的基本情况、案由和案件来源。

1. 制作起诉书的人民检察院名称应当用全称，不能用简称或缩写名称。对外国人(或者无国籍人)犯罪案件，制作起诉书的人民检察院名称前面应冠以“中华人民共和国”字样，使名称更为规范。

2. 起诉书的文号，即“×检×诉[ ]号”，空白部分填写：院名(代字)、部门(代字)、年度、顺序号。

3. 被告人的基本情况。依次写明被告人姓名、性别、年龄、出生年月日、出生地、身份证号码、民族、文化程度、职业或工作单位、住址，是否受过刑事处罚，拘留、逮捕的年月日，在押被告人的羁押处所，取保候审、监视居住的时间等项内容。

如果是单位犯罪，应当写明犯罪单位的名称，所在地址，法定代表人或代表人姓名、职务。如果还有应当负刑事责任的“直接负责的主管人员或其他直接责任人员”应当按上述被告人基本情况内容叙写。

4. 辩护人的基本情况。根据《刑事诉讼法》第三十三条规定，公诉案件自案件移送审查起诉之日起，犯罪嫌疑人有权委托辩护人。因此，辩护人在审查起诉阶段就已介入刑事诉讼。起诉书应当写明辩护人的基本情况，如姓名、单位、通信地址等，这样可以表明辩护人已在审查起诉阶段就已为被告人提供了法律帮助，也便于人民法院了解情况决定是否为被告人指定辩护人或者告知被告人有权委托辩护人。

5. 案由和案件来源

(1) 案由。应写公安机关(或国家安全机关、监狱)移送起诉时认定的罪名；检察机关直接侦查的案件，如果侦查终结和审查起诉时认定的罪名不一致的，只写起诉时认定的罪名。对一案有数个被告人的，可省略各被告人姓名，用“上列被告人”一语替代。一案数个罪名的，要全部写齐。同案被告人的罪名不相同时，应当分别表述，如“被告人王××盗窃，赵××销赃一案”。多名被告人共同犯罪，并有多种罪名且有交叉的案件，要将全案被告人所犯罪名一一列出。

(2) 案件移送过程。写侦查机关终结后，何时移送人民检察院审查起诉。凡由于案件审判管辖的变更，引起受理审查起诉的人民检察院变更的，均应写明法律依据和移送时间。其他有关情况的变化，如撤回起诉后又起诉的，一律不写。对退回补充侦查的，延长羁押期限的情况，一般也不写。

(二)正文

起诉书正文部分包括案件事实和证据、起诉的根据和理由及决定事项。

1. 案件事实和证据

(1) 叙述案情时,应写明案件发生的时间、地点,犯罪动机、目的、手段、行为过程、危害后果和被告人犯罪后的态度以及有关的人和事等要素,并以是否具有犯罪构成要件为重点,有无导致影响量刑轻重的各种情节。要注意不能把查无实据或证据不足的行为当犯罪事实写入起诉书,也不能将与犯罪事实无关的非犯罪行为及人名写入起诉书。

叙述犯罪事实要层次清楚,重点突出。应当根据案件的具体情况,采用不同的叙述方法加以叙述。

(2) 认定案件事实的证据应当具有客观性、相关性、合法性和明确性。用作认定案件事实的证据,一要经过审查核实,具有充分的证明力,确实能证明案件真实情况。依据间接证据定案的,证据之间应当环环相扣,形成证据锁链。二要与被证明的事实之间有必然的或客观的关系,即应当与犯罪构成要件紧密相关。三要依合法程序收集、固定和使用。四要力求具体明确,各种证据都要能够让人看出证据的性质和能够具体证明的内容。

证据的写法应因案制宜。一般情况下,可以集中举证;案情复杂的也可一边叙事,一边举证;一人多罪或者集团犯罪案件,还可以分项或者逐人逐罪举证。

2.起诉的根据和理由

这部分是起诉书的重点,要针对案情特点,运用法律规定的犯罪构成要件,分析被告人行为的性质,论证起诉的根据和理由。在具体叙述时应注意:

(1) 概括罪行事实,要突出本案特点,写出既符合本罪特征,又反映出本案特有情况的结论性观点。一般同分析犯罪的社会危害性结合在一起,用准确精炼的语言写明被告人主观方面的恶性、犯罪行为的恶劣程度和犯罪的社会危害性的严重程度。

(2) 引用法律条文,首先要准确、完整、具体。准确就是引用的法律条文与适用的对象恰如其分。完整就是要把据以定性处理的法律规定全部列出。具体就是要引出刑法分则条文的外延最小的规定，即具体的某条、某款、某项。其次，引述法律条文要有一定的次序。先引用有关定罪和确定量刑幅度的条文，后引述从重、加重、从轻、减轻的条文；适用以他罪论处的条文时，先引用本条文，再按本条文的规定，引用相应的他罪条文；一人犯数罪的，应逐罪引用法律条文，且引用定罪的法律条文顺序应与叙述各罪事实的顺序相一致；共同犯罪中，多人触犯同一罪名的，可集中引用法律条文。

(3) 确定罪名应以刑法分则条文规定的罪状特征为依据，以被侵害的直接客体为基础。一人犯数罪的，一般先定重罪，后定轻罪；共同犯罪案件，应在分清各被告人的地位、作用和刑事责任的前提下，依次确定主犯、从犯的罪名。引述法律确定罪名时，应先引定罪法律条文，后写明构成××罪。

(4) 对被告人具有从重、加重或从轻、减轻处罚情节的，一般应予分别认定，并写出相应的量刑法律依据和处罚的意见。但不宜把轻重两种情节简单并列，以致分不出主从，要对倾向性意见写明理由，用肯定语气明确表述。

(5) 决定事项，应当依次写清三方面内容：一是提起公诉的必要性，如“本院为维护社会秩序，保护公民的财产权利不受侵犯，……”。二是提起公诉的法律依据，三是提起公诉的决定，写明“特提起公诉，请依法判处”。

(6) 因被告人的犯罪行为给国家或集体财产造成严重损失，需要提起附带民事诉讼的，要在本部分之后，另起一行，写明下列内容：第一，事实和理由。写明被告人犯罪行为造成的财产损失的事实，及其行为与财产损失的因果关系。第二，诉讼请求，写明代表国家、集体要求被告人赔偿损失的具体要求。第三，法律依据和决定，即写明依照刑事诉讼法第七十七条第二款之规定，特提起附带民事诉讼，请一并审判。

被害人自己提起附带民事诉讼的，不属于检察机关代表国家或集体对本案的公诉，不能写在起诉书的正文部分。如果当事人在审查起诉阶段，向人民检察院提出附带民事诉讼的要求，并有诉状的，可在起诉书附项中注明。

(三)尾部

尾部应当写明下列内容:

1. 主送的人民法院名称。在正文结束后,另起两行,先写送达用语:"此致",再写"×××人民法院"。

2. 公诉人法律职务及姓名。法律职务应写明检察长、副检察长、检察员、代理检察员等职务,姓名写在法律职务之后。

3. 尾部的日期应写检察长签发起诉书的日期,要写在检察人员法律职务及姓名的下一行对应位置,上面加盖院印。

4. 附注。应当写明以下事项:被告人羁押处所或监视居住、取保候审的处所;本案的证据目录、证人名单和主要证据复印件或者照片清单;同案被告人中,检察机关作出不起诉决定的文书副本;被害人或其法定代理人提出的附带民事诉状。

三、文书实例

北京市海淀区人民检察院

起 诉 书

京海检刑诉(97)第948号

被告人杜××,男,22岁(19××年11月27日出生),××族,初中文化程度,河北省人,住河北省××县××乡×××村。系原籍农民。因抢劫于1997年4月5日被刑事拘留,经本院批准于8月26日被北京市公安局海淀分局逮捕,现在押。

被告人杜××抢劫一案,由北京市公安局海淀分局侦查终结,移送我院审查起诉,现已查明:

1996年初,被告人杜××伙同"老铁"(在逃)在本市海淀区×××附近,持刀威胁闫××(男,35岁,河北省人)交出钱财,并从闫衣兜内搜出人民币30元。后被告人杜××持刀逼迫闫到其住处取钱,到海淀区二里庄闫的临时住处,被告人杜××持刀威胁刘××(男,30岁,河北省人),向刘索要人民币200元。后被告人杜××携赃款离去。

1997年3月29日17时许,被告人杜××伙同另外3人(在逃)

在本市海淀区二里庄58号侯××的临时住处,强行从侯的衣兜内抢走人民币计400元。后被告人杜××等携赃款离去。

上述犯罪事实清楚,证据确实充分,足以认定。

本院认为:被告人杜××目无国法,为满足个人私欲,持刀威胁,强行抢走他人钱财,依据《中华人民共和国刑法》第十二条,其行为触犯了《中华人民共和国刑法》(修订前)第一百五十条第一款之规定,构成抢劫罪。为严肃国法,维护首都的社会治安,保护公民的人身权利及财产权利不受侵犯,打击刑事犯罪活动,依据《中华人民共和国刑事诉讼法》第一百四十一条之规定,提起公诉,请依法判处。

此致

北京市海淀区人民法院

检察员:武　×

书记员:侯××

1997年××月××日

第三节　一审刑事判决书

一、一审刑事判决书的概念和依据

一审刑事判决书是指第一审人民法院依《刑事诉讼法》规定的第一审程序,对审理终结的公诉案件或自诉案件,根据已查明的事实、证据和有关实体法的规定,确认被告人的行为已构成犯罪,或不构成犯罪,并以判决形式科以刑罚或者免除刑罚,或者宣告被告人无罪时所制作的司法文书。

一审刑事判决书必须严格依法制作,即按修正后的《刑事诉讼法》和《刑法》以及最高人民法院作出的有关司法解释制作。

依照《刑事诉讼法》的规定,人民法院审理的一审刑事案件包括公诉案件、自诉案件和刑事附带民事诉讼案件,因而形成的结论包括认定被告人的行为触犯刑律应该科以刑罚之判决;认定被告人的行为不构成犯罪的无罪判决和认定被告人的行为虽已构成犯罪但按照法律规定不需要判处刑罚或免除刑罚的判决。

最高人民法院根据刑事诉讼法的规定,针对一审刑事判决分别制定了七种判决书样式,一审公诉案件适用普通程序刑事判决书;一审公诉案件适用普通程序刑事附带民事判决书;一审自诉案件刑事判决书;一审自诉案件刑事附带民事判决书;一审自诉、反诉并案审理刑事判决书;一审单位犯罪刑事判决书;一审公诉案件适用简易程序刑事判决书。

下面仅以一审公诉案件适用普通程序刑事判决书为例,介绍一审刑事判决书的制作。

二、一审刑事判决书的内容与制作方法

一审公诉案件适用普通程序刑事判决书的内容分为五个部分,即首部、事实、理由、判决结果、尾部。

(一)首部

首部包括法院名称及文书名称、案号、公诉机关、被告人的身份事项、辩护人的身份事项、案件的由来、审判组织、审判方式和审判经过。

制作首部时应注意下列事项:

1. 文书的案号是由立案年度、制作法院、案件性质、审判程序的代字和案件顺序组成。如“(2002)×刑初字第×号”。

2. 书写被告人的身份事项时,应注意姓名一定要写准确,一般只写一个名字,与犯罪有关的曾用名或者别名、化名应在其姓名后面加以注明;文化程度的有无和高低与犯罪有一定的联系,也应写清;在书写职业一栏时,一般应写工人、农民、个体工商户等,如果有工作单位的,则应写明其工作单位和职务。被告人住址应写住所所在地,住所所在地与经常居住地不一致的,写经常居住地。被告人是未成年人的,应当在写明被告人的基本情况之后,另行续写法定代表人的姓名、与被告人的关系和工作单位、职务及住址。被告人是公司、企业、事业单位、机关、团体的,应写其全称和住所地;其下写“诉讼代表人”项,即单位的主要负责人,写明其姓名、工作单位和职务。如果直

接负责的主要人员和其他直接责任人员构成犯罪的,则应写“被告人”项。另外,应注意一案多人的共同犯罪案件,应按主犯、从犯、协从犯的顺序依次书写。

3. 辩护人的身份事项。辩护人是指接受委托或者经法院指定的辩护人。辩护人是律师的,只写辩护人的姓名和律师事务所的名称。辩护人如果是人民团体或者被告人所在单位推荐的,应写明其工作单位和职务;辩护人如果是被告人的监护人、亲友,除应写明其姓名和职务外,还应当写明其与被告人之间的关系。

4. 公诉案件被告人及其法定代理人或者近亲属委托了诉讼代理人的,应写明委托代理人的姓名和所在单位。

5. 案件的由来、审判组织、审判方式和审判经过,应具体写明。检察院提起公诉的,应写明何时提起的,提起公诉的案由是什么;是合议庭审判还是独任审判;是依法公开审理还是不公开审理;人民检察院是否派人支持公诉;被告人及其法定代理人、诉讼代理人、辩护人、证人、鉴定人、翻译人员等是否到庭参加诉讼。

(二)事实

事实是判决的基础,是判决理由和判决结果的依据。把犯罪事实叙述清楚是制作刑事判决书的关键。

刑事判决书事实部分的内容包括四个方面:人民检察院指控被告人犯罪的事实和证据;被告人的供述、辩解和辩护人的辩护意见及有关证据;经法庭审理查明的犯罪事实;经庭审举证、质证认定犯罪事实的证据,并分四个自然段书写,以充分体现控辩式的审理方式。

公诉机关的指控包括三个方面:一是公诉机关指控被告人犯罪的事实,应按照《刑事诉讼法》第一百五十条关于“有明确的指控犯罪事实”的规定进行表述;二是指控被告人犯罪的证据,主要以公诉机关起诉时附有的证据目录、证人、名单和主要证据复印件或者照片为限;三是公诉机关对本案适用法律的意见,包括对被告人的定性意见、量刑情节和具体适用法律条款的意见。

被告人的供述、辩解和自行辩护的意见。首先,对被告人的供述与公诉机关的指控一致的,可简略地表述为“被告人×××对公诉机关的指控供认不讳”。其次,如对指控的事实有不一致或者完全否认的,则应具体写明其供述部分的内容。最后,写明被告人自行辩护的意见,主要是针对公诉机关的指控,陈述有关适用法律方面的意见。

辩护人的辩护意见和有关证据。按照《刑事诉讼法》的规定,在刑事诉讼中,除非被告人拒绝辩护人辩护外,原则上被告人都应有委托的或法院指定的辩护人为其辩护。因此,在判决书中写明辩护人的辩护意见和有关证据,对维护被告人的合法权益和帮助人民法院正确适用法律审判案件,尤为重要。当然,对辩护人的辩护意见,应当进行高度的概括,并原则上对公诉机关指控的事实、证据和适用法律意见有分歧的内容作为叙述的重点,切忌平铺直叙,面面俱到。

经法庭审理查明的事实和据以定案的证据。叙述查明的事实时,应当写明案件发生的时间、地点,被告人的动机、目的、手段、实施行为的过程、危害后果和被告人在案发后的表现等内容,并以是否具备犯罪构成要件为重点,导致影响定性处理的各种情节。依法公开审理的案件,案件事实未经法庭公开调查的,不能认定。

在表述认定事实的证据时必须做到:(1)依法公开审理的案件,除无需举证的事实外,证明案件事实的证据必须经法庭公开举证、质证,才能认证;未经法庭公开举证、质证的,不能认证。(2)要注意通过对证据的具体分析、认证来证明判决所确认的犯罪事实。防止以简单或抽象的方法罗列证据来代替对证据的具体分析和认证。(3)证据要尽可能写得明确、具体。案情复杂或者控辩双方有异议的,应当进行分析、认证;一人犯数罪或者共同犯罪案件,还可以分项或者逐人逐罪叙述证据或者对证据进行分析、认证。对控辩双方没有争议的证据,在控辩主张中可不予叙述,而只在“经审理查明”证据部分具体表述,以避免不必要的重复。

(三)理由

理由是判决的灵魂,是将犯罪事实和判决结果有机联系在一起的纽带。其核心内容是针对案情特点,适用法律规定、政策精神和犯罪构成理论,阐述公诉机关的指控是否成立,被告人的行为是否构成犯罪,犯的什么罪,依法应当如何处理,为判决结果打下基础。

书写判决理由时应注意:第一,理由的论述要有针对性、有个性。要注意结合案情摆事实、讲道理。说理力求透彻,逻辑严密,无懈可击,使理由具有较强的思想性和说服力。防止理由部分不说理或者说理不充分,只引用法律条文,不阐明适用法律的道理;切忌说空话、套话,理由千篇一律,只有共性,没有个性,尽量使用法律术语,并注意语言精炼。第二,确定罪名,应以刑法和《最高人民法院关于执行〈中华人民共和国刑法〉确定罪名的规定》为依据。一人犯数罪的,一般先定重罪,后定轻罪;共同犯罪案件,应在分清各被告人在共同犯罪中的地位、作用和刑事责任的前提下,依次确定首要分子、主犯、从犯或者协从犯、教唆犯的罪名。第三,如果被告人具有从轻、减轻、免除处罚或者从重处罚等一种或者数种情节的,应当分别或者综合予以认定。第四,对控辩双方适用法律方面的意见应当有分析地表明是否予以采纳,并阐明理由。第五,引用法律依据要注意准确、完整、具体。法律依据包括法律规定和司法解释。另外应注意引用法律条文的顺序。

(四)判决结果

判决结果又称主文,是依照有关法律的具体规定,对被告人作出的定性处理的结论,应当字斟句酌,认真推敲。

1. 确认被告人犯了什么罪,应当适用什么刑罚,或者免除处罚。判处刑罚的,应当具体写明刑罚的种类和刑期。

(1)有罪科刑的判决,如写:“被告人刘××犯故意杀人罪,判处有期徒刑十五年。”对于判处有期徒刑和管制刑罚的还要用括号注明刑期的起止日期和刑期如何折抵。具体可表述为:“刑期从判决执行之日起计算。判决执行以前先行羁押的,羁押一日折抵刑期一日,即自××××年××月××日起至××××年××月××日止。”判处管制的表述为:“刑期从判决执行之日起计算。判决执行前先行羁押的,羁押一日折抵刑期二日,即自××××年××月××日起,至××××年××月××日止。”判处死刑缓期二年执行的,也要用括号注明:“死刑缓期二年执行期间,从高级人民法院核准之日起计算”。

(2)有罪免刑的判决。如写:“被告人李××犯盗窃罪,免予刑事处罚”。

2. 无罪和不负刑事责任的判决。根据已查明的案件事实和认定的证据材料，能够确认被告人无罪的以及证据不足，人民检察院指控的犯罪不能成立的案件，在判决主文中应当明确宣告“被告人×××无罪”。对被告人因不满16岁不予刑事处罚和被告人是精神病人在不能辨认或者不能控制自己行为的时候造成危害结果不予刑事处罚的，均应当在判决结果中宣告“被告人×××不负刑事责任”。

3. 附加刑的表述。附加刑是补充主刑适用的刑罚方法，有附加刑的，应在主刑之后，写明附加刑的种类，判处罚金的，还应写明罚金的具体数额。判处没收财产的，应具体写明是没收犯罪分子个人所有财产的一部分或者全部。判处有期徒刑附加剥夺政治权利的，要写明剥夺政治权利的期限，判处无期徒刑以上刑罚的，要写明附加剥夺政治权利终身。

4. 缓刑的表述。缓刑不是刑罚，而是具体运用刑罚的一种法律制度。宣告缓刑必须以判处刑罚为前提，不能脱离判处的刑罚而独立存在。如写为：“被告人李××犯故意伤害罪，判处有期徒刑一年，缓刑二年(缓刑考验期限，从判决确定之日起计算)。”

5. 赃款、赃物的处理。要正确理解追缴、责令退赔、没收的概念和适用范围。凡判决追缴、责令退赔或者没收的，应当在判决结果中写明具体的数额，对于用物品折抵赃款的，要写明折算的具体金额，不能使用概数，否则无法执行。赃款赃物数量多的，还应开列清单，作为附件。

(五)尾部

1. 交待上诉权、上诉期限和上诉审法院。在判决结果之后，另起一行写：“如不服本判决，可在接到判决书的第二日起十日内，通过本院或者直接向××人民法院提出上诉。书面上诉的，应当交上诉状正本一份，副本×份”。如果适用《刑法》第六十三条第二款的规定，在法定刑以下判处刑罚的，应当在交待上诉权之后，另起一行写明：“本判决依法报请最高人民法院核准后生效”。

2. 合议庭组成人员署名。在上项的右下方，依次由审判长、审判员、代理审判员或者人民陪审员署名。

3.作出判决的日期。在审判人员的下方写出判决的年、月、日，加盖人民法院印章。当庭宣判的，应当写当庭宣判的日期；委托宣判和定期宣判的，则应当写签发判决书的日期。当庭宣判的，不服判决的上诉、抗诉的期限，仍应从接到判决书的第二日起算。

4.书记员署名。在年、月、日的下方，由书记员署名。注意不要将书记员署名的位置同审判人员并列。

判决书正本制成，由书记员将判决书正本与原本校对无异后，应当在正本末页的年、月、日的右下方，书记员署名的右上方，盖上本件与原本校对无异的"戳记"，以示负责。戳记的位置不要乱盖。

三、文书实例

北京市通州区人民法院
刑事判决书

(2000)通刑初字第133号

公诉机关北京市通州区人民检察院：

被告人阮××，男，25岁(19××年××月××日出生)，×族，出生地河南省××县，小学文化，农民，住河南省××县×××镇××村，暂住北京市××区××园××西里×号；因涉嫌犯贩卖淫秽物品牟利罪于1999年11月17日被羁押，同年12月18日被逮捕；现羁押于北京市公安局通州分局看守所。

辩护人赵××，北京市××律师事务所律师。

被告人何××，男，20岁(19××年×月××日出生)，×族，出生地山东省××市，小学文化，农民，住山东省××市××村，暂住北京市××区××地区××97号；因涉嫌犯贩卖淫秽物品牟利罪，于1999年11月17日被羁押，同年12月18日被逮捕；现羁押于北京市公安局通州分局看守所。

通州区人民检察院以京通检刑诉字(2000)第52号起诉书指控被告人阮××、何××犯贩卖淫秽物品牟利罪，于2000年3月9日向本院提起公诉。本院依法组成合议庭，公开开庭审理了本案。通州区人民检察院指派检察员张××、代理检察员王××出庭支持公诉，被告人阮××及其辩护人赵××，被告人何××到庭参加诉讼。现已审理终结。

通州区人民检察院指控，1999年10月的一天，被告人阮××从河北省××县上帝环岛西侧，以每张2.8元的价格从高×(男，河南人)手中购买淫秽光盘800张，后携带光盘到北京市××区××地区芦庄路口，以每张3.1元的价格，倒卖给在此等候的被告人何××，后何××以每张7元左右的价格，将淫秽光盘全部销售。同年11月17日15时许，被告人阮××再次携带被告人何××订购的6000余张淫秽光盘，乘出租车到××区××地区芦庄路口，在与何××进行交易过程中，被巡逻民警当场抓获，共收缴淫秽光盘6250张。通州区人民检察院当庭提供证人刘××证言、抓获经过、北京市公安局出具的淫秽物品审查鉴定书、没收物品统一收据等证据材料。并认定阮××、何××均已构成贩卖淫秽物品牟利罪，且情节特别严重。提请本院依照《中华人民共和国刑法》第三百六十三条第一款之规定，对两被告人予以惩处。

被告人阮××对起诉书指控的犯罪事实无异议。其辩护人认为阮××有自首、立功情节，其贩卖淫秽光盘被当场查获的行为属犯罪未遂。被告人何××辩称自己再次向被告人阮××定购的是1000张淫秽光盘并非是6000张。

经审理查明，1999年10月的一天，被告人阮××按照与被告人何××事先的约定，从河北省××县上帝环岛西侧一个叫高×(男，河南人)的人手中，以每张2.8元的价格购得淫秽光盘800张，后携带这些淫秽光盘到北京市××区××地区芦庄路口，以每张3.1元的价格，倒卖给在此等候的被告人何××，后何××又以每张7元左右的价格予以全部销售。被告人阮××获利240元，被告人何××获利3120元。同年11月16日，被告人何××与阮××联系定购1000张淫秽光盘，次日15时50分许，被告人阮××携带着从高×手中购买的6000余张淫秽光盘，乘出租车到××区××地区芦庄路口，在与何××进行交易过程中，被巡逻民警当场查获，并收缴淫秽光盘 6250 张。

上述事实有下列证据证实:1.证人刘××证言,证实阮××乘其面包车将 3 个纸箱运到××区的案发地点,在阮与接货人说话时被民警查获。2.通州公安分局巡察支队出具的抓获经过,证实 1999 年 11 月 17 日 15 时 50 分许,在××区××地区芦庄村巡逻时,将犯罪嫌疑人阮××、何××当场查获,并在面包车内查获光盘 6000 余张。3.阮××的交物条,证实其将涉案的淫秽光盘 6250 张交出情况。4.北京市公安局淫秽物品审查鉴定书,证实涉案光盘均为淫秽 VCD 光盘。5.北京市没收物品统一收据,证实涉案淫秽 VCD 光盘 6250 张均被没收。以上证据均系从公安机关调取,公诉机关向本院移送,经当庭质证,本院予以确认。

本院认为,被告人阮××、何××目无国法,为牟私利,贩卖淫秽 VCD 光盘,数量分别为 7000 余张和 1800 张。二被告人的行为已构成贩卖淫秽物品牟利罪,且何××的犯罪情节严重,阮××的犯罪情节特别严重。通州区人民检察院指控被告人阮××、何××犯贩卖淫秽物品牟利罪,并认定阮××犯罪情节特别严重的事实清楚,提供的证据确实、充分,指控的罪名成立。关于被告人何××辩称其第二次从阮××手中上定购淫秽光盘是 1000 张并非是 6000 张一节。经查,被告人阮××虽供述所携带的 6000 余张淫秽光盘是何××所定购的,但被告人何××在侦查期间及庭审中均予以否认。在二被告人的供述相矛盾情况下,阮××的供述则缺乏其他证据加以佐证,且在案证据亦不能证实何××在案发现场欲将收购阮××的全部 6000 余张淫秽光盘。据此,本院认为公诉机关对被告人何××与阮××再次贩卖 6000 余张淫秽光盘的指控因证据不充分,应予更正,并对被告人何××的辩解意见予以采纳。关于被告人阮××的辩护人赵××提出阮××有自首、立功情节,被当场查获的犯罪行为又属未遂的辩护意见。经查,被告人阮××在案发当日是与何××进行淫秽光盘交易时被当场人赃查获。在公安机关已掌握其罪证情况下,阮××对案发当日罪行的如实供述已不具备自首条件。其虽能首先供述与何××进行的公安机关尚不掌握的第一起犯罪事实,但因与其第二起犯罪事实属同种罪名,根据有关法律规定亦不能认定自首,只能视为有坦白情节。对于辩护人所提阮××有立功情节一节,因辩护人未向法庭提供相应证据,故本院对辩护人此点辩护意见不予采信。另外,辩护人认为阮××在贩卖淫秽光盘时被当场查获,其犯罪行为应属未遂一节。本院认为,行为人为了贩卖而购进淫秽光盘,只要淫秽光盘已买到即为贩卖淫秽光盘既遂。被告人阮××虽在欲卖出淫秽光盘的过程中被当场查获,但不影响其贩卖淫秽光盘属犯罪既遂的成立。据此,本院对辩护人赵××的辩护意见不予采纳。鉴于被告人阮××有坦白情节,可依法对其酌情从轻处罚。对被告人阮××、何××依照《中华人民共和国刑法》第三百六十三条第一款、第五十二条、第五十三条、第六十四条之规定,判决如下:

一、被告人阮××犯贩卖淫秽物品牟利罪,判处有期徒刑十年,罚金一万元。

(刑期自判决执行之日起计算。判决执行以前先行羁押的,羁押一日折抵刑期一日,即自1999年11月17日起到2009年11月16日止。罚金于判决生效后七日内缴纳)。

二、被告人何××犯贩卖淫秽物品牟利罪,判处有期徒刑五年,罚金五千元。

(刑期自判决执行之日起计算。判决执行以前先行羁押的,羁押一日折抵刑期一日,即自1999年11月17日起至2004年11月16日止。罚金于判决生效后七日内缴纳)。

三、追缴被告人阮××非法所得赃款二百四十元予以没收;追缴被告人何××非法所得赃款三千一百二十元予以没收。

四、作案工具:"爱立信"398手机一部、"西门子"2588手机一部、汉字寻呼机一台、数字寻呼机一台予以没收。

如不服本判决,可在接到判决书的第二日起十日内,通过本院或者直接向北京市第二中级人民法院提出上诉。书面上诉的,应当提交上诉状正本一份,副本一份。

审　判　长　朱××

人民陪审员　马××
人民陪审员　张××

2000年××月×日
书　记　员　张　×

第四节　一审民事判决书

一、一审民事判决书概念及依据

一审民事判决书是指人民法院对于受理的民事纠纷和经济纠纷案件,按照民事诉讼法规定的第一审程序,通过审判就已经查明的案件事实和证据,依照有关实体法的规定,所作出的书面处理结论,称为第一审民事判决书。

《中华人民共和国民事诉讼法》第一百三十八条规定:"判决书应当写明:(一)案由、诉讼请求、争议的事实和理由;(二)判决认定的事实、理由和适用的法律依据;(三)判决结果和诉讼费用的负担;(四)上诉期间和上诉的法院。判决书由审判人员,书记员署名,加盖人民法院印章。"《民事诉讼法》第一百三十九条规定:"人民法院审理案件,其中一部分事实已经清楚,可以就该部分先行判决。"部分判决适用于当事人提出多项诉讼请求的案件,或涉及几个当事人的案件。

一审民事判决是地方各级人民法院在第一审民事案件审理终结后,依据查明的案件事实和法律、法规、政策,对双方当事人的争议或者一方的申请作出的具有法律约束力的结论性判定,其实质是人民法院代表国家行使审判权,对案件作出权威性的结论,是国家意志的体现。民事判决的目的在于依法确认当事人之间的权利义务关系,使其由不确定状态恢复到确定状态,以利于当事人双方权利的行使和义务的履行,使社会生活归于有序。

判决有对诉讼事件作出判决和对非讼事件作出判决之分。第一审民事判决书是对诉讼事件的判决，是解决双方当事人之间的民事权利义务争议。适用于普通程序、简易程序。

当事人对此判决不服，有权在十五日内，向上一级人民法院提出上诉，当事人逾期不上诉，该判决发生法律效力。

民事判决一旦生效，对当事人、人民法院和社会具有普遍的约束力，都必须遵守。否则，要承担相应的法律责任。

二、一审民事判决书的内容及其制作

一审民事判决书由首部、事实、理由、判决结果和尾部等五部分组成。制作判决书时，应当注意以下事项：

（一）首部

依次写明以下事项：

1. 制作文书的法院名称，即"……人民法院"。法院名称一般应与院印文字一致，但基层人民法院应冠以省、市、自治区名称。法院名称的字体比正文大一号字。

2. 文书名称，即"民事判决书"。文书名称应写在法院名称的下一行，字体比正文大两号字。

3. 文书编号（某号），即"（ ）字第（ ）号"。文书编号的内容和顺序为：

（1）年度，在括弧中填写制作文书的年度（用阿拉伯数字），如"（1998）"。

（2）制作文书的人民法院的简称，通常是把人民法院名称中的具有代表意义的一个字作为简称，如湖北省仙桃市人民法院可简称为"仙"。

（3）案件性质的简称，民事案件简称为"民"；经济案件简称为"经"。

（4）审判程序的简称，第一审程序简称为"初"；第二审程序简称为"终"；审判监督程序简称为"再"；特别程序简称为"特"。本文书可简称为"初"。

（5）本文书的序号，即本类文书年度内发文序号，一般是从 1 号开始逐次填列。

例如,北京市朝阳区人民法院1998年制作的第267个一审民事判决书的文书编号可写为:"(1998)朝民初字第267号"。

4. 当事人的基本情况。填写当事人的基本情况时应当注意以下问题:

(1)被告提出反诉的案件,可在本诉称谓后用括号注明其反诉称谓。如:"原告(反诉被告),被告(反诉原告)"。

(2)当事人是自然人的,写明其姓名、性别、年龄、民族、职业或工作单位和职务、住所。住所与经常居住地不一致的,写经常居住地。当事人是法人的,写明法人名称和住所,并另起一行写明法定代表人及其姓名和职务,当事人是不具备法人条件的组织或起字号的个人合伙的,写明其名称或字号和住所,并另起一行写明其主要负责人及其姓名和职务。当事人是个体工商户的,写明业主的姓名、性别、年龄、民族、住所;起有字号的,在其姓名之后用括号注明"系……(字号)业主"。

(3)有法定代理人或指定代理人的,应列项写明其姓名、性别、职业或工作单位和职务、住所,并在姓名后括注其与当事人的关系。

(4)有委托代理人的,应列项写明其姓名、性别、职业或工作单位和职务、住所,如果委托代理人系当事人的近亲属,还应在姓名后括注其与当事人的关系。如果委托代理人系律师,只写明其姓名、工作单位和职务。

5. 开庭审理情况。

(1)写明当事人的姓名或名称和案由。

(2)合议审判的,写"本院受理后,依法组成合议庭";独任审判的,写明"本院受理后,依法由审判员×××独任审判"。

(3)是否公开审理,表述为:"公开(或不公开)开庭进行了审理"。

(4)当事人及其诉讼代理人均出庭参加诉讼的,表述为"到庭参加诉讼"。当事人本人未出庭而由代理人出庭的,应写"×××告的代理人"。当事人经合法传唤未到庭的,应写明:"×××告经本院合法传唤无正当理由拒不到庭。"当事人未经法庭许可中途退庭的,应写明:“×××告 未经法庭许可中途退庭。”

(二)事实

事实部分应写明当事人的诉讼请求,争议的事实和理由,法院认定的事实及证据。

1. 当事人的诉讼请求以及争议的事实和理由,主要是通过原告、被告和第三人的陈述来表述的。民事判决书的事实部分所以要写明这些内容,一是为了体现尊重当事人的诉讼权利,二是为了集中反映当事人的真实意思表示,明确纠纷的焦点,做到与以后各部分的叙事、说理和判决结果紧密联系,前后照应。对于这些内容的叙述,文句要简练,内容要概括,切忌冗长和不必要的重复。如果当事人在诉讼过程中有增加或者变更诉讼请求,或者提出反诉的,应当一并写明。

2. 法院认定的事实主要包括:(1)当事人之间的法律关系,发生法律关系的时间、地点及法律关系的内容;(2)产生纠纷的原因、经过、情节和后果。法院认定的事实,必须是经过法庭审理查对属实的事实。叙述的方法一般应按照时间顺序,客观地、全面地、真实地反映案情,同时要抓住重点,详述主要情节和因果关系。

3. 认定事实的证据应有分析地进行列举,即可以在叙述纠纷过程中一并分析列举,也可以单独分段分析列举。叙述事实和列举证据时都要注意保守国家机密,保护当事人的声誉,隐私情节不作描述。

(三)理由

理由部分应写明判决的理由和判决所依据的法律。

1. 判决的理由,要根据认定的事实和有关法律、法规和政策,来阐明法院对纠纷性质、当事人的责任以及如何解决纠纷的看法。说理要有针对性,要根据不同案件的具体情况,针对当事人的争执和诉讼请求,摆事实,讲法律,讲道理,分清是非责任。诉讼请求合法、有理的予以支持,不合法、无理的不予支持。对违法的民事行为应当严肃指明,必要时给予适当批驳,做到以理服人。

2. 判决所依据的法律、法规,在引用时应当准确、全面、具体。

(四)判决结果

判决结果,是对案件实体问题作出的处理决定。判决结果要明确、具体、完整。根据确认之诉,变更之诉或给付之诉的不同情况,正确地加以表述。例如,给付之诉,要写明标的物的名称、数量或数额,给付时间以及给付方式、给付的财物,品种较多的可以概写,详情另附清单。需要驳回当事人其他之诉的,可列为最后一项书写。

(五)尾部

尾部应写明诉讼费用的负担,当事人的上诉权利、上诉时间和上诉法院名称以及合议庭成员署名和判决日期等。

1. 诉讼费用的负担问题。诉讼费用是由法院根据《人民法院诉讼收费办法》第四章诉讼费用负担的有关规定来决定的,它不属于诉讼争议的问题,因此不应列为判决结果的一项内容,应在判决结果后另起一行写明。

2. 上诉人提交上诉状副本的份数,应根据具体案件的对方当事人的人数来确定。

3. 判决书尾部的署名问题。组成合议庭的,由合议庭成员审判长和审判员共同署名;独任审判的,由独任审判员署名。助理审判员参加合议庭或独任审判的,署代理审判员。人民陪审员参加合议庭的,署人民陪审员。院长、庭长参加合议庭审判的案件,由院长、庭长担任审判长。

4. 制作本文书的时间(年、月、日),为判决的决定日期。经过审判委员会讨论的案件,应写审判委员会作出决定的日期;未经过审判委员会讨论而经院长或庭长签发的案件,仍应写合议庭评议或复议作出决定的日期。

5. 制作本文书的人民法院的院印,应端端正正地加盖在制作日期的年、月、日中间,俗称"掩年盖月"。

6. 书记员署名。

7."本件与原本核对无异"印戳,判决书原本上不写"本件与原本核对无异",应将其制作成专用印戳,由书记员将正本与原本核对无误之后,加盖在正本末页的制发日期的左下方,书记员署名的左上方。个别涂改之处,应盖校对章。

三、文书实例

北京市延庆县人民法院

民事判决书

(2000)延民初字第564号

原告李××,女,19××年3月24日出生,×族,北京延庆县××综合商店个体户,住延应镇东外小区××号楼××室。

委托代理人王××(原告之夫),男,×族,北京延庆县×××综合商店个体户,住延应镇东外小区××号楼××室。

委托代理人李××,北京市××律师事务所律师。

被告张×,男,19××年11月1日出生,×族,××省××市××镇××村人,现系延应镇×××商城经营者,住延应镇东外小区××局家属楼××室。

被告张×,男,19××年3月30日出生,×族,××省××市××镇××村人,现系延庆应镇×××商城经营者,住延庆镇东外小区××局家属楼××室。

委托代理人刘××,××律师事务所律师。

原告李××与被告张×、张×名称权纠纷一案,本院受理后,依法组成合议庭,公开开庭进行了审理。原告李××及其委托代理人王××、李××、被告张×、张×及其委托代理人刘××到庭参加了诉讼。本案现已审理终结。

原告李××诉称,我系个体工商户,在延庆新风酒店一楼北侧开办北京延庆县×××综合商店,经营鞋、日用百货、家具、民用五金、燃气灶具,并在商店门口上方明显位置安装了“×××鞋城”标志。被告张×于1998年12月18日租用我的柜台,经营皮鞋,租期为一年。被告张文与其一起经营。1999年12月18日承租期满后,二被告搬出×××鞋城,到×××商城经营皮鞋。二被告为损毁×××鞋城的名誉,争揽客户,于1999年12月27日到延庆电视台做了两天的×××鞋城迁址广告,同时在街面四处张贴内容相同的广告,由于二被告的虚假宣传,给我双吉庆鞋城的合法名称造成侵犯,影响了我的正常经营,使得经营额明显下降。现起诉要求二被告停止侵权,消除影响,赔偿我的经济损失4000元。

被告张×、张×辩称,我们做×××鞋城的迁址广告属实,目的是为了顾客的今后服务。×××鞋城是我们命名,×××鞋城牌匾是我们制作,在我们不承租后,有权做该广告。原告在我们搬走后重新安装的×××平价鞋城牌匾,未到工商部门备案,是违法行为,所以我们并未给原告造成侵权,故不同意原告的诉讼请求。

经审理查明,原告与其夫王××于1998年12月18日将承租的延庆新风酒店一楼北侧的几个门店中的一个门店承租给被告张×经营皮鞋,并将他人的北京×××庆商贸中心的营业执照提供给被告张×使用。被告张×与张×一起经营。二被告开始经营时,在承租的门店门口上方挂上×××鞋城的牌匾。1999年3月18日原告领取了北京延庆县×××综合商店的个体执照,继续提供给二被告使用。被告张×承租期满后,于1999年12月18日离开承租的门店并将所挂牌匾摘掉,到延庆×××商城继续经营皮鞋。此后,原告在被告张×原承租的门店门口上方挂上×××平价鞋城的牌匾,仍经营皮鞋。原、被告前后所挂牌匾均未到工商管理部门登记备案。1999年12月27日二被告在延庆电视台做了两天关于×××鞋城的迁址广告,同时在街面上张贴内容相同的广告。2000年1月16日原告以二被告给其造成侵权为由,诉至本院,要求二被告停止侵权,消除影响,赔偿经济损失4000元。

上述事实,有当事人陈述、出租协议书、北京延庆县×××综合商店个体执照副本以及其他证明材料在案佐证。

本院认为,根据有关法律规定,企业的牌匾使用的名称应当与登记注册的企业名称相同。从事商业、公共饮食、服务等行业的企业名称牌匾可适当简化,但应当报登记主管机关备案。原、被告所挂牌匾,均未报登记主管机关备案,所以不受法律保护。原告要求二被告停止侵权,消除影响,赔偿经济损失,本院均不予支持。据此,依据

《企业名称登记管理规定》第二十条之规定,判决如下:

驳回原告李××的诉讼请求。

案件受理费一百七十元,由原告李××负担,已交纳。

如不服本判决,可在判决书送达之日起十五日内,向本院递交上诉状,并按对方当事人的人数提出副本,上诉于北京市第一中级人民法院。

审　判　长　王××
代理审判员　贾××
人民陪审员　郭××
二〇〇〇年四月七日
书　记　员　彭　×

第五节　诉状类文书

诉状属于民用的法律文书,是非规范性的法律文书的一类,也就是通常所说的"状子"。它是民、刑案件的当事人为了维护自己的合法权益,向人民法院提出某种诉讼要求或答辩的书状,主要有起诉状、上诉状、申诉状和答辩状等几类。

一、起诉状

起诉状通常有民事诉状、行政诉状或刑事自诉状,是民事、行政案件的原告或刑事自诉案件的自诉人,向人民法院提出的指控被告的书状。这种诉状只要符合事实、理由正当,依法经法院受理后,对于法院审理该案有一定的制约作用。起诉状要求写明下列几部分内容:

标题标明民事起诉状、行政起诉状或刑事自诉状。首部写原、被告身份等基本情况(刑事自诉状的原告写自诉人,被告写被告人)。自然人包括姓名、性别、年龄、籍贯、民族、职业(工作单位和职务)、住址。法人应首先写明单位的全称和地址,次行写明法定代表人的姓名、职务和电话。接下来还应写明企业性质、工商登记核准号、经营范围和方式、开户银行以及账号等项内容。

正文部分共三项内容，即诉讼请求，事实与理由，证据和证据来源、证人姓名和住址。下面分别说明这三项内容和写作要求。诉讼请求要求简明扼要地写明诉讼所要解决的问题和要达到的目的。不必写事实。

事实和理由部分是诉状的核心内容，必须认真写好。案件能否为法院所受理，与这部分内容是否写得符合要求有直接关系。下面先就事实部分的写作要求，提出以下四点意见：

1.在诉状中叙述纠纷事实或被告的犯罪事实时，必须注意叙述事实和列举证据的紧密联系。以期证明原告所提供的事实是证据确凿的，无可驳辩的。这样，就便于为法院受理案件提供根据。因为法院在受理诉状时，还不可能去查证当事人提供的事实，如能在诉状中列举出必要的证据，则便于法院考虑是否受理该案。因此作为代书诉状的律师来讲，也应该要求当事人在叙述事实时提供必要的证据，并在书写诉状时予以充分反映。现在的文书格式中把证据列为独立的一部分。即证据和证据来源，证人姓名、住址。在事实与理由之后写明。

2.诉状在阐明理由时，必须遵循“以事实为根据，以法律为准绳”的原则。特别是应以法律规定为理论依据，论证当事人诉讼要求的合法性和正确性。当然，当事人如果提出非法的诉讼要求，律师也应当予以批评规劝，指明他的要求是违反法律的，以起到平息诉讼的作用。反之，只要是当事人合法合理的诉讼要求，律师在代书诉状中，就应运用法律理论和法律规定，加强论证，以期法庭考虑当事人的合法请求，进而作出公正的处理。

3.在行文方法上，案情事实较为复杂的，一般应先写明纠纷事实或被告犯罪的事实，然后再用专门的段落阐述理由。这样写法较清楚。另外，有些案情简单、法律事实比较明显的案件，也可以阐述诉讼理由为主线，结合着说明事实情况。如父母要求子女提供赡养费的案件，父母和子女之间抚养和赡养的关系十分清楚明确，子女不提供赡养费的事实也确实存在,这类案件的诉状,只要交代清楚他们之间的关系和子女的非法行为就够了,也没有更多的事实可以叙述,重点在于讲清子女应该提供赡养的理由。

4.注意人称的一致性。目前诉状的人称写法有两种。一种是以第三人称的写法。即原告人如何如何,被告人如何如何。再一种是第一人称的写法,即“我”如何如何,被告人如何如何。这两种写法都是允许的。照道理,诉状既是阐述自己的诉讼要求,理应用第一人称,自然人用“我”,法人用“我单位”。但由于目前的诉状多出自律师的代书,所以用第三人称者较多。这两种人称也各有优长之处。用第一人称申述理由显得直接。用第三人称,写起来比较客观,还便于写明被告的主张。但值得注意的是,不宜在一份诉状中,一会儿用第一人称,一会儿用第三人称。这既不符合基本的写作要求,也容易引起混乱。

以上四点,是在书写事实和理由方面值得注意的问题。接下来专门用一段写证据和证据来源等。诉状的末尾是“此致”、“××人民法院”。“××人民法院”要另起一行。诉状的右下角是起诉人签名,写明书写诉状的年、月、日。由律师代书的也应在年月日次行写明。如有附件,应在诉状最后左下方一一注明。如副本几份、证据几份等。

二、上诉状

上诉状是各类案件的当事人或者他们的法定代理人,不服一审法院的裁决,在法定的上诉期内,向原审法院的上一级法院提出要求重审改判案件的书状。这种上诉的书状,如果符合事实,理由正当,经二审法院受理后,作出正确的裁决,对于避免错误裁决的发生,有重要作用。反之,如果原审裁决正确,经终审裁决后,就可以使正确的裁决得以维持,以保证法律的正确实施。

所谓各类案件的当事人,是指民事、行政案件的原告或被告,刑事自诉案件的自诉人和被告人,一般刑事案件的被告人,以及刑事附带民事案件的民事原被告人等。但不包括刑事案件中的公诉人,因为公诉人如不同意一审的裁决,就应在法定的抗诉期内提出抗诉。

上诉状应写明以下内容:

首先要写明民事、行政上诉状或刑事上诉状的标题。下面写明上诉人和被上诉人的身份情况。在上诉人和被上诉人后面用括弧注明他们各自在原审中的地位。然后依次写明姓名、性别、年龄、民族、籍贯、职业和住址。在司法实践中,职业一项要求写明具体的工作单位和所任职务。

需要提出的是,民事法人提出上诉的也要参照起诉状的写法写明有关事项。行政案件和刑事自诉案件都写上诉人和被上诉人。就是原审的原告或被告一方,自诉人或被告人的一方提出上诉的,相对一方就作为被上诉人。而一般刑事案件的被告人提出上诉的,就只写上诉人一方,而没有被上诉人一方,换句话说,即不能把国家公诉人列在被上诉人的地位。另外,有委托代理人的,在上诉人的次行写明姓名等身份情况,律师只写姓名、××律师事务所律师。

下面有一段程式化的语言。是这样写的:

上诉人因……一案,不服××人民法院某年某月某日××字第××号的民(或刑)事判决(或裁定),现提出上诉。然后是上诉请求和上诉理由两部分,即文书的正文部分。

上诉状的上诉请求和上诉理由部分,是上诉状的中心内容。因为上诉状重点是讲清上诉的理由。也就是说,要针对原审判决、裁定中的不当之处提出不服的理由。这就要涉及原审判决对事实的认定、对法律的适用以及诉讼程序方面是否正确、合法的问题。如果原审裁决的事实认定上有错误,包括某种行为事实根本不存在,或有重大出入,或缺乏证据等,那就要用确凿的证据说明事实真相,全部或部分地否定原审裁决认定的事实。如果原审裁决在认定事实方面并无出入,但在认定案件性质、确定罪名以及适用法律作出的处理等方面有误,那就要运用法律武器,包括从法律理论上的论证和引用具体的法律根据,指明原审裁决在适用法律方面的错误。如果原审法院在审理案件和最后的裁决中,存在着违反诉讼程序的错误,包括是否应当回避,是否应指定辩护人、审判方式应否公开、审判组织是否合法等方面的问题,也应根据有关的法律规定,指明原审中在违反诉讼程序方面的错误。

本来应在阐明了上诉的理由的基础上提出具体的诉讼请求,但在结构上应先写明上诉请求,后写上诉理由。

上诉理由的具体写法,应以阐述理由为一条主线。如果原审裁决在认定事实上和上诉人之间并无分歧,自然主要是针对着原审裁决在适用法律和程序方面的不当之处申述理由。如果原审裁决首先在认定事实方面就有错误,上诉人在申明上诉理由时,当然也就要先辨明事实,说明事实真相。但这种叙述事实真相的文字,根本目的还是为了阐明理由,是作为阐明上诉理由的根据来写的。事实也要写得简明扼要,具有针对性,并力求用证据说明问题。

在整个理由部分的行文上,有的先把原审判决或裁定的内容概括为一段文字,然后再针对原审的判决讲上诉理由。也有的就以讲述理由为主,结合着指明原审裁决的不当之处。

结尾的部分,通常用公函的结尾写法。即"此致"、"××中级人民法院"。"××中级人民法院"另起一行。书状的右下方由上诉人具名,并写明年月日。如系律师代书,也应具体写明。

三、答辩状

答辩状是各类案件的被告的一方或被上诉的一方,针对原告或上诉一方的指控,所进行的有理有据的答辩的书状。答辩是被告、被上诉人的诉讼权利。它有助于辨明是非正误,有罪无罪。因此,我国诉讼法都明文规定,被告人有申辩的权利,民事、行政诉讼法更明确规定,被告或被上诉人有权提出答辩状。

答辩状主要包括这样几方面内容:

首先要写明标题,是民事、行政答辩状还是刑事答辩状。接下来写明答辩人的身份等基本情况。然后另起一行,用"因……一案,提出答辩如下"一句话,引出答辩的内容。

答辩的内容,也是以写答辩理由为主。主要是针对原告或上诉人指控的理由,而申辩说理。涉及事实有误的,要说明事实真相。涉及指控的罪名、法律责任等方面的问题,就要根据事实和法律,进行有理有据的答辩。值得特别注意的是要实事求是,以理服人。任何歪曲事实、强词夺理的答辩都是不应该出现的,也是不可能得到法院的理解和采纳的。由律师代书的答辩更应注意这一点。绝不能当事人要怎样答辩就怎样给当事人写答辩,而应该本着“以事实为根据,以法律为准绳”的原则来写答辩。当事人不顾事实的申述和无理的辩解是不能为他代书的。

答辩状的结尾写法与起诉状的写法略同。也有“此致”、“××人民法院”和答辩人姓名、日期等。

四、文书实例

例文一:

民事起诉状

原告:中国银行××市××县支行

住所:××市××县××路57号

电话:××××××××

法定代表人:×××,男,汉族,52岁,行长。

被告:××××××公司

住所:××市××区×××路6号

电话:×××××××× 手机:×××××××××××

法定代表人:××,女,汉族,35岁,经理。

诉讼请求

1.判令被告给付原告赔偿金19370元;

2.判令被告承担本案全部诉讼费用。

事实与理由

1999年3月8日,在八达岭高速公路进京方向西三旗桥上,原告单位职工徐×和被告单位职工杨××发生交通事故,徐×、杨××各自驾驶原、被告单位车辆。北京市公安交通管理局××交通大队出具的《道路交通事故责任认定书》认定被告单位杨××负责任,原告单位徐×不负责任。经××交通大队调解,杨××同意赔偿徐×19370元,双方在《道路交通事故损害赔偿调解书》上签字,××交通大队已终结此案。但虽经原告多次催要,被告拒不履行赔偿义务。原告认为被告的行为系侵权行为,被告侵犯了原告财产权利。根据《民法通则》第一百零六条第二款“公民、法人由于过错侵害国家的、集体的财产,……应当承担民事责任”,《民法通则》第一百一十七条第二款“损坏国家的、集体的财产……应当恢复原状或者折价赔偿”,《民事诉讼法》第二十九条“因侵权行为提起的诉讼,由侵权行为地或者被告住所地人民法院管辖”,特向贵院提起诉讼,请求判令被告承担责任。

此致

××市××县人民法院

起诉人:中国银行××市××县支行

法定代表人:×××

1999年11月10日

(公章)

附:1.本起诉状副本1份;

2.道路交通事故责任认定书1份;

3.道路交通事故损害赔偿调解书1份。

例文二:

民事上诉状

上诉人:××省×××市无线电×厂

法定代表人:赵×,厂长

被上诉人:××市无线电元件×厂

法定代表人:韩×,厂长

上诉人因“合资合同纠纷”一案,不服××省高级人民法院(1998)×经一初字第××号民事裁定,现提出上诉。

上诉请求：

撤销××省高级人民法院(1998)×经一初字第××号民事裁定书，裁定驳回原告起诉。

上诉理由：

1998年5月19日上诉人对原审法院提出管辖权异议，1998年7月20日送达上诉人(1998)×经一初字第××号民事裁定书。该裁定书以"仲裁条款未约定明确的仲裁委员会，当事人亦未重新达成仲裁协议，故该仲裁条款无效"为由，裁定驳回上诉人管辖权异议，上诉人认为这一理由不能成立。

上诉人与被上诉人订立的合营合同第二十一、二十二条约定："乙方(被上诉人)要求仲裁时，应在×××市工商行政管理部门或司法部门进行仲裁。"这一仲裁条款，不仅约定了仲裁地点，而且约定了仲裁机构，×××市工商行政管理部门的仲裁机构已为依照《仲裁法》组建的仲裁机构所取代。而且这一仲裁机构在×××市也是惟一的，司法部门根本没有仲裁机构。依据国务院办公厅《关于贯彻实施〈中华人民共和国仲裁法〉需要明确的几个问题的通知》和最高人民法院《关于实施〈中华人民共和国仲裁法〉几个问题的通知》的有关规定，本案应由当事人提交依《仲裁法》组建的×××仲裁机构仲裁解决。

被上诉人并未就仲裁事项与上诉人进行任何协商，而是置合同仲裁条款于不顾，迳行向人民法院起诉，当然不存在补充协议。只要被上诉人依仲裁条款申请仲裁，上诉人与被上诉人对争议的解决方式便没有任何争议。

综上，上诉人与被上诉人仲裁条款约定是明确的；其仲裁机构也是惟一的；亦是可以执行的。被上诉人只要依仲裁条款申请即可进行仲裁。恭请二审人民法院公断。维护法律之尊严。

此致

中华人民共和国最高人民法院

上诉人:××省×××市无线电×厂

法定代表人:赵×

1998年7月28日

(公章)

【思考与练习】

1. 法律文书有何特点和作用?
2. 什么是起诉意见书? 起诉意见书的制作应注意哪些问题?
3. 起诉书在阐述理由时应注意哪些事项?
4. 一审刑事判决书由几部分组成? 各部分包含哪些内容?
5. 什么是起诉状? 如何制作?
6. 什么是上诉状? 上诉状说理应注意哪些问题?
7. 什么是答辩状? 答辩状应如何撰写?

第九章　法规文书

法规亦即“行政法规”，是国家机关所制定的法律、法令、条例和规定等的总称。法规是人们办事必须遵守的准则、规范，是人们行事的章法、行为的标准，在社会生活和各项工作中具有重要作用。法规类文体是一种应用相当广泛的公用实用文，这类文体兼有行政公文和法律的性质。它具有以下几个鲜明的特点：一是强制性，法规一经制定颁布，所涉部门和人员就必须按照规定遵照执行，否则就要受到处罚。二是严密性，法规所作出的规定要周全、严密，不能有遗漏、疏忽、不能含糊，使人有空子可钻。三是针对性，法规有的放矢、针对性强，措施办法都很明确、规定非常具体。法规的写法比较固定，正文大多分章分条写。

这类文体一般都按照先总写、后分叙的格式写作，结构上大体由序言、主体、结尾或附文三部分组成。分条分款写是法规类文体的突出特点。条目的层次有七级，即编、章、节、目、条、款、项；常用的是“章”、“条”、“款”三级或“条”、“款”两级。

法规类文体在表达方式上以说明为主。我们在这一章所讲的是国家行政机关的法规性文件，即“行政规章制度”，不包括立法机关制定的法律性文件。

第一节　章　　程

一、章程的含义

章程是党团组织、群众团体、经济实体或学术组织，将其宗旨、性质、组织机构、组织原则、权利、义务等作出相应规定的纲领性文件。它由该组织或团体制定并经过代表大会通过发布后正式产生，具有很强的法规性和规范性。如《物业管理委员会章程》、《股份有限公司章程》等。章程一经通过,即是一种根本性的规章制度,成为该组织或团体的行为、活动准则。需要指出的是,国家行政机关及其职能部门不用章程。

章程的作用在于:以书面语言的形式将该组织的宗旨、目标、性质规定下来,作为该组织的行动准则,同时,还对该组织成员应享受的权利、义务提出了要求。

章程具有纲领性,章程一经公布,便成为该组织一切活动、行为的总纲,所以,章程的制定,要力求周密、严谨、规范、合理,不能含糊、疏漏。用语要求准确、简明、庄重。

章程具有法规性,它对该组织具有法规效力。撰写章程,应以有关的法律为依据,并写入章程之中,它一经通过并发布,该组织或团体及其成员均应遵守、执行,不得违背。

章程还具有相当的稳定性特点,所以,制定章程,要广泛征求意见,要反复斟酌修改,并经过该组织或团体的最高权力机构通过。当然,章程也并非一成不变,所以要注明生效日期,以及有关修改、解释等事宜。

二、章程的写法

章程由标题、签署和正文三部分组成。

(一)标题。章程的标题由“组织名称”+“文种”构成,如《物业管理委员会章程》、《中国科学技术协会章程》、《仪征股份有限公司章程》等。

(二)签署。在标题下,写明本章程的通过日期或发文时间,一般在标题下用括号形式书写,如《中国科学技术协会章程》(中国科协第二次全国代表大会19××年3月22日通过),《仪征化纤股份有限公司章程》(19××年2月8日经公司股东特别会议通过)。

(三)正文。正文一般由总则、分则和附则组成。

1.总则。总则相当于总纲,总则部分规定该组织的宗旨、任务、性质、活动准则等,总则下,按“条”排列,依次说明其主要内容。如

《华新水泥股份有限公司章程》总则部分分为十条,分别说明其名称、依据,公司注册中英文名称、公司注册资本、法人资格、经营性质等,并对党和工会活动等作出了明确的规定。

2.分则。分则是章程的主体部分,是总则的具体化。要根据总纲规定的宗旨、性质等对有关组织机构、人员构成、常设机构的任务和职责及其会议的召开、经费等作出全面的规定。如《物业管理委员会章程》的第二章至第六章为分则部分,共23条,分别对产权人大会组织、管理委员会的产生及职责、管理委员会会议、管理委员会委员、管理委员会经费与办公用房等,依次作出了详细的规定。

分则部分要将问题按性质归类,并分清主次,注意其间的逻辑关系与内在联系。

3.附则。附则是对正文的补充,一般对未尽事宜进行说明,如说明生效日期、实施要求、修订权、解释权等。有的章程正文内容已说清楚,也可以没有附则。

章程正文的格式有:

第一种为列题式,或曰命题式,将正文内容分成若干章,每章命题,章以下再列条,如《物业管理委员会章程》第二章为"产权人大会组织",这一章下面分两条论述。《仪征化纤股份有限公司章程》第三章,题为"股份和股票",下面分四条论述。

第二种为列条式,正文部分不分章,也不命题,而是逐条按顺序写下来。

条款的写法,规定用汉字的序数词和数词,而不使用阿拉伯数字。

例文:

物业管理委员会章程

第一章 总 则

第一条 组织名称与办公地址。

组织名称:物业管理委员会(以下简称管委会);

办公地址：________。

第二条　管委会是根据《城市新建住宅小区管理办法》(建设部1994年第33号令)及《北京市居住小区物业管理办法》(北京市人民政府1995年第21号令)，为加强本区域内的物业管理，维护全体产权人和使用人的合法权益而自愿成立的管理组织。

第三条　管委会宗旨是代表和维护本物业全体产权人、使用人的合法权益，保障物业的合理与安全使用，维护本物业区域内的公共秩序，创造整洁、优美、安全、舒适、文明的居住环境。

第二章　产权人大会组织

第四条　产权人大会由所在物业管理区域内的全体产权人、使用人代表组成。

(一)产权人投票实行住宅房屋每一单元房一票；非住宅房屋每3000平方米一票，不足3000平方米的，每产权证一票。

使用人代表每人拥有一票投票权。

(二)产权人总数超过200人的，可召开产权人代表大会，其中使用人代表不得超过产权人代表总数的30%。

产权人代表大会代表的投票权按本条第(一)款确定。

(三)产权人大会应当有过半数产权人或产权人代表出席。

第五条　产权人大会履行下列职责：

(一)选举、罢免管委会委员；

(二)制定、修改管委会章程和管理公约；

(三)审议、批准物业管理企业的年度预算；

(四)决定物业管理的其他重大事项。

第三章　管委会的产生及职责

第六条　管委会是由产权人大会选举产生，代表产权人行使物业管理权力的常设机构。

本会设委员________名，其中主任一名，副主任________名。

管委会主任、副主任在全体委员中选举产生。管委会主任必须是产权人或产权人代表人。

管委会可以聘任秘书一名,负责处理本会日常事务。

秘书可以是本会委员也可以不是本会委员。

第七条　管委会拥有下列权利:

(一)每年至少召集和主持一次产权人大会,根据10%以上的产权人要求可召开特别会议;

(二)采用公开招标或其他方式,聘请物业管理企业对本物业进行管理,并与其签订物业管理合同;

(三)审议批准物业管理企业的年度管理计划、年度费用概预算及决算报告;

(四)审议批准物业管理的收费标准和物业管理企业的服务标准;

(五)审议批准物业管理企业制定的物业管理规章制度;

(六)检查、监督各项管理工作的实施及规章制度的执行;

(七)对任何破坏、损害本物业产权人利益的行为有制止和要求赔偿的权利;

(八)对个别产权人、使用人违反管理公约或损害其他产权人、使用人合法利益的行为,可代表全体产权人提起诉讼。

前款的第(二)(三)(四)(五)项规定的事项,必须经产权人大会通过。

第八条　管委会义务:

(一)组织召开产权人大会;

(二)执行产权人大会通过的各项决议;

(三)贯彻执行并督促产权人遵守物业管理及其他有关法律、法规、政策的规定,对住户开展多种形式的宣传教育;

(四)配合物业管理企业工作,及时反映产权人、使用人对物业管理的意见和建议;

(五)管委会作出的决定,不得违反法律、法规、政策的规定,不得违反产权人大会的决定,不得损害产权人公共利益。

第九条　管委会召集产权人大会可采取会议或书面征求意见等

形式。

第十条　管委会主任及其他管委会委员，聘用的专职工作人员，可获得适当津贴。

第十一条　物业管理企业应定期向管委会报送收支账目，接受监督。管委会对账务处理有疑问的，可委托会计师事务所进行审计。

第四章　管委会会议

第十二条　管委会至少每三个月召开一次会议。有半数以上的委员提议，或主任认为有必要时，可召开管委会特别会议。

第十三条　召开管委会会议，由召集人提前七天将会议通知及有关材料书面送达每位委员。委员因故不能参加会议的，应书面委托代理人参加并行使权利。

第十四条　管委会会议须有半数以上委员出席方为有效。管委会召开会议时，可以邀请政府有关部门、物业管理企业等单位人员列席。

第十五条　管委会决议，采取少数服从多数的原则。会议进行表决时，每一委员有一票表决权。

第十六条　管委会秘书必须做好每次会议记录，并由会议主持人签字后存档；涉及物业管理的重大问题应由与会的全体委员签字。

第五章　管委会委员

第十七条　管委会委员由产权人、使用人组成，人数为单数，以5人—15人为宜。

第十八条　管委会委员应是道德品质好、热心公益事业、责任心强、有一定的组织能力和必要工作时间的，具有完全民事行为能力的人士。

第十九条　管委会委员每届任期三年，可以连选连任。

第二十条　管委会委员的增减、撤换，由管委会会议通过后，提交产权人大会通过。

第二十一条　有下列情形的人员不得担任管委会委员，已担任的须停任，并由下届产权人大会通过：

（一）因身体或精神上的疾病而丧失履行职责的能力；

（二）无故缺席会议连续三次以上；

（三）有违法犯罪行为的；

（四）有其他不适宜担任管委会委员的原因。

第二十二条　任何委员停任时，必须在停任后七日内将由其管理、保存的管委会文件、资料、账簿以及属于管委会的所有财物交还给管委会。

第二十三条　管委会委员的权利和义务。

（一）权利：

1. 参加管委会组织的有关活动；

2. 有选举权、被选举权和监督权；

3. 参与管委会有关事项的决策，拥有表决权；

4. 对管委会的建议和批评权。

（二）义务：

1. 遵守管委会章程；

2. 执行管委会的决议，完成管委会交办的工作；

3. 参加管委会组织的会议、活动和公益事业；

4. 向管委会的工作提供有关资料和建议。

第六章　管委会经费与办公用房

第二十四条　管委会的经费由物业管理经费中支出。

第二十五条　管委会的经费开支包括：产权人大会和管委会会议支出；有关人员的津贴；必要的日常办公费用。

经费收支项目由物业管理企业负责管理，每季度向管委会汇报，每年度向产权人大会公布。

第二十六条　管委会的办公场所由物业管理企业提供。

第七章　附　则

第二十七条　管委会的解散与终止，依照产权人大会的决定或政府主管部门的决定解散或终止。

第二十八条 本章程经产权人大会通过后生效。

第二节 条 例

一、条例的含义

条例是国家机关发布的法规性公文,它具有权威的规定性和行政的约束力。它或是对某方面的工作、职权作出规定,如《中华人民共和国消防条例》、《禁止向企业摊派条例》、《水土保持工作条例》等;或是对某类专业人员的职责、权限作出规定,如《中华人民共和国律师暂行条例》、《军人抚恤优待条例》等。条例往往涉及到较长时期的工作任务,一般要经一定的会议通过、相应的领导机关颁发。党的机关、群众团体一般不用条例。

条例的特点:

第一,政策性强。制定条例的目的在于维护国家的根本利益,对社会生活中的各项工作进行管理。实际上,条例是做好某项工作的一种依据和保证,许多条例也就是有关政策的具体化,如《中华人民共和国工商统一税条例》,其实就是国家有关税收政策的具体体现。条例都是根据国家的政策、法律制定的,所以,它的政策性特别强。

第二,权威性强。条例由国家权力机关发布,它对政治、经济、财政、交通等方面的工作作出原则性规定,包括任务、职责、职权等,具有法定的权威性。在相应的部门、范围内,必须照办执行。如《企业职工奖惩条例》颁布后,全国的企业职工都必须遵照施行,违者要按规定给予行政处分或经济处罚。我们国家,上有全国人民代表大会常务委员会通过的条例、国务院及其各部委制定的条例,下有基层单位制定的条例,都在特定范围内具有权威性。

二、条例的写法

条例由标题、签署和正文三部分组成。

(一)标题

条例的标题一般由“事由”+“文种”组成,如《国有企业成本管理条例》、《机关档案工作条例》。在这里,国有企业成本管理、机关档案工作是“事由”,条例是“文种”。有的条例为“暂行”、“试行”或“草案”,应在标题内标明,如《保险企业管理暂行条例》。

(二)签署

签署置于标题的下面,标明发布机关和发布日期。有些重要的条例,在签署中还标出经过某种会议通过、何时批准。还有些重要条例,直接将签发该条例的命令置于条例标题的下面。如《中华人民共和国资源税暂行条例》(1993年11月26日国务院发布)。

(三)正文

条例的正文由总则、主体和附则三部分构成。

1.总则

总则,又称序言,是条例的开头部分。总则叙述制定条例的目的、意义和根据,说明有关的范围和对象。如《中华人民共和国消防条例》,总则中第一条就鲜明地交代制定本条例的目的:“为了加强消防工作,保卫社会主义现代化建设,保护公共财产和公民生命财产的安全,特制定本条例。”第二条指出:“消防工作,实行‘预防为主,防治结合’的方针。”条例总则的写法要从所涉及的工作任务出发,内容可繁可简,总的原则是叙说清楚目的、缘由,突出主旨。当然,总则也不可能面面俱到,一般交代最重要的几项。

2.主体

主体是条例的实质性内容,由实施条款组成。条例的主体部分应充分体现其政策性与权威性,条款的规定是“只许怎样”、“不得怎样”,带有强制性,不得违反,没有回旋、灵活的余地。条例的主体一般都包括正、反两方面的规定,即“只许”和“不许”,所以条款要明确、清楚,用肯定的语气行文。“奖励”与“惩罚”是主体部分的重要组成部分,是保证条例得以实施的具体措施。这样的条款一般比较原则、概括,不宜过细。如《禁止向企业摊派暂行条例》第一章为总则,第五章为附则,中间三章为主体。第二章从第四条到第十一条,是“禁止各种形式的摊派”的具体内容,均以“不得怎样”列出,具有明显的强制性。第三章“权利与责任”共五条,对企业的合法权利,财务部门、审计机关的责任都作了明确规定。第四章“奖励与惩罚”共七条,其中第十八条至二十一条严正指出:违反本条例必须处罚、追究责任;第二十二条对维护本条例的个人和机关,明确提出给予表彰。

3.附则

又称附文,是条例的结尾。这部分是对主体的补充和说明,用以说明实施日期、适用范围、对象、解释与修改权属等。如《楼台馆所建设管理暂行条例》,附则部分共四条,前两条对商业性和军队楼堂馆所的建设、管理作了说明,后两条分别指出:“本条例由国家计委负责解释”、“本条例自发布之日起施行。”

条例正文的格式有:

(1)条项贯通式

这种写法是指从头到尾分条分项来写,一般只分条,“条”完即“条例”止。如《中华人民共和国契税暂行条例》全文十五条,没有其他层次。

(2)章断条连式

这种写法是将正文分为若干章,每章又列若干条,前一章的“条”完后,下一章的“条”按序码续上,所以叫做“章断条连”。章、条、款都用汉字的数词和序数词写出。条例大多采用这种“章断条连”式。如《禁止向企业摊派暂行条例》,全文共五章二十七条,每章之“条”,从头至尾连续编次。

例文:

中华人民共和国契税暂行条例

(国务院1997年10月1日发布)

第一条 在中华人民共和国境内转移土地、房屋权属,承受的单位和个人为契税的纳税人,应当依照本条例的规定缴纳契税。

第二条 本条例所称转移土地、房屋权属是指下列行为:

(一)国有土地使用权出让;

（二）土地使用权转让，包括出售、赠与和交换；

（三）房屋买卖；

（四）房屋赠与；

（五）房屋交换。

前款第二项土地使用权转让，不包括农村集体土地承包经营权的转移。

第三条　契税税率为3%—5%。

契税的适用税率，由省、自治区、直辖市人民政府在前款规定的幅度内按照本地区的实际情况确定，并报财政部和国家税务总局备案。

第四条　契税的计税依据：

（一）国有土地使用权出让、土地使用权出售、房屋买卖，为成交价格；

（二）土地使用权赠与、房屋赠与，由征收机关参照土地使用权出售、房屋买卖的市场价格核定；

（三）土地使用权交换、房屋交换，为所交换的土地使用权、房屋的价格的差额。

前款成交价格明显低于市场价格并且无正当理由的，或者换土地使用权、房屋的价格的差额明显不合理并且无正当理由的，由征收机关参照市场价格核定。

第五条　契税应纳税额，依照本条例第三条规定的税率和第四条规定的计税依据计算征收。应纳税额计算公式：

应纳税额 = 计税依据 × 税率

应纳税额以人民币计算。转移土地、房屋权属以外汇结算的，按照纳税义务发生之日中国人民银行公布的人民币市场汇率中间价折合成人民币计算。

第六条　有下列情形之一的，减征或者免征契税：

（一）国家机关、事业单位、社会团体、军事单位承受土地、房屋用于办公、教学、医疗、科研和军事设施的，免征；

（二）城镇职工按规定第一次购买公有住房的，免征；

(三)因不可抗力失去住房而重新购买住房的,酌情准予减征或者免征;

(四)财政部规定的其他减征、免征契税的项目。

第七条 经批准减征、免征契税的纳税人改变有关土地、房屋的用途,不再属于本条例第六条规定的减征、免征契税范围的,应当补缴已经减征、免征的税款。

第八条 契税的纳税义务发生时间,为纳税人签订土地、房屋权属转移合同的当天,或者纳税人取得其他具有土地、房屋权属转移合同性质凭证的当天。

第九条 纳税人应当自纳税义务发生之日起10日内,向土地、房屋所在地的契税征收机关办理纳税申报,并在契税征收机关核定的期限内缴纳税款。

第十条 纳税人办理纳税事宜后,契税征收机关应当向纳税人开具契税完税凭证。

第十一条 纳税人应当持契税完税凭证和其他规定的文件材料,依法向土地管理部门、其他房产管理部门办理有关土地、房屋的权属变更登记手续。

纳税人未出具契税完税凭证的,土地管理部门、房产管理部门不予办理有关土地、房屋的权属变更登记手续。

第十二条 契税征收机关为土地、房屋所在地的财政机关或者地方税务机关。具体征收机关由省、自治区、直辖市人民政府确定。

土地管理部门、房产管理部门应当向契税征收机关提供有关资料,并协助契税征收机关依法征收契税。

第十三条 契税的征收管理,依照本条例和有关法律、行政法规的规定执行。

第十四条 财政部根据本条例制定细则。

第十五条 本条例自1997年10月1日起施行。1950年4月3日中央人民政府政务院发布的《契税暂行条例》同时废止。

第三节　规　定

一、规定的含义

规定是国家机关、社会团体、企事业单位针对某项具体工作或专门问题所提出的要求和规范，由主管部门或机关依据国家的法律、政策制定。

就总的方面而言，规定所涉及的工作或问题不如条例重大，其法规性、约束力也不及条例。从时间上看，条例在相当时间内比较稳定，而规定带有阶段性，在稳定性方面也不及条例。规定与条例相比，针对性更强。条例常常针对带规律性的问题或普遍情况而发，比较原则，而规定一般针对某项事务，比较具体。例如《中华人民共和国劳动保险条例》与《女职工劳动保护规定》相比较，仅从标题上就可看出，前者更为原则，时间上相对稳定；而后者针对性更强，比较具体。

二、规定的写法

规定由标题、签署和正文三部分组成。

（一）标题

规定的标题有两种写法：一种由“发文机关”+“事由”+“文种”组成，如《国务院关于农民个人或联户购置机动车船和拖拉机经营运输业的若干规定》；一种由“事由”+“文种”组成，如《女职工劳动保护规定》。有的规定为“暂行”，要在标题内标明，如《关于全国性专业公司管理体制的暂行规定》。

（二）签署

签署标明发布机关和发布日期。规定的签署有两种方式：一种是涉及问题重大、面广，发文单位级别高的“规定”，签署置于标题之下，如《资源税若干问题的规定》，签署是：国家税务总局发布，自1994年1月1日起施行。一种属于普通的规定，签署放于正文之后。

有的规定,标题中已标明发布单位,签署时可不签发文单位,只标明时间就可以了。

(三)正文

规定的正文,同“条例”相比,写法上比较自由灵便。一般由开头、主体和结尾三部分构成。

开头简明地交代制作规定的目的和缘由,即说明为什么要作出这种规定。主体部分即规定事项。所谓的“规”和“定”,既要有原则性要求,又要有具体措施和办法。规定的主体要有所提倡、有所反对,要明确“可以怎样”、“不可以怎样”,特别是对职责、权益、奖惩等问题要有具体措施。例如,《关于领导干部报告个人重大事项的规定》第一条、第二条是开头部分,交代制定本规定的目的、意义和适用范围。第三条至第九条为主体部分,包括应报告的事项、报告的时间及有关内容作出的规定。第十条至第十二条为结尾部分。规定的结尾一般以生效日期、实施要求或解释权属为内容,有些程序性的附加说明也可归入结尾部分。

规定正文的格式有:

1.总分式或总分总式

总分式是指开头部分不标条项,先总后述,再分条分项来写,条规完了,规定也就完了。总分总式,同总分式格式基本一样,只是在条项写完后,再加一段总述,前后总述不标条项。如《武汉市建设工程造价咨询管理暂行规定》(武汉市城乡建设委员会 1998 年 2 月 20 日发布),正文即为总分式。

2.条项贯通式

条项贯通式指从头到尾都分条分项来写,如《关于领导干部报告个人重大事项的规定》全文十二条,即属于这种写法。

例文:

关于领导干部报告个人重大事项的规定

第一条 为加强对领导干部的管理和监督,促进党风廉政建设和领导干部思想作风建设,制定本规定。

第二条 本规定所称领导干部包括：

各级党的机关、人大机关、行政机关、政协机关、审判机关、检察机关担任领导职务和非领导职务的副县(处)级以上(含副县[处]级，下同)干部。

社会团体、事业单位中相当于副县(处)级以上干部，国有大型、特大型企业中层以上领导干部，国有中型企业领导干部，实行公司制的大中型企业中由国有股权代表出任或由国有投资主体委派(包括招聘)的领导干部、选举产生并经主管部门批准的领导干部、企业党组织的领导干部。

第三条 报告人应报告下列重大事项：

(一)本人、配偶、共同生活的子女营建、买卖、出租私房和参与集资建房的情况；

(二)本人参与操办的本人及近亲属婚丧喜庆事宜的办理情况(不含仅在近亲属范围内办理的上述事宜)；

(三)本人、子女与外国人通婚以及配偶、子女出国(境)定居情况；

(四)本人因私出国(境)和在国(境)外活动的情况；

(五)配偶、子女受到执法执纪机关查处或涉嫌犯罪的情况；

(六)配偶、子女经营个体、私营工商业，或承包、租赁国有、集体工商企业的情况，受聘于三资企业担任企业主管人员或受聘于外国企业驻华、港澳台企业驻境内代办机构担任主管人员的情况。

本人认为应当向组织报告的其他重大事项，也可以报告。

第四条 本规定第三条所列事项，应由报告人在事后一个月内以书面形式报告。因特殊原因不能按期报告的，应及时补报，并说明原因。按照有关规定需要事前请示批准的，应按规定办理。本人认为需要事前请示的事项，也可事前请示。

第五条 各级党委及其纪委，各级人大、政府、政协、法院、检察院党组，以及上述领导机关所属的部门和单位(包括事业单位，下同)的党组(党委)，负责受理本级领导干部的报告(不设党组、党委的部门和单位，由相应的机构受理，下同)。各部门和单位内设机构的领导干部的报告，由本部门、本单位的组织人事部门负责受理。

本规定第二条中社会团体、企业事业单位的领导干部个人重大事项的报告，由本单位党委（党组）负责受理。

第六条　对于需要答复的请示，受理报告的党委（党组）或组织人事部门应认真研究，及时答复报告人。报告人应按组织答复意见办理。

第七条　对报告的内容，一般应予保密。组织认为应予公开或本人要求予以公开的，可采取适当方式在一定范围内公开。

第八条　领导干部不按本规定报告或不如实报告个人重大事项的，其所在组织应视情节轻重，给予批评教育、限期改正、责令作出检查、在一定范围内通报批评等处理。

第九条　各级党委、政府及纪检监察机关、组织人事部门要加强对本规定执行情况的监督检查。组织人事部门和纪检监察机关，要把领导干部执行本规定的情况作为考核干部的一项内容。负责受理领导干部报告的党委（党组）及相应机构每年要将执行本规定的情况向上级党委、纪委综合报告一次。

第十条　各省、自治区、直辖市，中央直属机关工委和中央国家机关工委，实行系统管理的部门、单位，可根据本规定结合实际制定具体办法。

第十一条　本规定由中共中央纪律检查委员会、中共中央组织部负责解释。

第十二条　本规定自发布之日起施行。

第四节　办　法

一、办法的含义

办法是依据一定法令、条例的原则而制定的具体规章，可以说是某特定法令、条例的具体化。办法是一种介于条例、规定与细则之间的一种法规性文体。它适用于各级各类行政机关，应用面很广。

办法的约束力不及条例,但比条例更为具体、细致,它更强调具体做法和要求。办法往往依据条例或规定来制定。如《女职工劳动保护规定》第十六条就指出:“省、自治区、直辖市人民政府可根据本规定,制定具体办法。”制定办法就是为了在实践中执行,所以它要明确定出对某些法令、条例或规定的实施方法或办理方法。如《医疗用毒性药品管理办法》,就是根据《中华人民共和国药品管理法》的规定而制定的,全文十四条,做法明确具体。

二、办法的写法

办法由标题、签署和正文三部分组成。

(一)标题

标题有两种写法:一种由“机关”+“事由”+“文种”组成,如《中华人民共和国枪支管理办法》;一种由“事由”+“文种”组成,如《机动车辆管理办法》。办法在实施、执行过程中,还可以进一步完善、修改,所以在标题中常给以“暂行”的限制,如《国家行政机关公文处理暂行办法》。

(二)签署

签署标明发布机关和发布日期。签署置于标题之下,如《店堂广告管理暂行办法》,签署是:“国家工商行政管理局局务会议审议通过,自 1998 年 3 月 1 日起施行”,放在标题之下。还有的“办法”,只标明某机关批准日期。

(三)正文

办法的正文由序言、主体和结尾组成。

序言说明制定本办法的目的、依据、原则和要求。如《中华人民共和国枪支管理办法》第一条:“为了维护社会治安,保障公共安全,防止犯罪分子利用枪支进行破坏活动,特制定本办法。”明确地说明了制定办法的目的。

办法的主体部分,将具体措施、具体做法,按一定顺序逐条列出,规定明确、细致、周全,切实可行。例如《武汉市集体所有制企业职工退休基金统筹保险暂行办法》在总则之后分三章,即从“统筹保险的项目和条件”、“统筹保险基金的筹集和支付”和“统筹保险工作的管理”三方面，用十三条对有关问题作了具体、细致的规定。《国家行政机关公文处理办法》（国务院办公厅1987年2月18日发布、1993年11月21日修订），在总则之后分五章，分别对公文主要种类、公文格式、行文规则、公文办理、公文立卷、归档和销毁作了明确、具体的规定。如第三章公文格式，在第十条中用十一点详细说明了公文的写法，甚至连“文字从左至右横写、横排”都作了规定。第十一条对公文用纸的型号、装订都规定得十分具体。

结尾一般用来交代实施日期、解释权属和有关实施的说明。《国家行政机关公文处理办法》的第七章附则，即结尾，一共三条，说明了此办法的施行日期，要求各省、自治区、直辖市制定实施细则。也有一些“办法”用一句话作结语的。

办法正文的格式有：

1.章断条连式

办法的这种格式，基本上与条例相同。正文分章分条写，第一章为总则，最末一章为附则，中间若干章为主体。例如，《武汉市集体所有制企业职工退休基金统筹保险暂行办法》即为这种写法，全文五章二十条，第一章为总则，第五章为附则，中间三章为主体。

2.条项贯通式

办法的这种写法，与条例、规定相同。例如《医疗用毒性药品管理办法》即属于这种格式。

办法也有总分总式的写法，其格式同规定的总分总式写法一样，即开头、结尾不标条项，主体部分分条分项来写。

例文：

香港特别行政区选举第十届全国人大代表的办法

（二〇〇二年三月十五日九届全国人大五次会议通过）

第一条　根据中华人民共和国宪法、中华人民共和国香港特别行政区基本法以及中华人民共和国全国人民代表大会和地方各级人民代表大会选举法第十五条第三款的规定，结合香港特别行政区的实际情况,制定本办法。

第二条　香港特别行政区选举第十届全国人民代表大会代表由全国人民代表大会常务委员会主持。

第三条　香港特别行政区应选第十届全国人民代表大会代表的名额为三十六名。

第四条　香港特别行政区选举的全国人民代表大会代表必须是年满十八周岁的香港特别行政区居民中的中国公民。

第五条　香港特别行政区成立第十届全国人民代表大会代表选举会议。选举会议由参加过香港特别行政区第九届全国人民代表大会代表选举会议的人员,以及不是上述人员的香港特别行政区居民中的中国人民政治协商会议第九届全国委员会委员和香港特别行政区第二任行政长官选举委员会委员中的中国公民组成。但本人提出不愿参加的除外。

香港特别行政区行政长官为香港特别行政区第十届全国人民代表大会代表选举会议的成员。

选举会议成员名单由全国人民代表大会常务委员会公布。

第六条　选举会议第一次会议由全国人民代表大会常务委员会召集,根据全国人民代表大会常务委员会委员长会议的提名,推选十五名选举会议成员组成主席团。主席团从其成员中推选常务主席一人。

主席团主持选举会议。主席团常务主席主持主席团会议。

第七条　选举会议举行全体会议,须有过半数成员出席。

第八条　选举会议成员以个人身份参加选举会议,并以个人身份履行职责。

选举会议成员应出席选举会议,如有特殊原因不能出席,应事先向主席团请假。

选举会议成员不得直接或间接地索取或接受参选人和候选人的贿赂或谋取其他任何利益,不得直接或间接地以利益影响他人在选举中对参选人和候选人所持的立场。

第九条　选举日期由选举会议主席团确定。

第十条　全国人民代表大会代表候选人由选举会议成员十人以上联名提出。每名选举会议成员参加联名提出的代表候选人不得超过三十六名。

选举会议成员提名他人为代表候选人,应填写《中华人民共和国香港特别行政区第十届全国人民代表大会代表候选人提名信》。

第十一条　年满十八周岁的香港特别行政区居民中的中国公民,凡有意参选第十届全国人民代表大会代表的,应领取和填写《中华人民共和国香港特别行政区第十届全国人民代表大会代表参选人登记表》。参选人须对所填事项的真实性负责;在提名截至日期以前,送交参选人登记表和十名以上选举会议成员分别填写的候选人提名信。

选举会议成员本人登记为参选人的,需要由其他十名以上选举会议成员为其填写候选人提名信。

第十二条　代表候选人的提名时间由选举会议主席团确定。

第十三条　选举会议主席团公布第十届全国人民代表大会代表候选人名单和简介,并印发给选举会议全体成员。

主席团公布代表候选人名单后,选举会议成员可以查阅代表候选人的提名情况。

第十四条　选举会议选举第十届全国人民代表大会代表的候选人应比应选名额多五分之一至二分之一(候选人应为四十四名至五十四名),进行差额选举。

如果到代表候选人提名截至时间,提名的代表候选人名额不足四十四名,由主席团决定,延长代表候选人提名时间。

第十五条　提名的代表候选人名额如果没有超过应选名额二分之一的差额比例,直接进行投票选举。提名的代表候选人名额如果超过应选名额二分之一差额比例,由选举会议对所有的代表候选人进行预选,依照候选人得票多少的顺序,确定得票较多的前五十四名候选人为正式代表候选人;如遇有候选人得票数相等使正式代表候选人超过五十四名时,该票数相等的候选人可以都列为正式代表候选人。

每一选举会议成员所选人数不得超过三十六人。

第十六条　选举会议选举第十届全国人民代表大会代表采用无记名投票的方式。

选举会议进行选举时，所投的票数多于投票人数的无效，等于或者少于投票人数的有效。

每一选票所选的人数，等于应选代表名额的有效，多于或者少于应选代表名额的作废。

第十七条　代表候选人获得参加投票的选举会议成员过半数的选票时，始得当选。

获得过半数选票的代表候选人的人数超过应选代表名额时，以得票多的当选。如遇票数相等不能确定当选人时，应当就票数相等的候选人再次投票，以得票多的当选。

获得过半数选票的当选代表的人数少于应选代表的名额时，不足的名额另行选举。另行选举时，根据在第一次投票时得票多少的顺序，按照候选人比应选名额多五分之一至二分之一的差额比例，由主席团确定候选人名单；如果只选一人，候选人应为二人。另行选举时，代表候选人获得参加投票的选举会议成员过半数的选票，始得当选。

第十八条　选举会议设总监票人一人、监票人若干人，由选举会议主席团在不是代表候选人的选举会议成员中提名，选举会议通过。总监票人和监票人对发票、投票、计票工作进行监督。

第十九条　会场按座区设投票箱，选举会议成员按座区分别到指定的票箱投票。

投票时，首先由总监票人、监票人投票，然后主席团成员和选举会议其他成员按顺序投票。

选举会议成员不得委托他人投票。

第二十条　计票完毕，总监票人向主席团报告计票结果。选举结果由主席团予以宣布，并报全国人民代表大会常务委员会代表资格审查委员会。

全国人民代表大会常务委员会根据代表资格审查委员会提出的

报告,确认代表资格,公布代表名单。

第二十一条 选举会议主席团接受与选举第十届全国人民代表大会代表有关的投诉,并转报全国人民代表大会常务委员会代表资格审查委员会处理。

第二十二条 香港特别行政区第十届全国人民代表大会代表可以向全国人民代表大会常务委员会提出辞职,由全国人民代表大会常务委员会决定接受辞职后予以公告。

第二十三条 香港特别行政区第十届全国人民代表大会代表因故出缺,由选举香港特别行政区第十届全国人民代表大会代表时未当选的代表候选人,按得票多少顺序依次递补,但是被递补为全国人民代表大会代表的候选人的得票数不得少于选票的三分之一。

选举第十届全国人民代表大会代表时,在未当选的代表候选人中,如遇票数相等不能确定代表出缺时的递补顺序,由主席团决定就票数相等的候选人再次投票,按得票多少确定递补顺序。**(新华社北京3月15日电)**

【思考与练习】

1. 什么是法规?说说法规类文书的基本写作特点?

2. 试比较章程、条例、规定、办法在写作上的异同。

3. 试为学校某学术团体写一份章程。

4. 联系本校实际情况,选择与大家关系密切,为人们所关注的问题,拟写一份规定。

5. 就新发布的《医疗事故处理条例》进行分析,说说条例的写法。

第十章　广告文案

广告是各行各业传递物质产品、精神产品、服务内容、观念意图等信息，以期激起反应、获取回馈的宣传方式。文案原有两个义项，其一是指公文案卷，其二是指旧时衙署内草拟文牍、掌管档案的幕僚。后来词义引申，泛指案头工作。广义的广告文案包含广告的策划书、计划书、调查报告，以及制作中的案头文字写作、脚本创作、音乐编创、美术设计、版式安排等工作。狭义的广告文案是指见诸社会的广告作品中的文字部分。我们讲授的系狭义的广告文案。

当代广告的传播主要依附在各种大众传播媒体上。它的表情达意，已经综合运用了文字、画面、音乐、音响、造型、数字技术、编排等各种手段，以期形成强烈的艺术效果，从而打动、感染受众，最终达到实用的目的。尽管如此，广告的案头文字写作仍然是其中无法缺少、极其重要的部分。

第一节　广告的种类、结构及语言

一、广告载体的种类

广告是力求最大程度地传播的。要传播，必须有载体。以广告载体的种类划分，有报刊广告、广播广告、电视广告、网络广告、户外广告、交通广告、邮寄广告、散发广告等等。其中，以报刊、广播、电视、网络广告的影响最大。我们先来看看报刊、广播、电视、网络这四种广告用文字表达的实例。

(一)报刊广告

报刊广告是现代广告中历史最长、资格最老的品种。它依赖于印刷工业，以精心创作的凝固文字、巧妙设计的美术画面、丰富编排

的版面版式见长,可以反复阅读。下面是一则报纸广告的表达方式:

对开报纸的下半版。

下半版从上往下用3/4版刊登一帧印有等高线的线画地图,图中央标有从500M高度到4888M高度的9个海拔高度数。下1/4版从左到右依次为:4张车内设备的照片(照片下有黑体字的文字说明);详尽的广告正文说明;雪佛兰越野车外型照片。

整个广告分为四个部分。

1. 标题部分。地图右边是两行竖排镂空宋体大字:四轮驱动 一触即发。此为标题。

2. 标语部分。地图左上角是"雪佛兰(雪佛兰标志)CHEVROLET"。此行文字下有一道横线,横线下面是一句黑体字标语:任时间考验

3. 照片及文字部分。左下角是一张写有"电控转换四轮驱动装置/行进中只需一按,即可从两驱高速转换到四驱"说明的驱动按钮实物照片。照片用一个往右上方腾空而起的美术化的箭头,直指4888M的高度。这张照片往右依次为"Vortec4.3升V型六缸发动机"的实物照片和简短的文字说明;"Bilstein高效减震器"的实物照片和简短的文字说明;"ABS防抱死制动系统"的实物照片和简短的文字说明。再往右,就是广告的正文部分。在一个有"北美森林警车"字样的提花后面,正文写道:

> 有雪佛兰相伴,从此山不再高,路不再险!来自金杯通用汽车的雪佛兰开拓者SUV,满载通用汽车百年造车经验与尖端科技,配备北美森林警车底盘,攀山越岭稳健可靠;Vortec4.3升V型六缸发动机,澎湃动力瞬间引发;每百公里11升的低油耗及在二轮驱动和四轮驱动间转换自如,尽显经济型驱动模式之优势;独特的电控转换四轮驱动装置,只需一按即能切换,任您从容应对复杂路况的挑战;安全气囊、ABS防抱死装置、防侧撞钢梁等先进配备,将雪佛兰的安全可靠发扬至极;遍布全国的售后服务,更把"以您为先"的理念落到实处。世界水准、中国制造的雪佛兰开拓者SUV,与您共同起程,挑战巅峰。

正文右边是一张雪佛兰开拓者车的实物照片。照片下有"SUV"

的英文缩写字母;照片上端是强调型美术字体的标题:4.3升 澎湃动力 瞬间引发!

4. 附加说明部分。广告最下面,是公司名称、标志、地址、邮政编码、电话、网址等联络事项。

由此,我们可以分析出这帧广告的文字结构,分别由标题、标语、正文、附文这几部分组成。这是一则结构完整的广告。

(二)广播广告

20世纪20年代开始,电讯技术成熟,传媒不再仅仅由印刷工业负担,广播电台的崛起使广播广告油然而生。流动的广告语言通过电波在空中传播,十分快捷、方便,但也有稍纵即逝、不易记牢的缺点。下面是一则广播广告的表达方式:

音乐起。

(女)爸爸生日送什么?

(男)双星爸爸鞋!

(男)妈妈生日送什么?

(女)当然是双星妈妈鞋!

(男)双星爸爸鞋——

(女)双星妈妈鞋——

(男、女)献给父母的爱!

(男)穿上双星鞋,潇洒走世界!

由于广播广告的传播特点,它的标题、标语、正文、附文不像报刊广告那样一目了然,只能通过播音员的声音作用于听众,但我们将其记录下来,进行分析,还是可以弄清其结构的。这条广告的标题、标语和正文是通过男女对话表述出来的。标题是"双星爸爸鞋、双星妈妈鞋,献给父母的爱"这句话。标语则是"穿上双星鞋,潇洒走世界"的口号式语言。正文则是一问一答的表述语言。这也是一则结构完整的广告。

(三)电视广告

20世纪30年代中叶,英国就开始了电视的播出,有了最初的电视广告。

由于电视视觉与听觉合一、画面与音响融会的传播特点,其表情达意的手段空前多样化，反映的内容空前形象化，因而给广告制作带来了革命性的改变。

我们先看一例电视广告的表达方式：

音乐起。特写镜头的屏幕上出现古装的台湾影星王思懿手持北极神海狗油的动态画面。

王思懿开口说话："北极神海狗油保身养颜，让我青春靓丽。"

画面切出切入，变为王思懿自我梳妆，给面部化装的镜头。

王思懿画外音："北极神海狗油清理血管，对爸爸妈妈很有好处。"

画面切出切入，一身现代时装的王思懿挽着父母往前走。

王思懿画外音："人人都为礼品愁，我送北极海狗油！"

画面上出现生产厂家的标志。

男声画外音："得力斯集团。"

由此可见，电视广告是将动静态画面、音乐、语言、文字等多种表现方式融为一体，艺术化地编导拍摄而来的。电视广告不仅可以将要广告的实物栩栩如生的表现出来，而且能够将要宣传的观念通过简短的剧情或者人物的语言表达出来。尤其是如果有名星等知名人物的现身说法，那么更能使广告具有冲击力。因此，这种不仅耳闻而且目睹的方法，既弥补了报刊广告和广播广告的不足，又发扬光大了两者的长处，因而给广告业带来了划时代的变化。由于电视广告生动形象、感染力强、覆盖面广，因此当今的广告商最为看重电视广告这种形式。当前，在各种媒体中，电视广告的投入和产出也最大。

从上例我们还可以看出，要制作一条电视广告，先要有一个脚本，然后由编导、演员、摄影、灯光、布景等一套人马共同来完成。那么，写脚本，就是电视广告的文案工作。1997 年 7 月，在《中国青年报》等报纸上出现了一则经销商用 100 万元稿酬征集一条只有 30 秒钟的、具有国际水准的法国路易十四皇帝波旁王子酒广告脚本的广告。其标题是"百万稿酬，瞬息之博"；标语是"机遇点石成金，智慧改写人生"。由此可见电视广告文案的价值。

分析上例北极神海狗油广告的结构，我们可以看出，广告正文

“北极神海狗油保身养颜，让我青春靓丽”“北极神海狗油清理血管，对爸爸妈妈很有好处”借王思懿之口播出；标题由王思懿的画外音播出：“人人都为礼品愁，我送北极海狗油。”该广告没有标语，是一条结构不完整的广告。

（四）网络广告

第四媒体的崛起，使网络成为21世纪一个新的广告发布载体，其效应也随着电脑和网络的逐渐普及而愈渐显现。网络广告的特点在于技术含量大，传播优势明显，表达方式丰富，作用范围广泛。

网络广告可以分为文本式广告和多媒体式广告。

文本式广告以单纯的文字表达为手段，可以在技术支持下运用色彩加以美化装饰，在屏幕上表现为静态，与报刊广告相仿。这种广告多以电子邮件的方式“入侵”到用户终端。这种广告制作简单，体现不出数字技术的特点，而且在网上过多过滥，诚信度不高，因而效果不是很好，不为大户和名牌青睐。

在网站网页上出现的多为运用多媒体技术制作的广告。如搜狐商城的广告方式用“步步深入”的多媒体技术表示：

屏幕上一块约81平方厘米的红色竖式矩形静止图标。图标中有两颗心。从左上角往右下角斜亘一条广告标语：“献上我火热的爱情。”

图标的下半部是广告标题：

1000种商品疯狂打折

全场1元起

新春购物　空前低价

图标下面是促销的起始和截至日期，以及联系电话。点击进入后则是一个运用多媒体技术制作的满屏琳琅满目的购物新天地。上面有各种商品的图标供点击查看，有“影视”、“家电”、“IT”等各种类别的商品目录供进一步选择。

电脑屏幕的位置有限，所以十分宝贵。广告由于篇幅小，越发要综合运用文本、视频、声频技术,要么制作广告小图标在网页上四处游动待沽,要么广告图标在网页上一帧一帧地变化"嘴脸"。但"嘴脸"的变化不可多,两三帧画面足矣。下面是两则运用文本和视频技术制作的广告:

屏幕上一块156平方厘米见方的面积,有两帧图标在变换。第一帧的文字是"温馨相伴",系广告标语。标语辅之以有壁炉、台灯等设备的古典式内装修彩色场景。第一帧渐隐后出现第二帧,文字为广告标题"新华网房产频道",标题下面还有一行英文"Realty"(不动产)。这是占用屏幕面积较大的广告。另有一款参加网上有奖游戏的广告,仅有12平方厘米面积,有3帧图标在变换。第一帧的文字为"点击搜狐";第二帧为"链接梦想"。这两帧是广告标题。第三帧的文字是广告标语"梦想成真"。也有因为广告面积小,故将广告标题或者标语拆分开来,做成不断变换、反复的图标。如一家电子厂商将产品标题拆成3帧。第一帧的文字是"舒适源于";第二帧是汉语拼音"CHANGHONG";第三帧的文字是"自然风"。这些广告无论两帧还是3帧,点击后进入的广告天地,都有用各种形式表现的标题、标语、正文、附文,十分新颖详尽。

一般说来,多媒体广告是分层次进行的,最先表现广告的标题和标语,点击进入后才是结构完整的广告本身。所以,多媒体广告的标题、标语一定要撰写得吸引人,诱惑性强,图标也要设计编排得有新奇感,以便激起好奇,催人"点击"。

二、广告文字语言的结构

从上面的例子我们可以看出,无论凝固形态的报刊广告,还是动态形态的广播、电视、网络广告,其完整的文字结构,都包含标题、标语、正文和附文这几部分。在实际运用中,有些广告的文字部分是完整的,有些是不完整的。应该说明的是,一则广告文字部分的好坏,不能仅仅以其结构是否完整来评判,而应依照其实际效果如何来界定。

(1)标题。用简约的文字,标出、道明文章或者作品的内容,是谓标题。广告标题的任务则是用简洁的语言标出、道明物质产品、精神产品、服务内容、观念意图的内容或者性质。广告标题可以是单行的，即仅有正题；也可以是多重的，即包含引题、正题和附题。

单行标题：

空中客车公司　只愿为风　承载中国飞翔的翅膀

（一家飞机制造公司的广告）

多重标题：　西门子滚筒式洗衣机　（引题）

缤纷系列　演绎时尚　（正题）

（一家电子企业的产品广告）

开拓“新”视界　引导“大”风潮　（正题）

三星240T带我进入大时代　（副题）

（一家电子企业的产品广告）

无“火”的岁月　战“痘”的青春　（引题）

珍贵三蛇胆　就是益生堂　（正题）

一粒清火　强力除痘　（附题）

（一种中成药的广告）

(2)标语。用简短的文字喊出有宣传鼓动作用的口号，是谓标语。广告标语也可称为广告口号，其特点是用简洁明快、画龙点睛的语言，发出启发性、总结性、劝诱性的号召。

创造无线世界　（一款手机的标语）

突破科技　启迪未来　（一款汽车的标语）

在广告中，标题和标语很容易混淆，尤其是在如今的广告中，标语口号式的标题大量存在，比如前例“雪佛兰开拓者SUV”用的就是口号式标题“四轮驱动，一触即发”，因而确实产生了两者边缘模糊、可此可彼的情景，甚至用标语口号取代标题的广告也不乏其例。所以，有人将其混为一谈；但是，两者是有区别的。分清两者，对广告文案的写作有益。

我们可以从三个方面来分辨两者。从内容上看，广告标题的写作立足于广告物的本身,往往是正文的抽象和概括,有的甚至就是商品的品牌名称。而广告标语则与广告物本身的联系既可以密切,也可以不那么密切,完全是一种起宣传鼓动性质的口号。例如,标题“四轮驱动,一触即发”将正文里叙述的汽车性能概括了出来。该广告的标语则是“任时间考验”,与内容的实质性关联并不那么十分密切,可以套用在其他许多广告上。

从形式上看,两者也是有区别的。标语最好是一句话,精悍短小。或隽永,或警醒;或响亮,或含蓄。而且讲究音韵美,或对仗工整,或整齐押韵,读起来抑扬顿挫,念起来琅琅上口。如“原来生活可以更好的”,———家电器公司的广告标语;“我不认识您,但我谢谢您”———家义务献血站的广告标语。而对标题形式的要求则要宽松许多,既可以是相对说来较长的文字,也可以是多行多重的。即便是标语口号式的标题,我们多少也可以看出产品的端倪来。如“只要青春不要痘”—— 我们立刻可以联想,这一定是与治疗粉刺有关的护肤品。果然,这是美国一家化装品公司生产的一种绵羊油的广告标题。

从作用上看,标题的主要任务是让公众认识广告物的品牌、性质,而标语则是让公众在认识了这个品牌、辨清了广告性质以后,用鼓动性的语言进一步形成冲击力、震撼力和诱惑力。如前面我们举过的悬赏百万稿酬征集电视脚本的广告,标题是“百万稿酬,瞬息之博”;标语则在此基础上,再次给你加深印象——“机遇点石成金,智慧改写人生!”

(3)正文。广告正文以说明广告物为主要目的。它通过对标题的进一步阐述,说明、论证广告的可靠性和合理性,以弥补标题信息量的不足,从而进一步激发公众的欲望,达到获得响应的目的。正文的文体是多样化的,论说型、散文型、诗歌型都可以,写作方法也不拘一格,大可多样化。从篇幅来讲,正文在广告中所占的比例最大,但一般都不长。尽管有的学派称正文不要怕长,并举出外国的事例,但就我们阅历范围接触的成功的广告正文来看,都是笔墨凝练,简明扼要。

(4)附文。附文主要承担说明具体事宜的任务,诸如广告单位的网址、地址、电话、传真号、邮政编码、开户银行、账号、户头,广告物的批文、专利号、价格、销售或服务地点等等不宜写进正文里的实用性文字。

一条广告的结构,在报刊上很容易断定。即便经过美术编辑或者版面编辑的设计、编排,还是可以从字型、字号、版面的位置等形式上辨认出来。但是,在广播广告和电视广告里,就不那么容易辨认了。尤其是广播,完全靠听觉,其广告的标题、标语、正文、附文从流动的语言里奔泻而出,难以一下子确认。电视广告还有个视觉形象,有时简短的标题、标语、附文可以出现在屏幕上,结构比广播清晰。尽管广播和电视的广告语言有多种表达方式——有时靠画外音,有时用名人名星或个中人的独白,有时来一段歌曲或者戏曲,有时是问答,但我们将其记录下来加以分析,还是可以弄清其结构的。运用鼠标则很容易分析网络广告的结构。

在现今的广告中,有很多广告是属于结构不完整的广告。有的只有标题和附文,有的只有标语和正文、附文,有的只有标题和标语。一般说来,一则公众尚未认识的新广告,因追求信息含量,其结构比较完整;而有了声誉的老牌广告,其广告物的性质、性能已被社会接受、熟悉,就不需要多费笔墨,往往打出或者播出广告的标题或标语就成。如"随时随地的联通,随时随地的享受","摩托罗拉,飞跃无限","味道好极了"等等,公众一看一听,就知道是什么广告。

我们判断一则广告好坏与否,不能依其结构是否完整来定论。结构完整,但是没有新意,形不成冲击力,不能算好广告;结构不完整,但创意巧妙高超,令人过目不忘,形成了气候,就是好广告。尤其是在当今信息时代,人们的生活节奏加快,接受广告影响的方式、方法和特点已经不同于工业社会的印刷时代,接受广告的冲击往往是在不经意的瞬间。因此,广告的标题和标语就越来越成了广告文案的精髓。

三、广告文字语言的特点

用最少的文字语言，传递最丰富的信息；以不落俗套的遣词造句，形成冲击力、震撼力和诱惑力，是广告文字语言的风格。具体说来，广告的文字语言有如下几个特点。

(1)简短精炼，语约义丰。无论从广告商的角度讲，还是从公众的立场看，广告的文字语言都不可能是长篇大论。广告一长，广告的费用增加不说，公众对拖踏的文字语言也会不耐烦。而简明经济的文字，利落干脆的语言，可以起到见微知著，神驶千里的作用。尤其是标题和标语，更是遵循了这种原则。“真诚到永远”—— 青岛海尔集团的广告标语；“只买对的，不选贵的”—— 一家洗衣粉的广告标语；“以一变应万变”—— 一家变频空调的广告标题；“小体积，大功能”—— 一种电子字典的标题。这几例广告语都不过几个字，却掷地有声。就是正文，也得扼要。特别在广播、电视这样一类广告费用昂贵的媒体上，正文往往是寥寥数语就交代了。

(2)独特新奇，形式多样。不落窠臼，富有个性，追求新颖，是广告文字、语言所要刻意追求的。“不打不相识”——一家打字机的广告标题；“心灵的按摩，灵魂的桑拿”——一次钢琴音乐会的广告标题；“经常被模仿，从未被超越”——一款汽车的广告标语。给人耳目一新的感觉，自然就使公众产生了兴趣。俄罗斯一家提供战机飞越莫斯科上空服务的旅游公司，在一家名为《男士》的杂志上所做的广告标语是：“人生或是突如其来的冒险，或是一潭死水。”正文的表达也是采用各样文体和各种写作手法，说明、议论、抒情、对话、问答、叙述、散文、诗歌等等，大可花样翻新。在广播、电视上，甚至还创作歌曲或者设计剧情，加以精心表演。广告的文字语言及其表述方式，真正是煞费苦心，不拘一格。

(3)音韵优美，入脑入耳。广告所以有号召力，甚至作用于千家万户，成为市场的“流行语”，其语言的音韵美也是一个显著的特点。好广告的语言要么声调平仄相间，琅琅上口，要么句式对仗工整，合辙押韵。如“滴滴香浓，意犹未尽”——一种咖啡的广告标题，既对称,又押韵;“人头马一开,好事自然来”——一种酒的广告标题,平仄相间,抑扬顿挫;“您是否听见风儿的呢喃!”——一种夏衫的广告标语,流畅通顺,富有诗意;“成就天地间!”——一家企业的广告标语,铿锵豪迈,雄遒有力。音韵优美,才能作用于公众的潜意识,大家才会在不经意间记住它。

第二节　广告文案的写作方法

广告文案的写作是一种创作,而且越来越要求有文学艺术创作的成分。尽管它的功利性使其与真正的文学艺术创作有很大程度上的不同,但在打动人、感染人、引导人、劝诱人、刺激人这一点上是相仿的。虽然广告的创意,包括文字语言的创意没有定法,既可纵横恣肆,亦能探幽入微。但是,广告文案的写作方法,还是有章可循,有所讲究的。下面,我们就讲几点步骤和方法。

一、潜心研究,精心创意

研究什么?研究广告主体。它是物质产品还是精神产品;它是面向大众还是面向一部分人;它是不受时间限制的,还是有时效性的;它是准备在报刊上做广告,还是准备在广播、电视、网络上做广告,或者在街头和建筑物上做广告?对此,都要了然于胸,以便针对不同广告物和不同媒介的特点,有的放矢地进行广告文案的创作。

具体说来,需要经过研究加以明确的内容有下列几项。

(1)了解广告主体的特点。如果它是物质产品,那么它的性能如何,价格怎样;与同类产品相比,它的优势在哪里,缺陷又在何处;这类产品在市场的销售情况怎样,其中最受欢迎的功能是哪些等等,都要知根知底。如果它是精神产品,那么它是文学的、艺术的还是工具性的、学习性的,是阅读物还是视听物;有没有与本广告主体同类的产品,若有,本产品的独特功效在哪里等等,都要全面了解。如果它属于服务项目,那么它能给公众的好处、实惠是什么。如果它是竞赛性质的,那么它最激动人心的地方在哪里。只有摸清了广告主体的独特之处,才能成竹在胸,下笔有物。

(2)明确诉求对象和广告地区。广告主体是针对城市的还是农村的,是适合老年人、中年人的,还是适合青年人的或者少年儿童的,是供应男人的还是女人的,是准备“打”进机关团体的,还是学校、家庭的,都得加以明确。中国地域辽阔,南北温差大,东西地势异,公众又有职业、性别、年龄、知识程度、兴趣爱好、性格秉赋等各方面的差别,形成不同的地区和人群,对物质产品和精神产品的要求自然不一样。只有确凿地掌握了人物和事物普遍性和特殊性的材料,才能因势利导,有所侧重,投其所好。

(3)确定广告载体。是大众传媒,还是户外广告;是报刊、广播,还是电视、网络。在报刊上作广告,文案写作就可以详尽一点,不妨创作一条标题、标语、正文、附文完整的广告,供美编去设计。做广播广告,就要多考虑一些文字语言的音韵美,使其抑扬顿挫,琅琅上口。做电视广告,除了语言因素以外,还要将画面语言的作用考虑进出,把文字、语言、画面等各种手段综合运用起来。做网络广告,就要在精心策划文案的基础上,用足技术优势。

(4)创意。研究出结果,就可以进行广告创意。什么是广告的创意?通过文字、语言、画面、音乐、构图、造型、版式编排、多媒体等手段,表现出来的广告主题、情调和意境,就是广告的创意。其中,文字、语言占有“一语中的”、“画龙点睛”的重要地位。

美国广告巨人詹姆斯·韦伯·扬这样解说创意:“广告完全与人有关。它是一项如何使用文字与图片去说服人们做事,去感受事物与相信事物的事业。而人又是理性的与非理性的、冷静的与疯狂的、可以理解的与不可思议的集合,广告本质上是发挥创意,运用一组设备与技术,去从事传播的一种艺术。”①

广告文字语言的创意是一个艰苦的过程。要想写出“人人心中皆有,人人笔下全无”的精言妙语,要想公众在瞬间被你“击中”,没有“夜吟晓不休,苦吟鬼神愁”,“两句三年得,一吟双泪流”的精神不行,

① 《国际广告巨人经营秘诀与名言》,中国广播电视出版社 1995 年,第 384 页。

没有一个惨淡经营的酝酿期也不行。而且，广告文字语言的创意，与创作者的文字语言功底、人生阅历、美学水平、风格秉性等综合因素密切相关。创作出的文字语言，也是创作者综合水平的反映。在创意过程中，有时你可能久久不得要领；有时，你可能在刹那间突有所悟，灵感大发，茅塞顿开地得到优秀的广告词 —— 这是经过了苦思冥想的酝酿期，充分调动了内心储存的积累才得到的，轻轻松松，舒舒服服，得不到好的创意。

与创意同时进行的，是选择一种广告文字语言的表达方式，进行具体的创作，将创作意图演变为活生生的文字语言。

二、选择方式，斟酌字句

通过文字语言反映出来的广告，有各种各样表情达意的方式，有不同的行文特征。我们讲过，一则结构完整的广告由标题、标语、正文、附文组成。其中，标题、标语简短，不涉及文体，只与遣词造句的方法及表现出来的意思、特点及风格有关。正文就关系到文体运用的问题，附文只是一种补充式的说明。每一则成功的广告的文字语言，无不是找寻到了一种最适合自己内在特征的方式，精心设计、创作而来的。下面，我们先从标题、标语的写作方式讲起。

(一)标题、标语的写作方法

1. 新闻式

新闻式多用于标题的写作。顾名思义，既然涉及到“新闻”，写的时候就要将何时、何地、何事、何故、何人等新闻性的因素囊括在内，广告就应有新闻价值。新闻式标题多用于新产品上市的宣言、商家的新举措、营销的新方法等有时效性和新闻性的广告中。如：

(1)　　松果体素片改善睡眠

您失眠吗

请参加松果体素片寻找失眠者赠送咨询活动

(2) 剥去高价外壳,共享科技成熟的硕果

康佳高清晰度柔性电视金秋超价值全国热销中

2. 赞颂式

赞美、夸耀、标榜是标题和标语常用的方法。赞颂一来弘扬了产品的品牌,满足了公众崇拜名牌的心理;二来在社会上树立起自信的形象,使公众放心。赞颂式又可分为抽象赞颂和具体赞颂两种。抽象赞颂是一种整体上的溢美,如"起步,就与世界同步"(一款汽车的标语);"百嚼不厌"(一种口香糖的标语);"生活,就这样一手掌握"(一款掌上电脑的标语)。具象赞颂是将产品的特点特别地标榜出来,高扬出与众不同之处。有一则电视机广告的标题是:"脱离50赫兹闪烁世界,进入100赫兹稳定世界。"一款汽车的广告标题是"五座+两座,工作+生活"。具象赞颂尽管比较技术化,有的可能使一些没有专业知识的人不得要领,但它往往有具体量化了的质量和功能上的参数,因而说服力强,久而久之,其渗透性自然会体现出来。

需要指出的是,赞颂式一定要在产品本身确实过硬,其品牌已被市场认可的情况下运用。因为在社会转型期间,不少消费者深受虚假广告之害,对信誓旦旦的夸耀产生了逆反心理,因此要慎用这种方法。

3. 承诺式

承诺式也是标题和标语常用的方式。承诺式针对公众存在的不放心心理,加以许愿,立下诺言,以期在心理上取悦、说服消费者。创作这种允诺式的广告语既有信誓旦旦、舍我其谁的,如"与成功联网"(一种电脑的标语),"引领消费,点亮生活"(一家报纸消费专刊的标语);也有不张扬、不过分的,站在诚恳的立场上发出誓言,如"客户信赖超亿,惟有加倍努力"(一家通讯公司的标语);"我们只用新鲜水果"(一种果酱的标题)。

4. 建议式

商业行为忌讳"强迫"二字。作者若刻意将自己摆在客观的立场上,用商讨的口吻,向公众提出建议,也是一种很好的写作方式。用

这种办法写出的广告语有亲切感,因而效果不俗。如“您无需等到未来”(一种电讯器材的标语);“……麻烦您了,加个零”(一家电话号码升级的标语);“您不妨数数身边驶过了多少福特”(一种小轿车的标题);“百闻不如一见”(一家报纸的标语)。

5. 效果式

把客户购买产品,享受服务以后的好处、益处、妙处揭示出来,形成对公众的心理的冲击,用获得的效果来暗喻、反衬商品的质量与功能,又是一种创作方法。例如,一则榨果机的广告中只有一堆苹果核及苹果皮,其标题是“这些我们留下,其余的全给你”。又如,“科技使您更轻松”(一种电脑记事本的标语);“一张光盘在手,千册图书拥有”(一种光盘软件的标题);“领先一步,先发治毒”(一种杀毒软件的标语)。

6. 表白式

用拟人的口吻,以第一人称的表达方式来显示商品的特点和质量、性能与特征,是一种贴近生活、创造亲近气氛的写作方法,其广告语的效果也会不错。如“我很素,但我很好味”(一种食品调料的标题);“手机全国打,是我‘138’”(一种通讯工具的标题)等。以上是公开的表白,还有隐喻的表白,如一种装饰品的标题是“我有话要说……”这种曲折的自我表达的效果有时会更好。

7. 宣言式

发出信誓旦旦的誓言,造成强烈的震撼效果。如“我们向大自然的暴力挑战”(一种油漆的标题);“智者知难而退。唯智而强者,敢挑战极限!”(一款名牌汽车的标语)。

8. 悬念式

用设问或者使人乍一看乍一听不得要领的语言,制造一个悬念,引起公众的好奇和注意,再在附题或者正文里加以解答,又是一种创意的方式。如一家饮料公司用广告标语发问“从前我们喝着什么水?”然后在正文里将饮水的传统、现今的污染和自家产品的优点娓娓道来。一家电子记事本的标题是“文房五宝”?一种脱毛膏的标题是“‘剃’是不能解决问题的”。一家汽车产品的标语是“凭什么充满信心——因为强强合作令我们胸有成竹”。

9. 幽默式

运用意味深长、有趣可笑、耐人寻味的诙谐语句创意,是一种很受大家欢迎的形式。“轻轻松松——便乃通”——一种药物的标题;“聪明不必秃顶”——一家生发水的标题。写这种广告词既要注意内容的准确与贴切,也要追求意蕴的深远,在博得公众会心一笑的同时,也使他们接受广告的内涵。

10. 对比式

运用比较的方法,对产品的质量、性能、功能、地位、价格加以介绍,也不失为一种好方法。如美国一家剃须刀片的标题是“过去每片刮10人,后来每片刮13人,现在可刮200人”。一家药物的标题是“当别的药疗效不显著时,请试试×××”。一家出租车公司的标题是“我们暂居第二位,所以我们的服务丝毫不敢马虎”。写对比式广告语,要注意不能以贬低别人来抬高自己,否则有违反《广告法》之嫌。

11. 诗词式

我国有用诗词表情达意的悠久传统,用名人留下的诗词作广告是一大财富。如湖北白云边酒的广告语就是李白的诗“且就洞庭赊月色,将船买酒白云边”。但这样的严格用典的只是个例,并不多见。若广告语也运用诗词写作中的对仗、押韵、平仄相间等法则进行创作,就会显得很高雅、有品味,耐人寻味。如一家汽车商年终发布的答谢广告语的上联是“车马盈门开新岁”,下联是“虎步龙行兆丰年”,横批“一路平安”。一家眼镜店的广告语是“悬将小日月,照彻大乾坤”。用“小日月”暗喻眼镜,戴上好眼镜,自然就可去洞观生活的“大乾坤”。

12. 成语式

运用人们长期以来习惯用的成语作广告语是不少创意者的手法。成语以其精干的定型词组或者短句,在我们社会口耳相传,有极强的生命力,公众一听便知,一看就懂。一种液体保健品的标题是“口服心服”,将“口服”的“服”作动词用。一种锁的标题是“一夫当关，万夫莫开”，也十分恰当。运用成语创意，尤其要注意内涵和外延的贴切，不可滥用。

13. 仿拟、巧改式

模仿或者巧改在人民群众中广为流传的古代诗词、成语、俗语、歇后语、词语甚至流行歌的歌词，保留其原文的主要意旨，加进自己的品牌或意图，形成广告语，也是常见的创意和写作方法。李白的七言绝句《朝发白帝城》里“千里江陵一日还”一句，被一家汽车商改一字，就成了“千里江‘铃’一日还”的广告标题。“车到山前必有路，船到桥头水自直”的俗语，被一家汽车商改为“车到山前必有路，有路必有丰田车”的广告标题。“风华正茂”，被一家文具商改一字，就成了“‘丰’华正茂”；“生生不息”，被一家房地产企业改两字，就成了“升升不息”——一看便知是升值的意思。“贤妻良母”，被一家洗衣机厂商改一字，就成了“‘闲’妻良母”。“世界”和“精彩”两词，经一家电子公司一改，就成了“全新‘视’界，三星‘晶’彩”，一看就知是电视机。一首名为《掌声响起来》的流行歌曲，被一家物业单位改一字，就成了“‘涨’声响起来”。运用仿拟的方法，也要注意贴切、自然、准确，不可胡乱模仿，使公众不得要领，结果适得其反。

14. 情感式

用温馨优美、富有人情味的语言创意，以调动大家情绪，赢得公众的好感，也是写广告语的好方法。一种名牌胶卷曾用过这样的标题：“当您的孙辈翻开相册时，您的结婚照依然鲜艳如初”；一种洗衣粉的标题用孩子的口说“妈妈，我可以替你干活啦！”；一种咖啡的标题是“滴滴香浓，意犹未尽”；一家房地产公司的售房标语是“尊重人，造城之本”。

15. 双关式

遣词造句时表面有一个意思，暗中又隐含着一个意思是为双关语。用这种方式创意，一般需要广告物、广告单位本体有一个好名称，或者好特点，以便留下潜台词。如太阳神口服液就利用“太阳”二字，创作了“当太阳升起的时候，我们的爱天长地久”的标题。一种叫“箭牌”的衬衣的标题是“依照箭头指的方向，您就会走在最前面”。

16. 比喻式

以此物比拟它物的比喻方法写广告语也很常见。一家鞋业公司的广告标题是“步履似春风”;一家电讯公司的标题是“联通 130 象当面交谈一样!”;一种鸭绒被的标题是“您恍如躺在洁白的云朵里!”用比喻的方法创意,应注意比拟要得体、恰当、巧妙。

17. 祝愿式

人们是希望被祝福、祝贺、祝愿的,因而用此方法写广告语的也十分普遍。诸如像“共创美好未来”、“把握机遇,开创未来”一类比较抽象的祝愿比比皆是,这当然也可以。但如果用比较明确、具象的祝愿,效果可能会更好。一家房地产公司的广告标题是“找到理想伴侣,买到称心房子”;一家人寿保险公司的广告标题是“但愿人长久!”

18. 综合式

不拘泥于一种创意方法,将两种或者两种以上的写作方式结合起来进行创意写作,更是一种好手段。一家运输公司的广告标题是:“我们运送您的成功!”——既是表白式,又是祝愿式;而一家人寿保险公司的标题“但愿人长久!”则既是诗词式,亦为祝愿式。

广告标题、标语的创意方法还有很多,我们上面只是将比较常见的列举出来,稍加举例。创作标题、标语,一要追求用最少的文字反映最大的信息量;二要注意有冲击力、震撼力和诱惑力;三要力图既新颖奇妙,不落窠臼,又自然贴切,恰如其分;四还得争取有音韵美,琅琅上口,易读易记。此外,还得研究一下诉求对象,考虑是为哪一部分人写的。

以上讲过的比喻式、双关式、对比式、仿拟式属于修辞的范畴,在广告语写作中比较常见。为了掌握更多的手段给广告创意,还要进一步学习、研究修辞技巧,借鉴、利用修辞手法。联想电脑的广告标题是“结联世界,着想中国”,巧妙地在“联想”二字间镶嵌进几个有意义的字,使用了辞格里的“镶嵌”技法。一家名叫“龙泉实业”的公司也用这种技法,其广告语为“龙腾四海,泉涌九州”。一家保险公司的标语响亮地喊出“中国平安,平安中国”的语句——第一句的结尾是第二句的开头,第二句的结尾又是第一句的开头,使用了“回环”的辞格。用“析词”的辞格也时有所见。保健品天安851口服液的广告标题，就把“天安”二字作了分析推衍，使其成为“北京天安，为天下人幸福平安！”汉语修辞的方法有很多，陈望道先生按材料、意境、词语、章句4类辞格划分，共列出38格，每格中又有若干式。我们不妨做个有心人，进一步挖掘其中的矿藏。

（二）正文的写作方法

正文是通过不同形式的文体，或赞颂、或介绍、或建议、或表白、或幽默地进行广告的。我们按论说体、文艺体和综合体三大类来讲授正文的写作方法。

1. 论说体

用议论、介绍、说明、证明、自述等方式，对广告客体加以论述说明，是广告正文写作常见的手法。它的好处是意思表述得明确清晰，逻辑性强，有很强的说服力。一款电视的广告正文是这样的：

> 即使屏幕超大，依然清晰画面，真实体验。索尼贵翔的第一台38型平面大屏幕彩电，被誉为平面彩电的旗舰！同时配有不同尺寸的完备系列，满足您的不同需要。动态影像流动，画面近乎完美，带来非一般的“真”（震）撼感受。

论说体容易写得呆板，因此要想方设法使其巧妙一些。中国移动通讯的客户超过一亿人时，其广告正文就是用析词加论说的修辞手法，巧妙的在“亿”字上大做文章。该则广告的标题是“秉承‘yi’的真谛才有客户超亿”。正文为：

> 亿是“义”不容辞的责任，是全心全“意”的服务，是精益求精的技“艺”，是滴水穿石的“毅”力，是“亿”万客户的厚爱。“亿”不仅代表着中国移动通讯公司的成长历程，更是中国改革开放以来通讯事业突飞猛进的写照。我们的企业使命是：“创无限通讯世界，做信息社会栋梁。”

在报刊等印刷媒介上，论说体的正文是靠文字的表述。但在电视、广播等媒介上，体现这种文体就有不同的方法。一种是靠播音员口播写好的正文,但比较呆板,因而对话的方式、剧中人现身说法的方式等比较活跃的方法就派上用场。下面是一则用对话的方式反映论说体广告正文的例子:

一男一女出现在屏幕上。

(女):大夫说,咱们孩子缺钙。
(男):天天补钙,还能缺钙?
(女):你就知道补。
(男):那怎么办?
(画外音):龙牡壮骨冲剂,调理人体机能,既能补钙,又重钙质吸收。
(男):补钙新概念,
(女):吸收是关键!

2. 文艺体

用散文、诗词、杂文、童话、故事、歌曲、曲艺、快板书等文学艺术的体裁写作正文,也是一种常见的办法。它的特点是广告有文采,不呆滞,生活气息较浓,能够以情动人,颇富感染力。下面是一款汽车广告散文式的正文:

雅阁,一个享誉世界的品牌,轿车中的骄子,经典中的精英。

广州本田雅阁,将本田一贯的世界的品质,精湛的技术,严格的质量要求发扬光大,处处散发创新的气息,延伸人类移动的梦想与理想。优雅的流线型外表洋溢着令人怦然心动的美感,体现力与美的融合。澎湃的动力与卓越的舒适性、安全性,赋予驾驶者一种得心应手的控制感,心驰神往的运动感和喜悦感。广州本田雅阁驰骋在世界品质的水平线上,起步,就与世界同步!

一种公益的广告正文用的是快板书形式:

有件事情令你烦恼,电脑升级没完没了。
刚用几天崭新依旧,又有软件运行不了。

频繁淘汰大量闲置，留之无用弃之嫌早。
许多功能还未开发，成了“鸡肋”如何是好？

有群孩子让你牵挠，因特时代尚未“温饱”。
回到课堂又要“失学”，世纪之交没有电脑。
“鸡肋”捐给这些孩子，民族素质快快提高。
资源优化浪费减少，功在千秋利在今朝。

这则广告正文以八言十六句的对仗的方式，将捐献电脑的意义娓娓道来，其琅琅上口的语言特点，使其即便用在电视和广播广告上，也很有效果。

红塔集团为“中国’99昆明世界园艺博览会”制作了一条散文诗式的广告：

自然的空间

千万里沃土，上盖华天。朗日丰泽，郁葱葱周而复始
看：
蓝水苍茫，紫云缕缕，黄花些许，白雪皑皑。浮云游子，感叹造化神奇
谢盘古女娲，始造就天地春风。更炼石补天，蓬勃了满目生灵
愿同在：
一片绿荫，几支香草，千仞叠岭，万里江河

数十年辛勤，全力以赴。报效一方，奉拳拳赤子之心
想：
春无倦怠，夏耐熏风，秋踏晨霜，东战萧朔。终入佳境，唯靠群策合力
常扪心自省，莫忘了云山之远。且淡泊辉煌，权当是从无始作
永在心：
一群手足，四方邻里，九州疆土，全国父老

无疑，这种诗意盎然，富有韵味的广告正文，立在街头巷尾、机场车站，定能收到良好效果。

剑南春酒厂2002年马年将至时，作了一条广告，其正文也犹如

散文诗,颇为别致:

> 春由心在,
> 山原海野皆成绿色;
> 和光同尘,
> 得失宠辱置之度外。
> 有情有义有节,
> 剑南春千年传承之秘。
>
> 今当盛世,
> 剑南春为全球华人祈福。
> 沧海有情天,
> 陶然引杯时,
> 剑南春匹马当先,
> 为您开启鸿运之门。

用杂文的风格,论事说理,也可在广告正文中运用。台湾书商为推销一套名为《企业百科全书》的书籍,创作了如下广告正文:

> 一套书的价格只相当一瓶酒,但价值与效用却大为不同。尤其,花一瓶酒的代价,买一套最新的管理知识和有效的管理技巧,使你的企业能够提高效率,增加利润,快速成长,无论如何都是值得的。
>
> 因为,酒香,固然令人扑鼻陶醉,但却不过是短暂、刹那的美妙。书香,却是咀嚼的品味,历史弥新,源远流长。
>
> 一本好书能为你带来智慧与启示,让你解惑去忧,触类旁通,左右逢源。
>
> 所以,与其花钱买醉,不如斗室书香。《企业管理百科全书》,正是为每位经营者准备的。它是140位经理、学者智慧的结晶,由20位专家联合编辑。拥有一套《企业管理百科全书》,任何企业新知,伸手可得,真正是对付经济不景气与同业竞争最有力的武器。

这则广告正文,较好的运用了杂文叙事、说理、议论的技巧,雄辩性强,很具说服力。

一则电视广告通篇无解说,只运用画面和画面上的文字,加上舒缓的音乐,含蓄隽永地表现主题,更显其匠心独运。

音乐中出现青翠的竹林。竹林画面上映出行书字:

止,而后能观

风在摇动竹林。行书换成

风动

依旧是竹林。行书又换成

心动

映出竹子竹节的特写。映出行书

有节,情义不动

最后映出广告单位

中国银行

Bank of China

3. 综合体

广告的正文,既要追求大信息量,将产品或服务内容的特点、特色尽可能地写进去,又要追求有滋有味、动人心扉。这种晓之以理、动之以情的创意特点需要作者匠心独具,运用各种巧妙构思,打破文体界限,加以综合运用。下面是一则房地产公司以"'征婚'启事"的标题所做的正文:

泽皓雅居的"她"有这样的条件

外表俊秀　欧式古典外观,全落地玻璃窗,1.8米超宽透明阳台坡屋顶

外秀惠中　电梯小高层,全框架,全错层,隐藏式管道,封闭物业管理

聘礼低廉　1638/平方米起,1798/平方米封顶

符合以下情形者,请与我们联系

"贪图"享受　讨厌爬楼梯,愿意坐电梯

拒绝平板　钟爱错层式生动的居住空间

喜欢阳光　对落地玻璃格外偏好

精打细算　努力寻求均好性最佳的房产

“迎君”热线 ×××××××××

“迎君”路线 ×××××××××

这则拟人化的广告正文既有论说文的特点,又有散文式的描写,而且创意巧妙,人情味浓,是一则成功的广告。写综合体的广告正文,应该追求此类创意。

(三)把握尺度,有所约束

我们的国家正处在向社会主义市场经济转型的历史过程中,虽然广告业还是一个新兴的行业,但其作用却越来越明显。不少广告从业人员急功近利,用虚假广告欺骗公众,造成社会问题。因此,广告文案的写作应该把握尺度,有所约束。文案写作最主要的是要依法行事。《广告法》、《中华人民共和国消费者权益保护法》、《反不正当竞争法》等法规是强制性的,对有关问题都有明确规定,广告文案写作人员必须学习贯彻。

具体说来,文案写作要注意下面几个问题:

首先,切忌言过其实,弄虚作假。语言透支是我国广告的毛病之一,也是广告业不成熟的表现。假大空的语言令人厌恶,使人产生防范心理。有几个人相信满街都是“最低价”、“大甩卖”、“××折”一类的虚假许诺呢!其次,切忌贬低别人,抬高自己。竞争应该是有序的,公平的。即使你有舍我其谁的雄心壮志,表现出来也要作艺术处理。尤其对同业、同类,更不可采取惟我独尊的语言。再次,切忌拾人牙慧,了无新意。我国的广告业还刚刚起步,正在摸索适合我国国情和民风、民俗的路子。国外和港台澳地区的广告创意和写作技法大量涌进我国,其中有些适合我们,但有许多不一定适合我们,因此,我们不可生吞活剥,全盘照搬。我们的广告文案应该在充分了解我们自己的市场特点、大众的消费心理、传统的生活习惯、特定的文化理念、未来的市场热点的基础上,进行写作。最后,防止语焉不详,概念模糊。广告语的表情达意应该清晰明白,即使是运用双关式或悬念式写作,也应该一语中的,使人在须臾的顿挫后便恍然大悟,千万不可叫人不得要领。

【思考与练习】

1. 广告文字语言有哪些特色?

2. 广告的标题和标语有哪些区别?

3. 分别在报刊、电视和网络上找两则广告,分析其结构和文字创意。

4. 试着写一条结构完整的广告。

第十一章　新闻文体

新闻是新近发生的事实的报道，其特性是向公众传递新鲜信息。在当今社会，新闻通过报刊、广播、电视、网络等传播媒体和传播手段，渗入到世界的每一个角落和人类的每一项活动，成为人们生活中须臾不可缺少的组成部分。

新闻是物质的东西，是人类在社会实践中产生的事实。因此，事实是第一性的，新闻是第二性的。新闻写作必须符合客观事物的本来面貌，决不允许虚构杜撰。新闻原本的、特有的职能是报道事实，传递信息。随着社会的发展，其职能也逐渐增加，如宣传思想观点，传播文化知识，表达舆论，指导工作等等。但是，这些职能都不能离开报道事实这一根本的职能。否则，新闻的特性就会消失。

新闻写作的基本要求是：一、选好角度，迅速及时；二、用精炼的事实说话；三、事实安排有规格；四、条理分明，逻辑清晰；五、交代背景，说明意义；六、文字简洁、确切、生动。

第一节　消　息

一、消息的特点和分类

消息是新闻的主要文体之一，是传播媒介向社会输出新鲜信息的重要载体。消息有五个要素，它必须写清楚五个“W”，即何人(Who)、何地(Where)、何时(When)、何事(What)、何故(Why)；有时还要加上为什么(How)。消息是公众获取新闻的主要来源，因此必须确凿地反映出这五个“W”。消息的特点在于：

1. 反应迅速，简短明快。新闻具有极强的时效性，消息更是“易碎品”。一则报道，一条消息，应该在事件发生后最短的时间里见诸传播媒体。因此,雷厉风行的工作作风,倚马而待的写作能力,是新闻工作者必备的素质和修养。尤其是动态消息,更得兵贵神速。1997年香港回归,中英两国政府香港政权交接仪式从6月30日午夜23时42分开始,至7月1日凌晨近两时结束。几小时后,新华社和人民日报社记者的消息稿就见诸报端,使刚刚看完实况转播的人们一觉醒来,就获得了更加详尽的文字报道。1998年8月7日下午1时左右,江西省九江市九江段4号闸和5号闸之间决堤30米,《中国青年报》记者贺延光3小时后从现场陆续向千里之遥的北京总部连发8条电讯,将决堤后九江市的社会动态及其抢险措施一一报道,于第二天清晨见报,在首都各大报中抢了头彩。2001年9月11日晚8时45分许(美国东部时间上午8时45分许),美国纽约、华盛顿发生恐怖袭击事件。20分钟后,香港凤凰卫视进行现场直播。12日晨,人民日报社、中国青年报社等媒体驻美记者发回的消息见报,两小时内,凡是刊登有这条震惊世界的动态消息的大小报纸在北京一售而空。其他诸如综合消息、典型报道等,虽然不像动态消息那样急迫,但也不能贻误对机。过了这个村就没有那个店,这是消息的特性。

行文简洁明了是消息写作的特点。三言两语,道明情况;寥寥数笔,写出精神。不冗长、不啰嗦、不累赘、不拖沓、不粘黏。简洁是才能的姊妹,这一点在消息写作中尤其重要。当然,要注意的是,简短而不陷于疏漏,扼要而不流于抽象。首先,是写一个扼要的、但却引人注意的导语;然后,顺着这条导语,在主体部分使用现实的、或者背景的材料让事实更加清晰起来;最后,来一个戛然而止——或画龙点睛、或余音缭绕——的结尾。整篇作品要干净利落、清清爽爽。

2. 准确无误,完全真实。真实是消息写作的生命,也是新闻职业道德的基本准则。新闻真实性的具体要求是:构成新闻五要素的人物,地点,时间,事件缘由、因果、经过等细节必须有案可查;消息中引用的资料、数据、引语、史实等现实的和背景的材料一定要确凿无误;新闻事实从整体把握和具体联系上,如环境与条件、历史与现状、原因与结果等,必须符合客观实际,不能采取实用主义,各取所需的态度,或挂一漏万,或盲人摸象,或畸轻畸重;对新闻的解释要合乎事实本身的逻辑,决不允许“合理想象”。在新闻写作中,没有什么比失实更丢人的了。中外新闻作者为求发稿,或捏造事实、或想象虚构、或穿凿附会,图一时的成功,最后身败名裂的不乏其人。2001 年 11 月,国内不少媒体刊登一则题为《中国 19 岁女学生打破牛津 800 年优异成绩记录》的消息,称正在牛津大学读二年级的吴杨,由于在考试中以 11 项科目全部名列第一的成绩,打破牛津记录,获博士学位和 6 万英镑最高奖学金。11 月 22 日,吴杨致电《中国青年报》,发表 4 点声明:1.她没有获博士学位;2.她学的数学和计算机专业不是百分制;3.写报道的记者未采访过本人,也没有经过本人的核对和同意;4.希望媒体不要转载这类新闻。《北京青年报》就此事与牛津大学 St.Hugh'S 学院联系,该院院长 Derek Wood 传真回电,称报道失实,说吴杨参加了 5 门课的考试,与其他许多同学一道被列为第一等级,学校并未授予她博士学位,奖学金是 60 英镑。为什么会失实呢?原来,这则轰动一时的消息竟出于一次以讹传讹的饭局!因此,我们要坚决杜绝道听途说、弄虚作假、张冠李戴、捕风捉影的做法,捍卫新闻的真实性原则。在这方面,我们是有深刻教训的。

3.寓理于事,叙述为主。消息是事实的报道。事实胜于雄辩,用事实说话,是消息写作的一大特点。一篇理想的新闻报道应该把读者带到现场,使他能看到、感觉到、甚至闻到当时所发生的一切。2001 年 11 月 27 日新华社的一则电讯就是用事实说话,以事显理的例子。这则消息全文如下:

一场“洋官司”改变中国苹果汁市场格局

积极应诉争得低税率 坐视“反倾销”丧失市场

新华社郑州 11 月 27 日电(记者刘健 林嵬)两年前,美国苹果汁生产企业向美国商务部递交申请,要求对中国输美浓缩苹果汁征收 91.84%反倾销税,一场“洋官司”拉开大幕。两年后,以出口为支撑的国内浓缩苹果汁出现市场新格局,积极应诉的 10 家企业由于争取到低税率,取得了对美出口几乎全部的市场份额;没有应诉的 30 多家企业则丧失了苹果汁产业最为重要的国际市场美国市场,发展严重受挫。一些经济专家认为,这一市场变局,生动地说明在参与全球市场竞争中,国内企业要敢于打“洋官司”,要充分利用国际规则维护自身权益。

中国浓缩果汁加工年产量达20万吨左右,出口占到85%以上,美国又是中国果汁最大的市场。1999年6月,力图将中国苹果汁挤出本国市场的美国企业,向美国商务部提出申请,要求对来自中国的浓缩苹果汁征收91.84%的反倾销税。

国内40多家浓缩苹果汁企业中,10家聘请了有丰富反倾销办案经验的美国律师,积极应诉。2000年4月,美国商务部作出终裁,中国10家应诉企业的反倾销税加权平均税率为14.88%;而未应诉企业高达51.74%。

高、低税率使国内浓缩果汁行业出现“分水岭”。烟台北方安德力果汁有限公司的“洋官司”打得最为成功,终裁后的税率为0,短短的一年内,其生产线不断扩建,规模翻了两番,对美出口份额由以前的5%左右,一跃占到30%左右。业界有一种形象的说法,仅这一“零税率”无形资产,就值上亿元。而未应诉的企业此前所占据的50%美国市场份额基本全部丧失,有的因此步入危机。

河南省三门峡湖滨果汁加工有限公司是应诉企业之一,总经理孙继伟深有感触地告诉记者:“打‘洋官司’,是入世后中国企业的一堂必修课。‘洋官司’并不可怕,关键在于要熟悉国际规则和各国相关的法律法规。”

这则消息不仅用事实和量化的数字说话,而且援用当事人的话语,使读者看罢,对打“洋官司”的作用一目了然。该消息还有一个特点,就是运用客观叙述的语言,朴素、洗炼地表达记者采访的结果。叙述完毕,道理显现。叙述是消息写作最基本的方式。写消息与文艺作品广泛运用各种修辞手段,进行抒情、修饰、描摹、渲染、议论等方法不同;与通讯的写作方法也有区别。当然,也不是绝对排斥议论。2001年7月我国申奥成功后,新华社发的电讯《世界选择中国:北京申奥成功》在报道了事实后,结尾处就有评议的字样,“这个美好的夜晚在无数中国人心中定格。今夜属于北京,今夜属于中国”。尤其是在综合消息和典型报道里,免不了有点议论。但是,这种议论一定要依据“事多于议，述多于评”的原则，遵循事实的“水到”，评议的“渠成”的法则。有时，消息在恰当的地方稍加描写，以增强气氛，也是需要的。《中国青年报》1998年6月5日第2版题为《海市蜃楼奇观出现成都天空》的消息中，就有描写的字样：“8点整，从西北方向射来的眩目光芒扑面而至。自西向东延绵数公里长的光带中，云雾飘渺的山峦显得影影绰绰，婀娜多姿。山间树影婆娑，湖泊镶嵌于群山之中。”只是，这种描写必须建立在事实的基础上，是对事实的本身和经过进行描写。

我们大致可将消息分为下列几类：

1. 动态新闻。迅速及时地反映国内外政治、经济、科技、军事、外交、金融、文化、体育、人物、社情等各方面的新动向、新情况、新发展、新气象。它作用重大，在大众传媒占有显著位置。一般说来，消息的表述直接、简洁，篇幅大都不长。依据消息分量和时效的轻重缓急，它们在报刊上的位置不等。既可以占据头版头条，也可以在诸如“简讯”、“短波”、“市场珠玑”、“文教动态”、“视窗”等信息栏目里争得一小块地盘，还可以图文并茂地用一张照片加文字说明做一则“图片新闻”。为了追求信息量，有时甚至只做一个标题，发一则动态性的“标题新闻”。

2. 综合消息。将不同地区、不同部门，或不同战线、不同行业中发生的具有共性的新闻事实集中归纳起来，围绕一个中心视点或中心思想进行鸟瞰式的报道。如2001年10月25日《中国青年报》第2版题为《我国人才市场总体供大于求》的报道，就是依据37个城市该年度1月至7月的统计数据，得出的综合消息。写这种新闻要求或纵向、或横向、或纵横交错，全面充分地占有材料，而且要善于发掘、善于组织、善于概括。写作中要注意把代表“面”的概括的叙述，与代表“点”的具体的事例结合起来，传递出事实的精髓。上例消息的副标题就很概括：“很多人不是没有工作，而是想找更理想的；市场营销、计算机、管理专业供需两热；大专以下学历需求量最大，求职亦更难；人才求职：京沪深是热点，西部更容易。”

3. 典型报道。这是一种导向性很强的新闻。它通过对一些地区、单位、人物、事件的采访、调查、剖析,找出同类事物中具有代表性和普遍性意义的经验、教训来,或指导工作、教育读者,或暴露落后,警示社会。前面列举的消息《一场“洋官司”改变中国苹果汁市场格局》,就是一则很有代表性的典型报道。它通过国内企业对打“洋官司”的两种截然不同的态度而导致的结果,为我国加入世界贸易组织以后,国内企业应该如何应对“洋官司”,起到了启迪作用;也使企业从中得到借鉴。写这类消息,要注意反映变化,总结经验,从事实中找出道理,从个性中觅出规律。

二、消息的写作

消息结构的主要成分是:标题——导语——主体——结语。它有三种基本类型。第一种是“倒金字塔”式,即把最重要、最新鲜的事实放在最前面,其他内容按事实重要与否和新鲜程度的大小依次排列。第二种是“并列式”,即平行地排列、叙述事实。第三种是“金字塔”式,即开始设置“悬念”,将最重要的事实放在后面。作者应该根据新闻事实的内容与特点,灵活机动地设计最合理的结构。不管哪种结构,都要求有条不紊,层次清晰,服从主题需要。

(一) 标题

标题是报刊的眉目,内容的精粹。它集中反映了作者对新闻事实的认识程度和观点倾向,向读者传递出信息的精髓,对读者了解和掌握新闻有很大作用。因此,标题要精心设计,合理安排。与其他各类文体的标题不同,消息的标题有自己显著的特点。具体可以归纳为下面几点:

1. 多行标题,容量很大。消息除了正题以外,还可以有引题和副题。引题又称为“眉题”或者“肩题”,其位置在正题之上,字号比正题小。它的作用在于或交代形势,或说明背景,或揭示事件意义,或烘托气氛,从而引出正题。正题又称为“主题”或者“母题”。它是一则消息里最主要的事实和含义的概括与提要。正题是标题的本体,字号最大、最醒目。一条消息可以没有引题和副题,但一定要有正题。副题又称为“子题”或者“辅题”,其位置在正题之下,字号也较正题小。它的作用在于或补充正题的事实，或说明正题的来源和依据，或挑明意义，展示效果；它往往起提要的作用。

2. 虚实相间，互为补充。在新闻标题的作用上，概括事实、揭示主要内容，说明结果，即昭示“谁”、“怎么样”的标题称为实题；交待背景、说明形势、烘托气氛和表明作者倾向的标题称为虚题。制作多行标题，一定要使其互相配合、互相补充，做到各行题目之间虚实搭配、相得益彰。

3. 准确简洁，新鲜醒目。标题的写作必须精炼贴切，不能啰嗦也不允许啰嗦，因为制作标题的篇幅有限，就那么一小块地方。尽管标题简短，但要引起读者注意，就需要千方百计设计得生动活泼，具有感染力。当然，我们也要防止“玩标题”，即把题目做得很大、很刺激，但消息内容却无法与之匹配的倾向。

下面，我们具体剖析几则标题：

(1)

(引题) 世界贸易组织第四届部长级会议协商一致

(正题) **中国加入世界贸易组织决定获通过**

(副题) 加入世界贸易组织，是党中央、国务院作出的重大战略决策，是改革开放进程中具有历史意义的一件大事，标志着我国对外开放进入一个新的阶段①

(2)

(引题) 浦江秋水照客影　　盛世唐装同冕旒

(正题) **APEC首脑作别上海**②

(3)

(正题) **一炸楼不倒 二炸楼斜了**

(副题) 青海昨上演“爆破惊魂”③

---

① 2001年11月11日《人民日报》第1版。

② 2001年10月22日《楚天都市报》第1版。

③ 2001年11月24日《湖北日报》第4版。

(4)

(正题)　**季羡林破解永乐大钟梵文**①

标题(1)的引题“世界贸易组织第四届部长级会议协商一致”交代了事件的背景,但未说明结果,是一个虚题。正题“中国加入世贸组织决定获通过”则揭示了主要的新闻事实,是一个实题。较长的副题“加入世界贸易组织,是党中央、国务院作出的重大战略决策,是改革开放进程中具有历史意义的一件大事,标志着我国对外开放进入一个新的阶段”说明了事实的意义,对整条消息起了提要作用,也是一个实题。

标题(2)的引题“浦江秋水照客影,盛世唐装同冕旒”是对亚太经合组织首脑2001年上海会议事实现象的形容和描述,是一个虚题。正题“APEC首脑作别上海”,告知了“谁”、“何事”、“何地”,是一个实题。这则标题的引题七言一句对仗,且平仄相间,做得雅致。

标题(3)的消息是报道一家不具备相应资质条件的公司承揽爆破拆除楼房业务,结果两次爆炸都未成功,自取其辱。正题“一炸楼不倒,二炸楼斜了”是说明形势、道出气氛的,显然是个虚题。由此可见,正题中也可以有虚题。副题“青海昨上演爆破惊魂”则道明了主要的事实和内容,是一个实题。这则标题在准确道明事实的基础上,还写得有趣、耐读。

标题(4)只有正题,一目了然地道出了消息的主要内容,十分醒目。

(二)导语

紧接电头(即新闻开头用黑体字写明的稿件发出单位、时间、地点及作者的说明。如“本报讯”或“某某社某日电”、“记者某某某”等)的第一句话或者第一段文字称为导语。它是一则消息中最有价值、最精华部分的概述,是消息中的“消息”。导语写得好,可以将读者“抓”住;然后顺着这条思路向读者提供明确的事实。导语的写作方法多种多样,变化灵活。常见的有下列几种:

---

①　2001年11月21日《人民日报》第2版。

1. 概述式。用凝练的语言,扼要叙述出消息中最主要的事实。一位美国记者报道科学家在实验室里,创造了几乎最纯的真空因而得奖的消息,用的是这样的导语。例如:

一位年轻的科学家因造出什么也没有的东西今天得了一千美元①。

2. 摘要式。摘取主要事实,对消息内容进行高度概括,然后在主体里将消息内容进一步展开,也是导语常用的。例如

中国科协今天公布了我国2001年公众科学素养调查主要数据。此次调查对象为18岁至69岁的中国公民(不包括港澳台),发放问卷8520份,有效率98%。数据显示有1.4%(每千人中有14人)的公众具备基本科学素养,比1996年的0.2%提高1.2个百分点②。

3. 描写式。对事实发生的环境、时间,或人物的态度作形象、扼要的描述。例如

近日,断流30年的塔里木河终点——台特玛湖迎来涓涓清流,干涸的土地吮吸着从博斯腾湖远道而来的清澈河水,长达320公里的绿色走廊初露生机③。

4. 结论式。先将从事实中得出的结论和盘托出,然后再作进一步阐述。例如

今后,现代思想文化研究者不必再"青灯古卷""皓首穷经"了。由北京大学哲学系立项主持、北大未名科技文化发展公司制作的北京大学"211工程"中国传统文化学科群项目——"五四"时期重要期刊光盘数据库(首

---

① 《美国名记者谈采访工作经验》,新华出版社1986年版,第81页。

② 《我国公众科学素养水平亟待提高》,载2001年10月24日《中国青年报》第1版。

③ 《博斯腾湖水来了,塔里木下游绿了》,2001年11月16日《光明日报》C2版。

批），今天在北大通过有关领导及专家的评审。专家认为，这是中国现代史思想文化成果数字化的有益尝试[①]。

5. 引语式。引用诗词、民谣、谚语、警句、格言，或人物的话语、各种条文等作为开头，然后引出事实。例如

"我所以选择这家公司，是因为它科技含量高，发展前景好。"刚到秦皇岛海湾安全技术有限公司报到的南开大学毕业生王振，这样自信地看待自己的选择[②]。

6. 提问式。响亮地提出问题，引起读者的好奇或兴趣，促其将消息读下去。如：

中国古代文学研究与现代文学研究在文学观念及研究方法上是否应该贯通？如何贯通？今天在复旦大学开幕的"中国文学古今演变研究国际学术研讨会"将就这个议题展开讨论[③]。

7. 评论式。作者自己或者新闻事件中的人物，对导语中的简要事实明确表态，或进行臧否，或表示鲜明的倾向，或加以评介。如：

以中国考古学会理事长、著名考古学家徐苹芳研究员领衔的专家组，日前对宁波的唐代子城遗址进行论证时一致认为：唐代子城内发掘出的元代建筑基址保存完好，规模宏大，形制独特，在国内极为罕见，为全国宋元时期考古保存了不可多得的发掘实例[④]。

---

① 《'五四'时期重要期刊光盘数据库通过评审》，1999年4月24日《光明日报》第2版。

② 《海湾公司成为大学生择业热点》，1998年8月7日《人民日报》第5版。

③ 《专家认为：应将中国古代文学与现代文学贯通研究》，2001年11月16日《光明日报》A2版。

④ 《宁波唐代子城考古有重大发现》，2002年1月2日《光明日报》A2版。

导语的写法不仅仅是上述7种,还可以腾挪变化。无论怎样设计、撰写哪一种导语,我们都得把握住写作上的这么几个特点:

1. 直截了当。写导语很像一个吆喝失窃或失火的人的行为。报警时我们不会枝铺叶漫、不着边际的乱侃,而是脱口而出"抓小偷哇"、"救火哇",然后再讲缘由。写导语与此相仿,要将最重要的事实放在前面,用精炼的笔触,鲜明地、开门见山地道出新闻的核心。

2. 纲举目张。"纲",鱼网上的总绳;"目",总绳上的网。打鱼时总绳一撒,网眼就全部张开了。导语的地位就如同纲,虽然字句不多,但集中体现了作者对新闻事实的把握程度和理解程度;也表现出作者报道的角度,对后面的文字起到定位和导向作用。所以,导语的运用在很大程度上反映出作者的业务水平。

3. 一应俱全。新闻五要素在导语里要有明确体现。即便何时、何地、何人、何事、何故难以在一句话或一小段话的导语里全部反映,起码也要写出新闻的人物、事由和因果来,否则就是败笔。

(三)主体

导语后面是消息的主体。它将导语的内容深化,是消息的主干。它承担的任务主要有两点:其一是进一步阐述导语中的事实,使新闻内容更加明确;其二是运用背景等材料补充导语,使消息的根据更确凿、内容更丰满、事实更清晰。要注意,在主体中不要再重复导语里的字句。进一步阐述导语中的事实,要注意做到头绪清晰,层次合理。它大致有两种结构:

1. 以时间的顺序来安排材料。即开始怎样,如何发展,怎么结束。1998年6月3日《人民日报》第4版正题为《档案馆里话沧桑》的消息主体,在叙述"三次查阅高峰"时,是以时序来安排的。"第一次是'文化大革命'……每在档案馆里查到一个人名,就可能给这个人带来一场灾难。""第二次是1977年至1979年全国平反冤假错案。""第三次是1986年至1988年,为了把十年浩劫中被颠倒的历史再颠倒过来,全国各地重新编史修志,档案馆再一次成为热点。"

2. 依据事物的内部联系,也就是根据主次、因果等逻辑关系,或先重后轻、或有点有面、或并列来安排结构层次。2001年12月14日

《人民日报》头版头条“十五开篇”系列报道栏目中正题为《海南全力推行“蓝色产业”》的消息主体就是并列式。该报道的导语过后,并列使用了6段文字,分别叙述了海南省的海洋环境,鱼类资源,海洋水产总量,海域石油、天然气储量,旅游资源和滩涂资源,使推行“蓝色产业”的说法既有根有据,又符合逻辑条件。2001年12月13日《中国青年报》第5版上正题为《数学教育不能仅仅是静态传授》、副题为《课外科技实践数学建模竞赛独占鳌头》的消息,就是用因果关系结构主体的。该消息在主体部分的第一段文字里,援用中科院院士的观点,叙述参加竞赛的前提条件是因为“数学教育不能仅仅是按部就班的静态传授,它更应该注重对科学精神的领会,只有这样,学生在生动活泼的现实面前才不会束手无策,才能创新与发现”。而后,在第二段里介绍了“不是成型的数学问题”、“没有规定的工具或手段”、“必须亲身体验数学世界中的创造与发现过程”等开放式的竞赛方法,告之了参赛的好处。最后的文字报道了“自1996年开始,复旦大学、中国科技大学等6所高校先后勇夺国际大学生数学建模竞赛特等奖,一定程度上扩大了我国高等教育在国际上的影响”的结果。

运用背景材料大致有这么几种情况:

1. 对比性材料。即用新旧、前后、正反材料的对比,显示出消息的意义。如1998年6月30日《人民日报》第5版上《北海银滩不平了》的消息,就用了新旧对比的方法。原先,北海“滩常平、沙细白、水温静、浪柔软、无鲨鱼”。“抓一把沙子在白衬衣上搓都不会留下痕迹。”由于银滩一期工程的建筑及防波堤离沙滩太近,涨潮时海浪冲在防波堤上,结果“使沙的流向发生了变化,在新的地形下寻求新的平衡,慢慢在海滩上形成了浅沟,银滩没有以前平了,沙的含泥量也有所增加”。

2. 说明性材料。即介绍各种由来、演变、沿革、条件等情况,注释专用术语、技术知识、历史典故等疑难,以辅助、凸现消息的主题。1999年4月24日《光明日报》第2版上正题为《‘五四’时期重要期刊光盘数据库通过评审》的消息,在主体的第一段就介绍说,我国五四时期产生了一大批学贯中西的文化巨人,涌现了大量里程碑式的思想学术成果。“这些成果集中地记录在当时出版的一些代表性报刊上,受到后来研究者的高度重视。”但由于报刊年代久远,纸张老化,故限制借阅,“影响了研究者的使用。”有了这一段说明,就使得制作光盘数据库的意义更加突出。2001 年 11 月 20 日《光明日报》头版正题为《狮子座流星雨如期而至》的消息,就引用俄罗斯、澳大利亚、英国科学家的成果,对预报流星雨作了说明。“他们认为,彗星喷射的大量尘埃颗粒离开母体彗星后,就形成独立的流星群在太空系轨道中飞行。这种独立性使它们有可能在距离母体彗星较远的距离与地球发生激烈摩擦,从而产生流星雨或流星瀑。根据这一理论,他们把流星群作为相对独立的颗粒云团来看待,以流星群本身为中心进行计算”。这种说明对于缺乏这方面知识的广大读者来讲,显然是必要的。

(四)结语

消息的结尾是事实表现后的自然结束,能短则短、能无则无、能隽永就隽永、能画龙点睛就画龙点睛,因此要干净、自然、不造作、不拖沓,更不能画蛇添足,无话找话。2002 年 1 月 6 日《光明日报》第 1 版正题为《河姆渡文化千古之迷破解》的消息,在报道了河姆渡文化由于地貌的变化而消失后,用了这样的结语:“河姆渡文化兴衰史警示我们:人与自然必须和睦相处,发展经济不能以破坏环境为代价。”——戛然而止,干净利落。1994 年 7 月 25 日美国《时代周刊》一则题为《备战 2002 年世界杯足球赛》报道,反映中国少年足球队在巴西受训的情况,其结尾很妙:“最近帕斯卡指导的中国少年足球队曾以 6 比 1 大胜圣保罗一家俱乐部的少年足球队。该队教练在场边向他自己的队员尖叫道:‘该死的家伙们。我们看来不得不把你们这帮小子送到中国去学足球了。’”——风趣隽永,耐人寻味。

第二节　通　讯

一、通讯的特点和分类

通讯是较为详细、生动地报道新闻事件和人物风貌的新闻体裁。它又称“通信”。因为在早期的报刊上，作者急于要让外界知道的消息往往用电报传送，称作“电讯”。而新闻事件发生后，生动地提供更详尽的事实和背景材料，使读者多方位地了解新闻事件的则多用书信的方式传递，故得此名。可见，通讯是“比消息更详尽的新闻”。一般来讲，它的篇幅比消息大；长篇通讯甚至可以洋洋洒洒占据一整版报纸。

如果说消息是倚马可待、援笔立就的话，那么通讯可以稍稍滞后，以便更全面地了解新闻事件的全貌，报道出更丰满、更完整的事件或人物；如果说消息的写作以叙述的笔触为主，很少议论、描写，完全避免抒情的话，那么通讯没有这些“清规戒律”；如果说消息的写作在结构上有一定的程式的话，那么通讯要灵活多变得多。另外，在报刊上，消息一定要有电头，通讯则可不要，这是读者区别两种文体的一个标制。概括说来，通讯有下列几个特点：

1. 新闻性。通讯的新闻性特点，决定了它的内容必须真实，不得虚构；报道仍需讲究时效性；新闻的五要素，也得贯穿在行文中。

2. 评论性。通讯的作者可以通过夹叙夹议的手法，直接站出来揭示事件的意义，表明看法与观点，流露倾向和情感。

3. 形象性。通讯的写作方法比较自由，或摹写，或抒情，或对话；既可以展开情节，亦能够描写人物，还需要刻画环境。

综上所述，通讯是一种运用叙述、议论、描写、抒情等写作手法，对新近发生的有意义、有价值的事实进行迅速、详尽、形象、生动地报道的新闻体裁。

通讯可以分为以下几类：

1. 人物通讯。记写人物是通讯的一大特点。它既可以写个人，也能够写群像。通过对有时代性的、有代表性的、有真善美德行的人物的报道，或为社会树立正气和典型，或替时代昭示热点和亮点，或给人们鞭挞落后与丑恶。20世纪50年代的黄继光、孟泰，60年代的雷锋、焦裕禄，70年代的王进喜、吴吉昌，80年代的蒋祝英、张海迪，90年代的孔繁森、柏耀平，都是通过人物通讯而家喻户晓的。2002年2月9日《人民日报》第1版上的通讯《“太行赤子”张荣锁》，就是通过对河南省辉县市上八里镇回龙村党支部书记张荣锁不当百万富翁，用8年时间将“太行深山一个与世隔绝的‘极贫部落’”改变为“闻名遐迩的‘小康群体’”的报道，树立起一个我国农村贯彻执行“三个代表”的典型。在当今社会的大环境下，人物通讯的视野和范围更加广阔，已经不仅仅局限于以往的“好人好事”型，凡有时代特色、有社会意义的，都在见诸报端。如2001年12月26日《中国青年报》第9版的长篇通讯《为世界作证》，就是记写一位敬业善良，走过180个国家，拍摄普通人真实生活的自由摄影师瑞泽（REZA）。

2. 事件通讯。对社会公众渴望了解的新闻事件进行比较全面、具体、形象的报道，是事件通讯的任务。要注意的是，事件不是孤立的，事件里离不开人，因此事件通讯也要将人与事件结合起来写。1997年7月1日《人民日报》上的《不夜的香港——民间万众庆祝回归》，就是记写6月30日夜和7月1日凌晨香港各界人民庆祝回归的长篇通讯。它就很好地将一桩桩事与香港各阶层人士的心态和行为结合起来摹写，十分传神。

3. 工作通讯。通过对各行各业有代表性和典型意义的工作或者活动加以报道，对全局起启发、指导和推动作用，是工作通讯的目的。1997年10月20日《光明日报》第5版上《合同，小浪底人的〈圣经〉》，就是用黄河小浪底工程的事实说明，在向市场经济转型的社会进程中，我们的工程建设与国际结轨、按国际惯例办事的必要性与重要性，对工作有普遍的指导意义。

4. 概貌通讯。这是一种记叙社会变化、风土人情和建设状况的报道。一般是反映一个地区、一个单位或者一个部门的面貌。选材上既可“鸟瞰全景”，亦能“窥一斑见全豹”。2001年12月31日《光明日报》B2版上《冬季请来黑龙江》的通讯，就是记写“黑龙江四季皆美，但最美丽、最神奇、最动人心魄的还是黑龙江的冬季”的概貌通讯。这类通讯报刊上经常以“手记”、“侧记”、“散记”、“巡礼”、“见闻”“纪行”等形式出现。

5. 主题通讯。按照某一主题的需要，突破地区、行业、部门的界线，将一些性质相同的材料组合在一起，为表达一个主题服务。2001年7月18日《中国青年报》第9版上的长篇通讯《谁玷污了象牙塔》，就是以报道两位青年学者的行为为主，集中揭露各地高校、学术团体、科研部门中的形形色色的剽窃、造假、营私的事例，为反学术腐败这一主题服务的。

6. 专访。对社会上的新闻人物进行专题采访，以问答的形式为主，间或穿插一些现场情景的摹写、背景材料的介绍，也是通讯的一种。如《财经》杂志2001年11月号上的《龙永图：谈判是这样完成的》就是一篇成功的专访。这篇文章使我国历经15年的艰苦谈判，“从黑发人谈成白发人”，最终进入WTO的历史过程，生动地呈现在读者眼前。

7. 特写。这是借助影视艺术中的同名术语的通讯形式。“特写”，即影视拍摄中一个聚焦的、细部的镜头，旨在造成突出和强调的效果。新闻里的特写也是如此。它篇幅不大，要求选材高度集中，一事一写。其写作方法是通讯中最活泼、最生动、最形象的，目的是为了给读者留下深刻印象。如2001年9月6日《中国青年报》第5版上题为《我闪，故我在》的特写，就颇为传神地介绍网络时代的新生事物。文章劈头第一句写道：“互联网的冬天，Flash和闪客忽然焕发出异彩。”接着在介绍完Flash这种软件以后，活泼地描写“闪客”名称的由来。“闪客帝国网站的创办者高大勇，说起‘闪客’命名的由来，一脸开心：‘凭着一丝灵感，没什么理由，就产生了闪客这个词’”。结尾更是引用新闻人物生动的话语说：“为我们的梦想而闪烁，更为我们的生活而闪烁。”

二、通讯的写作

1. 深入采访，选择典型。社会上每天都要发生形形色色的事件，涌现各种各样的人物，具有新闻性的不少，但不是随便什么都能入笔的。写什么，需要我们开启思想的雷达，迈开勤奋的双脚，在新闻事实中搜寻为社会和人们关心的典型事件和典型人物，进行去伪存真、由表及里的深入探究，从中挖掘出有新闻价值、有意义的事实，加以报道。什么是典型事件和典形人物呢？在建设社会主义市场经济的历史条件下，在经济基础发生深刻变化、上层建筑必定要与之相适应的的社会环境中，社会生活的多样化、多元化使我们对典型的理解应该宽泛些。张荣锁“我放着‘百万富翁’的日子不过自讨苦吃，图的是借一个舞台实现走出大山的梦想，带领村民把‘极贫部落’变成‘小康群体’”的事迹是典型；2001 年《中国青年报》第 9 版上的长篇通讯《异类青春》，通过对放弃有保障的工作而执著于环保事业的青年胡佳和林易的采写，凸现当代青年“异类”青春的也是典型，哪怕对此有不同的议论和看法。2002 年 1 月 8 日《光明日报》C1 版上记写海军指挥学院深化教学改革的《旄举钟山》是典型，2002 年 1 月 9 日《中国青年报》第 9 版上报道天津开发区转换政府职能、规范政府行为，使招商引资阔步前进的长篇通讯《这里没有衙门》也是典型。是不是典型，我们大致可以从下列几个方面来考虑：

(1)是否能推动经济、政治和文化的进步与发展，即对社会是否有益。

(2)是否为公众注意和关心。即具不具有新闻性或者代表性，有没有普遍意义和普遍的适用性，对社会的警示、启迪、指导和示范作用怎样。

(3)新闻事件中的典型事件和典型人物本身有没有具体的情节、感人的细节、生动的事实。

揣上这几个条件，让我们开始深入采访的过程。这是在纷繁复杂的新闻事件里理顺头绪、寻找新鲜、发现亮点、选择典型的经历。我们若能像采矿一样，在社会生活的矿床上精心勘探、搜索，就一定会有所发现、有所斩获、有所收益。

2. 字斟句酌，做好标题。通讯的标题与消息的标题最大的区别在于：通讯的标题既可以像消息那样比较"实在"，也可以比较形象，比较富有文艺性。2001年9月19日《人民日报》第5版上，记述宁夏一个偏僻山乡19岁的女孩子为支持哥哥参军，只身支撑4口残疾人的家庭的通讯，用的是《山里女孩如歌》的标题。2001年11月23日《光明日报》B4版记写死于阿富汗反恐战争的法国女记者的通讯，题为《她不要鲜花追念》。另外，通讯的标题一般不用多行，除了正题之外，最多再加一个引题或者副题就可以了。2001年11月20日《光明日报》第10版上有篇通讯，引题为《几十年间，中国书店的几代人跋山涉水，为抢救古旧典籍而奔走——》，正题是《留得书香沐后人》。2001年11月11日《人民日报》第3版上有篇记写中国入世的通讯，正题为《历史性的一声槌响》，副题为《——WTO部长级会议通过中国入世决定现场侧记》。有些通讯篇幅较长，分为若干个段落，每个段落也可做小标题。一般说来，由于这些段落涉及到具体的事件或人物，因此小标题一般做得比较实。如《留得书香沐后人》一文里的两个小标题分别是《踏破铁鞋寻书忙》和《巧手换得古书新》。《这里没有衙门》一文共有7个小标题，有的是形象的描述，"时至今日，她向我讲述这一切时，眼里还差点涌出泪花"；有的是引用文中新闻人物的话语，"入世后政府除了服务，没别的事可干"。

3. 反复思考，提炼主题。我们辛辛苦苦将文字排列组合成一篇通讯，总是为了说明点什么，表达点什么，抒发点什么；或标榜一种精神，或宣传一种理念，或弘扬一种行为，或介绍一种存在，总是有所图的。这个"图"，就是作者的思想结晶，就是作品的"主题"。清代著名戏剧理论家李渔在谈戏剧创作时说："古人作文一篇，定有一篇之主脑。主脑非他，即作者立言之本意也。"[①] 写通讯亦然。所以，我们可以为通讯的主题下一个定义：作者运用叙述、议论、描写、抒情等写作手法，对新近发生的有意义、有价值的事实进行迅速、详尽、形象、

---

① 李渔：《闲情偶记·词曲部》。

生动地报道时，通过全部文章内容所表达出来的基本意见、中心思想或主要倾向，谓之主题。主题是通讯作品的灵魂，有了灵魂，我们取舍材料、布局谋篇、遣词造句就有了依靠。在确立主题时，我们还要考虑两点需要。首先，既要考虑现实生活的需要，服务于当今社会，也要思量人类生存中永恒的法则。《中国青年报》2001 年 9 月 12 日第 9 版的长篇通讯《无罪辩护》，通过对一位律师为"犯罪嫌疑人"进行无罪辩护的记写，表达了在依法治国、建立法制社会的过程中，为了维护司法公正，辩护律师的重要性和必要性，其主题为现实服务；该报的长篇通讯《为世界作证》，则记写了在物欲横流、人欲横流的现实世界中，一位走过 180 个国家，在全球有战争和冲突的热点地区，拍摄普通人真实生活的自由摄影师瑞泽(REZA)的"凌于艰苦工作之上坚韧的灵魂、善良的内心、还有注视着世人的那双明亮而温柔的眼睛"，不仅反映出一个有事业心的人可以达到的成就，而且折射出这位摄影师用自己不懈的实践，服务于世人，因而具有真善美德行的永恒主题。其次，要体现出典型本身所包含的最本质、最突出的社会意义和思想意义。1993 年 3 月 6 日《长江日报》第 1 版上题为《监督——庄严写上人民政权的旗帜》的通讯，开宗明义地写道：

> 中国革命的一位伟人 1945 年在延安预言：跳出封建王朝"其兴也浡焉，其亡也忽焉"的历史周期率，人民政权要走一条民主新路——让人民来监督政府。
>
> 新中国诞生。新路怎么走，人民监督政府的权力怎样落实？回眸 40 多年的探求，在战争硝烟中打出来的人民政权旗帜，如今已庄严写上四个大字——人大监督。

在这么鲜明的主题下，作品再运用一些典型的事例，使该篇通讯的思想意义和社会意义得到强化。

在作品中，画龙点睛地道出主题固然好，通过对典型的选择、行文的倾向，在通讯的字里行间流露出思想感情，从而含蓄地表现主题也很妙。1997 年 11 月 1 日《人民日报》第 3 版《江主席来到纽约证交所》一文本身所记写的事实，不就昭示出第三代领导人实践邓小平有关“证券、股票，这些东西究竟好不好，有没有危险，是不是资本主义独有的东西，社会主义能不能用？允许看，但要坚决地试”① 的理论的决心吗！而《异类青春》通过对两位“离经叛道”的青年的摹写，反映出在生活日趋多元化的今天，当代青年为实现自我价值，进行尝试性的选择未必不是一件好事的写作倾向。

4. 展开情节，摹写人物：展开事情的矛盾、变化和经过，描写人物的风貌和感情，是通讯在写作方法上的一个特点。《这里没有衙门》的长篇通讯中，就有情节带出人物，人物推动情节的笔触。

2000年的一天，天津一家合资电子公司透露，全球IT业著名领导企业B公司欲在亚洲投资，它在上海、深圳都没找到合适厂房，有人推荐了天津。

经发局外资科符晋是学微电子的，一看厂房面积，凭直觉意识到这至少是1亿美元以上的投资，如果投到天津，将能撑起开发区的半边天！

巧的是，开发区恰好有个厂房符合要求。符晋和同事范珂马上浏览了B公司中国、日本、美国总部的全部网站，了解微电子部分的分布状况和最新动态，把B公司了解个底儿掉。

这一段用一桩大买卖的投资情节引出人物，而人物的“直觉意识”体现出业务水平。接着，情节继续流动，人物继续深化，在B公司日本和香港的两位高层人员抵达后，引出矛盾和悬念，使作品越发引人入胜，令读者欲罢不能。

可当两个老外站在厂房里时，大吃一惊：“怎么面积这么小?”找出传真一看，原文弄错了计量单位，他们的需求至少是原面积的3倍！符晋的第一反应就是：坏了，优势没了……

但两个老外对厂房的设施布局赞不绝口，只是对面积表示遗憾。符晋说：“如果你们需要，开发区可以马上建出同样的厂房！”

① 《邓小平文选》第3卷，人民出版社1993年版，第373页。

> 这一次B公司没做任何表示,但评价说:你们做得非常好!天津开发区是能够与国际接轨的。但符晋心情十分沉重,因为此后不久他们得知,在B公司投资方案排名中,天津开发区倒数第一。
>
> 临走时B公司曾表示,还要带新加坡和日本的总经理再来专程考察一次。

这一段情节的描写,将矛盾推向了风口浪尖,使情节越发有了动力,人物越发有了舞台。接着,通讯记写了天津开发区管委会在B公司投资希望不大的情况下,依然动员全部力量,诚心接待B公司高层考察团,引出如下结果:

> 那天下午,B公司终于透漏了即将投资的项目:芯片封装载体。这是一种十分精密的微电子元件,投资规模至少2亿美元!
>
> B公司此行已经参观了5个地区,天津是他们最后一站,日本技术专家挑起大拇指:"天津,很棒!是目前考察最好的一个!"

尽管最后由于天津开发区缺乏周边环境有效的产业支持,没能拿到这个项目,但是开发区"没有衙门"的高效作风和服务热情,仍然赢得了长远的利益。"如今B公司已与天津开发区建立了良好的信任关系",就在记者采访前,"B公司刚刚帮助管委会完成了一个数据库的建设"。

情节有悬念,可以推动事情的发展、流动、变化,是作品的动力。动力是为达到目的服务的,因此要鉴别全部的事实材料,选用那些最能表现主题和人物特色的情节。要将生动的具体材料,背景性的、说明性的概括材料交织起来,做到详略得当,疏密相间。《这里没有衙门》一文选择的天津开发区吸引B公司投资"失败"的情节,一般人是不会选用的,但是该文作者慧眼识珠,就是用这个"不成功"的情节,高扬出开发区没有衙门作风,不以成败论英雄,诚心招商引资的社会形象。

一般说来,作品中的一个大情节,应当至少运用有两三个以上具体展开了的材料。如B公司投资这个大情节,就用了"B公司意向"、

“第一次考察”、“第二次考察”、“第三次考察”四个材料。另外，在情节的安排上，既可以按时间的顺序来结构，也可以用材料的性质来布局，还可以将两者结合起来谋篇。

记写人物是通讯的特长。我们可以运用多种方法入笔。比如，通过人物的行为，揭示人物的思想境界。1998年7月20日《人民日报》第3版的通讯《壮歌回荡二郎山》，是反映客车跌下山崖，发生交通事故后，解放军战士高明华的壮举。其中有这样的描写：“军人的天职让高明华顾不得血流满面的自己，也来不及包扎一下，就挣扎着站起来，朝寂静的山野大吼一声：‘还有人活着吗?’只听周围传来一片哭声和痛苦的呻吟声。‘我是解放军，大家不要乱，听我指挥！’高明华大吼几声，把伤员的情绪稳定下来。”再比如，通过事件、情节或思想的矛盾冲突，表现人物的精神状态。《中国青年报》1998年6月15日第7版的通讯《仪仗兵爱情浪漫曲》里，有这样的描写：

> 再好的恋人，纵然爱得如胶似漆，也有吵架的时候。一次两人吵得天翻地覆，把一张张甜蜜蜜时的照片撕得漫天飞。“找了你，算是我倒霉！”“哼！谁稀罕！你还有两封信在我那儿，过两天就还你！”那架势，俨然仇人相见，分外眼红。
>
> 于晓玲回去以后就感冒了并发起了高烧。同事不知道她跟朱涛吵架的事，打电话到仪仗队：“我说你们朱涛是怎么搞的，晓玲发高烧都不来看一看?”朱涛赌气说：“朱涛有任务，不在！”过了两天，电话又来了：“哎，于晓玲快死了，朱涛到底还来不来?”这一次，程队长出马了：“朱涛，去，代表我看一下晓玲。”朱涛还在较劲，闷闷地说了句：“不去。”队长知道此时的他已是“口是心非”，于是笑着拍拍朱涛的肩膀：“买好一点的水果，去了多坐会儿。”
>
> 一进晓玲的门，放下水果，朱涛就埋头抽起了烟。一看见他，于晓玲心就软了，嘴巴里却蹦出一句：“你怎么又来了?”“我……”朱涛望了望于晓玲，一时说不出话来。两人你看我，我看你，都忍不住哭了起来。这一哭，竟和好如初。

5.锤炼语言，形象生动。除了不允许虚构及“合理想象”以外，写通讯可以综合应用各种修辞方法,使事件活灵活现,让人物栩栩如生。尤其对一事一议的特写来说,更要写出通讯形象性的特色来。1998年7月9日《人民日报》第12版的特写《鱿鱼湾的笑声》,语言生动活泼,十分传神:

> 香港多美景,景随境移,境乃心造。
>
> 只要你有一颗快乐又智慧的心,在香港,任凭处境多变,仍会有美好的今天和明天!

开头的这一段文字尽管是评论性的,却一点儿也不生硬,是通讯写作应该追求的。接下去文章用形象性的语言描写鱿鱼湾,用叙述性的笔触介绍其由来:

> 啊,这里是位于将军澳的鱿鱼湾,青山环列,苍苍茫茫,清新静谧,端的是好风景所在。曾有朋友闻此地名而为之变色,因港人最怕被老板炒鱿鱼,即卷铺盖之谓,故逢假日,特来鱿鱼湾一游者少之又少,人们在心态上总是企求平安,谁也不愿因自己来游过鱿鱼湾而沾上晦气,乃至终于被炒鱿鱼也。哦,鱿鱼湾,难怪游人如此之少。

接着,文章叙述了由于亚洲金融风暴,失业者多了,游鱿鱼湾者反而日见其多,“人们不再怕听见这不祥的景点地名,许多被炒鱿鱼者索性来此畅游一番,以便领略美景所在的奥妙”。该篇特写的新闻性自然而然地昭显了。

那些到此一游的人们面对妙境,“心神具澄”,重新认识和分析自己,不少人重扬人生奋斗的风帆。

> 真的,我认识的几位才被炒鱿鱼不久的朋友,或以其拿手的烹调工夫另辟事业,干起了小餐馆,居然月收入高过以前替人打工所得。或利用家中阳台,专种购自南非的奇花异卉小盆景,立时所入不菲,且成种花养草一族,更其惬意矣,连我都羡慕不已。他们,也都是被炒不久即来一游鱿鱼湾者,他们的放怀笑声,正在鱿鱼湾上空荡漾着呐,哈哈哈哈……

作者最后发出感慨，含蓄地点出作品主题：

> 真的，在奋斗者面前，鱿鱼湾的景色是很美很美的。

总之，作为新闻体裁的通讯，除了要注意语言的准确、精炼，以显现其真实性以外，形象生动是使它有可读性的一大要素。

第三节　电视新闻

一、电视新闻的特点和分类

电视新闻是以电视屏幕的图像、音响、画内或画外的解说为方式传播的新闻报道，是视觉与听觉结合的新闻载体。尽管在诸种传播媒体中，它是很年轻的，但它依靠卫星传播、微波输送等高科技手段迅速崛起，成为当代社会最活跃、影响最大的新闻载体。具体说来，电视新闻有如下四个鲜明的特点：

1. 传送及时。当今世界上的任何新闻事件，只要有电视新闻记者在场，世人就可以很快获得最新的新闻事实；甚至是同步的，一点儿也不耽误。1997 年 6 月 30 日晚和 7 月 1 日凌晨，中国和英国关于香港政权的交接仪式，就是通过卫星直播将新闻事件同步传送到世界各地。2001 年 9 月 11 日，当恐怖分子劫持的飞机撞上美国纽约世贸大厦双子塔楼后，仅仅十几分钟，全世界都通过电视屏幕，看见了令人震惊的一幕！电视新闻的迅速与及时，是它优胜于报刊新闻的地方。

2. 真实可信。事实胜于雄辩，新闻的真实性原则在电视里得到了很好的体现。电视新闻集报刊的“视”和广播的“听”为一体，真正做到了耳闻目睹。尤其这个“视”不仅仅是文字的“视”，而且是形象的“视”、色彩的“视”、动态的“视”。现代科学研究表明，人在接受信息时，视觉摄取远比听觉摄取的效果好，而视听合一、声色兼备则是最佳方式。电视新闻将新闻事实转换为直观的、具体的、可感的图像、声音和文字,使受众对新闻事实有“眼见为实”的深刻把握。1997年10月黄河小浪底水利枢纽工程的截流,和同年11月长江三峡水利枢纽工程大江截流的重大新闻事件,就是通过电视现场直播,将拦腰斩断黄河和“截断巫山云雨”的壮观场面,直观真实地输送到广大观众面前的。

3. 形象生动。直观、具体、可感的电视新闻是以其形象性和生动性为外化特征的。尤其是如果摄像记者水平高,把握了新闻事实的精髓,并与文字记者和编辑一起将其融化在镜头里时,那种“百闻不如一见”、作用于受众的力量就越大。我们从报刊上不可能对黄河小浪底水利枢纽工程和长江三峡工程的壮观有形象的了解;我们在电视屏幕上就能够目睹生动的音画:高高的塔吊,仅轮胎就有一人半高的巨型卡车,千万年来不见天日、此刻却被掏干了河水、江水以便修筑大坝的围堰……而1997年6月30日午夜和7月1日凌晨中国人民解放军驻港部队的车轮驶过深圳和香港交界线的一瞬间,使多少守在电视机屏幕前的人百感交集。至于那些大众很想具体了解的国际新闻、战争进程、体育动态、警讯、灾害报道等,电视更能栩栩如生地反映出来。

4. 深入家庭。“旧时王榭堂前燕,飞入寻常百姓家。”电视是奢侈品的年代早已成为过去。如今它已成为人们生活的必需品之一。彩色电视的普及率在我国城市已经达到很高的程度,现在正处在大屏幕、高清晰度彩电的换代期;在广阔的农村也大步进入家庭。随着人们生活水平的不断提高,电视新闻已经从以前新闻传送的配角跃为新闻传送的主角。不要说“秀才不出门,便知天下事”得以实现,即便一个不读书、不看报的人,只要一摁按钮,就可以一目了然地获取新闻事实。

当然,电视新闻也不是尽善尽美、毫无缺陷的。它不是凝固的书面语言,而是流动的播音语言和画面,除非有过目不忘的本事,它不如报刊新闻那么持久、耐看。另外,它对技术和录播设备的依赖大大高于报刊新闻;对人员的结构也有要求:起码要有摄像记者和文字记者才能制作出一条图文并茂的报道。而报刊新闻的采写,一人一笔即可。可见，电视新闻的采访和制作，远不如报刊新闻那么灵活机动。在当代，电视、报刊、广播和网络的新闻传播，形成各有特色、优势互补的态势，谁也不能取代谁，谁也无法形成垄断。

根据电视新闻的语言、画面、时效、深度等综合因素，我们可以将电视新闻分为这么几类：

1. 录像新闻。这是目前电视里运用得最多的一种新闻传播方式。它将事件发生的真实画面和音响，新闻主持人的画外解说，事件当事人的现身说法等融为一体，事先录制在录像带里，然后活灵活现地播出在电视屏幕上。目前在各级电视台固定的新闻节目中，多为这种传播方式。制作这种新闻，前期需要有文字记者和摄像记者，后期制作和播出需要编辑和新闻节目主持人。

2. 现场报道。通过直播或者录播的方式，将"此时此地"发生的新闻事件报道出去，也是电视新闻常用的方式。尤其是重大的事件，如中英香港政权交接仪式、黄河小浪底和长江三峡水利枢纽工程截流等，都用同步直播的办法现场实况输送。这种方式真实可信，使观众"身临其境"；而且时效性和现场感特别强，完全满足了大众的"知情权"，因而很受欢迎。由于有时间差等问题，像领导人出访等在外域发生的新闻事件，一般采用现场录播，而后播出的手段。即先在现场录制好，再经过编辑制作，最后在固定的新闻时段播出。现场报道与录像新闻最大的不同是前者记者本人一定要充当新闻脚色，出现在画面上，并手持话筒作现场解说；录像新闻对此则不做要求。

3. 电视述评。这是一种既报道新闻事实，又对事实加以分析和评价的电视新闻，其性质与报刊述评相仿。它的时效性可以较录像新闻和现场报道弱，但深度一定要强于前两者。也就是说，它是在一件新闻事实完全或者基本上水落石出以后，进行夹叙夹议地深度报道的电视新闻品种。电视述评叙述事实，是为评论事实服务的。它有很强的舆论导向性、启发性和教育性，因此对记者的要求很高。不仅要有全局观念、整体观念、法治观念、政策观念，而且需要很强的思辩能力，高超的采访技巧，如隐性采访、巧妙提问等等。现在电视里诸如"焦点访谈"、"新闻透视"、"热线追踪"等，属于电视述评的体裁。

4. 电视专题。专门就某一特定的新闻事件或新闻人物进行报道,也是电视新闻常用的体裁。它的特点是有一个既定的主题,内容比较详尽、生动,篇幅也较长,有点像报刊上的通讯。专题报道综合运用、调度画外音、记者自述、当事人访谈、动静态画面等各种手段,为新闻主题服务。如中央电视台从2001年12月16日在晚7时的新闻联播节目中开播的"昂首新世纪",就是以21世纪头一年我国在各方面取得的成绩为背景,进行系列报道,是典型的电视专题。

5. 图片新闻。将画外音与图片结合起来报道新闻的方式。由于各种原因,电视台可能一时得不到新闻事件的动态画面和音响,因此找几张有关图片加以说明,也是电视新闻的一种手段。这种情况一般出现在突发事件以及电视设备难以到位的偏远地区的新闻报道上。

6. 口播新闻。仅仅靠播音员用口播的方式报道消息的电视新闻。由于这种方法没有发挥电视图文并茂的特点,比较单调和呆板,因此一般只用在简讯及次要新闻的播送上。有时重大新闻发生了,详尽的画面未到,为抢时效,也用这种方式。

二、电视新闻的写作

让我们先来看两条电视新闻具体的播出语言和画面程序。

(一)屏幕上出现播音员。播音员口播导语:

> 25日晚,随着读者们依依不舍地离去,英国伦敦大英图书馆阅览室关上了它的大门。这家世界上最著名的图书馆的乔迁工作正式开始。

(同时映出一张图书馆阅览室内有巨大书橱和读者的照片。)随后,播音员切出。屏幕上切入旧大英图书馆阅览室的动态画面;同时打出新闻标题:大英图书馆阅览室乔迁新居

播音员用画外音播出新闻主体:

> 大英图书馆正式开馆是在140年前。这里的藏书达1300万册,书架

的总长为40公里。在这些阅览室圆型的玻璃屋顶下,多少文人墨客获得了他们的灵感,完成了他们的巨作。卡尔·马克思就是在这些阅览室里查阅资料,完成了他的巨著《资本论》。

此时,屏幕上出现新大英图书馆阅览室的动态画面。画外音继续:

大英图书馆阅览室即将迁入新近建成的新址。这套现代化建筑耗资巨大,预算超过了3亿4千万英镑。这栋现代化图书馆11月24日即将正式开馆,但是目前这座图书馆的一些机构和电脑目录问题仍然没有解决。不过,图书馆的官员认为,新馆的电脑查询系统,能使读者在30分钟内就能拿到所借阅的图书,比旧大英图书馆阅览室两个小时快了许多。

出现旧大英图书馆阅览室的动态画面,有人在从书橱上取书搬书。

搬迁工作已经开始。原大英图书馆阅览室将在2001年作为文化和信息中心向公众开放①。

此时,屏幕上映出旧阅览室的门缓缓关上的镜头。画面出现短暂的黑暗。

(二)屏幕上出现播音员。播音员口播导语:

铁路自全面提速以来,人们最为关心的就是安全问题。如今铁路部门运用高科技成果,大大增加了列车的安全系数,外出旅行,火车您就放心地坐吧。请看报道。

播音员切出,画面切入疾驶的火车。

屏幕上映出新闻标题:铁路实行自动控制,旅客出行安全快捷。

---

① 中央电视台第一套节目1997年10月26日19时"新闻联播"播出。

画外音播送新闻主体:

我国最繁忙最大的铁路局之一北京铁路局,截至到5月30号实现无行车重大事故一千天。这在北京铁路局运输史上尚属首次,主要得益于高科技成果在行车中的运用。

(与画外音同时,画面出现内燃机车头的驾驶室,两边是匆遽而过的外景。)司机的画中音(映出字幕:北京西机务段司机):

以前呢,主要是人的行为在操作。哎,所以说,你司机怎么操作,列车运行就怎么走。现在不行了……

画外音(画面映出驾驶室的仪表盘):

列车运行监控系统装置可以自动识别铁路信号,根据信号显示的变化和列车速度来决定列车运行的合理化操作,控制列车的运行过程和运行速度,保证列车平稳正点到达。同时,它还具有防溜车、防冒进、防超速等自动功能,极大地保证了旅客的安全旅行。据了解,铁路部门自1995年正式使用列车运行监控系统装置以来,各种行车事故率大为减少。

这是中央电视台报道的①。

由上可见。一条电视新闻的文字结构与报刊新闻一样,由导语、主体和结语组成。但一条完整的、符合电视视听合一特色的电视新闻还要有音响、画面、画外或画内解说。尤其是主体部分,有的是由播音员的画外音进行叙述,有的则是画内新闻当事人或者记者本人的现场言谈。这就需要我们在写电视新闻时统筹考虑,全面布局谋篇。实际上,一篇完整的电视新闻播出稿应该是一份小脚本。我们在写电视新闻的时候,要充分考虑到它与报刊新闻的不同点,以便扬长避短。这种不同主要表现在两个方面。

---

① 中央电视台第一套节目1999年6月2日12时“午间新闻”播出。

1. 电视新闻是流动的、有声音的语言。报刊新闻以白纸黑字、凝固不变、沉默无语为其表象特征。这种书面语言可以通过方言、反语、双关语等“可视性”语言产生力透纸背的效果。读者也可以通过诸如引号、上下文语境等获取文字以外的信息。电视新闻则是发散在空中、稍纵即逝的流动语言,不可能产生书面语言的效果。这就给电视新闻的遣词造句提出要求。

2. 电视新闻有画面语言效果的问题。既然电视新闻有形象、有画面,就有画面如何参与新闻内容的问题。尽管这是摄像记者的课题,但文字记者和编辑也有将语言与画面有机地结合、搭配,以达到用最佳视听效果表现新闻事实的问题。电视新闻《大英图书馆阅览室乔迁新居》的结尾,出现两扇门缓缓关上后的短暂黑暗时,是不是有“此时无声胜有声”的效果呢!

因此,电视新闻的写作,除了要做到简短明快,反应迅速,完全真实,准确无误,寓理于事,叙述为主的基本要求以外,还要格外注意下列几点:

1. 明白晓畅,通俗易懂。要做到这一点,就要适当运用口语的一些特点。所谓口语,即与书面语相对的口头语。人们相互往来进行交际,说话非常明白晓畅,通俗易懂,不像写文章那样“文绉诌”的。口语的特点首先在于句子短;即便是长句,也要分开来讲,否则一口气说不下来。电视新闻《铁路实行自动控制,旅客出行安全快捷》的主体的第一句话是个长句子:“我国最繁忙最大的铁路局之一北京铁路局截至到5月30号实现无行车重大事故一千天。”从书面语言来看,这个句子没有毛病。但若播出,就嫌太长,因此要断句,加上标点,处理成“我国最繁忙最大的铁路局之一北京铁路局,截至到5月30号,实现无行车重大大事故一千天。”也就是说,写电视新闻,要考虑给播音员创造便利的语感条件。其次,口语不用、少用倒装等变式句。比如,书面语言可以写成“校园内外有许多树木,郁郁葱葱的”。口语则说成“校园内外有许多郁郁葱葱的树木”。所以,写电视新闻,我们一般都要按照主语前、谓语后,定语前、宾语补语后,定语状语前、中心语后这样的常式句来排列组合文字。还有,口语里一般不用代称,用简称、省略语一定要用约定俗成的。书面语里可以将上海称为“沪”、广东称为“粤”,因而出现“这场比赛昨日在沪举行”的字样。但口语里一定说成“这场比赛昨日在上海举行”。但诸如“鄂豫皖革命根据地”一类的简称已经社会化、大众化了,就可以使用。运用口语,是为了观众听懂,但也要注意不能将语言完全转变为口语的性质和状态,仍然要讲究新闻语言的规范与郑重。

写电视新闻稿,还有几点要求。首先,使用同音异义的字和词时不要产生歧义。我国的语言中有许多同音异义的情况。一种是同音同字不同义。如“杜鹃”,既是鸟名,也是花名;“后天”,既是具象的时间名词,也是抽象的时间名词(后天出差;先天不足,后天失调)。另外更多的是同音半同或不同字不同义。如:人事—人士—人世—人氏;意义—异议—异议—意译。这种情况,观众有时可以根据上下文的语言环境和画面内容分辨出语义来,有时就很难断定。有则报道贫困地区力图转变面貌的电视新闻中用了“人穷志(智)短”的语言。究竟是志向、志愿的“志”呢,还是智慧、见识的“智”呢,无论语境还是画面都没有反映出来。因此,不如将其改成“人穷,也就短了志气”,或者“人穷,也就少了智慧”。其次,不要用方言、土语;少用文言词、单音词;对行话、术语最好要有通俗的表述。报纸上有一篇通过反映重庆、武汉、南京“三大火炉”城市市民度暑方式的变化,折射社会进步的报道,用了诸如“冇得”(武汉方言)和“(跳舞)觉得大街上扭到起恼火”(重庆方言)的字样,有亲近感,拉进了读者与文章的距离。但电视新闻就千万不能如此,否则播音员无法处理。又如,“以卡农的方式表现的《黄河大合唱》”一语,出现了音乐术语“卡农”,叫听众费解,不如将其改成“以轮唱的方式表现的《黄河大合唱》”,既表达了意思,又通俗易懂。最后,不要用双关语、反语,还要将书面语上那些用“力透纸背”的标点符号所包含的语义进行言语上的明确化;适当重复那些关键性的、一次难以听清或听明白的词语。有一则歹徒冒充警察抓赌,最后被擒获的电视新闻,在言及赌徒由于害怕,虽有疑虑也不敢报案,从而赌资被歹徒如数拿走时,用了“他们的‘慷慨’给了坏人以可乘之机”的语言。显然,这个“慷慨”是打引号的反语,但流动的语言表现不出来。因此,不如明确说“他们的行为给了坏人以可乘之机”。总之,明白晓畅,通俗易懂的终级目的是为了使广大观众“一听了然”。

2. 抑扬顿挫,琅琅上口。汉语普通话中元音多、开口呼多,因而响亮悦耳,便于吟咏。辅音中清辅音多,又使得语音柔和动听。普通话的声调里,阴平和阳平高扬,上声和去声低抑。此外还有儿化音和轻重音的变化,以及双声、叠韵、叠音等语音形式。这些语音特色若在写稿时搭配运用得好,播音时就能产生抑扬有致、节奏鲜明、韵律和谐的音乐美。具体说来,一是尽量做到平仄相间,如一则消息的标题为“美言三冬暖,恶语春也寒”。二要注意音节相对,不用单音节字,如“事实胜于雄辩,水落石出”就不如“事实胜于雄辩,水落自然石出”上口;书面语里单音节词“因……”、“已……”也要改成双音节的“因为……”、“已经……”。

3. 音画合一,相辅相成。画面语言的运用,以及播音语言与其的有机结合,是电视新闻稿与报刊、广播新闻稿最大的不同所在。火车提速的新闻无论在文字上如何描述,也不如电视屏幕上出现呼啸而过的火车来得明确、直观。所以,当播出“火车自全面提速以来,人们最为关心的就是安全问题”的语言时,即刻出现在车内拍摄车外,景物匆遽而过的音画,定能收到音画合一、相辅相成,共同为新闻主题服务的效果。

第四节 广播新闻

一、广播新闻的特点和分类

广播新闻是运用无线电技术传播的新闻报道,分为无线广播和有线广播两种;有线广播因其技术含量低,现在已基本上被淘汰。广播新闻以声音的表达为其特征。毋庸讳言,随着电视的崛起,缺乏画面形象支持的广播受到很大冲击,失去了不少市场。但是,广播以其不可替代的特点仍与报刊、电视以及新崛起的网络形成目前四足鼎

立的大众传播媒介。广播新闻的主要特点有:

1. 随心所欲,灵活方便。由于大规模集成电路的普遍使用,收音机的体积已经压缩了很小。放在兜里的收音机,也能达到很好的收听效果。因此,无论是在旅途上,还是在床头边,都能随时收听广播;而且还可以用耳机、耳塞等外围设备,不干扰任何人,有极大的方便性和自由度。

2. 涉及面广,突破力强。报刊、电视、网络的新闻传播要受到国度、地域、意识形态、技术条件等客观因素的限制。但广播的传播只要有足够的功率,就是全球性的,可以满足听众的特殊需要。因此,从获取新闻信息量的角度讲,广播一点儿也不亚于其他传媒,这也是它的生命力所在。

当然,广播也有很大的缺点。没有文字和画面的视觉形象,惟有流动的声音,使受众接受信息的兴趣和程度大打折扣。这是技术条件决定的、无法弥补的缺陷。

广播新闻的种类大致有下面几类:

1. 口播新闻。这是最常见的一种广播新闻。即播音员看着广播新闻稿件,用播音速度播出的新闻。中央人民广播电台和地方台的“新闻联播”节目的许多内容都采用这种方式。

2. 录音新闻。这是最能发挥广播的技术特点的新闻报道。它将现场音响、人物谈话、播音员解说等声音进行同步的、或者后期的编辑、合成,用以反映新闻人物,报道新闻事件,是广播新闻常用的方式。比较常见的有下列几种:

(1)实况报道。在新闻事件发生地进行同步的现场报道,是广播新闻在激烈的新闻市场竞争中越来越多地采用的方法。它由现场的背景音响、播音员的解说和现场记者的叙述或对当事人的访谈这几部分组成,使听众有身临其境的感觉。

(2)录音报道。这是利用记者在现场采访时录下的音响、谈话等实况,结合记者的介绍、评述,加以组织、剪辑、合成的新闻报道。由于是后期制作,因此比较从容,可以有效地调动音响和文字为新闻主题服务。

(3)录音通讯。报道性和描述性相结合的广播新闻形式。与报刊通讯相仿,它的容量较实况、录音报道大,能更详细地反映新闻事件的过程和情节,更具体地表现新闻人物的风貌。录音通讯既有叙述,也有描写,间或穿插记者与当事人的对话,在运用现场音响、记者表述上更加灵活多样。

(4)录音特写。又称“广播特写”。与文字特写一样,是用突出、集中的手法,“聚焦”式地报道某一特定的新闻事件或新闻人物的广播新闻。它使用的音响更加典型,播出的文字则可综合运用叙述、描写、抒情等方法,使语言富有形象性。

(5)录音访问。运用记者与新闻当事人问答、交谈的方式,反应人们所关心的事件。记者一般是以第一人称的称谓出现。被访问者要有代表性和权威性;交谈的问题应有针对性。

二、广播新闻的写作

广播新闻的写作可以依照电视新闻写作中的明白晓畅、通俗易懂和抑扬顿挫、琅琅上口的原则和要求办理。由于广播新闻没有画面形象的支持,因而应该对语言的运用提出比电视新闻更高的标准。所以,在电视新闻写作中讲授的那些使听众“一听了然”的方法,需要在广播新闻的写作中得到更进一步的强化。

广播新闻的写作和播出分别由记者和播音员担任。在写稿时,要注意为播音员创造良好的语言环境,使播音员能够干净利索地表情达意。所以,广播稿件写好后,作者应该自己念几遍,看看语感如何。若有诘屈聱牙、晦涩难懂的地方,就要加以变通和改正。心里想着听众,就能设身处地的为听众服务。

第五节 网络新闻

一、网络新闻的特点和分类

互联网(Internet)的出现和运用,不仅丰富了人们的生活方式,尤其使大众传播媒介在技术手段上,掀起了一轮新的革命。由于互联网上的新闻网站兼具纸质传媒、广播传媒和电视传媒的特色,因而发展迅猛,成为今天信息时代一种技术含量最高的新媒体。1998 年 5 月,联合国新闻委员会在其年会上,正式提出了“第四媒体”的概念,即指继以印刷工业为基础的第一代纸质报刊传媒、以无线电技术为基础的第二代广播传媒、以微电子技术为基础的第三代电视传媒之后,新崛起的以信息高速公路和数字化技术为基础的网络传媒。

在今天的互联网上,网络新闻的来源大致可以分为三类。一类是新闻网站,如由新华通讯社主办的新华网(WWW .xinhuannet.com)。无论国内外,这类网站一般都有传统媒体的背景。一类是传统传媒主办的新闻网站或者网络版(也称电子版),如《人民日报》社建设的大型网上新闻发布平台“人民网”(WWW.people.com.cn),中央电视台建设的“央视国际”大型网站的新闻频道(www.cctv.com),以及其他各家报刊或者电视台、电台建立的新闻网络版。还有一类是综合性商业网站的新闻网页,如“雅虎”(cn.news.yahoo.com)、“新浪”(news.sina.com.cn)、“搜狐”(news.sohu.com)、“网易”(news.163.com)等等。

2002 年 2 月 8 日,香港东方报业集团(Orisun.com)在华文报纸中首次将与纸质《东方日报》和《太阳报》一模一样版面版式的《东方日报电子报》和《太阳报电子报》,原汤原汁推上网络。尽管在屏幕上较原报小了许多,但由于运用数字技术,依然十分清晰。若想仔细阅读某篇文章,只需轻点鼠标放大即可。若要翻页,也可用鼠标完成。这种电子报称为“网上真身电子报”。

今天,网络新闻以其独特的魅力,吸引着越来越多的“点击者”。网络新闻有如下特点:

1. 世界性。不需要卫星,只要是有电话线或者光纤电缆铺设的地方,只要是有新闻记者到达的地方,甚至只要有具备新闻写作能力的人的地方,就可以突破种族、信仰、文化、语言、时空的障碍,及时发布新闻;而公众则可以在世界任何一个具备上网条件的地方获取世界各地的新闻。这样,新闻的发布者和获取者真正实行了全球连线。

2. 即时性。报纸新闻一般以24小时为传播单位；电视新闻如果不是事先已知而安排的实况转播，则以时间段为传播单位，而绝大多数新闻是无法预知的；网络新闻由于省去了大量中间环节，可以以小时、甚至分钟为传播单位，提高了新闻传播的速度，其及时迅捷的特点是传统传媒难以比肩的。网络新闻一般都标明了新闻上网的时间，精确到分钟，使读者对新闻的“新”、“旧”程度，一目了然。事实表明，现今发生的重大新闻，一般都是网络最先传播出来的。如广西河池地区南丹县2001年“7.17”特大透水事故，就是网络新闻冲破腐败分子的封锁，最先报道出来的。

3. 多媒体性。网络新闻可以综合报刊的文图、广播的声音、电视的动态画面的特点，使其成为集文本、音频、视频为一体的多媒体传播。

4. 开放性。互联网是自由开放的媒体，公众可以随时随地进出这个巨大的信息空间，自由地选择不同的新闻网站和网页，检索并获取自己想要得到的新闻信息。

5. 互动性。在互联网上，新闻已经不再是单向传播了；读者也已经不是传统意义上的“受众”，而是可以立刻发表言论、提出观点，参加对新闻现象和新闻意义讨论的“主人”。这样，新闻的发布者和新闻的获取者之间形成前所未有的互动关系。任何一位新闻的获取者，只要有足够的写作能力，就可以发表自己的新闻。

6. 丰富性。一张报纸，一份杂志，一次播映，其新闻的容量毕竟有限。网络新闻由于数字化技术，有足够的容量，刊载比报刊、电台、电视台丰富得多的消息。即便是在地球的这一端，如果想要获取地球那一端的地方新闻，只要知晓网址或者会进行检索，轻点鼠标，即可如意，而且信息可以随时“下载”保存。

网络新闻尽管新、快、广，但是就像广播取代不了报刊，电视取代不了报刊、广播一样，崛起的“第四媒体”同样取代不了它的“老大哥们”。尤其当灯下躺在床上看报等一类习惯已经成为一种生活文化时，就越发超出了传媒互比的功利范围。所以，今后这四种媒体只能是相互竞争、相互促进、相互补充，使今天信息时代的生活更加丰富多彩。

网络新闻由于多媒体性,因而在传播形式上兼具各种新闻媒体的种类和特性。网络新闻目前最多的还是以屏幕显示的文本新闻为主,因而与报刊新闻很相似,主要文体表现为消息、通讯和新闻述评。

二、网络新闻的写作

要在互联网上发表新闻,首先要了解电脑显示器的特点。电脑是以屏幕来显示各类信息的,屏幕就像纸质传媒的纸。但是,这张“纸”既没有对开大报那样的版式,也没有四开小报那样的篇幅。尽管可以拖动浮标,每屏显示的信息也有限,最多不过千余字,一般一屏只能显示一条新闻。一张对开报纸一个版的五号字的理论数字就是1万3千多字,可以同时登载多条新闻。电脑屏幕的特点在于层层剥笋,用鼠标“点击”,可以像打开一扇扇门那样步步深入。由于这种形式上的特点,除了“网上真身电子报”以外,网络新闻在写法上有一定的特色。

1. 标题。新闻网站或者新闻网页的首页,都是事先设定的栏目下的菜单式新闻标题,用鼠标“点击”具体的新闻标题后,才能进入该条新闻的页面。如“新华网”首页有“最新播报”、“今日导读”、“焦点新闻”、“网闻联播”等一类的栏目;“雅虎中国”的新闻网页首页有“重磅新闻”、“头条新闻”、“点睛拔朦”、“市场观澜”等一类栏目。这些栏目下面是一行行有具体内容的新闻标题。在满屏标题前,读者不可能也不愿意一一点击。他们读哪一类新闻,很大程度上取决于标题做的好坏。因此,网络新闻首先要求作者将标题做得醒目些、清楚些、吸引力强一些,具体说来就是在首页上做实题不做虚题。如果在菜单式新闻标题上做虚题,就有可能遭受餐馆里菜单上那些具有不明不白名称的菜肴的同等待遇——哪怕你的“货色”再好,人家不得要领,很可能会放弃。所以,在首页上一定要做实题。一般说来,在新闻网站、网页上,留给新闻标题的长度位置不算短,最多的可容纳30来个汉字,给写大容量的清晰标题以足够的空间。下面看具体的例子:

“百城联网工程”联接 250 个地市 约 6.5 亿人口信息实现网上查询(01 月 04 日 20:05)

以上这条消息 2002 年 1 月 4 日晚上网于“央视国际”新闻频道。这是根据《中国青年报》记者的消息稿上网的,实题多达 25 个字。

同日晚,在《中国青年报》网络版“中青在线”上(WWW.CYD.COM.CN),这则消息在首页的标题是“我国 6.5 亿人口大联网”,系较短的实题,点击进入后的标题分为主题和副题:

我国 6.5 亿人口大联网

济南杭州率先实现户口网上迁移

第二天,即 1 月 5 日,《中国青年报》头版同条消息的标题与“中青在线”的一模一样,仅仅只有字型字号的区别,该报社实际上是把 4 日晚截稿时为纸质媒体发排的新闻,“一稿两用”、原封不动地搬到了网络上。

比较起来,“央视国际”虽然不是该条新闻的首发传媒,但就网络新闻的特点来讲,所做的标题比首发传媒好。“央视国际”的标题回答了“Who”、“Where”、“What”,信息含量较大;而“中青在线”没有顾及网络新闻的特点,照搬纸质传媒标题,仅回答了“What”,信息含量不够。

由此可见,写网络新闻,在首页的菜单式标题上一定要充分利用网页所给予的文字空间,做信息含量大的实题;一旦进入后,就可以像报刊传媒那样做多行标题。

2. 内容提要。在一些新闻网站或者网页的首页上,给予重要新闻一定的篇幅,用来以文字显示新闻的提要。这种提要与消息的导语有时一样或者相仿,有时则有些区别。关键在于,这种提要是该篇新闻内容言简意赅的精要表达。比如,2002 年 1 月 5 日“新华网”题为《聚焦神州大地地下地质资源》的消息提要,就是“点击”进入该条消息页面后阅读到的导语:

新华网消息 我国拥有 960 万平方公里的陆地国土,辽阔的国土下蕴藏着什么？近年来实施的地质大调查工作进展顺利。随着最后两块地质空白区的逐渐缩小乃至消失，全国地质填图工作将于2005年全部完成，神州大地的地质奥秘届时将被基本揭开。

有的则不是重复导语。如2002年1月20日"新华网"首页上题为《"陷阱取证"打盗版》的消息，就是一则新闻事实的提要：

"方正瑞普"是北大方正激光照排系统的一个核心软件，在全球中文印刷市场处于领先地位。因为这个软件系统技术含量和市场份额占有量高，所以一些企业便争相非法盗版制售，北大方正不得已采用非常举动进行艰难的取证……

"点击"进入页面后，该消息的导语是这样的：

新华网《新华纵横》　北京1月20日电（吕世波）由北京北大方正电子有限公司开发的方正瑞普、方正文和、方正字库软件，是科技人员经过多年研究获得成功，并已广泛应用到国内印刷业的先进电脑印刷软件系统，它改变了我国传统的汉字手工印刷技术，使汉字印刷全部实现了电脑自动化。

这则消息披露的是北大方正鉴于自己的核心技术被盗版，不得已挖掘"陷阱"，派人装扮成个体户，去盗版单位取证获得成功，因而打官司胜诉的新闻事实。消息较长，有两千多字，采用的是先叙述"方正瑞普"的意义和重要性，接着出现盗版，然后北大方正进行"陷阱取证"，最后官司胜诉这样一种依次叙述的并列式结构。这则新闻提要尽管文字精要，却包含了消息中的"Who"、"What"、"Way"，信息含量较大，最后还留下一个悬念，是写得不错的。

至于"点击"进入新闻页面后的文本式网络新闻的导语、本体和结语的写作要求，则与报刊传媒相仿。由于网络新闻不受版式、篇幅的限制，有些重要新闻比报纸新闻在内容上详尽一些，因而在文字表述时也长一些。

第六节　采访技巧

一、采访的意义和方式

采访是为了采写新闻而进行的调查或者访问活动，是记者获取新闻事实的主要手段，也是记者的主要工作内容。

采访是新闻写作的基础和前提，也是对记者的职业敏感、政策观念、活动能力的检验与锻炼。新闻界有一句话：新闻是跑出来的；七分跑，三分写。只有在勤跑、勤采访的过程中，杂乱的事理才能梳理，人物的面貌才能辨明，新闻的意义才能洞悉。只有在勤跑、勤采访的基础上，下笔才有根据，行文方能游刃有余。

一般说来，采访的方式有如下几种：

1. 个别访问。这是采访工作最常见的一种方法，即与新闻人物、新闻事件当事人或者目击者、知情者的个别交谈、访问，以了解事件，核实事实，摸清情况，发掘意义。

2. 专题访问，又称“专访”。就某一事件或者问题有针对性地访问有关人士及有关部门。专题应该是社会上普遍关心，大众有共同兴趣的新闻题材。对某一部分人、某一阶层、某一群体有吸引力的事件和现象也可以进行专题访问，以满足各方面的需要。

3. 现场踏勘。记者亲自去新闻事件发生的实地进行调查研究、观察体验、感觉气氛，以获取具体、生动、形象、量化的材料，从而加深对报道对象的了解和认识。

4. 蹲点。在一段时间里，记者驻扎在有新闻题材的单位进行采访，以便把握全局，吃透情况，写出有深度的报道。

5. 调查会。选择有代表性的人，集中起来，以问答、讨论等会议的形式，就新闻事件或新闻人物进行采访。开调查会一般人数不宜太多，人物的观点、看法也不宜“清一色”。尤其要注意兼听则明，偏听则暗。

6. 突击采访。对突如其来的新闻事件，记者凭着自己平时的知识积累、工作经验,进行即兴的临场发挥,不失时机地开展访问,获取最新的消息。

7. 巡回采访。记者或者作者接受新闻单位委托,沿着预定的路线进行采访活动,因此又称为"旅行采访"。这种采访没有固定的对象和内容,由作者根据实际情况选择有价值的人和事进行采写。巡回采访对作者水平的要求很高。

8. 隐性采访。由于情况特殊,记者不宜公开身份或者不宜说明采访目的而进行的采访活动。如对犯罪嫌疑人、作案现场、不明情况等进行采访。这种采访需要很高的技巧,要注意在法律允许的范围内进行活动。

二、采访技巧

采访要接触形形色色的人和事,需要很强的公共关系能力和很高的待人接物技巧。有人不想接受采访,你得设法让他开口说话;有人巴不得你去采访,你得分辨其言谈的真假。所以,采访是一门艺术。

采访的过程分为三个阶段:赢得机会→访前调查→采访。

1. 赢得机会。要像猎人捕捉猎物那样去寻找、赢得采访机会;要开启头脑里新闻敏感的雷达,搜索有价值的新闻事件和新闻人物。不要单纯指望被动地接受任务,最好的作品往往是自己找寻机会创造出来的。意大利女记者奥琳埃娜·法拉奇就是一位不断寻找机会、创造机会、赢得机会的世界名记者。她以采访首脑人物著称,尤其善于把握机会,赢得了一些许多记者梦寐以求的采访机会。1980 年 8 月 21 日和 23 日,她在北京对邓小平同志的两次访谈,已经成为载入史册的名篇。

2. 访前调查。对于被采访人来讲,没有什么比接受毫无准备的记者的采访更令人恼火的了。这不仅伤害了他的自尊心,而且使他怀疑你的采访能力和采访诚意。因此,要做好充分的访前调查。这包括查阅有关资料,了解背景情况,拟订采访提纲等等。如果采访者在被采访人面前表现出对采访的对象和课题下了工夫,熟悉它的重要性,知晓该领域的现状和趋势,那么很少有人会拒绝采访。经验丰富的记者认为，每采访1分钟至少要准备10分钟，这样才能做到对采访对象了如指掌，人家才有可能尊重你，有兴趣与你交谈。所以，一定要掌握访前调查这把神奇的钥匙。

3. 采访。采访可以分为五个具体的步骤，即：提问→倾听→观察→笔记→思考。

(1)提问。与采访对象见面，举止要大方得体，庄重客气。一方面自己要克服胆怯，建立信心；另一方面要设法引导对方开口讲话。如果被采访者不大自然或者心怀疑虑，不妨采取些方法，让对方轻松起来。比如可以聊上一小会儿天，营造出亲近感，再切入正题。事先拟订的采访提纲只是一个原则，采访时应该相机行事。提问有两种基本形式，一种是漏斗式，一种是倒漏斗式。漏斗式提问又称开放式提问，即以笼统的、比较抽象的问题开头，然后逐渐将问题深入，把问题明确起来。这种方式比较适合那些十分健谈，长于思考，富有创造性的采访对象，如专家、学者、领导干部、总经理等，因为这种方式给予对方某种决定谈话的方向的发言权。倒漏斗式提问又称具象式提问，即以具体的问题开头，再逐渐转入开阔领域。这种方式比较适合医生、演员、运动员、教练员等专业性较强的人士，以及忐忑不安的采访对象。当然，也可以将两种方式结合运用。仅有开放式的泛泛而谈，不足以构成有深度的新闻；仅有琐碎的具象式问题的经验之谈，也难以形成有广度的报道。此外，提问要明确、简短，一次只提一个问题。如果对方的回答含混不清，可以用自责的口气引导对方再说一次，比如说："对不起，这个问题我还没弄懂，能再说一便吗?"或者讲"我不大明白，能举个例子吗?"还有一个办法，就是按照自己所理解的内容主动复述一遍，请对方指正。

(2)倾听。采访者不必在采访对象面前自我表现，摆出一副聪明伶俐、知识渊博的样子，提问后最好做一个好听众。尤其要杜绝借提问让人家接受自己的观点，或者引导人家接受自己的观点的做法。听、听、还是听，尽可能地吸纳采访对象的信息。你的报道将既会反映出你吸纳信息的深度，也会暴露出你接受信息的贫乏程度。在采访对象面前，大智若愚。一位名记者说："愚笨是记者最大的财富。

不要怕说‘我不懂’。人们一旦相信你对他们诚心诚意,他们乐于提供的信息会令你吃惊。

(3)观察。采访时要注意环境、物貌等客观事物,着意捕捉色彩和情调。要留心获取对象给你的主要印象的细节,不放过对象的相貌、手势、形体动作等显示人物个性的东西。如对方是在来回踱步,还是摆弄眼镜;是缓缓品茶,还是猛吸香烟。这些观察的结果,可以为事后撰写形象生动的新闻报道提供宝贵的材料。

(4)笔记。采访时,记者得记笔记,哪怕你有录音机。尤其对领导干部等那些希望传递自己的观点的人来讲,有一个是否郑重其事的问题。除非你会速记,难以将对方的话语完全记下来。那么,只记要点和精彩部分,只记能够答疑解难的部分。有一台录音机能够帮很大的忙,但事先要征得对方允许录音的同意。如果有人称“不得录音”,你只好笔记。有人甚至看见记者掏出笔记本就害怕,你只好脑记。对于吃不准是否害怕笔记本的人,你可以适时掏出笔记本,说一句“这点很重要,我得记下来”,看看反映,随机应变。总之,“记”是一门学问,脑记尤其能够获得真话。

(5)思想。采访结束后,不要拖延,尽快整理笔记或者录音;然后依据材料,决定写什么、怎样写。写消息还是写通讯,写特写还是写专访,均需掂掂材料的分量,全面思考,权衡利弊,取最大值。最后就是布局谋篇,遣词造句,勤奋笔耕了。

【思考与练习】

1. 消息的结构是怎么安排的?

2. 与消息的写作相比,通讯的写作有哪些特点?

3. 电视、广播新闻与报刊新闻有什么不同,写稿时要注意哪几点?

4. 试着写一则600字左右的消息,用电子邮件发给校报。

5. 试着在学校网络的新闻页面上写一则与导语不同的新闻提要。

6. 为什么说“访前调查”重要?试着进行一次采访活动。

第十二章　演说论辩文体

演说也叫“演讲”或者“讲演”，是演说者运用口语，辅之以形体姿态和面部表情，在公众面前发表主张，阐明观点，表达意见，宣传立场的社会活动，含有浓重的个人色彩。

论辩可以分为答辩和辩论。前者或是就某些问题对有评价权利的客体进行学术上的回答，或是就特定问题和事件对有裁判权利的客体进行说明；后者是与条件对等的主体进行论争。

无论演说还是论辩，都是以运用口头语言为表现形式的。若要完美、准确、精彩、雄辩的表情达意，必须有坚实的基础，这个基础就是事先撰写或者拟订的书面文字，称作演说词、演讲稿、答辩词、辩论稿或者辩论提纲。

第一节　概　述

一、演说论辩的历史沿革

演说和论辩在人类史上有着悠久的历史。古往今来，无论中国还是世界，演说和论辩闪耀着智慧的光芒和恒久的魅力。

在我国，演说词可以追溯到公元前两千多年的夏朝。《尚书》中有一篇《甘誓》，就是夏启与有扈即将在一个名为“甘”的地方开战时，启做的战斗动员令。

春秋战国时期，是我国演说论辩盛行的黄金时代。彼时，诸子纷争、百家并起。各家各派周游列国，宣传鼓吹自己的学说和主张，为后人留下了一篇篇可圈可点的演说词和论辩稿，成为我国最初的论说文。其中，《论语》洗练明快，情韵盎然；《孟子》气势磅礴，情理充沛；《庄子》纵横跌宕，奇警诡谲；《墨子》周密严谨，朴实无华；《荀子》

巧譬博喻，说理透辟；《韩非子》严峻峭刻，锋芒毕露。

战国后期，更是有不少饱学之士策马驭车，风尘滚滚，摇唇鼓舌，游说诸侯。如策士张仪、苏秦，朝秦暮楚，纵横捭阖，凭三寸不烂之舌挂印封侯。还有，无论是那位自荐的毛遂，还是弹铗而歌的冯谖，也都雕语琢句，脆舌甜牙，成为诸侯重用的门客。此情此景，以至于有"一人之辩，重于九鼎之宝；三寸之舌，强于百万之师"之说。成语"三寸之舌"，就出于《史记·平原君虞卿列传》中"毛（遂）先生以三寸之舌，强于百万之师"一语。

后人论及这段百家争鸣的历史，无不流连忘返，津津乐道，以为他们善辩。其实，当时演说论辩大放异彩，是那个大变革的历史条件、大改组的社会因素使其然。被公推为中国古代第一位"雄辩家"的孟子在世时，弟子公都子询问："外人皆称夫子好辩，敢问何也？"孟子回答："予岂好辩哉？予不得已也。"——他要捍卫自己的学说，针锋相对地与诸种"邪说"论争。

秦汉以降，中国在多数历史时期大一统，统治阶级为维护封建制度，实行"舆论一律"；尤其西汉董仲舒建议"罢黜百家，独尊儒术"，得到汉武帝采纳，百家争鸣的历史条件消失了，封建统治的种种禁锢滞缓了演说论辩的生机，演说论辩逐渐式微。除非像陈胜、吴广那样揭竿而起，发出"王侯将相，宁有种乎？"一类的呐喊，没有真正意义上的演说论辩。

一直到19世纪下半叶，封建社会败象显露，社会开始酝酿变革，中国的演说论辩才逐渐恢复生机。维新派代表人物康有为、梁启超、谭嗣同、严复等人进行变法改良宣传，与顽固派、洋务派在思想领域展开大论争。

辛亥革命前后，以孙中山为首的一批资产阶级民主革命家鼓吹革命，推翻帝制。章炳麟、邹容、陈天华、秋瑾等人更是杰出的革命宣传者。"鉴湖女侠"秋瑾甚至组成"演讲练习会"，意气凛然、情理兼备地进行鼓动讲演。她在一篇题为《演讲的好处》的讲演中，列举了五大好处：一是随便什么地方都可以随时演说；二是不要钱，听的人必多；三是人人都听得懂，不识字的妇女、小孩都可听；四是只须动口，无须兴师动众；五是听演说天下事都可知晓。她认为开民智、动人心，非演讲不可。她还注意到在民众中演讲应该通俗易懂，因而她的讲演上耳入口，明白如话。

到了“五四”新文化运动时期，陈独秀、李大钊、胡适、鲁迅等一批领军人物更是身体力行，在各种不同的场合和集会上进行启蒙演讲。尤其到了五四运动前后，从北平始，继而波及全国，慷慨激昂、义正词严的救亡图存的演讲论辩成为时尚，其情其景，感人至深。

中国共产党登上历史舞台后，无论是在国内革命战争时期、抗日战争时期，还是解放战争时期、和平建设时期，毛泽东、周恩来、邓小平、陈毅等领袖人物都运用演说论辩的手段，进行过大量讲演，弘扬革命道理，驳斥反动主张，批判错误路线，推动了历史前进。

然而，由于左倾错误的影响，演说论辩这种形式一度误入歧途。“文化大革命”时期，运用所谓的“四大”搞运动，由“文斗”转变成为“武斗”，进而全面内战，使演说论辩蜕变为只许“四人帮”一伙说话，不许广大人民反驳的工具。这并不是演说论辩这种形式本身的错，而是“四人帮”一伙不懂它的民主本质，强奸民意，“只许州官放火，不许百姓点灯”的结果。

1976年4月5日前后，演说论辩的民主本质在中国大地光辉地显现了。在北京天安门广场，人们自发地聚集在一起，以悼念周恩来总理为方式，发表演说，论辩时世，抨击“四人帮”的专制统治，其慷慨激昂的场景，仿佛“五四”先驱再现。在南京、武汉、成都等地，这种情景都有不同程度的表现。尽管“四五运动”遭到残酷镇压，但天安门广场上“欲悲闻鬼叫，我哭豺狼笑；洒泪祭雄杰，扬眉剑出鞘”的演讲声音，不仅为老一辈革命家昭示了解决“四人帮”问题有强大的社会基础的事实，而且如同雷鸣电闪，成为当代中国演说论辩史上可歌可泣的一幕！

改革开放以来，尤其进入建立社会主义市场经济的新时期以来，随着经济基础的不断壮大，民主政治的不断深入，演说论辩愈渐发展，而且内容从原先单一的政治化发展为经济的、文化的、科学的等方方面面的多元化，受到社会的普遍欢迎。在我国的港澳台地区，由于社会制度不同，演说论辩甚至成为欲有作为者安身立命不可或缺的本事。

1993年，中国中央电视台和新加坡电视机构，在1986年开始的亚洲大专辩论赛的基础上，首创国际大专华语辩论会，使演说辩论成为高校里活跃思想、启迪心志、弘扬理性的方式。经过多年实践，演说论辩的好处愈渐显现。它展示综合素质、凸现全部积累的特性，使莘莘学子心想神往；师长则从中看到了在教育上突破专业知识界限，以专带博、以博促专，克服非专业知识浅薄，培养综合素质的希望。因此，演说论辩在高校方兴未艾。

在国外，早在公元两千多年前，古埃及的一位法老就告戒行将即位的儿子说，舌头就是利剑，演讲比打仗更有威力。到了公元前4世纪前后的古希腊、古罗马时期，演说论辩已经非常盛行，一些学校甚至专门开设此类课程。诸如苏格拉底、柏拉图、亚里士多德、普罗塔哥拉一类的一大批哲学家、思想家和修辞学家，都把它作为一门学问进行研究，并撰写出一批理论书籍，包括大量教材。比如柏拉图的《论辩篇》，就是一部富于哲理性的对话，其中言及对苏格拉底的审问，苏格拉底以简述其经历和他的道德态度，来回答起诉人。在西方，很早就有了“论辩文”（apology）文体，它用自传体形式，以辩护为主要结构来论述作者的信仰和观点。

公元5世纪后叶，罗马帝国崩溃，西方进入长达十二个世纪的封建社会的中古时期，演说论辩失去了生存的土壤。但在这个历史阶段后期，也有重要人物出现，如16世纪在意大利出现的哲学家、数学家、天文学家布鲁诺，不仅系统地学习过雄辩术和逻辑学，而且作为思想自由的象征，公开与天主教徒论战，其著作《160个题目对话集》，就倡导所有宗教在互相了解和自由辩论的基础上和平共存。他终究因言获罪，于1600年2月17日被教皇以顽固异端分子的罪名，处死在罗马的鲜花广场。

17世纪英国资产阶级革命的成功宣告了西方中世纪的结束，演说论辩逐渐勃兴。18世纪启蒙时期，康德、黑格尔等人成为演说论辩的巨擘。黑格尔的名著《美学演讲录》，就是在大学演讲的基础上发展立说的。在北美，指挥独立战争的华盛顿、领导解放黑奴的林肯，无不是演讲、雄辩的高手。

当“共产主义的幽灵在欧洲徘徊”以后，无论马克思、恩格斯，还是列宁、李卜克内西，都运用演说论辩的武器，为无产阶级革命做舆论准备，起到极其巨大的效果。诸如恩格斯《在马克思墓前的讲话》等演讲名篇，已经成为历史的回声。

第二次世界大战期间，罗斯福、邱吉尔、斯大林充分运用演讲的力量，唤起国家和民族的危机感，激励民众反法西斯的战斗精神。就连希特勒，也熟谙演说的妙处，到处唾沫横飞地进行煽动性鼓惑宣传。

战后直至现代，西方社会的演说论辩已经成为家常便饭，无论竞选、就职、去职，还是进行社会活动或者应聘、招商，都要摇唇鼓舌，以至于人们将“舌头、金钱、电脑”作为建功立业的法宝。这期间，更有不少演说名篇溢彩流芳。美国黑人民权运动领袖马丁·路德·金，于1963年8月28日在纽约林肯纪念堂广场上所做的既饱蘸感情，又缜密雄辩的演讲《我有一个梦想》，不仅在美国家喻户晓，而且在全世界产生广泛影响，甚至成为世界上不少高校的教材。

二、演说论辩的类型与特色

在国际方面，西方传统上将演说论辩类型分为法律性、政治性和礼仪性等数种，基本上是按内容加功能来划分的。法律性演说论辩主要是法庭辩护，包括申辩和抗辩；政治性演说论辩又称审议性演说，主要是对内政、外交和经济等方面的问题进行审议、决策时的辩论；礼仪性演说论辩又称辞藻性演说，特点为词语优美、音调抑扬顿挫和感情充沛，内容主要是对人或事进行褒贬。

在我国，按照演说论辩内容、演说论辩方式、演说论辩层次、演说论辩风格、演说论辩场所、演说论辩功能、演说论辩效应等不同的分类标准，演说论辩也被划分为多种类型。无论按哪一种划分法，都会产生可此可彼的现象。比如，一场关于经济问题的演讲，既可能在广庭大众的场合进行，也可能在摄影棚里人数不多的电视摄像机前进行；一场含有政治思想内容的演说，既可能是大气磅礴、淋漓尽致的宣讲，也可能是婉约深沉、逻辑井然的论说；一次对于被告人的辩护，既可能是精心的策划，也可能是即兴的发挥；一次礼仪性的演说，既可能在政治上产生深远的历史效应，也可能在情感上造成一时的轰动。所以，只有界定先决条件，才可能对演说论辩稿的类型进行划分。

（一）演说论辩的类型

在今天的社会条件和人文环境下，我们按照实用的原则，根据内容加形式的划分法，介绍下列几种类型的演说论辩。

1. 政治性演说。就政治、经济、军事、外交、民族、宗教等问题阐明观点、宣扬主张、表达立场是政治性演说担负的任务。这种演说在国内国外大量存在，无论会议还是集会，无论竞选还是就职，无论公众场合还是议会辩论，都得撰写出言之凿凿的稿件，在大庭广众前宣讲。需要说明的是，不能将作报告以及经过集体讨论的讲话与演说混为一谈。前者代表某个党派、机构、团体、部门的集体意志，是集体决定的结果，集体智慧的结晶，后者尽管免不了受到演说人自身党派、地位、身份的影响和制约，但这种影响和制约基本上还是融入个人见解表达出去，有强烈的个人风格和个人秉性的因素。

进行政治性演说，需要深刻的思想主张，强烈的立场倾向，鲜明的观点态度，清晰的表述语言。马丁·路德·金的《我有一个梦想》，就是一篇出色的有关种族解放问题的政治性演说。唐家璇外交部长2001年9月21日在美国首都华盛顿所作的《加深理解，增进信任，推动中美关系健康发展》的演讲，则是一篇既代表我国立场，又不失个人风度的政治性外交演讲。

2. 法律性演说。围绕各种法律事件，由案件的公诉人、自诉人、律师、诉讼代理人等法律活动的参与者所进行的起诉、答辩、申辩、抗辩、辩护，以及庭内庭外进行的法制宣传、仲裁演讲等，是法律性演说的主要内容。

进行法律性演说论辩，需要精通的法律知识，严格的逻辑思维，缜密的表述方法，强大的雄辩力量，以使这种演说论辩义理圆通。

布鲁诺在罗马法庭上所做的抗辩，尽管主旨在于宣扬思想自由，但在类型、功能上都是极为优秀的法律性演讲。

3．专题性演说。就某一特定的内容，进行一事一说的专门讲演。比如学术演说、听政会演说、毕业论文或者学位论文答辩、晋升职称答辩、竞选职务答辩等。

学术演说又叫学术报告，是表述学术见解、介绍学术成果、传授学术知识的讲演。这类演说在高校和科研单位频繁举行。

听政会演说是政府有关部门在实施新举措、制定新政策前，召集专家、学者、民众代表等相关人员，进行说明、听取意见时，由政府发言人和相关人员发表的讲演。

论文答辩是是审查论文的一种补充形式，由答辩者在由导师组成的答辩小组面前回答提问，从而审查答辩者是否具有相应的学术水平。

晋升职称答辩是各类专业技术人员申报高一级职称时，在提交相应的学术成果的基础上，在评议委员会前，就资格、学术成果等相关问题，回答委员们的提问，以便委员会审定答辩者是否具有相应的职称水平。

竞选职务答辩是答辩人通过了各级政府举行的公务员职务招聘的文字考试后，在由领导部门及有关人员组成的答辩委员会前，回答委员们的提问，以便进一步考察答辩者的知识水平和运用能力。现在有些人民团体、社会社团和商家也用这种方法竞选负责人。

做专题性演讲，必须学有专攻，对涉及的领域确有造诣、心得、体会。演讲稿和表述语言要主旨鲜明，清晰严密，经得起琢磨推敲。在演讲风格上则讲究严谨朴实，无须过于张扬。

4．社交性演说。在诸如宴会、酒会、聚会、寿辰、葬礼等各类社交场合发表的致辞。此类演说大都感情充沛，辞藻优美，合乎礼仪。优秀的社交性演说绝非应景之作，如雨果的《巴尔扎克葬词》，恩格斯的《在马克思墓前的演讲》，毛泽东在中共中央警备团追悼张思德的会上的讲演《为人民服务》，都成为传世之作。

5．辩论演说。在两个人、组或集团之间进行智力交锋时，各自发表的以论据支持论点的演说。辩论演说是综合素质的较量，是融语言、思维、逻辑、心理等多方面知识和技能为一体的综合性展示。辩论演说要涉及政治学、经济学、社会学、哲学、历史学、伦理学等方方面面的学科，知识储备的多寡是取胜的先决条件。在陈述或者总结时，可以宣讲准备好的稿件；也可以事先预测论辩阶段对手的攻击方向，拟订论辩大纲。论辩时，临场发挥十分重要，需要具备头脑清晰，言辞流畅，反映敏捷，应变力强的素质。

(二)演说论辩的特色

演说也好，论辩也罢，都是一种运用语言，将书面文字有效地传递出去的活动。作为口语传达的一种形式，它在与听众的联系上以及听众对之产生的反映上都是直接的，但也可能会产生广泛的社会和历史影响，演说家和论辩家有可能成为政治和社会的喉舌。在国外，有专门研究、教学进行公开性演说的理论和实践的“演说术”(oratory)。尽管演说论辩不可能完全照本宣科，但其书面文字还是有鲜明特色的。演说论辩文体的各种类型既有共性，又有个性。

1. 鲜明的针对性。演说词的主旨是有鲜明的目的性的，是演说人针对上层建筑或者经济基础的某一问题进行旗帜鲜明的宣讲。因此，演说稿一定要主旨明确，观点鲜亮，立场坚定。尤其是政治性演说，遣词造句要不藏不掖。学术等一类的专题演讲，也必须针对具体的问题，发表一家之说。

2. 广泛的代表性。一场演说事先要充分考虑听众的希望、忧喜和态度。一场好的演说，应该能够反映出听众的意愿。因此，成功的演说者大都善于洞察社会情绪，琢磨听众心理，成为群众的“代言人”，说他们想说而说不出来的话。如果演说者直接表达、充分反映出听众的要求，那么，演说要么会产生直接的影响，要么会导致更广泛的后果。

3. 强烈的劝诱性。演说者的目的和手法基本上是劝诱性的，其次才是知识性和消遣性的。演说者着眼改变人们的行为、态度或者加强人们的信念，改变听众的立场，建立有利于演说者愿望和纲领的心理状态。演说者使用修辞和辩论手段，摆事实、讲道理，发出有利于目标的呼吁；同时用阐释的方法，澄清并加强论点；有时还采用一些趣闻和事例，以加强效果。这种劝诱性会产生一种感染力，从而导致鼓动的效果，甚至激发起听众的情绪，引爆他们的感情。

4. 高超的技巧性。演说论辩是一种将书面文字转换为口语和姿态的创作，因此无论是在文稿、语言、大纲的“一度创作”上，还是在此基础上发生的口辞、姿态、表情的“二度创作”中，都要有所讲究。“说”，靠修辞学，修辞学是有效的遣词造句的艺术，演说论辩则是修辞学在当众发言上的运用；“演”，靠表演学，表演学是恰到好处的举手投足的艺术，演说论辩也是表演学在当众发言的运用。所以，两者都需要高超的技巧。在西方的“演说术”中，不仅有演讲稿的捉刀人，还有演讲动作和表情的设计者。

5. 临场的即兴性。照本宣科的演说论辩者，不一定是优秀的或者成功的演说家。高明的演说论辩者善于在现场体察听众的动机、感情和习惯，洞悉场景的“情绪”和“温度”，适时修改、完善、发挥讲稿内容，从而产生更大的感染力。毛泽东在延安时的一次演讲中，在行将结束时掏出一支香烟夹在手指中，举起胳膊说“最后一条”，顿时引得全场活跃起来，调剂了大家的情绪。

第二节　演说词

在整个演说活动中，演说词是事先撰写好的，属于“一度创作”；在演说现场，通过姿态“语言”和表情“语言”，将书面语言表达出来，是“二度创作”。后者只有在前者的基础上才能熠熠生辉，前者只有通过后者方能发扬光大。两者相辅相成，互为补充，一荣俱荣，一损俱损。因此，演说词不是可有可无的东西，而是非常重要的基础性工作。

具体说来，演说词有下面几种功效。首先，即便不照本宣科，演说词也是整个演说的脉络，是演说者思想的蓝本，是演说行进的走向，是整个演说过程的布局谋篇。其次，精彩的语言，缜密的逻辑，引用的名言或者数据，也必须用文字将其连缀成篇，否则免不了言不由衷、拖沓反复,甚至脚踩西瓜皮——滑到哪是哪。再者,事先撰写的演说词的长短可以使演说者对演讲时间心中有数,掌握现场的主动权。最后,有一个精心准备的演说稿,对演讲人来讲是一个心理稳定、获得成功的保证。林肯于1863年11月19日在美国葛提斯堡国家烈士公墓落成典礼上发表的著名演说《葛底斯堡演讲词》,仅讲了两分多钟,译成中文只有500多字,却精心准备了两周,最后赢得了10多分钟的掌声。

一、主旨鲜明,对象明确

某一具体的演说一般有以下诸要素:内容、听众、时间、地点和背景。首先,演说者要明确,自己进行的是哪一种类型的演说,是政治性的,还是礼仪性的;是学术性的,还是法律性的。要界定演说的要旨,是抨击一种时弊,还是称颂一位人物;是宣讲一种见解,还是捍卫一个学说。其次,演说的目的无非是要用自己的观念意图说服大家,但受众不单单是被动的接受,而是可以对演说采取不同的态度,作出不同的反映,因此要做听众分析,对他们的心理、期望和要求应有所了解,以便因势利导,使其与演说融为一体。还要明确演说的对象,是劳动阶层,还是知识阶层;是学生,还是商人;是多阶层混合的民众,还是单一结构的人群。心中有数,方能"投其所好"。主旨、内容与对象、听众密不可分,主旨鲜明,才能言之有物,撰写出"说什么"的内容;对象明确,才能有的放矢地劝诱和鼓动,草拟出"怎么说"的讲稿。

美国大律师、雄辩家丹诺在评价不少人模仿美国优秀演说家英格索尔的演讲时说:"尽管不乏学得惟妙惟肖的人,但都少了一样极为重要的东西,那就是言之有物而又值得赞许的主题。"[①] 一般说来,一场演说的内容,不能包罗万象,而应一事一说。即便是长篇演说,也应该只有一个主旨。1962年3月在广州召开的"全国话剧、歌剧、儿童剧创作座谈会"上,时任中共中央政治局委员、国务院副总

---

① 《舌辩大师丹诺自传》,法律出版社1995年版,第173页。

理、外交部长的陈毅元帅，于6日发表了一整天长达3万3千多字的演讲。尽管讲了8个问题，但主旨只有一个：批评和反对左倾路线对文艺战线的戕害。这么长的演讲不仅没人退场，反而听众翘首启踵，兴趣盎然，笑声不绝，掌声不断。这场演说不胫而走，极大地安抚和鼓舞了当时的文化界乃至全国的知识界。究其原因，只有一个：演说者知己知彼，既明白文化政策出了毛病，又清楚听众是些什么人。用陈毅的话说，就是"我想现在的问题，是大家都有气，今天要来出出气"①。美国黑人民权运动领袖马丁·路德·金在做《我有一个梦想》的著名演讲时，面对的25万人中绝大多数是黑人，但也有少部分白人。他没忘向这部分人说话："席卷黑人社会的新的奇迹般的战斗精神，不应导致我们对所有白人的不信任——因为许多白人兄弟已经认识到，他们的命运同我们的命运紧密相连，他们的自由同我们的自由休戚相关。他们今天来到这里参加集会就是明证。"②

简言之，主旨鲜明，对象明确，是演讲者撰稿的必要条件。

二、材料具体，言之有物

无论哪一种类型的演讲，若要想获得成功，使用的材料一定要精当具体，切忌抽象宽泛；选用的例证一定要新颖新鲜，切忌人云亦云；所说的话语一定要有血有肉，切忌过多地运用概念——即便学术性演讲也应如此。只有材料具体，听众才能获得感性认识，只有言之凿凿，大家方能得到形象的教益。大话、套话只会令人昏昏欲睡，过多的抽象概念，只能使听众不得要领。

周恩来1962年2月27日在《对在京的话剧、歌剧、儿童剧作家的讲话》中有一段话，他说："共产党人是有感情的，但感情是受理智支配的，问题是要看在什么时间，什么场合，什么对象。临危的时候似乎只能喊'共产党万岁'，别的都不能讲，否则就是动摇，这种说法是奇怪的。有一个戏因为写了一位烈士在牺牲前对他的爱人说，'我

① 《党和国家领导人论文艺》，文化艺术出版社1982年版，第119页。

② 新华网检索 检索词：马丁·路德·金 梦想。

们要是有一个孩子该多好呵!'就被批评为写了英雄的动摇,这是怪事。"[1] 随后,他列举了广州起义失败后,赤卫军的一对恋人周文雍和陈铁军在上刑场前,周文雍将自己的围巾解下来,围到陈铁军的脖子上,并亲吻了她一口的例子。周总理用这个生动的例子,说明了左倾文艺路线的无知和浅薄。

三、情真意切,风格突出

虚情假意,作不好演讲;平平淡淡,撑不起演讲。无论中外,演说起始时,无不充满了浓烈的个性色彩,饱蘸着丰富的情感特色。然而,时过境迁,现在我们周围有风格、有特色的演讲,不是很多。究其原因,是我们将演讲内容的正确与否,与演说者的个性特色和感情色彩挂了钩,以为内容正确,就得出言四平八稳。其实,这是完全错误的。演说要想有劝诱性和鼓动性,要想收到预期的效果,非得情真意切,风格突出;非得喜怒哀乐,溢于言表。要想打动人家,首先得自己感动。丹诺说:"我从不愿意教人如何演讲,但许多人却要求我传授秘诀,并且要我教导他们,怎样才能做一个合格的律师。实际上,这种事情和其他事情一样,只需要有自己鲜明的个性。即使大家对你的见解并不赞成,但如果能做到标新立异,独具特色,也能留下深刻印象。假如你有一套自己的见解,又有一套发挥见解的独特方式,你就会成为一个与众不同的演说家。"[2]

陈毅在《在全国话剧、歌剧、儿童剧创作座谈会上的讲话》中慷慨陈词,高扬出个性风格,在谈到对作品的审查尺度时说道:"有一个网,我可以漏网求生,没有这个网,到处都是网,你哪里能够生呐!(笑声)是呀,无网之网,大网也。网死人啦,网哉!网哉!(大笑)这个不好,今天我是出这个气。"[3] 演讲情感顿时溢于言表。这才是文如其人哪!

---

① 《党和国家领导人论文艺》,第73页。

② 《舌战大师丹诺自传》,法律出版社1995年版,第172页。

③ 《党和国家领导人论文艺》,第130页。

在谈到写悲剧的问题时，陈毅则情真意切、语重心长地说："我们总是不愿写悲剧，说是我们这个新社会，没有悲剧。我看呐，我们有很多同志天天在那儿造悲剧，天天在那儿演悲剧。我们为什么不可以写悲剧呢？悲剧的效果往往比喜剧大，看悲剧最沉痛。沉痛的喜悦，是比一般的喜悦更高的喜悦。"①

四、语言生动，通俗易懂

演说稿与平常作文最大的不同，是演说稿是要"说"的，而不仅仅是看的。它要将白纸黑字，转换为语音语调。因此，撰写演说词就有一些讲究。

(一)使用口语，讲究修辞

书面语和口语是有区别的，书面语可以文绉绉的，口语则比较简明凝练，容易让"死"的文字光鲜生动起来。所以，我们写演说稿，要按口语的特点和性质来写，比如句子不要长，用常式句不用变式句等等。丹诺说："读者在读书时，可以随着自己读书的快慢进行思考，如果有不明白的字或者句子，可以去查字典或者百科全书。但是听演讲就不同，演讲者滔滔不绝，听众很少有时间来思考。因此，演讲时，要尽量用简短的句子，尽量用通俗的语言，这样，听众听起来才不费劲，而且能清楚地了解演讲的内容。"②

同时，我们还要依据题旨内容，充分运用、调配语言文字的各种表达方法，使口语的表达既准确鲜明，又生动幽默；既热情雄辩，又晓畅通达；既爱憎分明，又义理圆通。

毛泽东在《反对党八股》的演说中运用比喻的修辞，把言之无味的"党八股" 比喻为"瘪三"，十分形象。他说："我们很多人没有学好语言，所以我们在写文章做演说时没有几句生动活泼切实有力的话，只有死板板的几条筋，像瘪三一样，瘦得难看，不像一个健康人。"③

---

① 《党和国家领导人论文艺》，第153页。
② 《舌辩大师丹诺自传》，法律出版社1995年版，第173页。
③ 《毛泽东选集》第3卷，人民出版社1991年版，第837页。

马丁·路德·金在《我有一个梦想》的演说进行到五分之四时，运用排比的句式，一连说了7个“我梦想有一天”和“今天我怀有一个梦想”以后，又说：“我梦想有一天，深谷弥合，高山夷平，歧路化坦途，曲径成通衢，上帝的光华再现，普天下生灵共谒。”① 修辞既充满激情，又非常雄辩。

此外，还要注意陈言务去，选用鲜活的话语，不用那些人家说过的“现饭”，尽量使演说富有色彩。

(二)善用警句名言，诗词歌赋

在演说稿中，适当间杂含有震撼性的警句或者有深刻道理的名言，可以起到画龙点睛、振聋发聩的作用；而穿插一些诗词歌赋，可以使演说生动活泼起来。

1981年5月30日，邓颖超同志在全国优秀中篇小说、报告文学、新诗获奖作者茶话会上作《创作更多好作品献给人民》的讲话，就引用获奖的新诗，令与会者感觉十分温暖。她说：“前些天，我在电视节目中听到一位得奖的演员朗诵了一首诗，我最喜欢的几句还记得：

> 春天的后面不是秋，何必为年龄发愁？
> 只要在秋霜里结好你的果子，又何必在春花面前害羞？
> 人民的事业与世长久，谁的生命与它结合，
> 白发就上不了他的头。
> ……②

雨果在华美、悲壮、激越的《巴尔扎克葬词》中自撰警句，后成名言：“这不是黑夜，而是光明！这不是结束，而是开始！这不是虚无，而是永恒！”③

闻一多先生的《最后一次讲演》在结束时慷慨地说：“历史赋予昆明的任务，是民主和平，我们昆明青年必须完成这任务！我们要准备

---

① 雅虎中国网站检索 检索词：马丁·路德·金，演讲。
② 《党和国家领导人论文艺》，第280—281页。
③ 搜狐网站检索 检索词：巴尔扎克葬词，雨果。

像李先生一样,前足跨出大门,后脚就不准备再跨进大门!”[①]

(三)明白晓畅,杜绝歧义

写演讲稿千万不能玩文字游戏,弄得晦涩难懂,诘屈聱牙,疙疙瘩瘩。书面语言有力透纸背一说,有些文字以外的双关语、反语等,可以通过诸如引号一类的视觉语言表现出去,但演说稿不行。写演说稿,如果要有双关语、反语等,一定要在上下文的语言环境中,进行语气上的明确化。否则,容易产生歧义,影响演说效果。

不要过多地援用概念,哪怕是学术演讲,也不要故作高深,而应在通俗中求文雅,在明白中讲学问。

(四)讲究音韵美

尽管演说不可能像诗词那样严格的合仄押韵,但还是要尽可能地做到抑扬顿挫,琅琅上口。写好后,最好念几遍,将那些拗口、难念、韵律不强的句子加以修改完善,使之符合演说的语感要求。丹诺评介英格索尔时说道:“只要你分析英格索尔的演讲词,你就会发现他的每一个句子都是押韵对仗的,就像济慈或者霍斯曼的诗句一样精美绝伦。”[②] 讲究音韵美,听众在听觉上会感到舒服畅快,演说因此而气势充沛,增色生辉。

五、结构完整,布局合理

一篇演说稿的布局谋篇,从整体上讲,要清晰易辨;从篇章的风格上来讲,又要起伏跌宕。

(一)标题

标题是演讲的眉目。一个好标题,可以给人以好的第一印象,因此要精心做好。一般说来,标题有下列几类

1. 主题式。标题本身就昭示、界定了演说大致的内容。如毛泽东的《反对党八股》,鲁迅的《娜拉走后怎样》、《未有天才之前》等。做这类标题应该注意不要冗长怪癖、故作深奥。

---

① 搜狐网站检索 检索词:最后一次演讲,闻一多。

② 《舌战大师丹诺自传》,法律出版社 1995 年版,173 页。

2. 形象式。这类标题要新颖生动，具备色彩，使其富有吸引力和感召力，如拿破仑的《我要拥抱鹰旗》，马丁·路德·金的《我有一个梦想》，鲁迅的《老调子已经唱完》，英国王妃戴安娜的弟弟厄尔·斯潘塞伯爵在姐姐葬礼上的演讲《永不磨灭的女神》等。做这类标题要防止跑题，不着边际。

3. 随机式。有些演讲原先并没有标题，但后来为了将演说稿出版发行，就加上一个并没有什么实质内容的标题。这种情况在礼仪类和会议类的演说上大量存在，往往以演说的地点、礼仪的内容、会议的称谓来定题目，如恩格斯的《在马克思墓前的讲话》，林肯的《葛底斯堡演讲词》，毛泽东的《在延安文艺座谈会上的讲话》等。

(二)称谓

写演讲稿，在称谓问题上要因地制宜、因时制宜，对不同的对象，要用不同的称谓；在不同的场合，要有不同的说法。比如，如果是礼仪性演讲，得长幼有别、尊卑有序，符合特定场合的规范。又如，在外交或者外事场合，称谓往往要女先男后，不可马虎大意。再如，若在有主持人的场合，要先称呼主持人的称谓，再涉及其他人。如“主席先生，女士们、先生们”、“校长，老师们、同学们”等等。

孙中山的演讲，在公众场合，开始时多用“诸君”；在国民党内部，多用“列位同志”或者“同志诸君”，符合彼时的规范。他在 1924 年 6 月 16 日所做的《陆军军官学校开学演说》中是这样开头的：“来宾、教员、学生诸君。”①

邓小平 1957 年 5 月 10 日《在中国新民主主义青年团第三次全国代表大会上的祝词》，开始的称谓是：“亲爱的代表同志们”②。显然，由于不是党的会议，无须过于严肃，对青年人演说，要符合青年的特点，所以称谓热情一些。

(三)引言

引言俗话叫“开场白”，是演说中第一句话或者第一段有实质内

---

① 《孙中山选集》下卷，人民出版社 1956 年版，第 848 页。

② 《邓小平文选》第 1 卷，人民出版社 1994 年版，第 275 页。

容的文字,对演讲的内容和风格起着定位和导向的作用,因此至关重要。常见的引言有如下几种:

1. 开门见山。开宗明义,直奔主题。毛泽东的演讲《反对党八股》就是开门见山:“刚才凯丰同志讲了今天开会的宗旨。我现在想讲的是,主观主义和宗派主义怎样拿党八股作它们的宣传工具,或表现形式。我们反对主观主义和宗派主义,如果不连党八股也给以清算,那它们就还有一个藏身的地方,它们还可以躲起来。如果我们连党八股也打倒了,那就算对于主观主义和宗派主义最后地‘将一军’,弄得这两个怪物原形毕露,‘老鼠过街,人人喊打’,这两个怪物也就容易消灭了。”①

2. 提出问题。鲜明地提出问题,进而阐发开去。孙中山先生1924年6月16日在《陆军军官学校开学演说》的演说中,就是这样开头:“今天是本学校开学的日期。我们为什么有了这个学校呢?为什么一定要开这个学校呢?”②

3. 描写叙述。恩格斯1883年3月17日《在马克思墓前的讲话》用这样的开头:“3月14日下午两点三刻,当代最伟大的思想家停止思想了。让他一个人留在房里总共不过两分钟,等我们再进去的时候,便发现他在安乐椅上安静地睡着了——但已经是永远地睡着了。”③

4. 道明因果。说明演讲的前因后果也是一种开场白。邓颖超同志的讲话《创作更多好作品献给人民》的开场白就讲明原因:“今天得到通知要来,我很高兴!因为宋庆龄名誉主席刚刚病逝,比较忙,我差点来不了。我很想见大家,我想大家也很想见我。来了之后,通知我要讲话,即席讲话不是那么容易的事儿。你们写一篇报告文学,或者小说,都要有生活体验。体验时间长短就难说了,深浅也难说了。什么都得有生活体验啊。你们要我讲话,尽管没有准备,但我也

① 《毛泽东选集》第3卷,人民出版社1991年版,第830页。

② 《孙中山选集》下卷,人民出版社1956年版,第848页。

③ 雅虎中国网站检索 检索词:马克思墓前演说 恩格斯。

抑制不住见到了你们高兴和激动的心情，我也要学习刚才发言的几位同志那样，简单地说几句话。”①

5. 烘托气氛。用讲究的修辞，激发起现场听众的兴趣和情绪，也不失为一种好的开头。马丁·路德·金的《我有一个梦想》就是这样启幕的：

“今天，我高兴地同大家一起，参加这次将成为我国历史上为了争取自由而举行的最伟大的示威集会。

一百年前，一位伟大的美国人——今天我们就站在他象征性的身影下——签署了《解放宣言》。这项重要法令的颁布，对于千百万灼烤于非正义残焰中的黑奴，犹如带来希望之光的硕大灯塔，恰似结束漫漫长夜禁锢的欢畅黎明。”②

6. 客套寒暄。出于礼仪或者表示谦虚，先说几句客气话，也很常见。唐家璇外长 2001 年 9 月 21 日在华盛顿发表的演讲就是这样开头的：“很高兴有机会再次访问华盛顿，与新老朋友见面。我要衷心感谢美中贸易全国委员会和美中关系全国委员会的盛情邀请。”③

开场白的写法还有很多，大可不必拘泥，只要对演讲有好处，诸如设计悬念、引经据典、述讲故事等各种方法都行。秋瑾在 1904 年做《敬告中国二万万女同胞》的演讲时，开篇用一个感叹词加一句判断词：“唉！世界上最不平的事，就是我们二万万女同胞了。”④

（四）主体

主体是演说词的主要部分。演讲的要旨、内容都要在此铺陈展开，演讲的精髓、意义均得由此贯彻体现。主体部分的撰写，一般有下列几种方式：

1. 条陈式。将主要的意思或内容列成若干条，逐条进行叙说。这种方法在演说词的写作里大量使用。具体运用条陈式时，可以按

---

① 《党和国家领导人论文艺》，第 279 页。

② 雅虎中国网站检索 检索词：我有一个梦想 马丁·路德·金。

③ 雅虎中国新闻网页，2002 年 2 月 10 日。

④ 雅虎中国网站检索 检索词：演讲 秋瑾

照列举法和总分法的方式进行。前者是分列几个问题,娓娓道来;后者先提出总论,而后分别论证。

陈毅同志的《在全国话剧、歌剧、儿童剧创作座谈会上的讲话》就是列举法。他列举了8个方面的问题:一、知识分子问题;二、关于剧本的创作问题;三、关于写悲剧问题;四、关于领导问题;五、关于在运动中受委屈同志问题;六、关于戏剧批评问题;七、关于个人和集体的关系问题;八、关于写人民内部矛盾问题。

毛泽东的《反对党八股》则是总分法。他先高屋建瓴地批判剖析了党八股是主观主义和宗派主义教条式的宣传工具,然后分列出8大具体罪状,一一揭露:"空话连篇,言之无物";"装腔作势,借以吓人";"无的放矢,不看对象";"语言无味,像个瘪三";"甲乙丙丁,开中药铺";"不负责任,到处害人";"流毒全党,妨害革命";"传播出去,祸国殃民"。此演讲言之凿凿,有血有肉,越发显得旗帜鲜明,句句中的。

2. 层递式。按照内容的逻辑关系和因果关系,逐层加深叙说的方法,也是演说词写作普遍运用的。马丁·路德·金的《我有一个梦想》的主体部分,就是采用这种方法,依次表现为:1. 尽管一百年前,林肯就签署了《解放宣言》,但是,"100年后,黑人依然没有得到自由"。2. 进军首都,是为了兑现"我们共和国的缔造者在拟写宪法和独立宣言的辉煌篇章时,就签署了一张每一个美国人都能继承的期票"。3. 进军首都,还是为了"提醒美国:现在正是万分紧急的时刻。现在不是从容不迫悠然行事或服用渐进主义镇静剂的时候。现在是实现民主诺言的时候"。4. 尽管是紧急时刻,"但是,对于站在通向正义之宫艰险门槛上的人们,有一些话我必须要说。在我们争取合法地位的过程中,切不要错误行事导致犯罪。我们切不要吞饮仇恨辛酸的苦酒,来解除对于自由的饮渴"。5. 尽管眼下困难重重,"但我依然怀有一个梦。这个梦深深植根于美国梦之中"。6. 用热情磅礴的语言宣告"我有一个梦想"的具体内容。

3. 综合式。我中有你,你中有我,将条陈式和层递式结合运用,也不失为一种好方法。比如,在条陈式每一项具体的意思里,用层递式的方法结构;在层递式的每一层意思里,用条层式的方法组织。

总之,主体部分的布局谋篇,不可呆板死硬,要视具体情况灵活多变地结构文章。

(五)结语

演说行将结束时,也是听众容易产生疲劳厌倦时。此刻,若能使用精彩的话语,往往能够起到画龙点睛或者掀起高潮的作用,因此不可马虎。结语一般有下列几种:

1.总结式。对演说的主旨和内容加以归纳和引申。《永不磨灭的女神》是这样结尾的:“总之,我们对一位女士的生命感恩。她,我如此骄傲,我可以称她做姐姐——这个最优秀的、精细复杂的、特殊的、不能取代的戴安娜。她的美丽,不论内在外表,在我们心里都永不磨灭。”①

2.激励式。演说结束时发出誓言或者号召,以激励和鼓舞听众。毛泽东在第一届全国人民代表大会第一次会议上所做的开幕词是这样结尾的:

“我们正在前进。

我们正在做我们的前人从来没有做过的极其光荣伟大的事业。

我们的目的一定要达到。

我们的目的一定能够达到。

全中国六万万人团结起来,为我们的共同事业而努力奋斗!

我们伟大的祖国万岁!”②

3.期望式。演说结束时对未来加以期望或者憧憬。1994年5月10日南非总统曼德拉就职演说的结尾就是期望式:“让所有人得享正义;让所有人得享和平;让所有人得享工作、面包、水、盐分;让所有人都明白,每个人的身体、思想和灵魂都获得了解放,从属于自己。这片美丽的土地永远、永远、永远再不会经历人对人的压迫,以及遭全球唾弃的耻辱。对于如此光辉的成就,太阳永远不会停止照耀。

---

① 《读书》1997年12期。

② 《毛泽东选集》第5卷,人民出版社1977年版,第133页。

让自由战胜一切。愿上帝保佑南非！”①

结语的方式还有很多，比如引用一段名言或者诗词，回到演说的开头点题等等，大可不拘一格，花样翻新。陈毅作《在全国话剧、歌剧、儿童剧创作座谈会上的讲话》的演讲时，讲了一整天，结语却只有11个字：“我讲得很啰嗦，到这里为止”（热烈鼓掌）②——戛然而止。

第三节　论辩文体

燧石起火，摩擦生电，自然界如此，人类社会亦然。思想上、观念上、学术上乃至技艺上的歧见，只有通过砥砺、碰撞，才能摔打出科学思维的新天地。因此，论辩是我们现实生活中经常遇到的事。

在我国古代，“论”与“辩”性质相近，但也有所区别，都是独立的文体。刘勰在《文心雕龙·论说》篇里讲：“论也者，弥纶群言，而研精一理者也。”认为“论”是概括各种言论、意见，精密地研求出惟一的道理。“辩”即撰文进行辩与驳，系唐代以后论说文的一种，与唐代以前以“辨”名篇，进行辨别、辨析的文体有别。

尽管词义和文体经过引申和发展，到今天“论”与“辩”也是密不可分的，只是“论”侧重于“立”，而“辩”侧重于“破”。

我们讲授的答辩与辩论，前者侧重于“答”，答而不辩，论而不争，最多是加以解释；后者则要“论”、“辩”兼施，十八般武艺派上用场。

一、答辩

（一）答辩的概念与类型

在学校里、社会上，就一篇论文或者一次晋职、竞聘，在由教师、学者或者领导、专家组成的委员会或者小组面前回答问题，是谓答辩。与我们关系比较密切的答辩一般有毕业论文答辩、学位论文答辩、竞聘答辩、晋职答辩等。

---

① 雅虎中国网站检索，检索词：演说 曼德拉。

② 《党和国家领导人论文艺》，第177页。

论文答辩是高校或者科研单位审查论文和评价学术、科研水平的重要补充形式。答辩小组审阅论文后，就论文中不清楚、不详尽、不恰当之处，在答辩会上提出问题，由答辩者回答。

竞聘答辩一般用于党政部门进行职务招考录用时采取的一种方法，是竞职者在通过了竞职选拔的笔试以后，由答辩小组对答辩人进行的一次政治的和业务能力的面试，所提的问题会比较宽泛，包括政治的、经济的、人文的、专业的等等，但也不会漫无边际，仍限于与所竞争职务应该掌握的知识范围以内。

晋职答辩一般用于专业技术人员晋升高一级专业技术职称，是在专业技术人员申报了晋职材料，有关部门审查通过了晋职者学历和学术资格以后，对晋职者的专业技术能力进行的一种补充“考核”，所提问题一般与所晋职称的专业技术有关。

此外，在法律文书中，针对诉状作答也称答辩。

(二) 答辩词写作

论文提交以后，并不是万事大吉，还必须精心准备答辩。但是，由于事先无法知道答辩小组成员会提出一些什么问题，因此，要将答辩稿写得有头有尾，有章有节，也不可能。不过，千万不可打无准备之仗，还是得未雨绸缪，起码要预测一下可能遇到的问题，拟定一个答辩的大纲，以便胸有成竹。

一般说来，这个大纲应按以下几个方面准备：

1. 为什么要选择这个课题，研究这个课题有什么学术价值和现实意义，有什么理论的必要和实践的需求？

2. 自己的知识结构对研究这个课题有哪些优势和劣势，有多少帮助和不足，自己怎样扬长避短，开展研究？

3. 选择的这个课题，前人或旁人作过哪些研究，其主要观点和成果有哪些；在此基础上，自己有哪些正误和纠偏，有多少新的发现和成果？

4. 论文立论的主要依据和基本观点是什么？

5. 引用参照的书籍引文、文章论点、事实概念的版本和出处。

6. 除了主要观点和概念以外，论文中涉及到的其他观点、概念和事实的释疑;或者由主要观点和概念引申和派生出的观点、概念和事实的澄清。

7. 由于知识储备等因素的局限,论文中还应该涉及或者加以解决却未接触、解决的问题有哪些?

竞聘答辩应该就以下几个问题作好准备:对自己从前的政绩、知识结构的评价;对拟任职务的看法和打算;对就职后怎样操作的介绍和如何执政的承诺。此外,对答辩组成员可能提出的诸如“如果领导之间发生矛盾”、“如果下属不听指挥”、“如果同僚不予配合”等一系列涉及组织关系、人际关系等方面的具体问题,以及答辩组可能设计的某几个具体的工作难点并要你现场拿出解决方案的考核测试,要有充分的思想准备、心理准备和文字语言准备。

晋职答辩应当准备回答对自己专业技术能力和提交成果所具水平的评价,对晋升职称的看法和晋职成功的承诺等问题。尤其对一些涉及本专业技术的具体问题要多作考虑,准备充分。

在准备这些文字时,要注意实事求是,不能言过其实,夸大其词。无论对己对人,对事对物,评价都要客观合理,中肯公正。

上述这些文字准备,既可以写在纸上,也可以做成卡片,要做到层次分明,语句清晰,回答问题的文字所在位置明确,查找方便,以避免答辩时手忙脚乱。

(三)答辩

答辩与辩论不同,没有对抗性,无须唇枪舌剑,针锋相对,所以参加答辩会不要紧张,要有一个正常的心态。如果你脚踏实地,准备得十分充分,相信不会惧怕提出的任何问题,以平常心参加人生这场不平常的考验。这种正常、自信的心态对答辩成功十分重要。

答辩态度是答辩的重要组成部分,因此答辩会上言谈举止要大方得体。

论文底稿和答辩大纲当然是要带上的,同时还要带纸和笔,以便记录答辩委员会或者答辩组成员提出的问题。

答辩时精神要高度集中,听清答辩组成员提出的问题,界定出范围和界限,以便有针对性地回答。如果没有听清,或者有礼貌地请对方再复述一遍,或者用自己的理解重说一遍加以核实,千万不可不得要领就贸然回答。

要防止对答辩组成员察言观色、揣摩心理的倾向,因为这无助于科学地、实事求是地回答问题。对于没有把握说清楚或者很“刁”的问题,不要自作聪明,强行回答,因为提问者很可能对这个问题研究多年,有较深的心得体会,会听出你贸然回答的破绽;也不要闪烁其词,敷衍过去,因为科学是塞责不过去的。如果没有把握回答或者被“问”住了,就不要强辩、狡辩,老老实实说对这个问题缺乏知识准备,并恭敬地记录下来,以便回去研究。

如果对提问者的观点有不同看法,不要在堂上争辩。对答辩者来说,答辩会的规则是“论而不争,答而不辩”,千万不可将答辩理解成论辩。若确实认为自己掌握了真理,可以记下分歧要点,事后与人切磋商榷。

答辩结束后,无论通过答辩与否,都要即刻整理记录的问题,因为这是一次不可多得的“上课”,对将来作学问、晋职、竞聘都有莫大的益处。

二、辩论

(一)辩论的概念和类型

《墨子·经上》说:“辩,争彼也;辩胜,当也。”“彼”即论题,“争彼”就是证明和反驳的过程。“辩胜,当也”是说结论必须以符合实际为真,与之相矛盾的论题必假。

“辩”即辩驳、辨析、辩解,在古汉语中又可引申为“动听”及“有口才”。“论”即讨论、研究、分析、说明,引申为议论、评论。“论”又是古代文体的一种。萧统在《文选序》中说:“论则析理精微。”“析理”就是分析道理。

“辩”与“论”合在一起,就兼有两者的意思了。

我们今天讲的辩论,亦可称为论辩,是指争论的双方彼此运用辩驳、辨析、说明、评论等方式,阐释自己对人或者事的看法及其理由,揭露对方的矛盾及其谬误。从方式来讲,辩论有两种,一种是笔辩,另一种是舌辩。笔辩俗称为“打笔墨官司”，运用论说文为工具，写作时间一般说来比较充分。舌辩事先可以准备，但有较浓的即兴成分。依据不同的场合，舌辩又可分为会议辩论、赛事辩论、法庭辩论和社会辩论 4 种。

会议辩论在国外比较普遍，无论是上、下议院还是众、参议会，或者各级议会、各种部门等诸多场合，议员等相关人士就政治、经济、社会、外交等诸多问题广泛地进行思想交锋和语言争辩。

赛事辩论是一种有组织的智力交锋，有严格的游戏规则。辩论时采取以证据支持论点的形式；反驳时，可以提出新的证据，但不得提出新的论点。如 1993 年新加坡首届国际大专辩论会总决赛正方的辩题为“人性本善”，反方为“人性本恶”。双方只能各为其“主”，在“善”、“恶”的命题下纵横捭阖，不得提出“既性善，亦性恶”之类的新命题。在一次开展得好的赛事辩论中，发言者往往不感情用事，以保持冷静的学术态度。

法庭辩论是诉讼双方的律师或者当事人，在法庭进行的有罪辩护或者无罪辩护。这种辩论要以事实为依据，以法律为准绳，在法官的指导下有序地进行。

社会辩论则有很大的随意性和随机性，无论大庭广众，还是街头巷尾，随时随地都可能会发生。与争吵不同的是，辩论有理智、讲规则；吵架则是不讲理性，胡搅蛮缠。

（二）辩论的特点

1. 对抗性。辩论是证明自己的观念、意图正确，对手的思想、主张错误的“战斗”，只是这场“战斗”没有硝烟，表现为唇枪舌剑，你来我往而已。赛场、法庭也好，街头、巷尾也罢，一旦辩论开来，其对抗性是很强的，有时也难免手舞足蹈，唾沫横飞。但是，这种对抗仅仅限于三寸之舌，必须遵循“君子动口不动手”的规则。

2. 技巧性。要想战胜对手，仅仅有思想、理念掌握和引用的正确还不够，必须有口似悬河、辩才无碍的口才，要言不烦、条理清晰的思维，逻辑完善、概念缜密的推导。而且，现场反应要快速敏捷，决断要毫不滞碍。这些都需要技巧。此外，在发现对方有偷换概念、以偏概全一类的破绽时,或者在意识到自己有自相矛盾、前后不一一类的失误时,能够运用战术技巧,加以揭露或者补救。

3. 综合性。辩论需要双方调动全部的知识储备,在有限的时间单位里绘声绘色地综合运用多学科知识。辩论者不仅要在语言的把握、逻辑的推导上显山露水,而且要在思维的开拓、知识的活用上立竿见影;言谈不仅要条理清晰,反馈及时,还要有别致的逆向思维和临时应变能力。所以,辩论是综合性知识程度的检验。

(三)辩论词写作

我们只以赛事辩论为例,讲解辩论稿的写作,希望能举一反三,触类旁通。

1. 正确审题。对于赛事辩论来讲,正确审题非常重要。赛事辩论的题目,大都表现为用二律背反的方式,出具非此即彼、绝对化的辩题。如1999年第四届北京国际大专辩论赛初赛的一场,正方辩题为"网络使人更亲近",反方辩题为"网络使人更疏远";总决赛的辩题正方是"美是客观存在",反方是"美是主观感受"。这些辩题除非运用辩证法,是难以给出比较正确和完善的答案的。因此,赛事辩论不要将精力放在辩题本身的正确与否上。赛事辩论实际上是一场智力竞技,是要求参赛者运用各种辩论技巧,对己方的辩题自圆其说,对对方的辩题剖析瓦解。参与评判的评委重视的是在比赛过程中参赛者在逻辑运用、概念分析、语言把握、思维反映上的表现。辩题会有难易程度的不同,比如从社会和传统的观念来讲,"女性比男性更需关怀"的辩题,就比"男性比女性更需关怀"的辩题容易处理,但辩题本身没有好坏之分。

找出、确立辩题的关键词很重要。1995年第二届北京国际大专辩论赛有一场半决赛,正方南京大学的辩题为"社会秩序的维护主要靠法律",反方香港中文大学的辩题为"社会秩序的维护主要靠道德"。显然,辩题的关键词是"社会秩序"、"主要"、"法律"和"道德"。若按正常说法,法律和道德互为因果,互为补充,在不同历史阶段、不同国度、不同文化背景中,也许两者各有侧重,但就人类的全部历史来看,维护社会秩序既靠法律也靠道德。但是辩论规则不允许"辨证”、“骑墙”、“中庸”,因此,各方必须对辩题的关键词在内涵和外延上作出有利于己方发挥、进攻、回旋、防御的界定。比如,在这个辩题中,要辨析出有“主要”就有“次要”;“社会秩序”是个总概念,其中包括不同的规范,既有经济基础的,也有上层建筑的等等。明确了辩题的内涵外延,才好有针对性的立论。

要注意的是,审题既要使自己掌握主动,又要避免违背同一律,发生偷换概念的错误。

2. 巧妙立论。界定了辩题的内涵外延,就可以确立己方的基本观点。确立论点时,要想方设法抢占制高点。南京大学对“社会秩序的维护主要靠法律”的论点定位为“主之以法,辅之以德”。这个定位非常策略,它并不排斥“德”,反而主动承认“德”的作用,只不过是为“辅”而已。这样立论,一来不违背必须捍卫的辩题,二来又限制了对方进攻的范围,使自己游刃有余,有较大的活动空间,从而抢占了立论的制高点。反方香港中文大学如果针锋相对,把论点定位为“主之以德,辅之以法”的话,在材料的引用、事例的举证上,未必能捞到多少好处,因而避其锋芒,将自己的主要观点定位为“严法能治一时,德制才能长久”,从而归结为“以德为主”,在时空上做文章,使自己掌握主动,也不失为机巧。又比如,1993年首届新加坡国际大专辩论赛半决赛中,复旦大学队教练组针对己方“艾滋病是社会问题,不是医学问题”的辩题,高屋建瓴,将“社会问题”的概念伸发为“社会系统工程”的概念,从而引导出“怎样产生”、“如何传播”、“解决途径”三个问题,并以此立论,使医学问题包含于社会问题的大前提中,为辩胜奠定了理论基础。

3. 旁征博引。写辩论词,少不了旁征博引,使辩词闪烁出事实的光芒和权威的力量。旁征,就要举例说明,用恰当的事例来支持、捍卫自己的观点;博引,就要引经据典,用名人、要人的话来支撑和旁证自己的论点。比如,1993年新加坡首届国际大专辩论赛有一场初赛,反方复旦大学的辩题为“温饱不是谈道德的必要条件”。三辩严嘉同学在辩词中举例说:“在贫困的情况下,完全可以谈道德。鲁哀公六年,孔子和他的众学生‘在陈绝粮’,困境之下,孔子是否就不谈道德了呢？不，孔子对子路说：'君子固穷，小人穷斯滥矣'。其实，在中国历史数千年的流变过程中，从不食周粟的伯夷、叔齐，到北海牧羊的苏武，从不为五斗米折腰的陶渊明到拒斥嗟来之食的朱自清，众多的志士仁人无不以其言行甚至生命，驳斥了认为只有温饱过后才能谈道德的'肠胃决定论'。"[①] 四辩蒋昌健同学在总结陈词中最后说："……谈到这里，我不由得想起了100多年前生活在哥尼斯堡的一位名叫康德的老人说过的一句话：'这个世界惟有两种东西能让我的心灵感到深深的震撼，一是我们头顶上灿烂的星空，二是我们内心崇高的道德法则！'"[②]决赛中，反方复旦大学持"人性本恶"的辩题。四辩蒋昌健在总结陈词中又有精辟引用："只有从人性本恶的正确认识出发，人的本能和欲望的无节制的追求才会得到合理的节制和正确引导，人类理性才会由他律走向自律，由执法走向立法，才能挽狂澜于既倒，扶大厦之将倾：'黑夜给了我黑色的眼睛，我要用它去寻找光明。'谢谢各位！"[③] 这几次引用，都给评委留下深刻印象，并博得听众长时间掌声。

4. 讲究策略。写辩论稿还要求在内容上和布局谋篇中讲究策略，遣词造句时注意分寸，以便扬长避短。复旦大学在处理"艾滋病是社会问题，不是医学问题"的辩题时，教练组定下一个基调：尽量超出医学领域去辩论，少讲不是医学问题，多讲是社会问题。这么一来，留给对手的话柄就少了，可能出现的破绽也少了。毕竟，"艾滋病是医学问题"的命题没有错。

5. 文辞缜密绚丽。有人在辩论中依靠逻辑，有人则仰仗言辞。我们说，辩论是要同时讲究逻辑和文彩的，因此文辞既要缜密又要有才气，既要言之有理又要晓之以情。这就需要研究并运用逻辑，学习并使用修辞，而且还要尽可能讲究一下音韵。1999年第四届北京国

---

① 《正方·反方·评方——历届国际大专辩论会辩词精选精评》，西苑出版社2002年版，第10页。

② 同上书，第16页。

③ 同上书，第50页。

际大专辩论赛总决赛中,持正方观点"美是客观存在"的马来西亚大学队三辩何晓薇同学,在总结陈词中缜密地列呈了美具有"形象性"、"感染性"和"功利性"。在言及"感染性"时说:"第二,美具有感染性。它的感染力量,或许让我们黯然神伤,在'十年生死两茫茫'之中无限唏嘘;或许让我们肃然起敬,在'留取丹心照汗青'之中景仰万分,而这种力量正是让客观存在的美持续徘徊在人们的脑海之中。"① 这段话符合文辞缜密绚丽的标准,但如果将"……在'留取丹心照汗青'之中景仰万分"一句中的"景仰万分"改为"万分景仰" 就更好了。一则,上一句"在'十年生死两茫茫'之中无限唏嘘"的"无限唏嘘",是副词"无限"在前,下一句也应如此,以便对应;二来,做此更改,也符合音韵,"嘘"为平声,"仰"为仄声,诵读起来,就有抑扬之美了。

(四)辩论技巧

在辩论中,一是要善于发现对方的错误,二是要及时补救己方的失误,因此,学习、运用辩论技巧十分重要。

1. 澄清概念。要防止对方偷换概念,也就是说,要能够听出对手是否表面上在论证某一问题,实际上却在论证另外的论题。这需要学习并掌握逻辑学中定义的种类,以便头脑清晰,是非明辨。定义是指出概念对象特有属性,从而使该概念对象与其他类似对象区别开来的一种揭露概念内涵的逻辑方法。比如"商品"的特有属性是"用来交换的劳动产品",不符合这个属性,就不是商品。

2. 运用逻辑。驳之有度,辩之有节是辩论有学术深度的表现,这需要运用逻辑的力量。逻辑学是专门的学问,不是说只有逻辑学家才能雄辩,但在辩论中,起码要会运用逻辑思维的一些基本知识来观察问题、处理问题。

比方,要懂得同一律,以便保持正确思维,能觉察对方有无偷换概念的错误,是否有意、无意地赋予一个概念以不同的含义,或者有意无意地用一个似是而非的概念、论题来偷换原概念、原论题。要遵守矛盾律的要求,保持思维的首尾一贯,看出或者避免用无坚不摧的

① 《正方·反方·评方——历届国际大专辩论会辩词精选精评》,第215—216页。

矛攻击无坚不御的盾的现象，觉察和避免逻辑矛盾和逻辑自缠。要运用排中律，发现或者避免模棱两可、可此可彼、含糊其词的表述。还要明白充足理由律要求思想有根据，要求证实思想的道理。

此外，对于推理的理论和实践也要有所把握，起码要会运用根据思维进程不同产生的演绎推理和归纳推理。前者是从一般性较大的前提推出一般性较小的结论的推理，后者是从一般性较小的前提推出一般性较大的的结论的推理。从思维进程来讲，从一般到特殊是演绎，从特殊到一般是归纳。

辩论中要综合运用逻辑。比如，有人称在试验田里种出了亩产1千公斤的稻谷，推而广之，种1万亩，就会收获1000万公斤。这个归纳推理对不对呢？这就要用上矛盾的普遍性和特殊性的理论了。如果这1万亩田能够满足与试验田同样的田力、温度、湿度、气候等充分条件，那么这个判断是对的；否则，这个判断就不对。亩产1吨，是矛盾的特殊性，它有没有普遍的适用性，就得看其他因素了。

3. 查实论据。对对手引用的论据要思考一下真伪，比如引用的名言、数据有没有出处，是否完整，引用的事例是否属实等等，不可被人牵着鼻子走。1993年首届新加坡国际大专辩论赛台湾大学与复旦大学论辩人性"本善"还是"本恶"时，台湾大学一辩手引用康德的观点说，人不分聪明才智、贫富美丑都具有理性，因而人性的根源点是善。复旦大学一辩手当即指出："康德并不是一个性善论者。康德也说过这样一句话：'恶折磨我们人，时而是因为人的本性，时而是因为人的残忍的自私性。'对方不要断章取义。"

4. 随机应变。辩论时情况纷纭复杂，场景瞬息万变，需要辩手耳聪心明，快速应对。这需要培养和造就机动灵活的战术，尤其是活用反驳、推理等方法。

1995年第二届北京国际大专辩论赛初赛第三场韩国外语大学持正方"愚公应该移山"辩题，战南京大学反方"愚公应该搬家"论点。自由辩论时，正方三辩针对反方"搬家比移山容易"的观点顺藤摸瓜，来了个"借花献佛"："对方辩友好象主张搬家比移山容易，但是，山是看得见的障碍，而搬家的路途中可以暴雨连天、饥寒交迫，可能碰到土匪啊！而且搬家以后也可能水土不服，语言不通，还有昏君暴政啊！"[①]这里，韩国外语大学运用的是列举一些事实，归纳出一个与对方论题相矛盾的归纳反驳法。

半决赛第二场南京大学持正方"社会秩序的维系主要靠法律"论点，战反方香港中文大学"社会秩序的维系主要靠道德"论点。自由辩论时，正方二辩发难："请问对方辩友，有一句话叫'禽兽不如'怎么解释？就是说在社会上很多人连狼都不如，所以没有办法教化啊。"[②]意思是只有靠法律来维系秩序。反方三辩立即运用选言推理方法，机智地反诘道："请问对方辩友，'禽兽不如的人'是'道德的人'，还是'不道德的人'呢？"[③]意思是这些"禽兽不如的人"是没有道德的表现，有了道德就不会"禽兽不如"了。还有，反方四辩称："首先，对方辩友已经同意了我方观点，就是有一些方面法律是管不到的……"[④]正方三辩将计就计，立刻运用对对方前提肯定，到结论时突出己方论点的联言推理方式辨析道："法律管不到的才要靠道德来管，这不正证明'以法为主，辅之以德'吗？"[⑤]

1997年第三届新加坡国际大专辩论赛首都师范大学持正方"各国政府应该全面禁烟"立场，战反方新加坡南洋理工大学"各国政府不应该全面禁烟"论点。自由辩论时，针对正方三辩的鼻烟害己，害人害己应该作为立法根据的观点，反方二辩运用归谬反驳法说："对方辩友，害己就能作为立法根据吗？如果只吸鼻烟，只是对自己有害而对别人没害，那我今天穿高跟鞋也要被禁，因为医生早就告诉我们穿高跟鞋有害健康。"[⑥]

在辩论中，这样一些机巧的战术有很多，平时可以学习训练，战

① 《正方·反方·评方——历届国际大专辩论会辩词精选精评》，西苑出版社2002年版，第65页。

② 同上书，第78页。

③ 同上书，第78页。

④ 同上书，第81页。

⑤ 同上书，第81页。

⑥ 同上书，第122页。

时加以运用。

【思考与练习】

1. 根据演讲稿的写作特点，写一篇参加学生会或者学校社团组织干部竞选的演讲稿，并且进行演说。

2. 找同学组织一个答辩小组，就自己撰写的论文，事先写好答辩大纲，然后模拟一次论文答辩会。

3. 就"追求学历有利于社会"或"追求学历不利于社会"的辩题写篇一辩陈词。

4. 就正方为"榜样的力量是无穷的"和反方为"榜样的力量是有限的"的辩题，作一次4人一组的队式辩论。

第十三章　礼仪、信函文体

礼仪文体又被称为社交文体，它是指人们在社会交往过程中用于表示一定的礼节、仪式的一种应用文体。随着时代的发展，社交活动显得日益重要，而在社交场合必须讲究分寸、注重礼节，失礼或施礼不当都会导致不良后果，作为社交活动一种重要方式的礼仪文书也就显得特别重要了。礼仪文书的重要特点在于它的规范性和礼仪性。在撰写礼仪文书时必须充分考虑到交往对象的身份、年龄和地位，以进行区别处理。礼仪文书种类很多，按使用场合可分为用于表示邀请、聘请的，如请柬、邀请书、聘书等；有用于表示喜庆祝贺的，如贺辞、祝辞等；有用于表示迎送的，如欢迎辞、欢送辞、答谢辞等；有用于表示祭祀哀悼的，如讣告、悼词、唁电等。礼仪文书因种类的不同，则有不同的格式规范和用语要求，写作时应予以区别对待。

信函文体是指人们在日常生活中为了传递信息、互通情报、交流思想或从事商务往来、谋求职位等，借助纸笔、多媒体（如电报、传真或网络等）等形式所体现出的一种应用文体，包括书信、商业函件、电报、图文传真等。书信是社交必需的一种应用文体，随着社交活动日益频繁，其应用范围更加广泛。按用途书信可分为一般书信（包括家信、亲朋好友之间的友好书信、恋人之间的情书等）和专用书信（如介绍信、证明信、表扬信、感谢信、慰问信、求职信、商业书信等）。随着信息网络技术的日益发展，现在人们更喜欢通过电子邮件的方式来传递书信，从而提高了传递的效率，但是，有些种类的书信（如证明信、介绍信等）不适宜通过电子邮件的形式传递，我们应加以区别对待。另外，电报、传真等也是伴随科学技术进一步发展的新形式，对其特点和写法我们也要了解。

第一节 祝辞、贺辞

一、祝辞

(一)祝辞的含义

祝辞,也可叫做祝词,是人们在喜庆活动、重大节日、重要会议或宴会、重要纪念日等对人对事表示良好祝愿的礼仪类文体。

祝辞是个人和个人之间、单位和单位之间、国家和国家之间交往活动中不可缺少的重要手段和工具。在许多场合人们都以祝辞为媒介来传达情谊、活跃气氛、增进了解、促进交往,起到其他文体无以替代的功能。

(二)祝辞的特点

1. 祝愿性。祝辞是用于各种喜庆场合的礼仪文书,因此它最主要的特点是祝愿性。祝辞一般用于对方的事业、工作或事情即将开始或正在进行之际,向对方表示美好祝愿和希望。

2. 抒情性。祝辞是用来表示衷心的祝愿和热情的鼓励的,因此行文必须做到言辞真切、情感浓烈。

3. 直陈性。因祝辞绝大多数是作为在某种场合的发言稿直接陈述、直接宣读的,因此必须做到口语化,体现直陈性。对于以书面形式或多媒体形式出现的祝辞,也应做到自身的规范性。

(三)祝辞的种类

祝辞的使用范围很广泛,按照不同的分类标准可以分成不同的种类。

1. 根据接受对象的不同,可以分为写给个人的和写给集体的两大类。

2. 根据发表主体的不同,可以分为以个人身份表示的祝辞和以集体身份表示的祝辞。

3. 根据发表形式的不同,可以分为口头形式、书面形式以及多媒体形式(传真、电子邮件等)等。

4. 根据内容和应用场合的不同，可以分为寿辰祝辞、结婚祝辞、庆典祝辞以及宴会祝辞等。

寿辰祝辞。它是指在寿辰纪念活动中所表示的祝福，主要用于对长者的生日以及取得的成绩表示庆祝，同时也对其家庭、健康、长寿以及事业等表示良好的祝愿。

结婚祝辞。它主要是用在结婚典礼仪式上对新人喜结良缘表示庆贺和祝福。

庆典祝辞。它主要用于各种重要会议召开、重大节日或纪念日、庆典等之时，如祝贺会议的开幕和成功、祝贺某项工程开工、祝贺某一企业开业、祝贺某一重要行动取得重要进展和重大成就等。

宴会祝辞。宴会祝辞也被称为祝酒辞。它用于各种宴会开始之际，主人向客人表示诚挚、热情的欢迎以及衷心的祝福，客人进行答谢并表示对主人的祝愿。好的祝酒辞可以增添宴会的热烈气氛，融洽主宾、宾宾之间的关系，从而赢得社交的成功。

(四)祝辞的写作

1. 祝辞的结构

祝辞大体可分为标题、称谓和正文三个部分。如果作为书面形式发表的话，则还应有落款，写明祝贺者姓名或单位名称以及祝贺的时间、地点。

(1) 标题

祝辞的标题的写法有以下几种类型。

其一为单一标题式。这种方式或直接写“祝寿辞”、“祝酒辞”等或者在“祝辞”的前面加以一定的说明性的文字，以表明祝辞者、事由等，如《××大会祝辞》或《×××在××工程开业典礼上的祝辞》。

其二为正副标题式。这种方式由正、副两个标题构成，正标题表明祝辞的主题或主要内容，副标题则表明祝辞者、事由，如《青春精神激情涌流——在×××86寿辰上的祝辞》。

其三为肩题、正题式。这种方式一般肩题表明事由，正题表明祝辞者。《在欢迎田中首相宴会上——周恩来总理的祝酒辞》。

(2) 称谓

称谓是对祝辞对象的称呼,即被祝贺者、被祝贺单位。要在称谓的前面加上一定的修饰语,如“亲爱的”、“尊敬的”、“尊贵的”等,如果被祝贺者是个人,还需要在称谓后面加上“同志”、“先生”、“女士”等称呼或相应的职务。但在许多时候,因出席庆典、会议或宴会的人很多,在称谓上应使用泛称,如“各位领导、各位来宾、同志们”或“尊敬的女士们、先生们、朋友们”等。称谓要顶格书写。

(3) 正文

正文一般包括开头、主体和结尾三个部分。

开头要交代祝辞者的身份或代表谁发表祝辞,简单说明祝贺的内容、原因及意义。如“欣闻……,我代表……向……表示热烈祝贺”或“值……之际,特表示热烈祝贺”等。开头部分应做到语言热情奔放、感染力强,注重气氛的渲染,从而形成第一个高潮。

主体部分写祝贺的具体内容,或回顾过去,对祝辞对象的经历与成就作出评价,表示赞颂,并提出美好的希望、良好的祝愿和鼓励;或结合当前的形势,分析事项、工程的重大意义,肯定成绩,并提出希望、祝愿和鼓励。在正文中,既要做到立场鲜明,又要体现情感真挚,因此要求措词生动、自然、得体,从而创造一种友好、和谐的气氛。

(4) 结尾

结尾部分作为祝语,再次表明自己的祝愿和希望,增强热烈、喜庆的效果。

2. 祝辞的写作要求

(1) 感情真挚热烈

祝辞作为一种礼仪文书,是出于礼仪的需要而使用的,因此,称呼一定要亲切、热情、有礼貌。同时,祝辞是表示对人对事的良好祝愿,因此,语言要真诚,字里行间要洋溢着真挚热烈的情感,富有感染力和鼓动性。

(2) 篇幅短小精悍

祝辞应力求简短而充实,用最简洁的话表达最美好的祝愿。在内容上应紧紧围绕庆贺、祝愿这一主题,题外话应尽量不说或少说,尤其是电文,更应该做到言简意赅、字字珠玑。

(3) 语言富有文采

祝辞应力求打动观众，激发共鸣，因此对语言有较高的要求。可以适当运用一些修辞手法，引用一些名言警句，既使整个祝辞热情洋溢、洒脱奔放，又可体现祝辞的广度与深度。

(4) 做到有的放矢

在写祝辞之前，需要对祝贺对象的基本情况了解清楚，做到心中有数、有的放矢。根据不同的情况选择恰如其分的语句，做到得体、自然。

例文：

江泽民主席在万国邮联大会开幕式上的祝辞

（一九九九年八月二十三日）

各位嘉宾：

女士们、先生们：

初秋时节的北京，万木葱葱，金风送爽。今天，第二十二届万国邮政联盟大会将在这里隆重开幕。这是万国邮政联盟成立一百二十五年和中国加入万国邮政联盟八十五年来，首次在中国举行这样的大会。我代表中国政府和中国人民，并以我个人的名义，向大会致以衷心的祝贺！向与会的各国代表和来宾表示诚挚的欢迎！

人类即将迈入新的世纪。在这样的时刻，大家共同讨论面向二十一世纪邮政发展的战略和行动纲领，其意义十分重要。我相信，这次大会将在国际邮政史上留下光荣的一页。

现代科学技术正在突飞猛进，世界多极化和经济全球化的趋势继续发展，人类社会的进步正处在重要的历史关头。各国都面临着机遇和挑战。和平与发展仍然是我们这个时代的潮流。实现世界的持久和平与普遍繁荣，需要各国人民的共同努力。邮政应成为致力于世界和平与发展的崇高事业的一支重要力量，在推动建立公正合理的国际新秩序中发挥积极的作用。

邮政活动深入千家万户，通达五洲四海，对促进人类社会的政治、经济、科技、文化、教育等事业的发展，具有重要的作用。日新月异的现代信息技术,给国际邮政事业的发展注入了新的活力。邮政的信息传递、物品运送、资金流通三项基本功能,其内涵正在日益丰富和拓宽。邮政事业有着广阔的发展前景。

邮政事业要适应当今经济发展和社会进步的新形势,发挥更大的作用,必须进行体制改革和技术创新。各国的经济发展水平、历史文化传统和社会制度不同,邮政发展水平也不同,进行改革不可能有一种统一的模式。各国应根据本国的实际情况,本着有利于满足社会需求、促进社会进步、实现普遍服务的目的,积极进行改革的探索和实践。

中国政府历来重视邮政事业的建设。新中国成立五十周年特别是改革开放二十年来的锐意进取,中国邮政事业有了长足发展。一个沟通城乡、覆盖全国、联通世界的邮政体系已经形成,并正在向现代化迈进。中国实现了全部行业的邮电分营。中国邮政已成为国民经济体系中独立运营的一个部门。具有悠久历史的中国邮政焕发着勃勃生机。我们将继续推进中国邮政的现代化建设,使它能够更好地为中国人民和世界人民服务。

发展国际邮政事业,应坚持平等协商、求同存异、相互支持、互利合作,这样才能共谋发展,共求繁荣。积极帮助发展中国家克服邮政建设中面临的困难,努力缩小发展中国家与发达国家在邮政领域的差距,应成为国际邮政合作的当务之急。中国政府愿意在相互尊重,平等互利的基础上,加强与万国邮政联盟和各成员国在邮政上的交流与合作,为促进邮政领域高新技术的开发和应用,促进国际邮政事业的发展作出自己应有的贡献。

最后,预祝大会取得圆满成功。祝各位在北京度过愉快的时光。

现在,我宣布:第二十二届万国邮政联盟大会开幕!

谢谢。

二、贺辞

(一)贺辞的含义

贺辞,也被称作贺词,是向取得成绩、作出贡献或有喜庆事宜的一方表示祝贺和赞颂的一种礼仪类文体。

贺辞的使用范围十分广泛，下至个人，上到单位集体、国家均可使用这一文体。如对喜得贵子、重大成就、竣工典礼、荣升职位、新任国家元首等，都可以用贺辞来表示庆贺和道喜。

作为礼仪类文体，祝辞和贺辞之间存在一定的共同之处，即它们都是向对方表示祝贺或恭喜，有着浓厚的感情色彩，也都可以采用多种形式来表达。但是，它们在实际应用中又体现出一定的差别。第一，它们使用的时间、场合不同。祝辞是在事项开始之初或正在进行之中时使用；贺辞则通常是在事项取得成功后使用。第二，它们使用的目的不同。祝辞多是表示对未来的祝愿和希望；贺辞则是对事项成功的祝贺并阐发在今后的意义和影响。第三，它们表达的形式不同。贺辞可以采用电报（贺电）、书信（贺信）的形式，也可以采用口头宣读的形式；祝辞一般只能采用口头表达的形式，即兴发表，或事先写好祝辞稿，到特定的场合进行宣读。

（二）贺辞的种类

按照不同的分类标准，贺辞可以分成不同的类别。

1. 根据发表形式的不同，贺辞可分为贺卡、贺信、贺电、讲话等。

2. 根据接受对象的不同，贺辞可分为对个人的贺辞、对团体的贺辞、对国家的贺辞等。

3. 根据祝贺内容的不同，可分为对重大成就的贺辞、对重大喜庆的贺辞等。

4. 根据写作样式的不同，可分为散文式贺辞、诗词式贺辞、对联式贺辞等。

5. 根据行文关系的不同，可分为上级对下级的贺辞、同级之间的贺辞、下级对上级的贺辞等。

上级对下级的贺辞，在内容上主要体现为两点：其一是对所取得的成绩、所作出的贡献表示祝贺；其二是提出一些希望和要求。同级之间的贺辞，除了表示祝贺外，还包含有向对方学习、增进双方的友谊、寻求合作之意。下级对上级的贺辞，一般除了表示祝贺外，还可以表达本单位、本部门的决心和打算。

(三)贺辞的写作

1. 贺辞的结构

贺辞一般由标题、称谓、正文三个部分组成,有的还有落款。

(1) 标题

贺辞的标题有简单有复杂,大致有以下三种写法。其一是只须直接写明文种,如“贺辞”、“贺信”、“贺电”等;其二是表明致辞人或致辞单位,如“×××贺电”、“××××(机关)贺信”等;其三,表明致辞人(或发文者)、被贺对象、祝贺事由等,这种方式多用于新闻媒体传播,以求醒目、具体、明确。

(2) 称谓

称谓是指被贺对象。被贺对象不一样,则称谓不一样,应加以区别对待。写给个人的应写上姓名、称呼或职务,写给单位或会议、活动的则应写明单位、会议、活动的全称或规范性简称,发往国外的还必须写明国名。

(3) 正文

贺辞的正文由开头、主体和结尾三部分组成。

开头应该开门见山地写明祝贺事由,并表达出自己的祝贺。

主体部分是贺辞的核心之所在,一般包括以下一些内容:简述对方取得的成就;结合历史背景和当前形势以及将来的发展趋势,分析该成就的意义和影响,如果是对会议或活动表示祝贺,则应说明该会议、活动的内容和重要性;在热烈祝贺与赞颂的基础上给予热烈的鼓励和殷切的希望。

结尾为一些比较简单的祝贺语。

2. 贺辞的写作要求

(1) 主题明确、言简意赅。

贺辞应鲜明体现出祝贺、赞颂的主体内容,写明对方的成就、功绩、意义以及影响,切忌枝蔓以造成内容庞杂。

(2) 感情充沛、措词准确。

贺辞虽然篇幅短小,但应体现出情感的强烈与真实,评价与赞美应力求公正、客观,行文做到热烈而真诚,力忌空洞无物,因此要求措词准确，恰到好处。

例文：

江泽民主席2001年新年贺辞

女士们，先生们，同志们，朋友们：

2001年新年钟声即将敲响。人类社会前进的航船就要驶入21世纪的新航程。中国人民进入了向现代化建设第三步战略目标迈进的新征程。

在这个激动人心的时刻，我很高兴通过中国国际广播电台、中央人民广播电台和中央电视台，向全国各族人民，向香港特别行政区同胞、澳门特别行政区同胞和台湾同胞、海外侨胞，向世界各国的朋友们，致以新世纪第一个新年的祝贺！

过去的一年，是我国社会主义改革开放和现代化建设进程中具有标志意义的一年。在中国共产党的领导下，全国各族人民团结奋斗，国民经济继续保持较快的发展势头，经济结构的战略性调整顺利部署实施。西部大开发取得良好开端。精神文明建设和民主法制建设进一步加强。我们在过去几年取得成绩的基础上，胜利完成了第九个五年计划。我国已进入了全面建设小康社会，加快社会主义现代化建设的新的发展阶段。

面对新世纪，世界各国人民的共同愿望是：继续发展人类以往创造的一切文明成果，克服二十世纪困扰着人类的战争和贫困问题，推进和平与发展的崇高事业，创造一个美好的世界。

我们希望，新世纪成为各国人民共享和平的世纪。在二十世纪里，世界饱受各种战争和冲突的苦难。时至今日，仍有不少国家和地区的人民还在忍受战火的煎熬。中国人民真诚地祝愿他们早日过上和平安定的生活。中国人民热爱和平与自由，始终奉行独立自主的和平外交政策，永远站在人类正义事业的一边。我们愿同世界上一切爱好和平的国家和人民一道，为促进世界多极化，建立和平稳定、公正合理的国际政治经济新秩序而努力奋斗。

我们希望，新世纪成为各国人民共同发展的世纪。在二十世纪里，世界的生产力和科学技术取得了惊人的成就。但是，世界上仍有许多人民尚未摆脱贫穷和饥饿，有的甚至连基本生存条件都不具备，时刻面临着死亡的威胁。经济全球化对生产力发展的新推动，科学技术突飞猛进带来的新成果，应该造福于全人类，特别是应该用来促进发展中国家的发展，改善极度贫困人口的生活境遇，使他们得以具备自我发展的条件。中国人民将坚持不懈地为此作出自己的贡献。

我们希望，新世纪成为各种文明共同进步的世纪。世界是丰富多彩的。世界各国的文明，都是人类的宝贵财富，应该相互尊重、相互学习。历史充分证明，各国人民自主选择各自的社会制度和发展道路，在继承和发展本民族文明的基础上吸取其他文明的精华，按照自己的意志创造并享受美好的生活，是世界发展的重要动力。只有加强各种文明之间的交流，推动各种文明共同进步，世界和平与发展的崇高事业才能真正实现。

中国人民进入新世纪的主要任务，就是继续推进现代化建设，完成祖国统一，维护世界和平与促进共同发展。中国人民将坚持以邓小平理论为指导，坚定不移地推进改革开放和经济建设，坚定不移地贯彻“和平统一、一国两制”方针，坚定不移地奉行独立自主的和平外交政策，为不断推进建设有中国特色社会主义事业，最终实现祖国的完全统一，实现中华民族的伟大复兴而不懈奋斗，争取对人类作出新的更大的贡献。

我相信，只要全世界人民以及所有关心人类前途和命运的政治家们共同努力，携手前进，我们居住的这个星球一定能够成为各国人民共享和平、共同发展和共同进步的美好世界！

最后，我从北京祝大家新年快乐！

谢谢。

第二节 祭悼文

祭悼文是报告死者去世的不幸消息、表示哀思和悼念的一种礼仪文书。祭悼文主要分为讣告、悼词、碑文等几大类，此外还有唁电等。

一、讣告

(一)讣告的含义

“讣”是报丧的意思,“告”是告示、通知的意思。讣告是报丧时所采用的一种应用文体。作为一种报丧的文书,讣告一般由死者所在单位、治丧委员会、死者家属或亲友等发出,告知死者去世的消息,以便有关单位、部门和死者亲友作好悼念的准备。

讣告可以发送或邮寄给有关的人或单位,也可以白纸黑字的形式张贴在死者生前所在单位门口或其他公共场所,还可以通过新闻媒体进行传播。讣告应在遗体告别仪式之前尽早发出,以便相关的人或单位作好相应的安排和准备。

(二)讣告的种类

常用的讣告通常有普通式讣告、公告式讣告、新闻式讣告等三种基本形式。

1. 普通式讣告

普通式讣告是最常见的一种讣告形式。它既可用于一般人物的去世,也可用于重要人物的逝世,其目的是通知死者生前所在单位以及亲朋好友。这种讣告的发表形式主要是张贴,也可邮寄。它篇幅短小,内容简明,因此在讣告中使用最为广泛。

2. 新闻式讣告

新闻报道式讣告主要用于有一定声望和影响的知名人士的逝世。它通常以消息的形式通过新闻媒体予以发布,内容和形式都比较简洁,写法也较灵活,但是在写作格式上必须符合消息的写作要求。

3. 公告式讣告

公告式讣告是讣告三种基本形式中最隆重、最庄严的一种形式,一般用于党和国家主要领导人或为社会作出突出贡献、在社会享有崇高地位的知名人士的逝世。公告式讣告往往根据死者生前的身份、地位以及贡献,由党和国家或一定级别的机关、团体通过新闻媒体进行发布,以晓谕社会各界。这类讣告在发布范围上比一般讣告要广,在形式上也更讲究庄重性和尊重性,在内容上也更多,篇幅更长,通常由公告单位、治丧委员会公告和治丧委员会名单三部分组成。

(三)讣告的写作

讣告的结构一般都由标题、正文和落款三部分组成。下面分别介绍三种讣告写作的基本格式。

1. 普通式讣告的写作

(1) 标题

普通式讣告的标题一般在第一行正中标明“讣告”二字,或在“讣告”前冠以死者姓名,写作“×××讣告”。标题的字体应比正文略大,居中排列。

(2) 正文

正文是讣告的核心内容,一般应写明以下几点:

死者概况:包括死者的姓名、身份、生前职务、去世原因、去世的详细时间、地点和终年岁数。

死者生平:简介死者生前重大的、具有代表性的经历和事迹以及死者生前的贡献和品格,文字应高度凝练、概括性强。

通知丧事的相关事宜:说明悼念的方式以及时间、地点等。如果死者生前有不举行悼念仪式一类的遗嘱,则应对死者遗嘱中相关内容予以简述。

(3) 落款

正文之后的落款应写出发讣告的个人姓名(习惯加上“哀告”等字样)、单位名称或治丧委员会名称。最后署写发讣告的时间,要写明年、月、日。

2. 新闻式讣告的写作

新闻式讣告的写作同普通式大体一致,只不过要符合消息的写作要求。在书写标题时可以将死者生前担任的主要职务作为肩题写在正题之前。因是报道式,正文之后不需要落款,也不需要署明时间。

3. 公告式讣告的写作

(1) 标题

公告式讣告的标题一般由死者的姓名加上"讣告"二字组成,也可用治丧委员会名称加上"讣告"两字构成,字体要用大号黑体字。除用"讣告"外,也有用"告人民书"、"公告"等的,在标题前要写明发讣告的单位。一般随讣告登出去的还有死者的遗像。

(2) 正文

正文要写明死者的姓名、职务、逝世原因、时间、地点以及终年岁数。同时,要对死者的生平予以介绍,给予实事求是的评价,表示深切的哀悼。一般篇幅较长。

(3) 落款

落款要写明公告的时间以及治丧单位。治丧委员会名单附后,一般以姓氏笔画多少为序依次列出姓名。

(四)讣告的写作要求

1. 讣告起草前,必须对死者去世时的基本情况(如去世原因、时间、终年岁数等)、简要经历以及举行追悼仪式的时间、地点等了解清楚,以作为写作的依据。

2. 讣告用语要简洁、朴实、庄重、准确,以表示对死者不幸去世的哀悼与怀念。

3. 书写张贴式讣告时一般应采用白纸黑字形式,字体工整,以示庄重肃穆。

例文一:普通式讣告

讣告

国际著名的民族学家、人类学家,中国著名的历史学家、社会学家和民族教育家,中央民族大学博士生导师、终身教授、优秀的中国共产党员林耀华教授因病医治无效,不幸于2000年11月27日20时20分在京逝世,享年91岁。林耀华教授遗体告别仪式定于2000年12月9日10时在八宝山革命公墓大礼堂举行。

谨此讣闻。

林耀华先生治丧办公室

2000 年 11 月 28 日

例文二:新闻报道式讣告

《黄河大合唱》词作者 《文艺报》原主编

张光年辞世

本报讯　中国共产党优秀党员,忠诚的共产主义战士,原中央顾问委员会委员,中国作家协会原党组书记、副主席、书记处书记,中国作家协会名誉副主席,著名文艺活动家、诗人、文艺评论家,《黄河大合唱》词作者、本报原主编张光年同志,因病医治无效,于 2002 年 1 月 28 日 16 时 15 分在北京逝世,享年 89 岁。

张光年遗像

以笔名光未然闻世的张光年,1913 年生于湖北光化。1927 年加入中国共产主义青年团。1929 年加入中国共产党。抗战时期,张光年所创作的歌曲《五月的鲜花》传唱全国,组诗《黄河大合唱》,成为表现中华民族精神的不朽经典。

新中国成立后,张光年长期担任我国文艺领域的领导工作,曾任中国作协副主席、党组书记。从 1957 年起,张光年担任《文艺报》主编,一直到文革前夕《文艺报》停刊。他还曾是第三、五届全国人大代表,中顾委委员,中共十二大代表,十三大、十四大、十五大特邀代表。

在近 70 年的文艺生涯中,他勤奋笔耕,著有诗集《五月的鲜花》《江汉行》,论文集《戏剧的现实主义问题》《风雨文谈》等大量著作。

(引自《文艺报》2002 年 1 月 31 日)

例文三:公告式讣告

中国共产党中央委员会

中华人民共和国全国人民代表大会常务委员会

中华人民共和国国务院公告

中国共产党中央委员会、中华人民共和国全国人民代表大会常务委员会、中华人民共和国国务院以极其沉痛的心情宣告：我国爱国主义、民主主义、国际主义和共产主义的伟大战士、杰出的国际政治活动家、卓越的国家领导人、中华人民共和国名誉主席、中华人民共和国全国人民代表大会常务委员会副委员长宋庆龄同志因患慢性淋巴细胞性白血病，于1981年5月29日20时18分在北京逝世，终年90岁。

宋庆龄同志的逝世，是我们国家和全国人民的巨大损失。决定为宋庆龄同志举行国葬，以表达我国各族人民的沉痛悼念。

宋庆龄同志治丧委员会已经成立。

我国爱国主义、民主主义、国际主义和共产主义的伟大战士、卓越的国家领导人宋庆龄同志永垂不朽！

1981年5月29日

二、悼词

（一）悼词的含义

悼词是用来向死者表示哀悼、缅怀与敬意的礼仪文书。悼词一般在追悼仪式上宣读或在纪念日时通过新闻媒体发表。

悼词是在古代的诔文、哀辞、吊文、祭文等基础上发展起来的，其内容主要是追述和评价死者的生平业绩，以示悼念和缅怀之情并以此安抚死者家属亲友、激励和教育生者。

悼词与讣告均属祭悼性文体，但在写作目的以及内容等方面都存在一定区别。讣告是用来报丧的，其内容以死者去世的有关情况和通知举行悼念仪式的形式、时间、地点为主；悼词的目的是悼念与缅怀，因此其内容主要以追述、评价死者生平业绩，表达哀悼和敬意为主。

（二）悼词的种类

按照不同的分类标准，悼词可以分为不同的种类。

1. 按定义分，悼词有广义和狭义之分。

广义的悼词是指所有向死者表示哀悼、缅怀的文章，它可以以散文、诗词、书信等多种形式出现，而且内容也更加广泛。狭义的悼词则专指在追悼会上对死者表示哀悼和缅怀的宣读式的文章，内容、形式等都比较固定。我们通常所说的悼词是狭义上的悼词。

2. 按用途分，悼词可以分为宣读式悼词和书面式悼词。

宣读式悼词用于追悼仪式上宣读，其用途十分广泛，我们通常使用的就是这种悼词。书面式悼词用于新闻媒体上发表，以向社会公众表达对死者的哀思。

3. 按表现形式分，可分为记叙式悼词、抒情式悼词和议论式悼词。

记叙式悼词侧重对死者生平事迹进行追忆和叙述，这种形式最为常见。抒情式悼词侧重抒发对死者的无尽哀悼、怀念之情。议论式悼词侧重于对死者的生平事迹、贡献、品格等进行分析和肯定。一般来说，记叙式悼词多用于宣读，抒情式和议论式悼词多用于书面表达。

（三）悼词的特点

1. 总结性。总结死者的生平业绩，并充分肯定其社会价值。

2. 悼念性。表达对死者的深切哀悼和怀念。

3. 号召性。号召人们学习死者的优秀品质和崇高精神，化悲痛为力量，沿着前人的足迹继续前进。

（四）悼词的写作

悼词作为一种哀悼死者的专用文体，具体内容因人而异，但基本内容主要是追述死者生平、业绩，对死者作出评价，勉励生者化悲痛为力量，因此其写作格式也相对固定。以下主要介绍宣读式悼词的写作。

悼词从结构上讲一般分为标题、正文、结尾三部分。

1. 标题

悼词的题目较凝重，多用“悼词”二字，或注明死者，如《在×××同志追悼会上的讲话》、《沉痛悼念×××同志》等。

2. 正文

悼词的正文一般可分为三个组成部分。第一部分通常是渲染沉痛的气氛，如“我们怀着沉痛的心情，深切地悼念……”等，接着说明悼念对象的相关情况,包括姓名、身份、职务、死亡原因、死亡时间、地点、终年岁数等。第二部分详细介绍死者的生平业绩,包括籍贯、出生时间、工作经历、主要业绩、品德和贡献等,并在此基础上作出概括和评价。第三部分说明死者的去世给社会和人们带来的损失,号召人们化悲痛为力量,以实际行动来纪念死者。正文是悼词的重点和核心,因此用笔要严肃而慎重,叙述客观真实,评价中肯恰当。

3. 结尾

作为结束语的悼词结尾要再次表示对死者的沉痛悼念,多用"×××同志永垂不朽"、"×××同志永远活在我们心中"等语句,一般在正文之后另起一行空两格书写。

(五)悼词的写作要求

1. 对死者的介绍、评价要客观公允

执笔者在撰写悼词之前应向死者家属及其生前所在单位了解情况,必要时还应查阅死者档案和文字资料,以便准确介绍、客观评价,同时也要突出重点。悼词中可以不写死者的缺点错误,评价时也可适当多些溢美之词,但不能过头,因此要仔细斟酌,反复推敲,并要征求死者家属和所在单位领导的同意。

2. 悼词的主题要沉痛又要积极向上

悼词的主要内容是表达对死者的深切缅怀和悼念之情,因此力求表现情感的悲切沉痛,但另一方面又要激励生者化悲痛为力量,以实际行动来告慰死者。

3. 悼词的语言要庄重、平实而又充满感情色彩

悼词要表达一种庄严肃穆、追思难忘的情意,因此遣词造句要字斟句酌,反复推敲,力求恰如其分。同时,写作悼词时应力忌词句浮华,也不应刻意溢美,给人以轻浮虚假之感。

例文:

沈雁冰同志追悼大会悼词

1981年3月27日5时55分,中国文坛陨落了一颗巨星。我国现代进步文化的先驱者,伟大的革命文学家和中国共产党最早的党

员之一沈雁冰(茅盾)同志和我们永别了。

我们怀着十分沉痛的心情,深切悼念这位为中国革命事业,中国新兴的革命文学事业奋斗了一生的卓越的无产阶级文化战士!

沈雁冰同志是国内外享有崇高声望的革命作家、文化活动家和社会活动家。他同鲁迅、郭沫若一起,为我国革命文艺和文化运动奠定了基础。从1916年开始从事文学活动以来,在漫长的六十余年中,他始终不懈地以满腔热情歌颂人民,歌颂革命,鞭挞旧中国黑暗势力,创作了《子夜》、《蚀》、《虹》、《林家铺子》、《霜叶红似二月花》、《清明前后》等大量杰出的文学作品。这些作品刻画了中国民主革命的艰苦历程,绘制了规模宏大的历史画卷,为我国文学宝库创造了珍贵的财富,提高了现实主义文学创作水平,在文学史上留下了不可磨灭的功绩。它的许多作品被翻译为多种外文,在各国读者中广泛传播。他还撰写了大量文艺论著,翻译介绍了许多外国作家的作品。新中国成立后,他长期从事文化事业和文学艺术的组织领导工作,写了大量的文学评论,特别是一贯以极大的精力帮助青年文学工作者的成长,为社会主义文化事业作出了重大的贡献。

沈雁冰同志1896年7月4日出生于浙江桐乡县乌镇。1913年他在北京大学读书时,就开始接触进步的新思想。在1917年10月社会主义革命影响下,他积极参加了“五四”运动和中国早期共产主义运动。1920年,他同郑振铎、叶圣陶等同志一起,组织了“文学研究会”。积极提倡为人生的现实主义文学。他接办和改革了《小说月报》,使这个月报成为倡导现实主义文学的重要阵地,对我国新文学运动产生了巨大影响。1930年,他同鲁迅一起组织了中国左翼作家联盟,为发展革命文艺,团结和壮大革命文艺队伍,反击国民党文化“围剿”,作出了卓越的贡献。抗日战争爆发后,他在周恩来同志的领导下,广泛团结国民党统治区的进步文化人士从事抗战救亡工作,并亲自主编了《文艺阵地》杂志,推动了抗战文艺的发展,在抗日战争的艰苦年代,他到过延安,在鲁迅文艺学院讲过学。抗战胜利后,他不顾国民党的压迫,在坚持民主,反对独裁,坚持和平,反对内战的运动中,有力地支持了人民解放战争。

全国解放前夕，他不顾艰险，来到北平，积极参加中国人民政治协商会议和筹备第一次全国文化大会。他当选为中国文学艺术界联合会副主席，中华全国文学工作者协会（作家协会的前身）主席。新中国成立后，他担任了第一任文化部长，并当选为历届全国人民代表大会代表，历届政协全国委员会常务委员和政协第四届、第五届全国委员会副主席。几十年来，他勤勤恳恳，殚思积虑，为建设社会主义文化，促进中外文化交流，支援各国人民的进步文化事业，献出了全部心血。晚年，他经受了十年浩劫的严重考验，始终与党和人民站在一起，粉碎"四人帮"后，对党的三中全会制定的路线、方针、政策，他表示衷心的拥护。他在最后几年里，不顾病衰，努力写作回忆录，虽然没有全部完成，仍然为我国现代文学史和政治社会文化史留下十分宝贵的史料。可以说，直到生命的最后时刻，他始终没有放下自己手中的笔为人民服务。

沈雁冰同志从青年时代起，毕生追求共产主义的伟大理想。早在1921年，他就在上海先后参加共产主义小组和中国共产党，是党的最早的一批党员之一，并曾积极参加党的筹备工作和早期工作。1926年，它以左派国民党党员的身份参加国民党第二次代表大会，以后在汉口主编左派喉舌《民国日报》。1928年以后，他同党虽失去了组织上的关系，仍然一直在党的领导下从事革命的文化工作。他曾于1931年和1940年两次要求恢复党的组织生活，第一次没有得到党的左倾领导的答复，第二次党中央认为他留在党外对人民更为有利。在他病危之际，为了表达他对党的无限忠诚和热爱，表达他对伟大的共产主义事业坚贞的崇高的信念，他仍再一次向党中央申请追认他为中国共产党党员。中共中央根据沈雁冰同志的请求和他一生的表现，决定恢复他的中国共产党党籍，党龄从1921年算起。

沈雁冰同志的逝世，使我国失去了一位伟大的命文学家和无产阶级文化战士，这是全国人民的一个不可弥补的损失。我们要学习沈雁冰同志一生坚持真理和进步，追求共产主义，刻苦致力于文学艺术的钻研和创造，密切联系群众和爱护青年，坚持拥护党的领导的高贵品质。他的大量的精神劳动成果，曾经帮助促进了一代又一代青年思想感情革命化；从今而后，他的作品的强大的艺术生命力，还将长久地教育和鼓舞我国青年，为伟大的社会主义事业而战斗，并将促使社会主义文艺的新人不断涌现。

在当前新的历史转折时期，为了逐步把我国建设成为具有高度物质文明、精神文明的现代化社会主义强国，我们将把对沈雁冰同志的沉痛的哀思变为推动我们工作的动力，紧密团结在党中央的周围，坚持四项基本原则和坚决贯彻三中全会的方针，培养和造就宏大的社会主义文艺队伍，提高整个中华民族的科学文化水平，使鲁迅、郭沫若、沈雁冰等同志用毕生心血培育的伟大革命文化事业，永远在祖国的大地上繁荣昌盛！

三、碑文

（一）碑文的含义和特点

在祭悼文中，碑文是墓碑上所刻文字，它以死者姓名以及简单生平、事迹为主要内容。碑文往往成为后人进行考证的一个重要依据。

作为一种特殊的文体，碑文有以下几个特点：

1. 内容真实、清晰

碑文一方面是祭奠死者，但更重要的一方面是传给后代，教育影响后代的，因此在撰写碑文之前必须掌握可靠而翔实的材料，以保证绝对真实。

2. 格式自由灵活

碑文没有固定死板的格式，应因人而异，因事而异，可记叙，可叙议结合，还可恰当抒情。

3. 语言准确、简洁

由于受到碑刻面积等多方面的影响，碑文不可能任意铺叙，极尽所言，因此应采用尽量准确而简洁的文字把要表达的内容和情绪尽可能地写清楚。

（二）碑文的源流和种类

最初的碑文并不是用以祭祀的，而是为统治阶级歌功颂德，多刻在金属制成的钟、鼎等器皿上，并藏之宗庙，后来民间争相效仿，并以石代金，叫做刻石。自西汉以后，墓前由木碑改为石碑，且有碑必有文，碑文大盛。当时墓碑上有文有铭，文即碑文，是记录死者姓名以及生平事迹的，铭是赞颂性的文字，多为诗赋体。今天的碑文继承了古代碑文的优点，并赋予碑文以崭新的内容。

现代运用的碑文，有为人而立的，也有为事、为景而立的。根据内容和对象的不同，碑文可以分为墓碑、纪念碑、记事碑、诗碑等几类。

1. 墓碑

现在一般死者都采用火化形式，因此无需立碑，但作为一种传统，立碑的现象仍然存在。例如，对于现代有较大影响的人物的坟墓，可以立碑以表纪念，古代英雄人物的坟墓在重修时也可为其立碑。

2. 纪念碑

纪念碑是为某一个人或历史上较有影响的事件所立的碑，如“七七事变纪念碑”、“南京大屠杀纪念碑”等

3. 记事碑

记事碑主要用于记载重要工程的兴建、名胜古迹的源流、自然灾变等。

4. 诗碑

诗碑是为诗而立的碑，目的是以碑传诗。诗碑保存了大量的古人留下的名篇名句，对后人有着教育意义。

(三)碑文的写作

碑文使用最为广泛的种类当推墓碑文。下面简单介绍墓碑文的写作和要求。

墓碑文从内容上讲，应包括以下四项内容：

1. 碑文题目。一般写成“×××墓记”。

2 正文。正文主要内容包括死者的姓名、生卒年月、籍贯、家世、简历、主要贡献、何时葬于何地等。

3 颂语。在正文结尾，一般用几句话来赞颂死者的功德。

4 题名。注明立碑人及碑文书写者的姓名。

例文:

韦素园墓记

鲁迅

韦君素园之墓

君以一九〇二年六月十八日生,一九三二年八月一日卒,呜呼,宏才远志,厄于短年。文苑失真,明者永悼,弟丛芜,友静农、霁野立表;鲁迅书。

第三节 请柬、邀请书、一般书信

请柬、邀请书统属一种社交礼仪文书,普通书信则一般不具有礼仪性,但是它们都是特别普及的应用文体,而且在格式上也存在较大的共通性,因此,本书把它们放在同一节进行讲述。

一、请柬

(一)请柬的含义

请柬,又被称为请贴,是邀请有关单位或个人前来参加比较隆重的庆典、仪式等活动时所使用的一种礼仪文书。

请柬具有通知和书信的双重性质,但同时它们之间又存在较为明显的区别。通知作为一种下行公文,具有权威性和行政约束力,而请柬使用双方是平等的;同时,请柬作为一种礼仪文书,具有邀请性和礼仪性,通知则不具备这些特性。请柬同书信在表现形式上具有一定的共通性,即都包含称呼、正文、结语、署名、日期等。但是请柬的写作目的单纯,表达出邀请的意图即可,内容简单,往往只有一两句话;书信的写作目的、内容以及表现手法多种多样,因人而异,因事而异。

请柬的外观形式多种多样,丰富多彩。有横式的,也有竖式的;有单页的,也有双页的;有带封面的,也有不带封面的;有印制的,也有手绘的,现在更有电脑设计并通过网络发送的。

作为一种使用范围极为广泛的礼仪文书，请柬既适用于单位团体，也适用于个人。单位团体举行重要的庆典活动或大型的娱乐活动，如庆祝会、招待会、交易会、宴会、舞会、开业庆典等，个人婚礼、寿宴、乔迁之喜以及其他个人重大事情，均可使用请柬邀请嘉宾。但是，一些气氛庄重严肃的大型活动如追悼仪式、法庭审判等则不宜使用请柬来表示邀请。

（二）请柬的结构

请柬的结构一般由标题、称呼、正文、结语、落款等五个部分组成。

1. 标题

请柬的标题一般直接使用“请柬”或“请贴”，也可在“请柬”的前面加上活动内容，如“庆祝××××（活动）请柬”或“纪念××××请柬”等。标题宜用较大字体，居于醒目的位置。

2. 称呼

请柬的称呼即被邀请单位的名称或者个人姓名。如果邀请的是单位或团体代表，应写明单位或团体的名称，如果使用简称则需符合规范。如果邀请的是个人或家庭，则应在姓名后面加上“同志”、“先生”、“女士”、“小姐”、“伉俪”、“夫妻”、“全家”等字样或相应职务。

3. 正文

请柬的正文比较简单，往往只有一两句话，写明邀请事由、时间、地点等即可。要做到语言精确严谨，相关内容如时间、地点等应详细准确。

4. 结语

为了表示礼貌和慎重，请柬一般使用“敬请光临”、“敬请届时出席”、“恭请光临指导”等作为结语。

5. 落款

落款居于结语的右下方，标明邀请单位名称或个人姓名，注明发出邀请的具体时间。署名为单位的要写明单位全称或规范化的简称，并且加盖公章以示郑重。署名为夫妻的，则应并列书写。

(三)请柬的写作和制作要求

1. 文字要简洁、恭敬

制发请柬是为了表明邀请者热情、郑重的态度,因此行文要友好、恭敬,力忌粗俗、傲慢。语言要简洁典雅,力避华而不实。同时,还应根据具体场合、内容以及邀请对象使用语得体。

2. 外观要美观、大方

使用请柬是一种重要的礼仪性社交手段,且所关涉的多是具有重要意义的活动,因此请柬在款式和装帧设计上应以尽力烘托出喜庆和欢乐的气氛为前提,做到大方、美观、考究,同时,书写要工整漂亮。好的请柬不仅具有实用性,而且还应具有观赏性。

例文一:横式单页请柬

请　柬

×××教育局:

兹定于2002年3月29日上午9时在华中××大学学生活动中心举行"2002**届毕业生供需见面会**"。

敬请届时光临

华中××大学就业指导中心

2002年2月18日

例文二:横式双页请柬

1902——2002

纪念××大学建校一百周年

请　柬

×××先生/女士:

兹定于2002年3月13日(星期三)上午9时在本校大礼堂举行建校一百周年庆典仪式。

敬请届时出席。

××大学校庆委员会

2002年1月13日

二、邀请书

(一)邀请书的含义

邀请书,也被称为邀请函,是邀请对方前来参加纪念会、座谈会、学术研讨会等活动时所使用的一种礼仪性的书信体文书。

作为一种礼仪性文书,邀请书同请柬有相似之处。它们的目的都是用来邀请有关人员前来参加某一活动,而且都要表示邀请者的礼貌和郑重,在结构上也有相似性。但是,它们之间也存在很多区别。

就邀请者而言,邀请书的制发者一般都是单位或团体;而请柬既可是单位团体,也可是个人。就内容上讲,邀请书较请柬更为复杂,篇幅也更长一些。就活动性质而言,邀请书所涉及多为座谈会、学术研讨会、纪念会等,均包含一定的议项或议题;而请柬所涉一般为庆典、寿礼、开业、宴会等活动。从外观形式上讲,邀请书采用书信形式,一般不刻意追求外在形式的美观,请柬则应注重其外在形式的装饰性。

(二)邀请书的结构

邀请书的结构同请柬一样,也可分为标题、称呼、正文、结语和落款等五项。

1. 标题

邀请书的标题一般直接书写"邀请书"或"邀请函"即可,字体相对正文较大,位于正文上方居中位置。

2. 称呼

在标题的顶格书写被邀请单位名称或个人姓名。被邀请者为单位的,须写明单位全称或规范性简称,如系个人,则需注明"先生"、"女士"、"小姐"、"同志"或相应的职务。

3. 正文

邀请书的正文需写明活动的名称,主要内容或议题、议项,活动的具体时间、地点、活动形式以及对被邀请者的要求等。如果附有回执,也应在正文中予以说明。

4. 结语

邀请书的结语一般为"此致 敬礼"或其他一些祝福性的话语。

5. 落款

在正文的下方,要写明邀请单位的名称(全称或规范性简称)以及时间,并且加盖公章,以示郑重和严谨。

(二)邀请书的书写要求

1. 邀请书尽管篇幅较请柬要长,但也应力求简洁明快,措辞文雅准确、热情大方,书写工整美观,以示礼貌和恭敬。

2. 要注意把握好发出邀请书的时间。如果发出过早的话,易被对方遗忘,发出时间太晚,则使对方措手不及,过于被动,从而难以保证活动成功系数。

例文:

邀请函

×××先生/女士:

兹定于2002年3月29日上午9时在华中××大学科学会堂

301室举行“×××诗歌研讨会”，敬请届时光临。

请认真准备，写好讲稿。会后拟出版《×××诗歌评论集》一书。

谢谢您的支持。

××省作家协会
华中××大学新诗研究中心
××文艺杂志社
2002年2月15日

三、一般书信

(一)书信的含义和作用

书信是在个人与个人之间、个人与组织之间、组织与组织之间借助书面语言交流思想感情或互通情报的一种应用文体。书信有特定的格式，而且一般要通过邮寄或通过互联网传递的方式送至对方，有时也可托人转交。

从古至今，书信一直在沟通思想情感、维系社会关系、交流信息、协调行为、商讨问题、处理事务等方面起到不可替代的作用。它帮助人们广泛地参与社会政治、经济、文化。即使在当今被称为信息时代的今天(例如广播、电视、电报、传真、电话、互联网等)，书信也有自己独特的存在价值。

(二)书信的分类

按用途来分，书信可以分为一般书信(即家信、亲朋好友之间的友好书信，恋人间的情书等)和专用书信(如介绍信、证明信、表扬信、感谢信、慰问信、求职信、商业信函等)。它们在写作格式上大致相同，只是在写作的具体内容上有所不同。本节专门讲述一般书信的写法。

(三)一般书信的写法

1. 书信的构成

一般书信由信封和书信内容两部分构成。

信封的书写要规范。一般来讲，信封的书写形式有两种：一种是横排书写,从左到右,邮票贴在信封的右上角。第一行写收信人的地址,第二行写收信人姓名,第三行写寄信人地址和姓名。另外一种是竖排书写,从右向左,自上而下,邮票贴在信封的左上角。右边写收信人地址,中间写收信人姓名,左边写寄信人地址和姓名。

如果书信不是通过邮寄而是委托别人转交,只写"面呈(转交)×××"即可。

2. 书信内容的写法

书信的内容有固定的格式,一般由称呼、正文、祝语、署名、日期五部分组成。

称呼是写信人对收信人的称谓,表达两者之间的关系。如果对方德高望重或有较大影响,宜用"修饰语+姓名+称呼"的形式,如"尊敬的鲁迅先生"。如果对方与自己关系不十分密切,可直接用"姓名+同志"的形式。如果收信人是自己的亲属,可以直接使用称呼,如"爸爸"、"三姨"等。对于有职称或职务者,可采用"姓+职称(职务)"的结构,如"张教授"、"王书记"等。对于关系特别密切的同志或朋友,则可使用"老×"、"小×"、"×老"等。对于晚辈、学生或年龄比自己小的平辈,可以直呼其名。称呼要在信纸的第一行顶格书写,且在称呼后面加上冒号,以表示下面有话要说。

正文是书信的重心,一般由开头、主体、结尾三部分组成。开头要简洁利索,忌假话、官话、套话。主体要做到层次分明,中心突出,语言生动。结尾的话要尽量写得真挚、自然,或表达愿望,或强调主题。

祝语是用来表示祝愿、敬意的话,一般有两种写法:一是在正文写完后紧接着写"此致",然后另起一行顶格书写"敬礼"二字;二是直接另起一行空两格,写上"春安"、"秋祺"等话语。

署名要另起一行,位于正文的右下方。在署名下方稍后处写上写信日期。

例文:

诗人戴望舒给曾朴的信

孟朴先生:

四天前曾叫舍弟望舒来拜访过一次:叫他送来一部译稿,还请他代陈鄙人对于贵杂志《真美善》的一点小小意见。昨天他回来了,说没有遇见先生,所以现在不得不撑起久病的身体来写这封信。

真的,《真善美》的发刊,在芜杂而颓废的中国文坛(?)上,可算是一种新火,它给我们新的光和新的热,这是我们所长久等待着、期望着的。我很欢喜地感受着它们;同时,为了过分的爱好,便生出一种能够过分的要求来。我很坦白地(当然是很鲁莽)向先生陈述些意见,望先生肯坦白地接受:

我觉得不满意的是《真善美》的封面和里面的插图。我觉得封面最好朴素地只写"真善美"三字,不要加彩色画图,而且是并不十分好的画图。因为《真善美》是一本高尚的文艺杂志,而不是像 Iecture pour tous 或 Golden Book 一类的东西,所谓通俗的读物;虽然文艺上要民众化,但我们只能把民众的兴味提高,而不能去俯就民众的低级趣味,插图最好也不用,至少也要好一些的。

翻译方面我觉得你们太偏重于英法方面。我希望你们以后德奥及北欧的文学作品多译一些。译文希望是语体的,像"炼狱魂"这种文言的翻译,不但右倾的气味很重,而且使全杂志不和谐。(我想炼狱魂一定是旧稿)

补白最好是不要。或者登载些短诗也好。(应酬的诗词千万不要登载)

论文希望多登载些。不要为了些浅薄的读者低级趣味的要求而失了你们的勇气。(第四期一篇论文都没有)

以上是我的小小的意见。

你翻译的 Hugo 的戏曲我只读过一本《欧那尼》。对于你的译文,我只有佩服。但其中颇有漏译的,如第一折第一幕第六页上 Don Carlos 说"我照办"之后漏译

Serait - ce I'ecurie au tu mets d'avanture

Le manche du balai qui te sert de monture?

第七页上 Dona Josefa 说"天主,这个人是谁?"后漏译 Si J'appelais? Quit? 等等。第七页上有个小小的错误,原文是:Don Carlos:C'estune femme,ast - ce pas,qu'attendait tamaitresse?

你译作"这是个妇人脚声,不是你等的主人吗?"

似应译作"这可不是你女主人等待的女人吗?"不知是否,还乞指教。

希望你快些给我一个回信,给我一个欢乐在我病中。

我的通讯处是"杭州大塔儿巷二十八号"。

戴望道十二月廿二日灯下。

注:曾孟朴即曾朴(1872~1935),作家,笔名东亚病夫,一九二七年创办《真善美》半月刊,本文是诗人戴望舒拟其兄戴望道给他的一封信。

(引自《戴望舒全集·散文卷》,中国青年出版社 1999 年版)

第四节　求职信

随着国家经济体制、政治体制、教育体制以及企业内部人事管理体制的逐步改革,聘任制已经越来越多被引进各行各业。聘任制改变了传统的劳动力资源配置方式,引进市场机制和经济手段来调节就业结构,从而形成了双向选择、合理流动的适合社会主义市场经济的就业机制。下岗职工再就业,大中专毕业生自主择业等都会面临竞争的压力,自我推销变得必不可少,而求职信则是其中一种很重要的手段。

一、求职信概述

(一)求职信的含义

求职信又被称为自荐信,是个体求职者向有关用人单位或相关领导介绍自己的主观愿望和实际才干,以便对方了解自己、相信自己，从而获得某种职务的书信文体。

(二)求职信的种类

1. 根据求职者身分的不同，求职信可分为毕业生求职信、待业人员求职信和从业人员求职信三种。

2. 根据阐述问题的角度不同，求职信可分为自荐信和应聘信两种。

自荐信是主动向用人单位介绍自己的基本情况，自我推介从而申请某一职位的求职信。写信人根据自己的专业特长，有目的地寻找适合自己的单位，如果单位需要某专业人才，而自己认为自己对该职位感兴趣并能够胜任该工作，就可毛遂自荐，主动提出求职申请。

应聘信是根据用人单位的招聘广告，应聘其中某一职位的书面申请。如果求职者认为自己符合招聘广告中某一职位的条件，即可写信应聘。

3. 根据有无明确求职单位来分，可分为专对某一单位而写的求职信和没有明确目标的自荐信两种。

4. 根据求职信息发送的形式来分，可以分为以书面材料寄送或当面呈递的求职信和通过媒体发送的求职信息两种类型。

(三)求职信的特点和作用

求职信最突出的特点是自荐性。无论是哪种形式的求职信，其最终目的都是让对方能够录用自己，因此在撰写求职信时要把自己的基本情况，尤其是在某一方面的专长、优势以及基本设想如实地写出来，设法使对方基本了解自己，并认定自己较有潜力，从而博得对方的好感。

求职信的作用是和其特点紧密联系在一起的，即通过自我推荐、自我推销从而获得自己满意的职位。用人单位出于人力、物力以及时间的考虑，一般都要求求职者寄送求职材料，进行比较筛选，然后再通知面试。求职信在很大程度上是面试的入场券，因此，写好求职信是寻找工作的敲门砖，是敲开职业大门的第一个重要步骤。

二、求职信的写作格式

求职信的格式因写作的目的不同、内容差异、收信人身分不同而略有差别。但是,求职信的基本格式应包括标题、称呼、正文、祝语、署名、时间和附件等几个组成部分。

(一)标题

一般以"求职信"三字为标题,居于首页正中。

(二)称呼

在求职信的第二行顶格书写。求职信如果是写给单位的,则直接写明单位名称即可。如果是写给单位具体负责领导,一般称呼其职务,如"×××经理"。如果是一种没有目的的自荐信,直接称呼"尊敬的领导"即可。求职信的称呼要不卑不亢,礼貌而得体。

(三)正文

正文是求职信的重心,一般由开头、主体、结束语三部分组成。

1. 开头

求职信的开头要写清写求职信的缘由和目的。开头部分的表述要简明准确,富有吸引力,从而达到以下两大效果:一是吸引对方有兴趣看完求职材料,二是引导对方自然而然进入"求职"的主题而不觉突然。

2. 主体

主体是求职信的核心内容之所在,要针对用人单位招聘广告或求职者所了解到的信息,介绍自己能够胜任某项工作的优越性条件(如知识、学历、经验等)。要力求简明,重点突出(自己的个性和长处等),尽量做到自己的主观条件和对方的客观需求相一致,从而吸引并打动对方。具体说来,主体部分应包括以下一些内容:

简述自己的个人基本情况和对该单位的了解。求职者应对自己的姓名、性别、年龄、籍贯、民族、政治身份、学历、专业等情况。其次要写明自己求职的缘由,如是应聘信要写明应聘信息的来源,如是自荐信,在不知对方是否招聘员工的情况下,应写明对该单位的印象,以表明自己愿意到该单位的决心。

简述自己的优点、特长、工作经历或社会活动实践经历。在这一部分里,要力图向对方展示自己的硬件,并表明自己有较强的可塑性,有与某项工作要求相符合的特长、性格和能力,从而让对方觉得:无论从哪个角度讲,你都能胜任该项工作。撰写本部分时,应扬长避短,针对具体情况多角度多层次多方位地展示自己。但是,所述内容应力求真实,否则极有可能弄巧成拙。

写明自己对应聘工作职位的相应要求,以便自己在真正被录用后有较适合自己工作的环境和待遇。现代社会的供需关系是一种双向选择的关系,招聘单位可以对应聘者提出具体要求,求职者也可对单位提出自己的想法,体现平等互惠的关系。

3. 结束语

结束语的目的是给人一个完整鲜明的印象。一般表明求职者想得到该项工作的迫切愿望,希望早日得到明确的答复。

(四)祝语

祝语作为求职信的结尾部分,要写上感谢或祝福性的话语。

(五)署名和时间

在祝语的右下方,要写上"求职者×××",并注明写求职信的具体日期。另外,为方便对方回复、联系,最好写上自己的详细通信地址和邮政编码以及电话、电子信箱等联络方式。

(六)附件

附件部分是附在信末用以证明或介绍自己具体情况的书面材料。例如它可以包括在校历年课程及成绩表、各种获奖证书或等级认定证书、发表的文章、专家或单位提供的推荐信或证明材料等。为慎重起见,所选用的相关证明材料最好加盖必要的公章。附件在求职信中占有极其重要的地位,它不仅让对方对求职者有了具体的感性认识,还可增加用人单位对求职者的信任度。因此,在对方是否决定通知求职者面试或正式录用上,附件具有潜在的和直接的影响力。

三、求职信写作的要求

要成功写好一封求职信,进而求职成功,应当遵循以下一些具体要求。

(一)要突出自己的"名"、"优"、"特"

在对招聘单位进行尽可能的了解的基础上,找出自己能够吸引对方的条件,在求职信中将自己的特长、优势以及个性充分展现出来。例如强调自己的专业优势时,应当写明所学的课程以及参加相应的社会实践,特别对用人单位对应聘者所提要求与自己在某方面一致或相似的地方应作重点强调。要把自己参加社会实践的内容和成果作重点说明,以体现自己理论与实践相结合的优势。另外,可以在一定程度上写明自己对单位将来的某些预见,以体现自己将来的发展势头。

(二)要讲究行文的"信"、"达"、"雅"

所谓"信",就是要保证求职信中所提供的材料诚实可信,所体现的情感态度真诚,要给人一种信如其人的感觉。为了体现求职者的优势,可以在一定程度上扬长避短,但是,切忌胡吹滥侃甚至编造履历、伪造文凭等不良手段。

所谓"达",就是要求行文流畅通达。在撰写求职信时,要做到层次分明,条理清楚,重点突出,详略得当,言简意赅。

所谓"雅",就是要求行文生动,具有可读性。好的求职信可以当作一篇好的作品进行赏析。

求职信在很大程度上体现出求职者的语言文字的表达能力。尤其是那些想应聘文秘一类职位的人,更应多多体会"信"、"达"、"雅"的真正内涵。

(三)知己知彼,有的放矢

写求职信的最终目的是为了寻找到一份适合自己的工作,所以应当做到知己知彼,有的放矢。在写求职信之前,应对自己的求职目的与意图有清醒的认识,对自身的综合条件要有正确的评估,对用人单位要尽可能多地了解。要弄清楚用人单位所需员工与自己在哪些方面有较多的契合点,这样写出的求职信就会做到有的放矢。还需要说明的是,求职信发送的份数越多,成功的机会就越大,关键看用人单位能够在哪一方面对自己感兴趣或接受自己。

例文一：

求职信

尊敬的领导：

您好。

感谢您在繁忙的工作中阅览我的求职材料。

我今年22岁，男，原籍××省××市，现在是××大学××系××专业应届本科毕业生。作为一个即将踏入社会的学子，期待一份契机和成功是我的夙愿，而您作为一家单位的负责人，也会希望一个得力的助手加盟以协助您的工作。我真诚地希望通过我这封求职信让我们将心房共同打开，找到我们共同选择的契合点。

寒窗苦短，学海无涯。大学四年，我孜孜以求，圆满地完成了全部学业，各科成绩优良，并多次获得奖学金(详情请见附件各科成绩表和获奖证书复印件)。在学好专业课的同时，努力开展科研工作，由我独立撰写的论文《×××××》曾发表于《××大学学报》2001年第6期上，并荣获该年度省大学生优秀科研成果二等奖。英语和计算机是当今时代青年必须掌握的两门技能性课程，我在大学期间已经通过英语全国六级考试，计算机全国二级考试。我兴趣广泛，有较强的语言文字表达能力，曾发表文学作品数篇(详见附件)，另有一定的音乐、绘画基础。

我深深地懂得，学好专业是一回事，而做到学以致用又是一回事，因此我在学好专业、打好基础的同时，努力参加社会实践活动。1999年暑假，我曾在《××日报》社从事实习工作，并且获得“优秀实习记者”的称号。2001年我对农民实际收入进行了调查，并且写有调查报告《×××××》，获得该年度学校“社会实践活动先进个人”的称号。另外，在大学期间，我先后担任系学生会学习部长、学生会主席等职务，因此有一定的社会活动能力和独立工作能力。曾被评为“优秀学生干部”。

当我走出校园时，正值贵单位发展前进、蒸蒸日上之际，我愿到贵单位任职，竭尽所学，与贵单位同呼吸共命运。“良禽择木而栖”，

“士为知己者死”。在这个崇尚公平竞争的社会里,我相信我能够凭自己的能力敲开贵单位的大门。

尊敬的领导,机遇对一个年轻人来说是多么地重要,我真诚地渴望您能够给予我一个学习、锻炼的机会。也许同您的许多部下相比,我还缺乏一定的社会实践经验,但我想时间会弥补这一缺陷的。

希望能得到您的答复。

祝

工作顺利,百事俱兴!

求职者:×××

2002年1月18日

联系地址:430070湖北武汉××大学××系××班

联系电话:027—××××××××

电子信箱:fengzhiying131@sina.com

附件(略)

例文二:

应聘信

尊敬的××经理:

您好。

读了贵公司刊登于《××日报》上的招聘启事,我有意应聘其中的文秘职位。

我今年26岁,女,于1998年6月毕业于××大学中文系。在本科毕业后,曾先后在多家单位从事过文秘工作,有着较丰富的工作经验。本人有着较强的英语口语表达能力和熟练的计算机操作水平,并先后在多家报刊发表过文章。因此,我认为自己能够胜任贵公司的文秘职务。

本人身体健康,为本市户口。

现附上本人工作简历一份,学历证书复印件一份,户口簿复印件一份以及所发表文章的复印件,以供参考。

希望能早日得到回复。

即颂

春安!

应聘人:×××

2002年3月23日

地址:武汉市武昌××路××号

电话:×××××××××

信箱:zzg94@hotmail.com

例文三:登报求职

(一)

小李,24岁,女,财会本科毕业。精通外语和计算机。本市户口。现觅相关单位财务主管职务。

电话:1397×××××××

信箱:Lxx97@sohu.com

(二)

下岗女工刘某,47岁。觅家务钟点工职务。有意者请呼126—874847。

第五节　商　函

一、商函的含义与作用

(一)商函的含义

商函,又被称作为商务书信、商务信函,它是指在商务活动中用来传递相关商务信息的一种书面文体。

(二)商函的作用

在经济相当发达的今天,国内各经济部门、单位之间进行业务交易、协商,国际贸易机构、企业、客商进行业务联系、协商、谈判已经越来越频繁,经过交易磋商最终达到确认成交的目的。磋商一般可以通过两种形式来实现:其一是口头式的,即通过交易会、洽谈会、博览会等当面进行交易;其二是书面式的,即交易双方通过信函、电报、传真等书面形式来洽谈业务。出于人力、物力等因素的考虑,一般商务洽谈多以书面方式为主。商业信函是传统商务活动中的主要通讯方式。

二、商函的特点

商函是一种比较传统的通讯方式,但它并没有因电话、电报、传真等现代通讯媒体的广泛应用而被替代淘汰,相反却因为传真的使用而增添了新的活力。同其他通讯形式相比,商函具有自身特有的优势。

(一) 凭证性

电话虽然快捷,但它无异于口头式的承诺,而没有书面凭证,不具备法律上的有效性,不会受到法律的保护。商函有发信人的签名盖章,留下明显的文字依据以作凭证,是具有法律效力的文书。

(二) 详细性

同商函相比,电报的确方便快捷,但因字数的限制,它所承载的内容十分有限,只适用于情况紧急的场合。商函不会受到字数、篇幅的限制,因此所传递的内容更丰富、更详细、更准确,因此使用范围相对更广泛。

三、商函的种类

在商务活动中,从联系业务、磋商交易、协商谈判、签订合同到履行合同、处理投诉、理赔索赔等每一个环节都需要信函这个重要的媒介工具来传递信息、交流情况,从而实现彼此双方有效的沟通,达到预期的目的。在此基础上,商函按内容可分为建立关系函、交易探询函、报价还价函、推销订购函、发货催货函、付款索款函、索赔理赔函等多种种类。

同时,从使用对象上看,商函可分为自发商函和答复商函。自发商函是为建立贸易关系、处理业务问题时主动发出的商业信件，一般有发函缘由、涉办事项、结尾等三部分组成。答复商函是为处理业务问题回复对方来函的商业信件，它一般由来信情况（包括日期、内容要点等）、答复、结尾等三个组成部分。

四、商函的格式

无论是何种性质还是哪种类型的商函，其基本格式都是一样的。一般由信头、称谓、正文、信尾等四部分构成。如：

事由：×××××

(2001)×字第×号

×××公司：

正　　文

特此函达。

×××市××股份有限公司(公章)

××××年××月××日

附件：本公司新产品价格目录一份。

（一）信头

信头是信函的开始部分，包括标题和编号两方面。标题应位于信函首行正中间，其内容是表明事由，简明地提出要告知的事情，使对方能通过标题就能知道信函的主要内容，从而做到心中有数，便于开展工作。书写事由时，一定要注意语言精炼，简明扼要。

编号在这里是指发函编号，位于标题的右下方，它的目的是便于收发双方将函件归类备查。

有时，商函在信头处除了写明标题和编号外，还要写上发函单位的名称、地址、电话号码、传真号码等。为了方便使用，现在大多数单位所使用的商函都印有信头，在使用时只需照单填写即可。如：

×××公司

地址:×××××　　　　　　　电　　话:×××××××××
传真:×××××××××　　　电子信箱:×××××××××
编号:××××

×××公司:
事由:
正文
特此(函达)函复
××××年××月××日

附件:本公司简介和产品目录一份

(二)称谓

称谓是对收信一方的称呼。在信头下面顶格书写。如果写给公司,则要使用规范化称呼;如果写给个人,则应在公司名称和对方姓名后加上相应职务,以示尊重,如"×××××公司×××经理"。

(三)正文

正文是商函的重心,包括开头语、主体、结尾三部分。

1. 开头语

开头语是要写明发函的主要意图,为下文主体部分作好铺垫,使对方不至于感到突然。如"关于我方3月退货一事,贵方至今未予答复。对此,我们深表遗憾。"或"贵公司3日来函收到,情况尽悉。"等等不一而足。

2. 主体

主体是商函重心之中的重心。一般就发函缘由详细地陈述具体事项,是对开头语的补充和深入。要做到"有理、有利、有节",使对方能心平气和地接受。如果内容较多,则应注意分段书写,做到层次分明。

3. 结尾

结尾一般是对主体部分所述事项加以简要的概括和强调,并提出己方的要求，如希望回函、回电等。结尾部分通常比较简单，往往只有一两句话，但要注意表达得体，因此也不可忽视，如："祈望从速办理见复"等。

(四)信尾

信尾是商函的结束部分，一般由祝语、落款、日期、附件三部分组成。

1. 祝语

写于正文结尾的下面，如"谨祝商安"等，而且最好分两行书写，前一行处于正中，后一行另起顶格书写。

2. 落款

在落款里，写明发函单位名称，注意名称的规范性，并加盖公章以示郑重，最后写明具体日期。如果使用的是专用发函纸，则直接写明日期即可。

3. 附件

附件是随函附发的相关材料，如报价单、发票、单据、产品目录等。为提请对方注意，可以在信末左下角写上附件的份数和主要内容。

五、商函的写作要求

商函的目的是为了传递具体的商务经济信息，以求得对方的准确理解和愉快合作，从而达到实质性的经济交往的效果，因此它的写法会因不同的内容和不同的用途而有所不同。但不管何种商函，它们都应遵循一定的具体要求。

(一)主旨鲜明突出

商函是商务来往的具体体现，任何一封商函都希望解决一定的商务问题，因此发函者必须本着效率至上的原则，以务实的态度来拟写商函，力求主旨专一、鲜明、突出，让对方能很快把握自己的目的、意图从而给予及时处理。要达到这种目的，最好能专事专文，语言简洁，不东扯西拉。

(二)内容丰富完整

商函是商务活动中出于人力、物力等方面的考虑而采用的一种书面交往方式,因此在内容上必须做到丰富完整,而且要条理清楚分明,否则会影响交易的效果。如果一味追求简洁而导致叙说含糊,则很难达到预期目的。

(三)文字严谨生动

商函多涉及到经济类的实质性问题,因此文字上要严谨,达意要准确。不要使用模棱两可的话语,否则会使对方产生误解甚至导致纠纷。同时,要注意“有理、有利、有节”,既要使己方有利,也不要使对方过于难堪而无法接受。为不使人感到过分压抑,语言上可稍加生动活泼,但切忌夸张粉饰。

(四)用语礼貌得体

商函除了完成该次商务活动外,还应通过交往建立友谊,树立自己良好的形象,使对方乐于与自己合作,从而为将来的商务活动打下基础。因此在遣词造句和行文语气上应当讲究策略,做到谦恭有礼,恰当得体。同时,针对不同内容的商函,我们要注意用语的细微差别性。

(五)书写规范周全

为避免造成不必要的麻烦,商函在书写上应注意其规范性,例如要整洁清晰,切忌涂抹擦画;不要出现错字、别字;涉及到金额数字,宜用大写“壹贰叁肆伍陆柒捌玖拾”等。为联系方便,应将最便捷的联络方式写上。

例文一:推销订购函

事由:推销无尘粉笔

(2002)××字第18号

尊敬的学校领导:

感谢你们的辛勤劳动为社会输送了大量德才兼备的人才。

作为“人类灵魂的工程师”的老师,陶醉在教书育人的成就感之中,却饱受粉笔灰的侵袭,令人心情非常沉重。对此我们看在眼里,记在心头。经过反复实验研究，我厂开发出了无尘粉笔，希望能为改善老师的工作环境尽绵薄之力。

现奉上我厂简介并产品说明书各一份，以便贵校了解基本情况。

希望我们能合作成功。

××市粉笔厂

2002年3月26日

附件：我厂简介及产品说明书各一份。

事由：订购皮鞋

×××厂负责人：

贵厂本月报价单获悉，谢谢。贵方所生产皮鞋价格合理，品种齐全，比较适合在我商场流通，现订购以下各品种皮鞋：

Z－R241型皮鞋：每鞋码各10双　152×7×10＝10640元

Z－R242型皮鞋：每鞋码各10双　179×7×10＝12530元

Z－R244型皮鞋：每鞋码各10双　287×7×10＝20090元

P－Y131型皮鞋：每鞋码各10双　91×8×10＝7280元

以上共计290双皮鞋，总金额50540元（计人民币伍万零伍佰肆拾圆整）。

交货日期：2002年3月26日之前。

交货地点：××市商场仓储部。

结算方式：转账支票。

敬请准时送货到位，以利我方正常经营。我方接收贵厂发货函，即开具转账支票。

合作愉快。

××商场业务部

2002年3月9日

例文二:报价还价函

事由:报价

(2002)××字第289号

×××经理:

贵单位3月8日询问价格函收悉,谢谢。现按贵方要求,将产品价格详告如下:

……

我厂所报价格均为同类产品中最低价,如果贵方订购量超过1000,我方可按所报价格的85%收款。

如果我方所报价格符合贵方要求,敬请早日订购。欢迎前来我厂指导工作。

恭候佳音。

×××摩托车厂

2002年3月27日

事由:还价

(2002)××字第18号

×××厂业务部:

贵厂3月23日关于××品牌电脑的报价函收到,情况已悉。同同类产品相比,贵厂所报价格偏高。如果贵厂能在所报价格上再优惠十个百分点,我方则会愉快接受贵方价格。

希望早日收到贵方回复。一旦得到贵方确认的价格,我方将立即向贵厂发出正式定单。

合作愉快。

×××公司

2002年3月26日

例文三:催款函

事由:催付茶叶款

×××公司:

贵公司于2001年10月19日向我厂订购的40斤茶叶,单价120元,共计4800元(人民币肆仟捌佰圆整),发票编号为200123452。可能贵方业务繁重,以致忽略承付。现特致函提醒,敬请尽快结算为盼。我厂银行账号为×××××。按银行规定,逾期将加收1%罚金。如有特殊情况,请与我单位财务科×××联系,电话:×××××××××。

特此函达。

×××茶叶厂

2002年3月26日

例文四:理赔索赔函

事由:质量不符索赔

×××电视机厂;

随函寄上××市质量检查局检验报告(2002)××号。报告证明贵方所生产的X－HB1450型彩色电视机显像管质量明显低于国家所规定标准。按事先合同中所说,如产品不符合质量标准,供货方将无条件退还货款30%。请贵方遵照合同所言,将应退还的货款汇至我单位账户。我单位账户为×××××。

特此函达,敬请合作为盼。

×××百货公司

2002年3月26日

附件:××市质量检查局检验报告一份。

第六节 电子函件

随着科学技术的日新月异,电子函件已经成为人们进行各种形式交往的主要通讯手段。电子函件是人们通过电报、传真、电子邮件等通讯方式传递信息的书面形式,因其方便快捷而被人们广泛使用。

一、电报

电报是利用电信号传递文字、照片、图表等的一种通讯方式。发电报一方把文字、照片、图表等变成信号,用电流或无线电波发出去,收电报的一方把收到的信号还原。人们在日常生活当中遇到一些急事需要迅速告诉对方,而对方距离遥远,来不及用书信进行联络而又无电话可通的情况下,常常会使用电报。

电报的发明,是人类传递信息技术方面的一大进步,一定程度上满足了人们在传递信息时对于速度的要求。随着电话的普及率越来越高,电报的地位有所衰落,但由于我国经济条件发展的不平衡,电报在一定程度上仍然有着不可替代的作用。因此,掌握电报的书写是很有必要的。

(一)电报的产生及其种类

电报是第二次科技革命的产物,最初由美国人摩尔斯发明。我国于 1881 年 12 月 28 日正式开始使用电报,到 1900 年左右,全国初步建立了电报网。

电报因其形式、用途、传递速度等的不同,可以分成很多类别。

1. 普通电报和加急电报

根据传递的速度来分,电报可分为普通电报和加急电报。普通电报在现有条件下几个小时内即可收到,但夜间停送,如遇到紧急情况,则不能满足需要。加急电报日夜发送,可以弥补普通电报的不足,在办理发报手续时写明“加急业务”并照章交费即可。

2. 公务电报和私务电报

根据用途的不同来分,电报可分为公务电报和私务电报。公务电报是为公事而拍发的,如贺电、慰问电、唁电等。私务电报是在个人生活交际活动中使用的,也可分为一般电报、贺电、唁电等。

3. 明码电报和密码电报

根据电码形式的不同,电报可划分为明码电报和密码电报。电报对文字的传递,是将文字译成可用电信号传送的电码后再用发报机向外拍发的。电码有全社会共同约定俗成的,被称为明码,也有个人或集团之间互相约定的,具有保密性质,被称为密码。在此基础上,电报被分为明码电报和密码电报。明码电报供广大人民群众使用,其翻译工作一般由电信业务工作人员来做,发报人只需将拟好的电报稿按既定的手续办好交付业务人员即可,收报人收到的已经是译成文字的电文。密码电报只有使用密码的双方才可互译。

4. 有线电报和无线电报

根据电报传递的方式来分,电报可分为有线电报和无线电报。有线电报是靠导线传送信号,在发报和收报装置之间有导线连接。无线电报是利用无线电波传送的电报,发报的地方把要发送的信号变成无线电波发射出去,收报的地方直接收听信号或把信号用接收机记录下来。

(二)电报稿纸的格式和电文的结构

电信部门印制有专门的电报纸。电报纸有固定的、统一的格式。在拍发电报时,向电信部门索取电报纸,按规定填写即可。

电报全文由四部分构成。

1. 电报头栏

电报头栏由电信部门工作人员填写,以便发送,与发报人无关。

2. 收报人住址、姓名

由发报人填写。收报地名写明所属省(市、区)、市(县)即可,详细地址如区、街道、门牌号等以及收报人姓名写入"收报人住址和姓名"栏内的方格里,不可写入长行横格(此系业务人员译写电码所用)。如果有电报挂号,可直接填写号码,不必再详写"住址、姓名"。

3. 电报内容和署名

由发报人填写。用尽量简洁的话语将意思说清楚,再写上自己的姓名,以便让对方知道电报是谁所发。此项内容也要写进方框内。

4. 发报人姓名、地址、电话。

由发报人填写。此项内容不拍发,不收费,供电信部门参考或留存备查,如果找不到收报人可及时退回,以便发报人采用其他联络方式。

(三)电报的写作要求

在填写电报纸之前,要认真阅读电报纸上的“发电须知”。“发电须知”全文如下:

发电须知

1. 发往城镇的电报,自交发时间起,普通电报六小时左右,加急电报四小时左右送达收报人,请斟酌使用,以免误事,其中普通电报按规定夜间停止投送,需夜间照送,请使用“加急”业务。

2. 发往农村部分地区的电报,根据目前条件,在传到收报地点附近的电信局(所)后,要改按信件邮寄,一般需要1~3天送达收报人,少数边远地区需时更长,如同意交发,请写明“邮送”字样。

3. 为了防止电报因名址欠详而送不到,请详细填写收报人住址和收报单位名称。

4. 电报在传递、处理过程中,由于电信局的原因,造成电报稽延或错误,以至失效的,电信局应按规定退还报费但不承担其他赔偿责任。

5. 因地址不详,造成电报延误的,责任自负。

除了遵照“发电须知”的要求外,电报的写作还应达到以下要求。

1. 文字简洁

电文拟文要简洁。电文不简洁会加重电报传递系统的负荷,从而影响电信部门的工作效率。对于发报者来说,文字简洁也能节省相应开支,因为拍发电报是按电文字数的多少进行收费的。

2. 意思清楚

在强调电文字数越少越好的同时,还必须注意把意思表达清楚,不能出现不明确或有歧义的现象。如一则通知买方货物已装运的电文如此拍发:“××货已装2日即抵汉”。本来是要告知对方货物于

×月2日抵达目的地武汉，但它却可理解为“货物已经装运两天马上可以抵达目的地武汉”，也可理解为“货物已经装运好两天后即可抵达目的地武汉”。如果在“2日”前加上“×月”字样就可避免出现如此情况。

3．行文礼貌

拟写的电文要恰如其分地使用礼貌用语，力忌使用让人觉得是在发布命令或下达指示的语言，因为这样只能引起对方的反感。

二、传真

(一)传真的特点和作用

传真是一种利用光电效应通过有线电或无线电装置把照片、图表、书信手稿、文件等静止文图的真迹传送到远方的通讯方式。

在发送传真时，将原件放在传真发送机上，传真机依照一定的次序将其分成黑白深浅不同的小点，通过光电效应将小点变成强弱不同的电流，然后利用有线电路或无线电路传送到对方。对方通过传真接收机将收到的信号电流用各种不同的方法复制出原来的照片以及图文资料。

传真使用起来方便快捷，且传送的内容丰富多样，因此受到人们的欢迎。同信函相比，传真在内容上并没有什么特别的地方，只是传送的方式不一样而已。同电报相比，传真则鲜明地体现出自身的优势：其一，传真的内容更加丰富多样，不仅可以传递文字信息，还可传递图像。其二，传递的速度更加快捷，而且基本不受自然条件的限制。其三，传真可以保证所传递的内容不失真，既能准确传输内容，又能如实传输信息形式(例如可以把信函连同签字盖章真实地再现于收件人眼前，以作书面证明)。

因为传真具有其他通讯工具所不具备的特点，所以在政治、经济、文化等国内国际交往中尤其在商务活动等方面得到广泛的使用。

(二)传真的格式和写法

传真机具有传送纸张上任何资料(文字、图片、表格等)的功能，因此，它传送的内容可以手写，可以打印。在格式上，可以分为正式的和非正式的两种。

1. 正式格式就是将己方的公司名称、传真号、电话号、日期、传送文件的页数、文件编号以及收件人的名称、传真号、电话号、地址等内容按一定的格式打印出来,形成固定的笺头。在使用的时候,只需在相应部位填上具体内容,最后加上落款即可。

2. 非正式格式的传真传送的多是手写稿,因此在写作时可以自由拟写,不必拘于某种具体格式。

例文:传真表

发往:化兴电脑公司	日期:2002 年 3 月 29 日
致:衣成亮先生	文件编号:PH34278
内容:电脑耗材	页数:一页
传真号:00852—23456789	公司传真:027—87654321

衣成亮先生:

就贵公司 3 月 8 日关于电脑耗材的询价,现答复如下:

打印纸:A4——×××元/箱

B5——×××元/箱

墨　盒:彩色盒——×××元/盒

黑白盒——×××元/盒

……

以上报价仅供参考,最终以市场最新价格为准。

希望合作愉快!

辰和有限公司

三、电子邮件

(一)电子邮件的含义

电子邮件(Electronic Mail)简称 E-mail,是伴随多媒体网络技术的发展而兴起的一种新兴的传递方式。收发电子邮件是现代计算机网络中非常重要的一项服务,是因特网上使用最广泛的应用服务。它提供了一种方便快捷的传输信息的方法,适应从短小文件到大卷备忘录乃至整本刚刚出版的图书或多媒体信息的传送,因此在人们的日常生活中受到越来越广泛的欢迎。

(二)电子邮件的特点

电子邮件与普通邮件相比有许多共同之处,例如都有收信信箱,有收信人地址,邮件可以保存等等。但是电子邮件作为一种新兴的传递方式,有着自身的优点:传送的是电子信息,速度快;可以传送多媒体信息,如声音、图像等;可以随时随地发送;价格更便宜;可以同时给多个收信人发送同一信件等。

(三)电子邮件的发送和接收

1. 电子信箱

电子邮件是通过计算机网络中的一些网络服务器在因特网上传送,用户只要在任何一家网站申请一个免费电子信箱,就可发送和接收电子邮件。所谓电子信箱就是服务器上的一块磁盘空间,由电子邮件系统管理,用来保存收到的信件。在因特网上有许多网站可以提供免费电子信箱,在进入任何一家网站后,按网站的有关规定操作即可。电子信箱中可以暂时存放一定数量的电子邮件,用户可以随时打开信箱,查看保存的电子邮件目录,选择阅读或处理某些邮件。在经过相应的设置后,如果用户正在使用计算机时收到新邮件,主机系统会及时发出信号通知用户。在设置了密码后的电子信箱具有保密性,只有信箱的拥有者才能阅读和处理这些邮件。

2. 电子邮件的构成

电子邮件由信头和信体两部分构成。

信头相当于普通邮件的信封。在信头上一般包括这样一些内容:电子邮件的始发地址(即发信人的电子邮件地址)、目的地址(即收信人的电子邮件地址)、有可能抄送的地址(因电子邮件具有一信多发的优点,因此有时候还包括其他人的邮件地址)、邮件的主题(发信人一般用很简洁的话语作为邮件的主题,方便邮件接收者及时处理。如果发信人没有拟写主题,则邮件上会显示“没有主题”[no subject]的字样)以及邮件的接收时间等内容。

电子邮件的信体相当于普通邮件的正文。正文可以直接书写在信头下面的写字板上,如果内容较多,则可通过附件的形式发送。

3. 邮件的发送

打开信箱后，单击“写邮件”，屏幕上就会显示信头和信体。填好信头，编辑好信体，单击“发送邮件”，即可发送邮件。在发送完毕后，屏幕上会显示“邮件发送成功”的字样。

4. 邮件的接收

接收邮件也需要通过电子信箱来进行。打开信箱后，单击“未读邮件”，屏幕上会显示未读邮件的目录。用户可按照操作要求根据情况作相应的处理，如永久删除、转移、发送、保存、下载等等。

【思考与练习】

1. 为庆祝元旦佳节，某杂志拟出版一期增刊号。请你代该刊写一份刊首致读者的“元旦祝辞”。

2. 贺辞同祝辞之间有哪些异同点？

3. 普通式讣告的正文应包括哪些内容？在语言上有什么要求？

4. 悼词的写作应注意哪些具体要求？

5. ××××大学定于2002年4月30日举行“百年校庆”庆典活动，作为校庆委员会的成员，请你拟写一份邀请广大校友回母校参加庆典的请柬。

6. 假设你是一位应届硕士生，请为自己写一份求职信。

7. 商业信函有哪些种类？请举例说明一到两种商函的写法。

8. 将下面一则电文改写精炼一些，并结合自己的改写心得谈谈拟写电报稿应有哪些要求。

“知道你们召开××市文艺理论家协会成立庆典，我们省文艺理论家协会的全体成员为之高兴，这标志着我省文艺理论队伍的进一步发展壮大。希望你们为繁荣我省的文艺创作作出更大的贡献。”

9. 在一家网站上为自己申请一个免费电子信箱。

第十四章　论述文体

论述文体是指运用议论说理的方式对某客观事物或问题发表见解、阐明观点和主张的一类文章的总称。这类文体的主要特点是:具有明确的说理性和严密的逻辑性,以理服人。

论述类文体包括的范围很广,可以从不同的角度分类。如,从内容上,可分为社会评论、经济评论、国际评论、文艺评论等;从表达方式和篇幅上可分为短论、微型评论、编者按、杂感等。本章讲述“社会评论”、“文艺评论”和“学术论文”三种文体。

第一节　社会评论

一、社会评论的特点和分类

(一)社会评论的特点

社会评论是一种政论文体,它往往以人们在工作、学习和日常生活中某些处于萌芽状态或带倾向性的思想问题作为评论对象,从理论上加以分析和回答。它可以是对先进思想作风的赞颂、褒扬,也可以用于对落后、错误思想的批评、鞭笞,还可以借某一思想问题,阐发某种具有现实意义的道理。写作社会评论的目的,是为了帮助读者分清是非、划清界限、提高思想认识,使读者受到先进思想的激励,或是从落后的、错误的思想束缚下解放出来,从而能够更好地工作、学习和生活。

1.针对性

社会评论,顾名思义,就是以社会问题为评论对象。针对现实生活中出现的具体的思想问题,有感而发,是社会评论最突出的特点。一篇社会评论,应该抓准一个矛盾,有的放矢,运用理论联系实际的方法,讲清一个道理,这样才能真正发挥思想评论独特的宣传教育功能,切实帮助读者解开思想疙瘩,提高思想认识。

2.时效性

对现实生活中出现的思想认识、思想方法、工作作风等问题,及时发现、及时进行分析评论,是社会评论的另一个特点。社会评论的时效性,当然不像新闻文体那样有严格具体的时间要求,而是指对评论时机的恰当的把握,通过评论者的呼吁和对丰富的感性材料的分析研究,深刻揭示问题的实质,从而使某种健康的、富有时代精神的思想萌芽及时得到扶持,得以发扬光大,使某种尚未为人们所重视的落后的、错误的思想倾向,迅速引起人们的重视并得到纠正。比如1998年3月11日《中国轻工报》发表了《药品吃回扣,彩电为何不吃》一文,针对当前药品市场上吃回扣的现象发表了看法。吃回扣的原因是否在于"供大于求"? 接着作者反问道:"彩电市场也是供大于求,为何没有商家吃回扣?"文章分析说:根源在于公费医疗制度,生产销售单位可以把这笔钱加到药品上高价卖给消费者,消费者因可照单报销而不在乎。而彩电的消费是老百姓私人掏钱买,你若加价,老百姓就会拒绝掏钱。这篇评论及时地抨击了社会上"药品吃回扣"的歪风,提醒有关部门重视并加以纠正。

3.群众性

社会评论的群众性,一方面是指它的内容总是广大群众关心和感兴趣的,是同广大人民群众的利益密切相关的,无论是对先进思想的褒奖,还是对落后的错误的思想的批评,都是从群众的角度来提出问题和分析问题,说出群众的心里话,反映出广大人民群众的意志和愿望。另一方面,社会评论一般短小精悍,形式灵活,取材广泛,论述通俗而生动,因此深受广大群众的喜爱。

(二)社会评论的分类

1.赞扬性评论

这类评论以具体的人或事所体现的先进思想作为评论对象,旨在通过正面表彰某个先进人物,赞扬某件新事物,倡导一种高尚的精神、品德和作风。

例如《袁博士的“寒酸”》[①] 就袁家骝博士护送爱妻吴健雄博士的骨灰回故乡一事发表评论。美籍华裔科学家袁家骝博士穿的仍是三年前返江苏故乡的那套“行头”，裤子上补了两块补丁，可谓“寒酸”，可他这次返乡就捐了200多万元给家乡助学。文章高度赞扬了他倾囊助学的义举，歌颂了他生活俭朴的美德。

2．批评性评论

这是以批评某种错误思想为主要内容的思想评论。这类评论对事不对人，目的是通过揭露和剖析落后的、错误的思想和不良作风，影响舆论，使人们受到震动，提高认识，从而自觉起来扶正祛邪。

如《对跑官要官者要公开曝光》[②] 一文，对跑官要官者，主张公开曝光，并分析道，这样做有三点好处：教育了跑官要官者本人；捍卫了党的尊严；粉碎了“有钱能使鬼推磨”的神话，有利于纯洁党风，遏止腐败。评论旗帜鲜明，如一声警钟敲响，振聋发聩。

一篇好的社会评论，总是从具体的生活现象出发，“顺藤摸瓜”，最终找到评论的目标。现实生活中绝不缺乏可评之人之事，问题在于能否做生活的有心人，所谓“处处留心皆评论”。思想评论作者要怀着一份社会责任感去观察社会，还要善于通过现代传播工具来拓展视听，经常注意从报纸、电视、广播中获取各种信息。总之，要目光四射，处处留心，勤于思考，勤于积累，使自己拥有比较丰厚的材料储备和思想储备。这样，生活中每一个那怕是极其细微的变化，都可能成为论题“偶然得之”的契机。

3．阐述性评论

这类评论不是为了赞扬什么或批评什么，而是就现实生活中的某一思想问题发表自己的看法，或是阐述某种道理，它可以是对某种流行的说法、想法的匡正或补充，也可以针对某种思想方法、工作作风直抒己见。《瞭望》1998年第2期发表《培训比安置更重要》一文，是针对如何对待下岗职工而言的，文中提出：“提高下岗者的知识水

---

① 1997年7月8日《中国纪检监察报》。

② 《瞭望》1998年第1期。

平和能力比安置更迫切,更重要。"并以瑞典和上海、厦门的实例来阐说这个道理。这篇评论属阐述性评论,文字不多,却给人以深刻的启发。

二、社会评论的写作

1. 从现实生活中发现论题

如何选择论题,是写好一篇社会评论十分重要的一步,有人说,一篇思想评论的题目选得好,就等于成功了一半,这话不无道理。有时一个切中时弊的题目本身,便足以引人警觉,发人深思。思想评论的作者如何去发现论题呢?我们认为,应该把评论的取景器对准实际生活,到多姿多彩、充满矛盾的现实生活中去摄取评论对象。

例如下面这篇小评论:

别让权力延至"八小时之外"

"八小时之外"对于任何一名领导干部来说,大致本该有两项功能:一是休息,二是学习。实际上,卸下一身公务,回到家中,每一个领导干部都是一个普通人,需要尽一份做丈夫(或妻子)、做父亲(或母亲)、做儿子(或女儿)的义务。

从那些有着惊人一致的贪污腐化堕落的官员身上,我们不难发现,其"八小时之外"往往成为滋生问题的"事故多发"时间段。工作之余,有的官员三天两头出入豪华饭店、舞厅、赌场、高尔夫球场,与不法商人推杯换盏,礼尚往来;与黑社会老大称兄道弟,明里暗里"体贴关照";与夜总会当红小姐"亲密无间",与情人"一往情深",有求必应……上演了一幕幕贪赃枉法、以权谋私、生活腐化的丑剧。而这一切,无不与将手中的权力延伸到"八小时之外"有关。把官服穿到了不该穿的地方,把权力用到了不该用的地方,让与权力有关的肮脏交易充斥个人生活空间[①]。

---

① 2002年3月13日《工人日报》,丛一文。

此文作者透过当前反腐败斗争的背后,敏锐察觉到一种社会现象,即某些领导干部将手中的权力延伸到"八小时之外"把权力用到了不该用的地方。作者从现实生活出发,透过社会现象找问题,终于从一个新视点找到评论的题目。

从若干部分、若干方面,或者从不同的角度来加以分析,从而达到全面把握论题的目的。在具体的写作过程中,根据评论对象的特点,作者可以采取某一种分析方法,也可以两种方法交错使用。

2. 从理论高度阐述论题

一篇社会评论,不仅选题要准,要评得及时,要有时代的新意,而且还要有一定的理论色彩。

任何事物的现象与本质,任何事物与客观规律之间,都有着必然的联系,而"感觉只能解决现象问题,理论才能解决本质的问题"。思想评论不应该只是思想问题的简单罗列,而是要善于把感觉到的具体问题,经过概括、升华,上升到理性来认识,从理论高度上来进行透彻、精辟、深刻的分析。只有这样,才能够透过问题的表象,揭示其隐蔽着的本质,增强评论的说服力,也才能够使评论超越具体对象的局限,获得更为普遍的指导意义和教育意义。

怎样才能使一篇思想评论具有理论色彩呢?概括地说,就是要揭示现象与本质,具体事物与客观规律之间的必然联系。

如《选贤任能也是革命》① 一文的第三段:

> 任人唯亲,是政治上的腐败。用人问题是个政治问题,吏治的腐败是最大的腐败。各种各样的腐败现象,归根结底出在用人上。不错,法律、机制、制度非常重要,用制度管人,比用思想教育可靠得多。但是,再好的法律,再严细的制度,也是由人来制定,靠人来执行、落实的。君不见,有多少好"经",让"歪嘴和尚"给念歪了,又有多少腐败分子,或挖空心思钻法律、制度的空子,或干脆胆大妄为,肆意践踏党纪国法,以权谋私。由此可见,选好人、用准人是何等的重要!严酷的现实是,当前一些单位在选

---

① 1998年5月5日《人民日报》。

人用人上存在着严重的不正之风。有的不问德才,只看关系;有的不看表现,只看来头;还有的甚至跑官、要官、买官、送官。这样,怎能保证选人用人的质量?又怎能坚持选人用人的正确导向?可见,选贤任能,非革不正之风的命不可。

文中旗帜鲜明地提出:任人唯亲,是政治上的腐败,并概括道:"各种各样的腐败现象,归根结底出在用人上。"进而分析说:法律、制度由人来制定,也靠人来执行,指出如今严酷的现实是:当前一些单位用人存在严重的不正之风。选贤任能,非革不正之风不可。文章把如何用人上升到政治上的腐败这一理论高度来分析,缘事析理,以实论虚,大处着眼,使"选贤任能也是革命"这一主旨格外鲜明、突出,给人以深刻的启示。

3. 用当代意识观照论题

一个好题目的选定,是一个认识不断深化的过程。起初往往只想到就某个方面的问题写篇评论,只有笼统的题目,但在准备材料的过程中,通过进一步的分析研究,才最终明确了这个问题究竟属于什么性质,这篇评论究竟要解决什么问题。

分析论题,首先要考虑的是,把问题放在什么样的思想层面上去分析。思想评论的作者要用当代意识去观照论题,即用当代所达到的思想高度去认识、评价生活,去理解、把握问题的实质,这样才能摆脱平庸的、陈旧的甚至是错误的思想观念的束缚,使论题充满盎然新意。

例如"家风"问题,是一个古老的话题,《领导干部必须树立良好的家风》一文站在时代的高度从中发掘出了新意。评论不仅提出了领导干部的家风对群众有很大的影响,而且明确提出:我们党的各级领导干部的家风好起来了,正起来了,就会带动党风纯洁,为社会风气的好转起积极作用;并联系当前社会实际,指出少数领导干部家风存在严重问题,已逐步成为腐败的发源地之一;最后提出三点期望,强调指出:领导干部的家风问题是新时期党风廉政建设的重要内容。评论用当代意识观照这一古老的话题,充满时代气息。

其次，分析论题要讲究方法，主要有纵向联系和横向剖析两种分析方法。纵向联系的方法，着重于分析所论问题的历史根源、产生背景、现实影响等等，这种方法有助于弄清问题的来龙去脉、前因后果，加深对问题的认识。横向剖析的方法，是把问题分成若干部分，进行分解，层层解剖，加深对问题各横向部分之间的认识。

三、社会评论写作要注意的几个问题

（一）要旗帜鲜明，不要含糊其辞

面对现实生活中出现的思想问题，是赞成还是反对，是肯定还是否定，作者在评论中必须态度鲜明，不能含含糊糊、模棱两可，否则社会评论于读者有何益处？

"真理必须旗帜鲜明"，要做到这一点，就要善于"立片言而居要"，把观点提炼成一两句明确的话，并把它放到突出的位置上。许多思想评论直接用作者的观点作为文章的标题，显得十分醒目。如前面提到的《对跑官要官者要公开曝光》、《不反腐败也是一种腐败》、《领导干部必须树立良好的家风》等文都是如此。还有的评论水到渠成，卒章显志，例如，《文化，不是一张牌》[①] 分析了在一些人那里，"文化"已成为一种时髦，一种装潢的种种现象之后，结尾指出：归根结底，文化是一种严肃，一种神圣，而不是可供人随意用来挡车马、克仕相的一张牌！

（二）要以理服人，不要耳提面命

评论贵在说理，其力量也在"理"上，俗话说，"有理走遍天下"。无论评论的是什么问题，作者都应该把自己摆在同读者平等的地位上，以诚恳的态度，坚持摆事实，讲道理，用周密、深刻的分析去说服读者。在这方面，毛泽东同志许多思想评论值得我们好好学习，比如在《反对党八股》一文中，他列举了党八股的八条"罪状"，说明什么是优良文风的品格，结尾指出："希望同志们把我所讲的加以考虑，加以分析同时也分析各人自己的情况。每个人应该把自己好好地想一

---

① 1997年5月16日《人民日报》。

想，并且把自己想清楚了的东西，跟知心的朋友商量一下，跟周围的同志商量一下，把自己的毛病切实改掉。”这种坚持说理、与人为善、以诚感人的文章，最能起到思想教育、批评的作用。如《不反腐败也是一种腐败》坚持用事实本身的逻辑说理，以理服人，而不是强词夺理，用大帽子压人。

社会评论最忌耳提面命，板起面孔训人，在十年浩劫中听够了虚伪说教的广大人民群众，对于这样的口气、这样的文字至为反感，不屑一顾。失去读者，再精彩的论题又有何用？

(三)要实事求是，不要故作惊人语

实事求是的态度对任何文章的写作来说都是最基本的，也是最重要的。社会评论要实事求是，就是对于所评论的问题要是一说一，是二说二，不要夸夸其谈。因此，社会评论作者要坚持以马克思主义的“以事实、而不是以可能性为依据”的科学态度，深入实际，重视调查研究，不要捕风捉影，要防止把个别现象当作普遍现象，把非主要倾向当作主要倾向，更不能为了哗众取宠而故作惊人之语。如果社会评论的作者缺乏实事求是的思想作风，这种现象本身就应该成为社会评论的批评对象。

第二节 文艺评论

一、文艺评论的对象与作用

读小说，听音乐，看电视，人们在轻松愉悦的审美活动之余，还要发表议论，进行评价。文艺评论与文艺活动是分不开的，可以说，文艺评论是文艺活动的延续，但同时它又是对文艺活动的超越，因为它毕竟是一种研究活动，是一种理性的思考。所以说，文艺评论是文艺活动的第二境界。

文艺评论涉及的范围很广，是对文艺领域中的各种现象进行分析、研究、评价的文章。评论的对象包括文艺理论、文艺运动、文艺思潮、作家作品等。它总结文艺发展的经验，分析文艺现象，揭示文艺的基本规律。这里所讲的主要是指对具体的作家作品进行分析、研究、评论的文章。文艺评论又称文艺批评。

文艺评论的种类多种多样,按评论的对象分,有文学评论、电影评论、电视评论、音乐评论、美术评论、戏剧评论等等,按评论的体裁分,有专著、论文、信札、序、跋、读后感、对话和随笔等。

文艺评论的作用,概括起来有两点:

(一)解析、鉴赏作品

文艺作品是文艺家复杂的精神劳动的产物,作家、艺术家的思想和情感总是蕴含在艺术形象之中而不直接说出,还有些作品含蓄、隐晦,含有多义性,一般人不容易体味出来。比如许多人阅读文学作品往往停留在感性阶段,看小说只了解故事情节,不深入或不理解作者的创作意图,不懂作品的创作方法和艺术手法。而文学评论通过解析作品,帮助读者理解作品的思想内容,了解作品的艺术特色,给读者以启迪。正如许子东在《当代文学印象》中所指出的:“真正的文学作品中,解析,尤其是苛刻的解析,恐怕比赞誉,尤其是宽容的赞誉要高一个层次。”

(二)总结创作经验

文艺评论不仅可以帮助读者认识、理解文艺作品,提高鉴赏能力,同时,通过对作品的判断与分析,指出优点和缺点,还可以总结创作经验,探讨创作规律,帮助作者提高创作水平。俄国批评家杜勃罗留波夫指出:“批评应当是永久的艺术法则对个别作品的应用,应当像镜子一般,使作者的优点和缺点呈现出来,指示他正确的道路,又向读者指出应当赞美和不应当赞美的地方。”[①] 的确,文艺批评对于繁荣文艺创作具有重要而积极的作用。

二、文艺批评的发现

(一)从鉴赏到批评

评论文艺作品的前提是认真研究评论对象,力求全面、深刻地理

---

① 《杜勃罗留波夫选集》第2卷,上海文艺出版社1959年版,第444—445页。

解作品。为此，要查阅有关作家、作品的资料，了解作品的写作背景、作家的创作意图，以加深对作品的认识和理解。比如评论一部电影，最好先找来电影文学剧本读一读，评论一部小说，应了解作者有关的创作情况。评论作品之前，写作者要用自己的知识和情感对艺术作品进行感受、体验、领悟、理解，以获得情理结合的审美把握。

这个过程包括“入”与“出”两个阶段。首先是“入乎其内”，鉴赏的第一阶段是指具体的审美感受，即对作品的感受和理解，要善于捕捉住欣赏作品时的感受、印象和情感体验。第二阶段是“出乎其外”，要在审美感受的基础上，将艺术感受抽象为理性认识，对作品进行审视、鉴别和评判，也即理性的科学判断过程。

例如听《黄河大合唱》，一位评论者写道，首先感受到的是“由节奏、旋律组成的乐音的流淌”；“由呜咽、悲泣而咆哮、怒吼的黄河的节奏、旋律，我们自己的思想感情的河流似乎也变成了黄河的巨流的一部分，随着它的奔腾一起跳动”。然而不仅仅是这些，通过理性的思考，作者从中“认识了我们民族的性格，那蕴藏着无穷无尽的力量的、不可侮的、不可战胜的中华民族的性格，这是美的性格、崇高的性格”①。这一段音乐评论文字就是从欣赏进入到批评的。

(二)确定论题

文艺作品本身是文艺评论的主要依据，文艺评论要从作品的实际出发，从作品的思想内容和艺术形式出发，要善于发现作品的价值，即作品的思想水平和艺术水平。在考虑论题时，要抓住作品的突出特色，也就是从感受、理解最深的某个方面入手来确定评论的重点。而不能泛泛而谈，面面俱到。

评论主体要对作品有独特的感悟、独到的发现，对一部作品，要见人所未见，发人所未发，提出自己新鲜的见解，而不要人云亦云。评论者还特别要注意寻找新角度，从较小的角度切入，这样才易于写得深透。

① 杜书瀛：《艺术欣赏》，见《美学专题选讲汇编》，中央广播电视大学出版社 1984 年版，第 180 页。

文艺作品是由思想内容和艺术形式结合而成的有机的统一体，评论文艺作品要以文艺欣赏为基础，以文艺理论为指导，从思想性和艺术性两方面入手。

三、文艺的社会批评

考察文艺作品的思想意义、社会价值，是文艺评论的首要方面。一部作品的成败得失、价值高低，首先要看它的思想内容，要看作品所体现出来的思想倾向、思想深度。

(一)把握总的思想倾向

评价文艺作品的思想性，要从作品的全部内容出发，力求把握作品的基本精神和总的思想倾向，以得出科学的论断。要防止断章取义、以偏概全，防止主观臆断，曲解作品的思想内涵，造成判断的失误。

根据小说《人到中年》改编的电影上映后，曾有人批评这部作品"只注重阴暗面"，"没有反映生活的本质"，"存在严重问题"。这种判断显然不符合作品实际，是一种错误的、简单化的批评。从总体上去把握这部作品，就会得出完全相反的结论：作品植根于现实生活，大胆提出了一个带有普遍性的问题，中年知识分子的重要贡献与其不相称的待遇之间的矛盾。它真实反映了人民大众的心声，具有强烈的现实意义。

(二)顾及全篇及全人

评价文艺作品的思想性，应当抱有历史唯物主义的态度，了解作者的生平、阅历、思想感情、气质，并联系作品产生的历史背景，以及作品所反映的时代特点，全面地实事求是地进行考察、分析和判断。正如鲁迅早就指出的："倘要论文，最好是顾及全篇，并且顾及作者的全人，以及他所处的社会状态，这才较为确凿。"① 恩格斯评价巴尔扎克的《人间喜剧》，列宁评价托尔斯泰的作品，都为我们正确评论文学作品树立了范例。50年代，当有人歪曲长篇小说《青春之歌》的主

① 见《鲁迅全集》第6卷，人民文学出版社1981年版，第420页。

题和人物形象时,茅盾从作品的整体性出发,运用历史唯物主义观点分析作品,认为小说正确地反映了那个时代的现实生活,肯定了它的主题的积极意义。

台湾作家白先勇的长篇《孽子》出版以后,一位评论者袁则难以强烈的反共意识来注释《孽子》,说它是一个政治"寓言",是"现代中国分裂的伤亡惨痛,中国人的流离、迷失与挣扎"。台湾作家龙应台在仔细阅读全篇以后,研究了作家的创作意图,写出了评论《淘这盘金沙——细评白先勇〈孽子〉》①,文中指出:

> "孽子"不是唱反共八股的政治寓言,它倒也不是一本探讨同性恋的作品(这一点,我同意袁文的说法)。在袁则难的访问中,白先勇提到他写《孽子》,想表达同性恋这个主题,写完之后才发觉了其他两个主题:父子冲突,以及灵与欲的冲突。有趣的是,就同性恋而言,这本书其实只触到不痛不痒的皮毛;作者意外"发觉的那两个主题",在我淘金人看来,却是全书的精萃,砂砾中耀眼的金块。

很显然,这篇评论是顾及到作家的全篇及创作意图的,这种评价也是公允,而且符合作品的实际的。

(三)注重社会效果

文艺作品问世以后,就具有社会性,会在现实生活与人民大众中产生影响,这种影响是积极的、有益的,还是消极的、有害的,这些也是文艺的社会批评的重要内容。对那些张扬时代主旋律、格调高昂的优秀作品要大力推荐,给予充分肯定,热情扶持,而对那些有错误倾向,如宣扬暴力、凶杀、色情的作品,则应进行批判、揭露,对有些格调不高、情感不健康的作品要给予批评。

四、文艺的美学批评

文艺作品总是通过美的形式,把思想和艺术传达给读者和观众,

---

① 见《龙应台评小说》,作家出版社 1988 年版,第 7 页。

引起人们的美感，给人美的熏陶。评析文艺作品的艺术性，要从内容与形式的融合、统一方面，研究作家如何运用美的形式艺术地反映生活，比如人物形象的塑造，艺术意境，情节结构，语言表达等。由于文艺品种的不同，评论的侧重点和角度也不一样。

（一）评析艺术形象

叙事类的文艺作品以塑造人物为中心，叙事类文艺作品的思想价值和艺术特色主要通过人物形象的塑造表现出来。所以，在这一类文艺作品中，评析人物占有相当重要的位置。

文艺家塑造人物，总是企图表现某种思想、某种情感、某种审美理想。成功的人物形象，其思想内涵是丰富、复杂的，因此要通过对人物形象及其性格的分析，揭示其所概括的思想容量，揭示其艺术价值。叙事性文艺作品的艺术魅力，其吸引人、感染人的程度，主要决定于人物性格的魅力。

电影《红河谷》的特殊魅力的一个重要因素，就在于出色的人物塑造。于敏的评论《壮歌一曲〈红河谷〉》，对几个主要人物作了精要的分析，其中对藏族青年格桑有这样一段评析：

> 藏族青年格桑是关键人物。他一身联系着汉族姑娘雪儿，联系着头人的小姐丹珠，联系着英国记者琼斯，也联系着后来的英军司令罗克曼，他的性格刻画较之其他人物更为完美。他钟情于汉族少女雪儿，他的感情表露得粗犷而深沉。他是一个贱民，但是在大小姐丹珠火热的垂青下却是一条硬朗的不为柔情所动的男子汉。他从生死间不容发的瞬间救出了琼斯和罗克曼，他与留下治病的琼斯成为朋友。后来，当他手捧洁白的哈达，迎接第二次进藏的罗克曼时，突然发现押他而来的侵略军，他的眼光由喜悦变为惊愕，又变为愤怒和仇恨。这是一个相当出色的银幕形象。

这是一段夹叙夹议的评论文字，既点明了格桑在影片人物形象结构中的核心位置，又抓住最能展现他的性格的聚焦点，从他对待爱情、对待敌人的态度上，揭示了他粗犷、深沉而又爱憎分明的男子汉性格。作者准确地概括出了格桑这个人物的性格特征，肯定了这个银幕形象的成功塑造及其艺术光彩。这种评价是中肯的。

评析人物形象不仅要揭示其艺术魅力所在，而且要分析作者是如何塑造人物，运用何种艺术手法刻画人物的。这就要求评论者抓住作家塑造人物的主要艺术手段，并加以分析。

南帆的文学评论是很有特色的，他评论当代小说的文章，能敏锐抓住作家塑造人物的特点。在《理解与感悟》这本评论集中，他有两篇文章分别评论张承志与王安忆的小说，现摘录两段文字如下：

在张承志的小说中，大自然的魅力也就意味着人的魅力。人的气质与力量相互呼应与印证，两者共同组成了一幅又一幅生动而完整的生活图景。自然并非外在于人的活动，甚至也不仅仅是一种背景，它已经有机地组成了人的活力本身。于是，从地域、人到文化和道德，历史从一个新的角度被理解了。

王安忆十分善于在人物与生活位置的冲突之间所造成的不和谐中，迅速地抓住这种特殊的契机。也许应该倒过来说，正是这种契机在呈现人物上的独特效果，使得王安忆频频把眼光投到了这种冲突上。所以，王安忆的小说中的许多性格都表现了两种性质：一方面是表面的，正常的；另一方面是隐蔽的，反常的。

以上两段文字精辟地分析了两位作家塑造人物的特点，正如评论者的评论集的题目一样，南帆的理解与感悟是准确而精细的，犹于打开作家创作秘密的钥匙，他独到的解析给人以深刻的启迪。

抒情类文艺作品以抒发情感和创造意境为突出特征，评析这类文艺作品要考察情感抒发的真挚性、个性特征及其深度，分析其意境创造的特征。

李元洛对台湾诗人余光中的乡愁诗的评析可作一例。他在《隔海的缪斯》中写道：

他的乡愁诗既不同于台湾其他诗人的同类主题之作，也决不重复自己任何同类主题之作，而是力争每一首都有自己对于生活与心灵新的体验与新的艺术表现，就像是日出，虽然是同一个太阳却每天光景常新，就

> 像是花树,虽然是同一株但每年却是新的绿叶红花。……《民歌》与《乡愁》的写作时间相近,同是家国之思,同是对华山夏水的依恋,同是形式严谨的格律诗风,但感情体验却是一个活跃而丰富的世界,艺术表现也是一个宽广而常新的领域。它们的美感体验和艺术表现完全是余光中个人的,烙上了他的个性的深刻印记。但这种感情体验确实又是当代千千万万中国人的情怀的概括,也就是说,诗人的独特感受和表现提升为一种具有当代意义的普遍性情境,获得了高层次的社会价值与美学价值。

这段文字对余光中乡愁诗的艺术特征作了精辟的分析,对诗人情感表现的把握是准确的,指出它既具有鲜明的个性特征,又具有高度的概括性,同时渗透着当代性。

(二)评析艺术形式

文艺作品的内容都要通过一定的艺术形式表现出来。文艺作品形式的要素包括结构、表现方法和语言。而要准确地分析文艺作品的艺术形式,必须把握各种不同艺术品种的基本特征,认识它们反映或表现生活的特殊性,掌握不同艺术品类在表现工具、艺术语言和表现手法上的独特性,这样才能写出有质量、有特色的评论。

比如文学,它是以书面语言符号为载体,用语言创造艺术形象,以再现现实生活。所以,文学称为语言的艺术。作家通过语言,运用灵活多变的手法广泛地反映复杂的现实生活,塑造各种各样的人物形象,传达丰富细微的思想情感。而不同的文学体裁,如小说、散文、诗歌、戏剧又有其不同的特点,这都是评论者需要了解的。

电影电视是一门崭新的综合性艺术,它涉及到文学、表演、摄影、导演、音乐、美术、灯光等等方面,它通过银幕、银屏上的视觉形象与有声语言的结合再现社会生活。电影电视通过特有的表现手段,即镜头这种动的视觉画面来反映生活,电影镜头有特写,也可以是全景、中景、近景或远景。这些不同的镜头运用影视艺术特有的表现手段——蒙太奇加以组接和剪辑,比如画面的对比、比喻、暗示、象征、悬念、交叉等来表现艺术家的创作意图,从视觉和听觉上给观众以形象而特殊的艺术感染力。因此,写电影电视评论就应当根据它的这种特殊性进行评析。

音乐是一种古老的艺术品种，它以人和乐器的声音作为材料，以旋律、和声、复调、配器为表现手段，通过声音的运动，运用节奏和节拍的规律性变化形成音乐形象，作用于人的听觉，使人产生联想和想象，引起情绪、情感的反应，给人以陶冶。写音乐评论自然是要懂得这些基本特征的。马克思早就说过："对于不辨音律的耳朵说来，最美的音乐也毫无意义，音乐对它说来不是对象。"[①] 音乐同时又是一种表演艺术。音乐的形象要通过演唱或演奏才能传达、作用于接收对象，因此评论演唱、演奏的水平、技巧也是音乐评论的一个方面。

以芭蕾音乐为例，不具备有关的专业知识，要写好评论是困难的。钱仁康评论柴可夫斯基的《天鹅湖》有一段文字：

> 19世纪末，柴可夫斯基的《天鹅湖》、《睡美人》和《胡桃夹子》把芭蕾音乐提高到交响音乐的水平。在他的舞剧中，音乐是作品内容和与舞台动作紧密联系的重要组成部分。柴可夫斯基提高了舞剧音乐的表现力，通过交响性的展开和对人物性格的刻画，加深了作品的戏剧性。他在《天鹅湖》中，以富于浪漫色彩的抒情笔触，表现了诗一般的意境，刻画了主人公优美纯洁的性格和忠贞不渝的爱情；并以磅礴的戏剧力量，描绘了敌对势力的矛盾冲突。因此，柴可夫斯基的《天鹅湖》，至今还是芭蕾音乐的经典[②]。

这一段文字显然出自于行家之手，可见，写作文艺评论，一定要懂得相关的艺术品种的特征，否则是写不好文艺评论的。

五、评论的方法和色彩

写文艺评论还要注意几点，首先要掌握好表述方法。写评论主要运用叙述和议论。叙，特别是复叙，要简洁、概括、生动，复叙不是重复作品的内容，而是有针对性地、带着观点倾向地概括有关内容，

---

① 《1844年经济学—哲学手稿》，人民出版社1985年版，第79页。

② 见《音乐欣赏讲话》，上海文艺出版社1984年版，第323页。

这种叙述是议论的依据。议论要准确、精当，画龙点睛。“叙”是“议”的基础，“议”由“叙”生发，要夹叙夹议，“叙”“议”结合。其次，要注意评论的文艺色彩，文艺评论的对象是文艺作品，不能写得干巴巴的。文艺批评本身中就包含着评论者对作品的体验和感受，也应该饱含情感色彩，只有见解独特、观点深刻，而又有灵性感悟，文采斐然，这样融情入理、情理相彰的评论才具有吸引力。当然，这种文艺色彩还与生动、形象的语言相联系。

例如季红真的评论《忧郁的土地，不屈的精魂——莫言散论之一》[①] 中的两段文字：

在莫言笔下，祖父、祖母辈的主要人物，几乎都是能人好汉，他们几乎都是形象魁伟美丽，活力充沛、性情剽悍、血性方刚、情感奔放，带有浓烈的豪强气息。《秋水》中的奶奶听凭情感的召唤，随着爷爷一把火烧了娘家的庄园，漂泊到莽荡草洼中，艰难地开辟生活。……

莫言终究是幸运的，有一块梦魂牵绕情之所钟的土地，可以避免灵魂被放逐的苦恼。于是，怨愤与温馨，痛苦与狂喜……生命的全部欲动，都在这里得到对象化的艺术肯定。读他的小说便常使人联想起两位诗人命题不同而立意相近的两句诗：“为什么我的眼中常含泪水，因为我对这土地爱得深沉”（艾青），“连我的忧郁也是明朗的”（普希金）。正是这带泪的挚爱与明朗的忧郁，构成了他作品内在的情感层次，而催化着这全部情感的自然是那土地自身的人生意蕴。

第一段的复述文字，是一种高度的浓缩与概括，而且观点倾向鲜明，并渗融着浓郁的情感色彩，而非刻板的情节复述。第二段文字，没有停留在一般理性判断的层次，而是把自己对莫言小说独特、深刻的审美感悟抽象到理性的高度，对作品进行审视、评论。作者联想到中外两位诗人的名句，并以动情的语言对莫言小说的特色作了极为形象的概括：即带泪的挚爱、明朗的忧郁。这一段文字见解深邃，文采斐然，理性的认知与审美的感悟高度融合，读这样的评论文字，读

---

① 季红真：《忧郁的灵魂》，时代文艺出版社 1992 年版，第 145 页。

者同样受到艺术的感染。

第三节 学术论文

一、学术论文的含义和种类

如果将一般的微型评论、短论与学术论文相比,无论从篇幅、容量,还是深度、价值而言,后者都是议论型文体的一种高级形态。前者如江流,后者如大海。自然,这样比并没有高下优劣之分。

学术论文是用来论述科学研究成果的一种文章体裁。它是对哲学、社会科学和自然科学领域中的某些现象和问题进行比较系统的研究,以探讨某些本质特征及其发展规律的理论性文章。学术论文又称科学论文,简称论文。

学术论文不同于一般的议论文,它是议论文中的高级形态。首先,学术论文是对某种科研成果的表述,它是在进行了系统研究的基础上,所发表的创造性论说,而不是一般的心得或随想。其次,学术论文有相当的容量和厚度,同一般即兴式、随笔式的短论有着明显的差异。

学术论文是科学研究过程中的一种手段,它具有传播效用,是进行学术交流的工具,凡新发明、新成果或新发现都要以论文形式公之于众,同时它又具有储存价值,将人们在各阶段的科研成果储存下来,世代相传。学术论文对于推动科学技术、人文科学的发展,促进人类文明的进步具有十分重要的意义。因此,高等学校的学生、各种领域的研究人员都要学会写学术论文,掌握好这一从事科学研究的工具。

学术论文从钻研的领域、研究的对象来分,可以分为社会科学论文和自然科学论文两大类。从学术论文的社会功用来划分,可以分为以下几种:

1. 报告论文

这是指在学术会议、科技交流会议上现场宣读的论文。它是一种口头形式的论述性报告,有时还没有形成完整的论文形态。这类论文由于受到会议场所、听众和时间等方面的限制,所以要求突出重点,讲清难点。

2. 杂志论文

这是指各学科领域中的专业人员为介绍自己的科研成果,发表在报刊杂志上的学术论文。这类论文具有专门化的特点,针对性强,发行量大,反映各学科领域的新进展、新技术和新成果。

3. 学位论文

这是指为了获得学位,要求被授予学位的人所撰写的论文。根据《中华人民共和国学位条例》的规定,学位论文分为学士论文、硕士论文、博士论文三种。

学士论文是指高等院校本科毕业生撰写的毕业论文。要求较好地掌握本学科的理论专门知识和基本技能,具有从事科学研究工作或担负专门技术工作的初步能力。学士论文通过以后可以取得学士学位。

硕士论文是指高等院校或科研机构攻读硕士学位研究生的毕业论文。要求在本学科具有坚实的理论基础和专门知识,掌握本研究课题的研究方法和技能,对所研究的课题有新的见解,取得了一定的科研成果。硕士论文通过论文答辩以后,可授予硕士学位。

博士论文是指攻读博士研究生的毕业论文。博士论文对所研究的课题要有创造性的见解,它是比较显著的科研成果的反映。博士论文是作者独立完成的比较完整而系统的科学专著。博士论文通过答辩以后,授予博士学位。

二、学术论文的特征

(一)学术性

学术指的是有系统的、较为专门的学问。所谓的学术性,显然是指学术论文应当具有系统性、专门性的特点。学术论文是对某一学科领域的某些问题或现象进行了比较系统的研究之后,所取得成果的描述。要求作者对主攻的那个学科领域有比较深厚的知识功底,对课题有比较全面、系统的研究。它与一般有感而写、缘事而发的杂感、短论明显不一样。

(二)科学性

学术论文的科学性首先要求具有严肃、认真的科学态度,用科学的原理和方法,研究、探索、分析社会现象与自然现象。

科学性指的是要能正确地反映客观事物的本质规律,揭示客观真理。学术论文的观点和结论,都应该以充分的理论和科学研究作依据,符合客观实际。各种论据资料、经典言论、科学实验的过程、结果都要求准确无误,确凿可靠。恪守科学性,必须具有实事求是的求实精神,要绝对忠实于事实和材料,公正、客观,而不允许弄虚作假、主观臆断。

(三)理论性

学术论文不同于资料综述、总结或产品说明书,不是从现象到现象,停留在具体过程的介绍和说明上。它不能就事论事,而是要把科学研究的过程和结果上升到理性的高度,加以专门而系统的论说,通过科学的抽象和综合,通过精深的分析、严密的论证,说明事物发生、发展的规律,在理论上形成概念和系统,指导实践,预见未来,在理论上有所建树,有所发展。

(四)创见性

学术论文特别注重创见性。创见性是指对某个项目、某个课题提出独创的、新鲜的见解。或是在人们尚未涉足或虽有涉足而研究不深的领域提出了新课题、新观点;或是在前人研究的基础上有新的发展。是否有新内容、新成果、新突破,是否在某个领域作出了新贡献,是衡量一篇学术论文价值的根本标准。重复、模仿、“炒现饭”是写学术论文的大忌。

三、学术论文的撰写步骤

写学术论文要把握好以下几个重要环节:

(一)精心选择题目

选择研究课题,是科研工作的起点,是论文写作的起步。选题决定着科学研究的主攻方向和路线，关系着科研工作的全局，只有选定了突破口，才能有的放矢，明确方向，心中有数。

选题是否正确、恰当，直接影响到科研工作的进程，影响到论文的准备。论文的选题，从一定意义上说，甚至关系到论文的学术价值，关系到论文的成败。选题不当，劳而无用，结果一事无成。选题的原则概括起来有以下几点：

1.有价值

所谓价值体现在应用科学研究和基础理论研究两个方面。

应用科学领域的研究，是指直接为生产和当前的现代化建设服务的课题。在改革开放、发展经济的新形势下，有许多值得研究、急需解决的新课题。选择这类课题，适应社会需要，能创造巨大的经济效益，带来良好的社会效益，对现代化的经济建设有重要现实意义。

基础理论、基础科学的研究，虽不能直接为现实服务，但从长远来看，却能推动应用科学的发展，服务于未来，其科学价值不容忽视。在重视应用研究的同时，又要有长远眼光，高瞻远瞩，考虑到未来科学的发展。

2.有创新

所谓创新是指选题的创造性。有创造性、有新意的选题，不雷同于他人，才有研究价值。选题富有创意，研究才可能有所发现、有所突破，写出有真知灼见的学术论文。

创新意识是科研工作者的可贵心理品质，从事技术研究要求出新产品、新工艺、新设备；进行理论研究要有新见解、新发现、新观点。选题，要勇于突破旧框架，选择新的起跑点。著名物理学家李政道先生提出："要跳到最前线去作战"，"要看准人家站在什么地方，有些什么问题不能解决。不能老是跟，那就永远跑不到前面去。"① 这段话给人深刻的启示。

3.要适中

论文的选题还必须考虑自身的主观条件，也就是完成研究课题

---

① 引自《科学发现与科学方法》，华中理工大学出版社1983年版，第20页。

的可能性。主观条件包括作者的专业基础、知识结构、研究能力和兴趣特长。要正确估计、权衡、分析自身条件，发挥优势，扬长避短，量力而行。

选题要从本专业出发，从知识储备的深度、广度去思考、选择。选题还要考虑到个人的兴趣、特长，这种兴趣、特长是在长期学习和实践中逐步形成、培养起来的。古语云："知之者不如好之者，好之者不如乐之者。""乐之"是一种极感兴趣的心理状态，有益于发挥主观能动性，充分发挥潜力，对科学研究有积极意义。

选题，最后要落实到对题目本身的确定，要精心考虑题目的规模、大小、轻重和难易程度。一般来说，题目既不能过大、过重、过难，也不能过小、过轻、过易。要依据主观、客观条件，慎重思考，选择一个恰当适中的题目。

(二)建立资料系统

搜集、积累信息，充分占有资料是写好论文的重要基础。世界新技术革命启示人们，信息资料是最重要的战略资源。建立资料系统的重要性体现在两个方面：其一，资料是形成论点的基础，论点靠资料支撑，搜集资料、研究资料的过程，也就是论点逐步形成的过程。其二，搜集资料促进研究深入，搜集、积累资料的过程，也就是研究深入，并逐步取得进展的过程。

1. 有目的地搜集资料

搜集资料首先要目的明确，为了研究一个课题，写一篇论文，必须围绕论题搜集资料。目的性明确，搜集的资料则专而适用，这样可以提高研究工作的效率，少走弯路，减少盲目性。围绕研究课题建立资料系统，一般应包括与课题相关的这样三个方面：第一，了解和掌握前人对所研究课题的已有科研成果；第二，相关学科的发展为研究课题所提供的信息；第三，了解和掌握所研究课题的新资料。这三个方面可概括为纵向资料、横向资料和最新资料。

例如在文学领域，以研究鲁迅为课题，围绕这个论题建立的资料系统至少包括这些方面：

课 题
鲁迅研究

- (1) 鲁迅的全部著作
- (2) 鲁迅的生平、家庭、创作道路
- (3) 有关鲁迅的时代背景材料
- (4) 历来研究、评论鲁迅著作的材料
- (5) 与鲁迅同时代有关作家、作品的资料
- (6) 研究鲁迅的最新成果
- (7) 有关文学理论、文学史方面的资料

只有建立了这样的资料系统,才有可能进入论文的写作阶段。

搜集资料的前提是充分占有资料,要广集博采。王力先生说:“一个小小的题目,我们就要占有很多的材料。往往是几十万字,要做几千万张卡片。”① 这就是一种“竭泽而渔”的功夫。在广泛搜集的基础上要突出重要的、有代表性的、有说服力的资料,加以认真研究,细嚼慢咽。

课题研究工作中的资料有两个来源:一是直接资料,一是间接资料。直接资料是亲自参加社会实践活动和科学实验活动所获取的第一手资料。间接资料主要是阅读文献、书籍、报刊杂志和学术研究动态所获得的资料。为此,要掌握信息检索能力,学会查阅图书馆馆存的各种资料。

2. 整理、分析、研究资料

搜集资料的过程中,先要学会记录资料,要手抄笔录,勤动手。英国哲学家培根在《论学问》一文中说过:“阅读使人充实,会谈使人敏捷,写作与笔记使人精确。”古语说:“不动笔墨不看书”,这都是很有道理的。记录资料不但要动手,也要动脑筋,它实际上是帮助记忆、强化记忆的过程,也是一种思考、理解的过程。

记录资料的方法有做卡片、记笔记,还可以用电脑储存资料。

对于记录、积累的资料,要及时进行整理分析,使之有用,使之“活起来”,这样可以随时了解材料的价值、数量、完整程度,以便进行补充、调整。

---

① 引自《怎样写学术论文》,北京大学出版社 1981 年版,第 4 页。

整理材料,首先是分类。可以按观点分类,可以按项目分类,也可以按属性分类。然后在分类的基础上进行优选。优选就是对资料的研究、鉴别和审定。对材料的取舍、筛选过程,就是一种去粗取精、剔除谬误的分析综合过程。分析研究材料是科研活动中的一个重要环节。

(三)提炼论点,形成论点提纲

在整理分析和研究材料的过程中,论文的构思也就开始了,而构思中的关键环节,是提炼中心论点,形成全文的论点提纲。

论点是一篇论文的灵魂。论文作者在选题、研究材料之后要琢磨、仔细推敲的就是中心论点,也就是在论文中所要提出的观点、见解和主张。它是依据材料,通过分析、提炼而抽象出来的一种理性认识,关系到论文的价值和水平。

提炼论点可以从以下几方面入手:

第一,吸收前人的研究成果,组合诸多因素转移出新。要充分研究、系统了解前人已取得的科研成果,在继承的基础上,或深化、或补充、或完善、或更新,从而提出自己的观点。

第二,突破思维定势,推翻旧说创立新说。在继承前人科学研究的遗产时,既尊重权威、专家,又要善于发现矛盾,大胆质疑,纠正前人理论的错误,或推翻旧说,提出新见解。

第三,系统分析比较,在抽象概括中立论。对所研究的对象,进行系统深入的分析,找出事物的内部联系,发现其中的本质规律,从而得出结论,提炼论点,这是形成观点最可靠、有效的途径。

提炼出中心论点以后,要围绕中心论点形成论点提纲,即形成一个论点系统。论点提纲应列出从属于中心论点之下的若干分论点,分论点由中心论点派生而出,并按照一定的联系次序来阐述中心论点。分论点之下又由若干小论点构成。中心论点统领全文,为全篇之纲领。下面以图表示例:

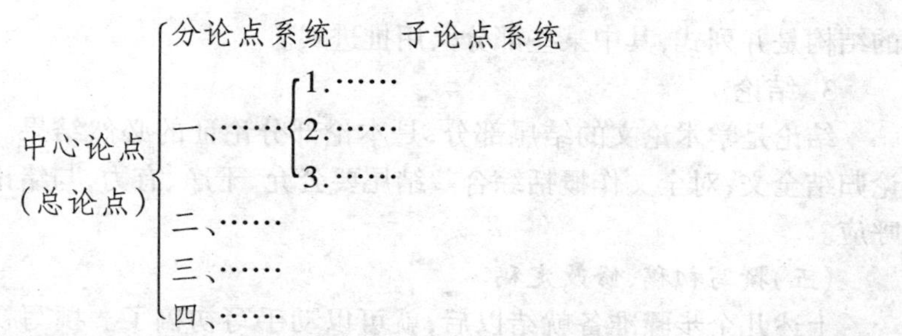

论点提纲形成，学术论文的总体设计蓝图就完成了。有了这个总体设计，作者就思路顺畅，全局在胸，行文就有所依据，有所规范了。

（四）安排论文结构

学术论文的构思模式，大体沿着提出问题，分析问题，解决问题的思路展开。这种思路是论文结构的基础。学术论文的结构一般由绪论、本论和结论三大部分构成。

1. 绪论

绪论又称引论，是学术论文的开头，有统领全文的作用。一般交代写作动机，提出主要问题，揭示中心论点，对全文作概括性论述。

绪论一般采用开门见山的写法。

2. 本论

本论是论文的主体部分，主要内容所在。它对论文的问题从各个方面、各个角度进行分析、论证、阐释，并从这些问题的结构联系之中阐明中心论点。本论部分分层论述，其结构方式主要有以下几种：

(1)推进结构。这是一种直线推进，逐层深入的结构关系。提出中心论点以后，逐层深入，层层推进，最后得出结论。

(2)并列结构。这是一种并列、平行的结构关系，包含各分论点的段落，从不同角度论证中心论点，各分论点呈现出一种横向的内在联系。

(3)综合结构。一般较长的学术论文往往综合运用以上两种结构方式，或者是总的结构是推进式，其中某些部分用并列式，或者总的结构是并列式,其中某些部分又用推进式。

3. 结论

结论是学术论文的结尾部分,是本论部分论证的必然结果。结论归结全文,对全文作概括综合。结尾要公允、干净、有力,与绪论相呼应。

(五)撰写初稿,修改定稿

上述几个步骤准备就绪以后,就可以动手写初稿了。撰写初稿要严肃认真,不可漫不经心,敷衍了事。初稿的质量直接关系到论文的定稿。写初稿要注意以下几点:

第一,力求完整。初稿的内容要力求完整,对论点的内涵揭示要充分,对论据的选用、表述要与论点一致,结构上要形成一个整体,要避免遗漏、残缺不全。

第二,力求翔实。初稿在内容方面要力求充实、丰富,不能停留在搭架子阶段。初稿在提纲的基础上充分铺展,从篇幅上看要比定稿丰富一些,便于定稿时有取舍、删改的余地。

第三,力求清晰。包括结构要完整,语言要清晰。初稿是定稿的基础,要严肃认真,一丝不苟,语言要准确、明白、畅达,不能杂乱无章,草率成篇。

各种参考资料的来源、出处,在初稿中都要注明,以免定稿时再去查找。

修改是完成学术论文的最后一个环节,一篇有价值、有分量的论文不可能一次定稿,必须修改。修改的过程,既是作者思维、认识深化的过程,也是论文充实、完善、提高的过程。初稿完成,除自己要认真审查、修改外,最好请有关专家、老师或同行一阅,虚心征求意见。

修改论文可以从这样几个方面入手:订正论点、修改论据、调整结构、推敲语言。

【思考与练习】

1. 从报纸上找两篇小评论,分析其特点。

2. 选择一个社会热点问题,写一篇短评论。
3. 选择最近看的电影或电视剧,写一篇影视评论。
4. 学术论文的选题应遵循哪些原则?
5. 选择一篇论文,分析其结构和写法。

后　记

美国著名的社会预测学家约翰·奈斯比特在《大趋势》一书中说，下一个世纪(指21世纪)五件最重要的事中，有一件是:“在这个文字密集的社会里，我们比以往更需要具备基本的读写技巧。”现在，新世纪到来了，我国加入了WTO，改革开放日益深入，经济转型大潮汹涌向前，我国的社会生活正在发生巨大的变化。现代社会的各种交际、交往越来越频繁了。信息传递、工作管理、科技、业务交流、人际关系都与实用写作密切相关，时代对人的实用写作能力的要求也越来越高了。

世纪之交的经济转轨浪潮，推动着各个学科的发展，实用写作也进入了一个崭新的发展阶段。为适应现代生活脉搏的跳动，我们编写了《新编大学实用写作》一书，作为全日制高等院校、成人高等院校、职业技术学院的教材。

参加编写的院校有华中师范大学、武汉大学、中南财经政法大学、华中农业大学、华南师范大学、武汉音乐学院、广东商学院。

本教材由华中师范大学文学院教授江少川负责总体策划、构思，并主持编写、修改定稿工作。参加编写的人员有:王文捷、江少川、毕耕、汪义晓、卓朝君、赵广平、曾庆江、潘峰。

本教材的出版得到北京大学出版社和詹卫东先生的大力支持，在此深表谢意。

江少川

2002年4月28日于武昌桂子山